토마스 아퀴나스 신학대전 42

# 용기

임 경 헌 옮김

제2부 제2편
제123문 - 제140문

신학대전 42
# 용기

2024년 11월 22일 교회인가(원주교구)
2024년 11월 28일 1판 2쇄 발행

간행위원 | 이경상 주교  †정의채 몬시뇰  이재룡 신부(위원장)
　　　　　안소근 수녀  윤주현 신부  이상섭 교수  정현석 교수
　　　　　박승찬 교수  임경헌 교수  조동원 신부

지은이 | 토마스 아퀴나스
옮긴이 | 임경헌
펴낸이 | 이재룡
펴낸곳 | 한국성토마스연구소

우편주소 | 25244 강원도 횡성군 우천면 경강로산전7길 28-53
전화번호 | 033) 344-1238
전자우편 | stik2019@naver.com
홈페이지 | http://www.stik.or.kr
출판등록 | 제2018-000003호 2018년 6월 19일
인쇄제작 | 오엘북스

ⓒ 한국성토마스연구소

보급 | 한국출판협동조합__가톨릭출판사, 교보문고, 알라딘, 예스24

값 37,000원

ISBN 979-11-990519-0-4  94160
ISBN 979-11-969208-0-7(세트) 94160

*Summa Theologiae*, vol.42
by St. Thomas Aquinas
Korean translation copyright ⓒ 2024 by St. Thomas Institute in Korea
All rights reserved
Published by St. Thomas Institute in Korea

> 이 책은 저작권법에 따라 보호를 받는 저작물이므로 무단전재와 복제를 금지하며, 이 책의 내용 전부 또는 일부를 이용하려면 반드시 저작권자인 한국성토마스연구소의 서면 동의를 받아야 합니다.

토마스 아퀴나스 신학대전 42

# 용기

S. Thomae Aquinatis
SUMMA THEOLOGIAE

임 경 헌 옮김

제2부 제2편
제123문 - 제140문

한국성토마스연구소

# 차 례

성 요한 바오로 2세 교황의 격려와 축복의 말씀 / xi
교황 레오 13세의 회칙 발췌문 / xvi
성 요한 바오로 2세 교황의 회칙 발췌문 / xix
『신학대전』 완간을 꿈꾸며 / xxiv
『신학대전』 간행계획 / xxvii
일러두기 / xxix
일반 약어표 / xxxiii
성 토마스 작품 약어표 / xxxv
'용기' 입문 / xl

## 제123문 용기에 대하여 / 3
제1절 용기는 덕인가 / 5
제2절 용기는 특수 덕인가 / 13
제3절 용기는 두려움과 담대함에 관한 것인가 / 17
제4절 용기는 오직 죽음의 위험에 관한 것인가 / 23
제5절 용기는 정확히 전쟁에서의 죽음의 위험에 관련되어 있는가 / 29
제6절 견딤은 용기의 주된 행위인가 / 35
제7절 용감한 자는 자기 습성의 선을 위해 활동하는가 / 39
제8절 용감한 자는 자신의 행위 안에서 즐거워하는가 / 43
제9절 용기는 주로 갑작스러운 것들 안에 있는가 / 51
제10절 용기는 자신의 행위에서 분노를 사용하는가 / 55
제11절 용기는 추요덕인가 / 63
제12절 용기는 모든 덕들 가운데서 우월한가 / 67

제124문 순교에 대하여 / 75
　제1절 순교는 덕의 행위인가 / 75
　제2절 순교는 용기의 행위인가 / 81
　제3절 순교는 최고의 완전성의 행위인가 / 89
　제4절 죽음은 순교의 본질로부터 존재하는 것인가 / 97
　제5절 오직 신앙만이 순교의 원인인가 / 103

제125문 두려움에 대하여 / 111
　제1절 두려움은 죄인가 / 111
　제2절 두려움의 죄는 용기에 대립하는가 / 117
　제3절 두려움은 사죄인가 / 123
　제4절 두려움은 [인간을] 죄에서 면제하는가 / 127

제126문 두려움 없음의 악습에 대하여 / 135
　제1절 두려움 없음은 죄인가 / 135
　제2절 겁 없음은 용기에 대립하는가 / 141

제127문 담대함에 대하여 / 147
　제1절 담대함은 죄인가 / 147
　제2절 담대함은 용기에 대립하는가 / 151

제128문 용기의 부분들에 대하여 / 157
　제1절 용기의 부분들은 적합하게 열거되어 있는가 / 157

제129문 웅지에 대하여 / 173
　제1절 웅지는 영예에 관한 것인가 / 175
　제2절 웅지의 개념은 큰 영예를 대상으로 삼는가 / 181

제3절 웅지는 덕인가 / 187
　　제4절 웅지는 특수 덕인가 / 199
　　제5절 웅지는 용기의 부분인가 / 205
　　제6절 신뢰는 웅지에 속하는가 / 211
　　제7절 안심은 웅지에 속하는가 / 219
　　제8절 행운의 선들은 웅지에 이바지하는가 / 223

제130문 자만에 대하여 / 229
　　제1절 자만은 죄인가 / 229
　　제2절 자만은 지나침을 통해 웅지에 대립하는가 / 235

제131문 야욕에 대하여 / 243
　　제1절 야욕은 죄인가 / 243
　　제2절 야욕은 지나침을 통해 웅지에 대립하는가 / 249

제132문 허영에 대하여 / 255
　　제1절 영광에 대한 욕구는 죄인가 / 255
　　제2절 허영은 웅지에 대립하는가 / 265
　　제3절 허영은 사죄인가 / 271
　　제4절 허영은 죄종인가 / 277
　　제5절 허영의 딸들은 적절히 지정되는가 / 283

제133문 소심함에 대하여 / 289
　　제1절 소심함은 죄인가 / 289
　　제2절 소심함은 웅지에 대립하는가 / 297

제134문 관대에 대하여 / 305

제1절 관대는 덕인가 / 305
　　제2절 관대는 특수 덕인가 / 311
　　제3절 큰 지출은 관대의 영역인가 / 319
　　제4절 관대는 용기의 부분인가 / 325

제135문 관대에 대립하는 악습들에 대하여 / 331
　　제1절 쩨쩨함은 악습인가 / 331
　　제2절 쩨쩨함에 대립하는 어떤 악습이 있는가 / 337

제136문 인내에 대하여 / 343
　　제1절 인내는 덕인가 / 343
　　제2절 인내는 덕들 가운데 가장 우월한 것인가 / 349
　　제3절 은총 없이 인내를 가질 수 있는가 / 355
　　제4절 인내는 용기의 부분인가 / 359
　　제5절 인내는 참을성과 동일한 것인가 / 367

제137문 항구함에 대하여 / 373
　　제1절 항구함은 덕인가 / 373
　　제2절 항구함은 용기의 부분인가 / 383
　　제3절 강인함은 항구함에 속하는가 / 387
　　제4절 항구함은 은총의 도움을 필요로 하는가 / 391

제138문 항구함에 대립하는 악습들에 대하여 / 399
　　제1절 유약함은 항구함에 대립하는가 / 399
　　제2절 완고함은 항구함에 대립하는가 / 405

제139문 용기의 선물에 대하여 / 413

제1절 용기는 선물인가 / 413

제2절 네 번째 참행복, 즉 "정의에 주리고 목마른 사람들은 행복하다"가 용기의 선물에 상응하는가 / 419

## 제140문 용기의 계명들에 대하여 / 425

제1절 용기의 계명들은 신법 안에서 적합하게 전수되는가 / 425

제2절 용기의 부분들에 관한 계명들은 신법 안에서 적합하게 전수되는가 / 431

주제 색인 / 436

인명 색인 / 448

고전작품 색인 / 450

성 토마스 작품 색인 / 453

성경 색인 / 454

FROM THE VATICAN

April 26, 1994

Dear Father Tjeng,*

His Holiness Pope John Paul II was indeed pleased to learn that a Korean translation of the *Summa Theologiae* of Saint Thomas of Aquinas is being published. He warmly encourages you and your collaborators in this enterprise, which will lead not only to a better knowledge of the teachings and method of the one whom Pope Leo XIII called "inter Scholasticos Doctores, omnium princeps et magister"(Leo XIII, *Aeterni Patris*, No. 22), but also to a most fruitful encounter between Christian philosophy and theology and the intellectual traditions of Korea.

Only recently, His Holiness referred to the unique place of Saint Thomas in the history of thought by stating that "the philosophical and theological synthesis which he elaborated is a solid, lasting possession for the Church and humanity"(*Great Prayer*, 16 March 1994, No. 6). That synthesis flows from the principle that there is a profound and inescapable harmony between the truths of reason and

---

\* The Reverend Paul Tjeng Eui-Chai

## 성 요한 바오로 2세 교황의 격려와 축복의 말씀

친애하는 정의채 바오로 신부님,

교황 요한 바오로 2세 성하께서는 성 토마스 아퀴나스의 『신학대전』이 한국어로 번역·출판되고 있다는 소식을 들으시고 매우 기뻐하십니다. 이 작업에 참여하는 이들을 따뜻한 마음으로 격려하십니다. 이 작업은 교황 레오 13세 성하께서 "스콜라 학자들의 수장(首長)이며 스승"(레오 13세, 『영원하신 아버지』 22항)이라고 부르신 성 토마스의 가르침과 방법에 대해 보다 깊은 이해를 하게 할 뿐만 아니라 그리스도교의 철학과 신학이 한국의 전통 사상과 만나 매우 풍요로운 결실을 맺게 할 것입니다.

교황 성하께서는 최근에도 "성 토마스가 집대성한 철학적·신학적 종합은 교회와 온 인류의 건실하고 항구한 자산입니다."(『위대한 기도』 1994년 3월 16일, 6항)라고 하시어, 사상사에 있어 성 토마스가 차지하는 독보적인 위치를 확인하셨습니다. 성 토마스가 이룩한 종합은 이성의 진리와 신앙의 진리 사이에는 근본적이고 불가피한 조화가 존재한다는 원리로부터 비롯됩니다.(제8차 국제 토마스 회의에서의 말씀 : 1980년 9월 13일, 2항 참조)

those of faith.(cf. *Address to Eighth International Thomistic Congress* : 13 September 1980, No. 2)

The heart of Saint Thomas' reflection is man's relationship to God, his Creator and Lord. He sees man as proceeding from creative divine wisdom and returning to the Father on the basis of an elevation of the human intellect and will, through the grace of Christ's redemptive love. Indeed, he defines man as "the horizon of creation in which heaven and earth join, like a link between time and eternity, like a synthesis of creation."(Ibid., No. 5)

For Saint Thomas, true philosophy should faithfully mirror the order of things themselves, otherwise it ends by being reduced to an arbitrary subjective opinion. "This realistic and historical method, fundamentally optimistic and open, makes St. Thomas not only the 'Doctor Communis Ecclesiae', as Paul VI calls him in his beautiful Letter *Lumen Ecclesiae*, but the 'Doctor Humanitatis', because he is always ready and disposed to receive the human values of all cultures."(Ibid., No. 4) Is this approach itself not a solid point of contact with the great philosophical systems of the East and a sure promise of a very fruitful dialogue between the intellectual traditions of East and West? Such a dialogue in turn is the obligatory path of the progress of human culture, as well as a requisite for a deeper inculturation of Christianity among the peoples of the vast continent of Asia.

His Holiness values the present translation as an important

성 토마스 사상의 핵심은 인간이 자신의 창조자이며 주님이신 하느님과 맺고 있는 관계입니다. 성 토마스는 인간을 하느님의 창조적 지혜에서 출발하여, 인간 자신의 지성과 의지를 고양(高揚)시키는 그리스도의 구원적 사랑의 은총에 힘입어 아버지께로 다시 돌아가는 존재로 봅니다. 바로 그렇기 때문에 성 토마스는 "인간을 하늘과 땅이 만나는 창조의 지평, 시간과 영원의 연결고리, 또는 창조의 종합"으로 정의합니다.(같은 곳, 5항)

사실 성 토마스가 보기에 참다운 철학이란 실재 자체의 질서를 성실하게 반영하여야 합니다. 만일 그렇지 못하다면 철학이란 한낱 인위적인 주관적 견해로 전락하고 말 것입니다. "근본적으로 낙관적이고 개방적이며, 실재주의적이고 역사적인 이 방법은, 바오로 6세 성하께서 『교회의 빛』이라는 아름다운 서한에서 그를 지칭한 것처럼, 성 토마스를 '교회의 보편적 스승'일 뿐만 아니라 '인류의 스승'이 되게 해 줍니다. 그것은 성 토마스가 언제나 모든 문화 속에 포함되어 있는 인간적 가치들을 받아들일 준비가 되어 있기 때문입니다."(같은 곳, 4항) 이러한 그의 입장이야말로 동양의 위대한 철학 체계들과의 만남을 가능케 하는 건실한 기반이자, 동(東)과 서(西)의 지성적 전통 사이의 창조적 교류를 약속하는 것이 아니고 무엇이겠습니까? 그리고 이와 같은 교류는 인류 문화가 발전해 가야 할 도정(道程)임과 동시에 아시아라는 방대한 대륙에 사는 민족들에게 그리스도교가 더 깊이 토착화되기 위한 필수조건인 것입니다.

교황 성하께서는 현재 진행되고 있는 번역 작업을 그런 숭고한 목적

contribution to these lofty goals. He invokes an abundance of divine blessings upon the authors, publishers and readers of this masterpiece of Christian philosophy and theology.

With good wishes, I am

Sincerely yours in Christ,

*Card. Angelo Sodano*

Cardinal Angelo Sodano
Secretary of State

을 달성하는 데 기여하는 중요한 작업으로 평가하고 계십니다. 교황 성하께서는 그리스도교 철학과 신학에 관한 이 위대한 걸작을 번역하는 이와 출판하는 이와 읽는 이 모두에게 주님의 풍성한 축복이 내리기를 기도드리십니다.

1994년 4월 26일

그리스도 안에서 만사형통하시기를 빌며,
바티칸국 국무성 장관
추기경 안젤로 소다노

# 교황 레오 13세의 회칙 발췌문
『영원하신 아버지』(Aeterni Patris, 1879)

[1879년 8월 4일에 반포된 이 회칙의 원제목은 『가톨릭 학교들에서 성 토마스 데 아퀴노의 정신에 따라 교육되어야 하는 그리스도교 철학에 관하여』(De philosophia christiana ad mentem sancti Thomae Aquinatis Doctoris Angelici in scholis catholicis instauranda)이다.]

30. 그러므로 더할 나위 없이 타당한 이유를 가지고 상당수의 철학자들이 철학을 쇄신하기 위해서는 토마스 데 아퀴노의 놀라운 가르침을 그 순수한 광채 속에서 회복시켜야 한다고 믿고 헌신적으로 투신하였습니다.

그리고 저에게, 이 '천사적 박사'라는 수원(水源)으로부터 영구히 풍부하게 흘러넘치는 가장 순수한 지혜의 강물을 온 세계 젊은이들에게 넉넉하게 마시게 하는 일보다 더 소중하고 바람직한 일은 없다는 점을 모든 이에게 확실하게 일러두는 바입니다.

32. 그리고 신앙에서 멀어져서 가톨릭교회의 가르침을 미워하는 사람들 가운데 상당수는 오직 이성만을 유일한 스승이며 안내자로 삼는다고 선언하고 있습니다. 가톨릭 신앙으로써 그들을 치유하고 은총으로 돌아오게 하려면, 하느님의 초자연적 도우심 다음으로는 교부들과 스콜라 학자들의 건전한 가르침보다 더 적절한 것은 없습니다. 이들은

신앙의 튼튼한 토대, 그 신적인 기원, 그 확실한 진리, 그 증명 논거, 인류에게 가능해진 은혜, 그리고 이성과의 완전한 조화 등을 증명하였고, 또 너무도 명료하고 강력했기 때문에, 주저하는 자들과 허풍떠는 자들까지도 회심시키기에 충분했습니다.

타락한 이론들의 해악 때문에 우리가 모두 목격하고 있듯이 매우 심각한 위험에 노출되어 있는 가정과 시민사회조차도, 만일 대학과 학교들에서 교회의 가르침에 가장 일치되는 건전한 교육이 시행되기만 했더라면 분명 훨씬 더 평온하고 확실한 기반 위에 서 있을 수 있었을 것입니다. 우리는 바로 이런 가장 건전한 가르침을 토마스 데 아퀴노의 작품들 속에서 발견합니다. 왜냐하면 오늘날 방종으로 변형되고 있는 자유의 진정한 본성, 법칙과 그 힘, 자명한 원리들의 영역, 더 높은 권위에 대한 마땅한 복종, 인간 상호간의 사랑 등에 대한 토마스의 가르침들은 사회질서의 평온과 대중의 안녕에 위험하기 짝이 없는 새로운 법의 원리들을 전복시킬 수 있는 대단히 강력하고 꺾일 수 없는 힘을 지니고 있기 때문입니다.

36. 특별히 신중한 분별력을 가지고 그대들[전 세계 주교들]이 뽑은 스승들[신학교와 가톨릭 대학교 교수들]은 자기 제자들의 정신이 성 토마스 데 아퀴노의 가르침으로 관통될 수 있도록 깊은 노력을 기울여야 하며, 그의 가르침이 다른 모든 이론에 견주어 얼마나 튼튼하고 월등한지를 분명히 해야 합니다. 그대들이 설립한 (또는 설립할) 학부들은 그의 가르침을 해설하고 옹호하며 흔한 오류들을 논박하는 데 활용할 수 있어야 합니다.

그리고 그대들은 정통 가르침 대신에 이런저런 허풍떠는 이론들에

말려들거나, 진정한 가르침 대신에 타락한 이론들에 현혹되지 않도록 성 토마스의 지혜가 그 원천으로부터, 또는 적어도 뛰어난 지성들의 확실하고 한결같은 판단에 따르면 그 원천에서 흘러나와 아직도 맑고 투명하게 흐르는 저 강물들로부터 탐구될 수 있도록 조처해야 합니다. 그리고 같은 원천에서 나왔다고들 말하기는 하지만 실제로는 이질적이고 해로운 저 시냇물에서 젊은이들의 정신을 멀리 떼어놓도록 최선의 노력을 기울여야 합니다.

## 성 요한 바오로 2세 교황의 회칙 발췌문
『신앙과 이성』(Fides et Ratio, 1998)

43. 이 오랜 발전 과정에서 성 토마스 데 아퀴노(St. Thomas de Aquino)는 특별한 자리를 차지하고 있습니다. 그것은 그가 가르친 내용 때문만이 아니라 당대의 아랍 사상과 유다교 사상과 나눈 대화 때문입니다. 그리스도교 사상가들이 고대 철학, 특히 아리스토텔레스의 보화들을 재발견하고 있던 시대에, 성 토마스는 신앙과 이성 사이의 조화에 영예로운 자리를 배정한 위대한 공로를 가지고 있습니다. 이성의 빛과 신앙의 빛은 둘 다 하느님에게서 오는 것이고, 따라서 양자 사이에는 어떠한 모순도 있을 수 없다고 그는 논증하고 있습니다.

더욱 근본적으로, 토마스는 철학의 일차적 관심사인 자연(natura)이 하느님의 계시를 이해하는 데 적극적으로 기여할 수 있다는 것을 인정합니다. 따라서 신앙은 이성을 두려워할 필요가 없고, 오히려 이성을 추구하고 그것에 대해서 신뢰를 가지고 있습니다. 은총이 자연에 의존하고 자연을 완성시키듯이, 신앙은 이성에 의존하고 이성을 완성합니다. 신앙을 통해서 조명받을 때, 이성은 죄의 불복종 때문에 오는 연약성과 한계로부터 해방되어, 삼위일체 하느님에 대한 지식으로 고양되는 데 요구되는 힘을 얻게 됩니다. 비록 신앙의 초자연적인 성격을 강조하기는 했지만, 이 '천사적 박사'(Doctor Angelicus)는 신앙이 지니고 있는 합리적 성격의 중요성을 간과하지 않았습니다. 참으로 그는 이 이해 가능성의 깊이를 천착해 들어가 그 의미를 밝혀낼 수 있었습니다. 신앙은 어떤 의미에서 일종의 '사고 훈련'(exercitium cogitationis)입니다. 그리고 인간 이성은, 어쨌든 자유롭게 심사숙고해서 내리는 선택으로 얻어지는 신앙의 내용들에 동의한다고 해서, 무효화되는 것도 아니고 그 품위가 손상되는 것도 아닙니다.

바로 그렇기 때문에 교회는 한결같이 성 토마스를 사고의 스승이며 올바른 신학자의 전형으로 추천해온 것입니다. 이 점에 관해서 저는 선임자인 하느님의 종 교황 바오로 6세께서 천사적 박사의 서거 700주년[1974년]의 기회에 하신 말씀을 상기하고 싶습니다. "의심할 바 없이, 토마스는 진리에의 용기, 새로운 문제들을 직면할 때의 정신의 자유, 그리고 그리스도교가 세속 철학이나 편견으로 감염되는 것을 허용하지 않는 사람들의 지적 정직성 등을 최고도로 소유하고 있었습니다. 따라서 그는 그리스도교 사상사 속에서 언제나 새로운 철학과 보편적 문화에 이르는 길의 선구자로 남아 있습니다. 그가 찬란한 예언자적 통찰력으로 신앙과 이성 사이의 새로운 만남에서 제시한 요점과 해결의 씨앗은 세계의 세속성(saecularitas)과 복음의 근본성 사이의 화해였고, 따라서 세상과 그 가치들을 부정하려는 자연스럽지 못한 경향을 피하면서도 동시에 초자연적 질서의 숭고하고 준엄한 요구들로써 신앙을 지킬 수 있었습니다."

44. 성 토마스의 또 하나의 위대한 통찰은, 지식이 지혜로 성장해 가게 되는 과정에서 성령의 역할을 깊이 깨닫고 있었다는 사실입니다. 그의 『신학대전』(*Summa Theologiae*)의 앞머리에서 아퀴나스는, 성령의 선물로서 천상의 것들에 대한 지식으로의 통로를 열어주는 지혜의 우위성을 날카롭게 보여주고 있습니다. 그의 신학은 우리가 신적인 것들

에 대한 신앙과 지식에 밀접하게 연관되어 있는 지혜의 특성을 이해할 수 있게 해줍니다. 이 지혜는 천성적으로(per connaturalitatem) 알려지게 됩니다. 그것은 신앙을 전제로 하고 있고, 결국 신앙 자체의 진리에 입각한 올바른 판단을 형성해 줍니다. "성령의 선물들 가운데 하나인 지혜는 지성적 덕 가운데서 발견되는 지혜와는 구별됩니다. 이 두 번째 지혜는 연구를 통해서 얻어지지만, 첫 번째 지혜는 야고보 사도가 말하고 있는 것처럼 '높은 데서 옵니다.' 이것은 또한 신앙과도 구별되는데, 그것은 신앙이 신적인 진리를 있는 그대로 받아들이기 때문입니다. 그러나 지혜의 선물은 신적인 진리에 따라서 판단할 수 있게 해줍니다."

그렇지만 이 지혜에 어울리는 우위성은 천사적 박사가 철학적 지혜와 신학적 지혜라는 지혜의 다른 두 개의 보충적 형태들이 있다는 것을 간과하게 만들지 않습니다. '철학적 지혜'는 자연적인 제약을 가지고 있는 지성의 실재 탐구 역량에 기초를 두고 있고, 신학적 지혜는 계시에 기초를 두고 신앙의 내용들을 탐구하여 하느님의 신비에 접근해 갑니다.

"진리는 누가 발설하든지 간에 모두 성령으로부터 오는 것"(omne verum a quocumque dicatur a Spiritu Sancto est)임을 깊이 확신하고 있던 성 토마스는 그의 진리 사랑에 공평무사했습니다. 그는 어디에서든지 진리를 추구하였고, 진리의 보편성을 입증하는 데 전력을 다했습니다. 교회의 교도권은 그에게서 진리를 향한 열정을 인정하였습니다. 그리고 정확히 그것이 일관되게 보편적이고 객관적이며 초월적인 진리의 지평 속에 머무르기 때문에, 그의 사상은 '인간 지성이 결코 생각해 낼 수 없었을 높은 경지'에 도달했습니다. 그는 정당하게도 '진리의 사도'(apostolus veritatis)라고 불릴 수 있을 것입니다. 확고하게 진리만을 추구하는 토마스의 실재주의(realismus)는 진리의 객관성을 인정하고 '현상'의 철학뿐만 아니라 '존재'의 철학(philosophia essendi)까지도 제시할 수 있습니다.

57. 그러나 교도권은 철학 이론들의 오류들과 일탈들을 지적하기만 하는 것은 아닙니다. 이에 못지않은 관심을 가지고 교회 교도권은 철학적 탐구의 진정한 쇄신의 기본 원리들을 강조하고 특정 방향을 지시하기도 합니다. 이 점에서 교황 레오 13세께서는 회칙 『영원하신 아버지』(Aeterni Patris)에서 교회 생활을 위해 역사적으로 매우 중요한 일보를 내디디셨습니다. 왜냐하면 그 회칙은 오늘날까지도 온전히 철학만을 위해 작성된 유일한 권위 있는 교황 문헌으로 남아 있기 때문입니다. 이 위대한 교황께서는 신앙과 이성 사이의 관계에 관한 제1차 바티칸공의회의 가르침을 발전시키는 가운데, 철학적 사고가 신앙과 신학에 얼마나 깊이 공헌하는지를 보여주셨습니다. 한 세기 이상이 지났지만 그 회칙이 담고 있는 실천적이고 교육적인 통찰들은 그 중요성을 조금도 잃어버리지 않았습니다. 특히 성 토마스의 철학이 지니고 있는 그 어느 것에도 비할 수 없는 가치에 관한 강조는 더욱 그렇습니다. '천사적 박사'의 사상에 대한 쇄신된 강조야말로 교황 레오 13세께는 신앙의 요구들에 부합되는 철학의 활용을 활성화시키는 최선의 길로 비쳐졌습니다. "성 토마스는 이성과 신앙을 날카롭게 구분하였습니다. 그러나 이 양자를 조화시켜 각각 자신의 권리와 품위를 고스란히 간직하게 할 수 있었습니다."

78. 이 성찰들의 빛 속에서, 교도권이 왜 반복적으로 성 토마스 사상의 공로들을 격찬하고 그를 신학 연구의 인도자이며 전형(典型)으로 삼았는지가 명백히 드러납니다. 이것은 순수하게 철학적인 문제들에 대해서 어떤 입장을 취하기 위해서도 아니고, 또 특정 이론들에 대한 호감을 표시하기 위한 것도 아니었습니다. 교도권의 의도는 언제나, 성 토마스가 어떤 의미에서 진리를 추구하는 모든 사람을 위한 진정한 전형인지를 보여주자는 것이었습니다. 실상 그의 성찰 속에서 이성의 요구들과 신앙의 힘이, 일찍이 인간 사고가 이룩한 가장 고상한 종합을 발견합니다. 왜냐하면 그는 이성에게 고유한 모험을 평가 절하함이 없이, 계시를 통해서 도입된 근본적인 새로움을 옹호할 수 있었기 때문입니다.

## 『신학대전』 완간을 꿈꾸며

그리스도교 2000년 역사에서는 물론 인류 문화사에서도 경이로운 불후의 걸작으로 인정받고 있는 방대한 『신학대전』을 대역판으로 간행하는 이 대사업은 정의채(鄭義采) 몬시뇰(1925-2023)의 혜안과 용단에서 비롯되었다. 몬시뇰께서는 그리스도교 전래 200주년(1784-1984년)을 기념한 다음해인 1985년에 첫 권을 발간한 이래 꾸준히, 어려운 여건 가운데서도 고군분투하며 전체 3부 60권(보충부까지 포함하면 72권) 가운데 10권을 직접 번역하였고, 2006년 즈음부터는 소장 학자들에게도 번역 지침을 주어 과제를 분담하고 또 탈고 단계에서는 직접 감수를 통해 지도 편달함으로써 5권을 더 출간하였다. 여기에는 강윤희 신부, 김율 교수, 김정국 신부, 김춘오 신부, 윤종국 신부, 이상섭 교수, 이진남 교수, 채이병 박사 등이 참여했고, 막바지에는 이재룡 신부도 가담했다. 그렇게 해서 제1부를 모두 마치고, 인간의 윤리 문제(제2부 전체)의 궁극 목표인 '행복'에 관해 논하는 첫 다섯 문제(제16권)까지 출간해냈다.

이제까지 도서 출판을 통한 복음 전파를 카리스마로 삼고 있는 '바오로딸수도회'가 어려운 출판 여건 속에서도 큰 희생을 기꺼이 감내하며 몬시뇰의 피땀 어린 노력을 묵묵히 뒷받침해 왔다. 몬시뇰과 수도회에 깊은 존경과 감사의 뜻을 전하고 싶다.

그런 가운데 서울대교구 교구장이신 염수정(廉洙政) 추기경은 2016년 8월, 15년 뒤에 맞게 될 천주교 조선교구 설정 200주년(1831-2031

년)까지는 『신학대전』을 완간해야겠다는 큰 계획을 세우고 이미 번역진에 합류하고 있던 이재룡 신부를 그 전담 책임자로 임명하였다. 계획대로 추진된다면, 그리스도교가 이 땅에 들어온 지 근 반세기 만에 교구가 설정됨으로써 제대로 체제를 갖춘 당당한 지역 교회가 되었듯이, 『신학대전』도 근 반세기 만에 완간될 것이다.

전담 책임을 맡은 이재룡 신부는 우선 '한국성토마스연구소'(St. Thomas Institute in Korea)를 설립하고, 바오로딸출판사와 긴밀히 상의하며 이제까지 몬시뇰께서 추진해온 출간사업을 계승하여, 완간된 부분과 진행 중인 작업들을 총점검하고 향후 사업 일정을 확정하여 2017년 12월《천주교조선교구설정 200주년기념 신학대전간행사업(2019-2031)》이라는 제목으로 교구장님께 보고드렸다. 간행위원단 구성은 손희송 주교, 정의채 몬시뇰, 이재룡 신부(위원장), 안소근 수녀, 윤주현 신부, 이상섭 교수, 정현석 박사로 단순화하였다. 2019년부터 13년간 매년 분책 4-5권씩을 번역해낸다는, 다소 무리한 계획이었지만, 최근 완간된 일어 역본(2007년)과 대만에서 발간된 한역본(2009년)도 자극제가 되어 200주년을 넘지 않도록 서두르기로 하였다.

2019년 말, 감사하게도 총 12개년(2020-2031년)에 걸친 천주교조선교구설정 200주년기념 신학대전간행사업이 문화체육관광부의 '국고지원사업'으로 선정되었다. 사업의 중심 내용은 당연히 『신학대전』의 나머지 부분인 분책 50권('보충부' 포함)의 간행이지만, 여기에 보조장치 3권(『입문』, 『총색인』, 『요약』)과 선결 필수 사업으로 판단되는 3권의 사전(『성 토마스 개념사전』, 『교부학사전』, 『라틴어사전』) 간행을 추가하였다.

이제부터 시작이지만, 여기까지 오는 데에도 우여곡절을 거쳐야 했는데, 매일 묵주기도 5단을 바치며 성모님과 토마스 아퀴나스 성인님께 도움을 청했고, 고비 때마다 기묘한 방식으로 도와주시는 주님 섭리의 손길을 느꼈다. 그리고 많은 분들의 도움을 받았다. 존경하는 교구장님과 정진석(鄭鎭奭) 추기경(1931-2021)님을 비롯한 교구 주교님들과 다른 주교님들, 동창 신부님들과 선후배 신부님들, 그리고 사업을 하시는 몇몇 지인들의 적극적인 격려와 지원 외에도, 일선 사목 현장에서 동고동락했던 잠실, 오류동, 혜화동 성당의 교우들과 교리신학원 제자들도 꾸준히 정기적으로 도움을 주고 있다. 그리고 세 차례에 걸친 국고지원 신청 과정에서 적극적인 행정적 지도와 격려를 아끼지 않은 문화체육관광부의 장우일 종무관과 실무진, 만만찮은 대응자금 문제 때문에 어려움을 겪고 있을 때 길을 열어주고 적극적인 지지를 보내 준 김영국 신부님과 이경상 신부님을 비롯한 학교법인 가톨릭학원 신부님들의 도움이 컸다. 마지막으로, 지난해에 무리한 계획과 국고지원 신청 과정 때문에 출판 일정이 겹치고 뒤엉켜 절망적인 국면에 처했을 때 흔쾌히 도움의 손길을 내밀고 끝까지 동행하기로 한 '기쁜소식'의 전갑수 사장님께 감사의 뜻을 전하고 싶다.

이렇게 많은 분들의 기대와 성원을 받으며 전능하신 하느님의 보호와 우리나라의 주보(主保)이신 성모 마리아의 도우심과 '인류의 스승'(Doctor Humanitatis)인 토마스 성인의 전구에 힘입어 벅찬 희망을 안고 대여정의 첫걸음을 내딛는다.

2020년 성모성월에
한국성토마스연구소에서
간행위원장 이재룡 신부

# 『신학대전』 간행계획
## (2031년 완간)

**[제1부]**
01 (ST I, 1-12) 하느님의 존재, 정의채 옮김, 1985. 3판 2014.
02 (ST I, 13-19) 하느님의 생명, 정의채 옮김, 1993. 2판 2014.
03 (ST I, 20-30) 하느님의 작용과 위격, 정의채 옮김, 1994. 2판 2000.
04 (ST I, 31-38) 위격들의 구별, 정의채 옮김, 1997.
05 (ST I, 39-43) 위격들의 관계, 정의채 옮김, 1998.
06 (ST I, 44-49) 창조, 정의채 옮김, 1999.
07 (ST I, 50-57) 천사, 윤종국 옮김, 2010.
08 (ST I, 58-64) 천사의 활동, 강윤희 옮김, 2020.
09 (ST I, 65-74) 우주 창조, 김춘오 옮김, 2010.
10 (ST I, 75-78) 인간, 정의채 옮김, 2003.
11 (ST I, 79-83) 인간 영혼의 능력, 정의채 옮김, 2003.
12 (ST I, 84-89) 인간의 지성, 정의채 옮김, 2013.
13 (ST I, 90-102) 하느님의 모상으로 창조된 인간, 김율 옮김, 2008.
14 (ST I, 103-114) 하느님의 통치, 이상섭 옮김, 2009.
15 (ST I, 115-119) 우주의 질서, 김정국 옮김, 2010.

**[제2부 제1편]**
16 (ST I-II, 1-5) 행복, 정의채 옮김, 2000.
17 (ST I-II, 6-17) 인간적 행위, 이상섭 옮김, 2019.
18 (ST I-II, 18-21) 도덕성의 원리, 이재룡 옮김, 2019.
19 (ST I-II, 22-30) 정념, 김정국 옮김, 2020.
20 (ST I-II, 31-39) 쾌락, 이재룡 옮김, 2020.
21 (ST I-II, 40-48) 두려움과 분노, 채이병 옮김, 2020.
22 (ST I-II, 49-54) 습성, 이재룡 옮김, 2020.
23 (ST I-II, 55-67) 덕, 이재룡 옮김, 2020.
24 (ST I-II, 68-70) 성령의 선물, 채이병 옮김, 2020.
25 (ST I-II, 71-80) 죄, 안소근 옮김, 2020.
26 (ST I-II, 81-85) 원죄, 정현석 옮김, 2021.
27 (ST I-II, 86-89) 죄의 결과, 윤주현 옮김, 2021.
28 (ST I-II, 90-97) 법, 이진남 옮김, 2020.
29 (ST I-II, 98-105) 옛 법, 이경상 옮김, 2021.
30 (ST I-II, 106-114) 새 법과 은총, 이재룡 옮김, 2021.

**[제2부 제2편]**
31 (ST II-II, 1-7) 신앙, 박승찬 옮김, 2022.
32 (ST II-II, 8-16) 신앙(II), 박승찬 옮김, 2022.
33 (ST II-II, 17-22) 희망, 이재룡 옮김, 2022.
34 (ST II-II, 23-33) 참사랑, 안소근 옮김, 2022.
35 (ST II-II, 34-44) 참사랑(II), 안소근 옮김, 2022.
36 (ST II-II, 45-56) 지혜와 현명, 이상섭 옮김, 2023.
37 (ST II-II, 57-62) 정의, 이재룡 옮김, 2023.
38 (ST II-II, 63-79) 불의, 박동호 옮김, 2023.
39 (ST II-II, 80-91) 종교와 경신, 윤주현 옮김, 2023.

40 (ST II-II, 92-100) 종교와 경신(II), 윤주현 옮김, 2024.
41 (ST II-II, 101-122) 사회적 덕, 김성수 옮김, 2024.
42 (ST II-II, 123-140) 용기, 임경헌 옮김, 2024.
43 (ST II-II, 141-154) 절제, 이재룡 옮김, 2024.
44 (ST II-II, 155-170) 절제(II)
45 (ST II-II, 171-178) 예언과 은사
46 (ST II-II, 179-182) 활동과 관상
47 (ST II-II, 183-189) 사목과 수도생활

[제3부]
48 (ST III, 1-6) 육화하신 말씀
49 (ST III, 7-15) 그리스도의 은총
50 (ST III, 16-26) 하느님과 인간 사이의 중재자
51 (ST III, 27-30) 동정녀 마리아
52 (ST III, 31-37) 그리스도의 유년기
53 (ST III, 38-45) 그리스도의 생활
54 (ST III, 46-52) 그리스도의 수난
55 (ST III, 53-59) 예수 부활
56 (ST III, 60-65) 성사
57 (ST III, 66-72) 세례와 견진
58 (ST III, 73-78) 성체성사
59 (ST III, 79-83) 영성체
60 (ST III, 84-90) 고해성사(*절필)

[보충부]
61 (ST Sup, 1-11) 통회
62 (ST Sup, 12-20) 보속과 열쇠
63 (ST Sup, 21-28) 냉담과 대사
64 (ST Sup, 29-33) 병자성사
65 (ST Sup, 34-40) 성품성사
66 (ST Sup, 41-49) 혼인성사
67 (ST Sup, 50-62) 혼인장애
68 (ST Sup, 63-68) 재혼
69 (ST Sup, 69-74) 죽음과 심판
70 (ST Sup, 75-86) 육신의 부활
71 (ST Sup, 87-96) 최후심판과 성인들
72 (ST Sup, 97-99) 단죄받은 자들
73 (***)       [신학대전 요약]
74 (***)       [신학대전 입문]
75 (***)       [총색인]

## 일러두기

### 1. 『신학대전』의 대구조(macro-structura)

1.1. 성 토마스는 불후의 걸작인 이 방대한 작품을 신플라톤주의의 '발원-귀환'이라는 웅장한 구도를 활용하여 구성하고 있다. 그래서 제1부는 만물이 하느님으로부터 나오는 발원(發源, exitus) 과정이고, 제2부는 만물이 하느님께로 되돌아가는 귀환(歸還, reditus) 여정이며, 제3부는 그 귀환의 길 또는 수단이 되어주신 구세주의 위업(偉業)을 다루고 있다. 보충부는 일찍 찾아온 그의 죽음 때문에 미완으로 남게 된 (제3부의) 공백을 그의 제자, 혹은 제자 그룹이 그의 초창기 작품으로부터 관련 내용을 정리하여 옮겨 채워 넣은 보완 부분이다.

1.2. 'I'(Prima Pars)은 제1부, 'I-II'(Prima Pars Secundae Partis)는 제2부 제1편, 'II-II'(Secunda Pars Secundae Partis)는 제2부 제2편, 'III'(Tertia Pars)은 제3부, 그리고 'Sup.'(Supplementum)은 보충부의 약식 기호들이다.

1.3. 지금 우리의 기획처럼, 방대한 『신학대전』의 내용을 나누어 출간하는 경우에, 분책(分冊)의 기초가 되는 단위로, 여러 개의 문(quaestio)들이 한데 모여 이루는 공동의 주제인 'tract.'(tractatus)를 '논고'(論考)라고 부른다.

1.4. 'q.'(quaestio)라고 표기되는 단위를 '문'(問)이라고 부른다.

1.5. '문'에서 제기된 문제를 해결하기 위해서는 필요한 만큼의 분절

작업(articulatio)이 요구되는데, 이렇게 세분된, 실질적인 논의의 기본 단위를 이루는 'a.'(articulus)를 '절'(節)이라고 부른다.

## 2. 절의 세부 구조(micro-structura)

각각의 절에서 본격적으로 논의되는 세부 내용은 규칙적인 형식으로 구성되어 있고, 크게 두 부분으로 대별된다. 먼저 권위 있는 가르침들이 찬-반(贊反)으로 제시되고, 다음에 저자 자신의 해결책이 제시된다.

2.1. 첫 번째 부분에서는 먼저, 중세 스콜라 학자들의 기본적인 학문 방법인 '권위'(auctoritas), 곧 성경과 교부들, 그리고 때로는 고대 철학자들을 비롯한 사상가들로부터 해당 주제에 대한 가르침들 가운데 (곧 제시될 필자의 입장에 반대되는) '부정적인' 가르침들이 엄선하여 제시된다. 곧 '반론들'(objectiones)로서, 보통 세 개 정도가 제시되는데, '반론 1'(obj.1), '반론 2'(obj.2)라 부른다.

2.2. 다음으로는 (역시 권위들 가운데에서) 그에 대해 반대되는, 곧 저자의 입장을 지지하는 긍정적인 가르침이 (보통은 하나) 제시된다. 곧 '재반론'(sed contra)이다.

2.3. 저자 자신의 독창적 해결책이 제시되는 두 번째 부분도 또다시 두 부분으로 구별되는데, 먼저 '답변'(Respondeo) 부분에서는 그 주제에 대한 저자 자신의 해결책이 제시되며, 가끔은 '본론'(corpus)이라고 불리기도 한다.

2.4. 그런 다음에 '해답'(solutio) 부분에서는 '답변'에서 확인한 결론들을, 앞머리에 제시되었던 반론들 하나하나에 대해 적용한다. 원문

에서 라틴어로 'ad1', 'ad2' 등으로 표시되는 것을 우리는 '제1답', '제2답' 등으로 부른다.

## 3. 본문과 각주에서의 유의 사항

3.1. 번역 대본은 비판본인 레오판(ed. Leonina)을 주로 따르고 있는 마리에티판이다: S. Thomas Aquinatis, *Summa Theologiae*, cum textu ex recensione Leonina, Taurini-Romae, Marietti, 1952.

3.2. (괄호) 속의 내용은 라틴 원문에 있지만, 길고 복잡한 문장 구조가 조금이나마 시각적으로 간명해지도록 역자가 임의로 괄호로 묶은 것이다.

3.3. [꺾쇠괄호] 안의 단어나 구절은 해당 라틴어 원문에는 없으나, 문맥상 요구된다고 판단되는 내용을 삽입한 것이다.

3.4. 성경은 기본적으로 한국천주교주교회의에서 발행한 『성경』을 따르지만, 내용에서 차이가 있는 경우에는 역자가 라틴 원문에 충실하게 번역하고, 각주에 『성경』 구절을 제시하였다.

3.5. 다양한 종류의 각주에 대해 아라비아 숫자로 일련번호를 매겼다. 단, 마리에티판의 권말에 추가주(adnotationes)로 실려 있는 내용을 번역한 경우에는 일련번호에 이어 '(*추가주)'라는 별도의 표시를 했다.

## 4. 약어표에 관하여

4.1. 일반적인 약어들을 '일반 약어표'로 제시하였다.

4.2. 성 토마스의 작품들에 대해서는 약어표를 따로 제시하였다.

4.3. 성경 약어에 대해서는 가톨릭교회에서 통용되는 일반 관례를 따른다.

4.4. 성 아우구스티누스를 비롯한 교부들의 작품들에 대해서는 한국교부학연구회가 펴낸 『교부 문헌 용례집』(수원가톨릭대학교출판부, 2014)을 따른다.

4.5. 아리스토텔레스를 비롯한 고대 사상가들의 작품들에 대한 약어는 한국서양고전철학회 등에서의 일반적인 관례를 준용한다.

# 일반 약어표

| | |
|---|---|
| a. | 절(articulus). 예) '제1절', '제7절' 등. |
| aa | 여러 절들(articuli). 예) aa.1-3은 '제1절에서 제3절까지'를 가리킴. |
| ad1, ad3 | 제1답, 제3답: 절(articulus)을 시작하면서 제기되었던 반론들(objectiones)에 대해, 일일이 '해답'(solutio) 부분에서 해결책으로 제시하는 답변들. |
| c. | 장(capitulum). |
| c. | 본론(corpus) 곧 '답변'(Respondeo)을 가리킴. |
| Can. | 카논(Canon: 공의회의 장엄 결정문). |
| Cf. | 참조(conferire). |
| d. | 구분(divisio). 특히 『명제집』과 『명제집 주해』에서 기본 틀로 제시될 때, '제1구분', '제2구분'으로 표기. 예) 『명제집 주해』 제1권 제2구분 제1문 제3절. (많이들 'divisio'와 혼용하고 있는 'distinctio'는 '구별'.) |
| DH | 『덴칭거-휘너만』 혹은 『규정-선언 편람』(Denzinger-Hunermann이 1991년부터 편찬). |
| DS | 『덴칭거-쇤메처』 혹은 『규정-선언 편람』(Denzinger-Schoenmetzer가 1963년부터 편찬). |
| Ibid. | 같은 작품 또는 같은 곳(Ibidem). |
| ID. | 같은 저자(Idem). |
| lect. | 강(lectio). 예) '제1강', '제2강' 등(단, 서술문에서 지칭 시에는 '강독'.) |
| lib. | 권(liber). 예) '제1권', '제2권' 등. |
| ll. | 행(行, lineae). |
| loc. cit. | 인용된 곳(loco citato). |
| n. | 번(numerum) 또는 그대로 'n'. 예) '2번' 또는 'n.2'. |
| obj. | 반론(objectio). 예) '반론1', '반론2' 등. |

| | |
|---|---|
| op. cit. | 이미 인용된 작품(opere citato). |
| parall. | 병행 문헌(paralleli). |
| PG | 미뉴,『그리스 교부 전집』(Migne, Patrologia Graeca). |
| PL | 미뉴,『라틴 교부 전집』(Migne, Patrologia Latina). |
| Proem. | 머리말(Proemium). |
| Prol. | 머리글(Prologus). |
| q. | 문(quaestio). 예) '제1문', '제89문' 등(단, 간혹 서술 문장 중 특정 '문'을 가리킬 때에는 '문제'라고 지칭할 수도 있다.) 예문) "창조에 관해 논하는 이 '문제'는…." |
| qc. | 소문제(quaestiuncula) (주로『명제집 주해』에 나타남.) |
| qq. | 여러 문들(quaestiones) 예) qq.57-59는 '제57문에서 제59문까지'를 가리킴. |
| Resp. | 답변(Respondeo)[=본론]. |
| s.c./sc | 재반론(Sed contra) 또는 '그러나 반대로'. (보통은 재반론이 하나이지만, 드물게 번호와 함께 두세 개가 제시되기도 한다. 이때에는 '재반론1', '재반론3' 등으로 표기한다.) |
| sol. | 해답(solutio)(단, 기본 틀 가운데에서 반론1에 대한 해답[ad1], 반론2에 대한 해답[ad2] 등은 '제1답', '제2답' 등이라고 지칭.) |
| tract. | 논고(tractatus: 여러 문들이 함께 모여 이루는 논의 주제). |

# 성 토마스 작품 약어표

| | |
|---|---|
| *In Sent.*, I, d.3, q.1, a.3, qc.1, ad1 | 『명제집 주해』 제1권 제3구분 제1문 제3절 제1소문제 제1답 |
| *ScG*, I, II | 『대이교도대전』 제1권, 제2권 |
| *ST*(* 생략) | 『신학대전』 |
| I, q.1, a.1, ad2 | 『신학대전』 제1부 제1문 제1절 제2답 |
| I-II | 『신학대전』 제2부 제1편 |
| II-II | 『신학대전』 제2부 제2편 |
| III | 『신학대전』 제3부 |
| Sup. | 『신학대전』 보충부 |
| *Catena Aurea* | 『황금 사슬』 또는 『4복음서 연속주해』 |
| *Compendium Theol.* | 『신학 요강』 |
| *Contra doct. retrah.* | 『소년의 수도회 입회를 비난하는 전염병과도 같은 가르침 논박』 |
| *Contra err. Graec.* | 『그리스인들의 오류 논박』 |
| *Contra impugn.* | 『전례와 수도회를 거스르는 자들 논박』 |
| *De aetern. mundi* | 『세상 영원성』 |
| *De anima* | 『영혼에 관한 토론문제』 또는 『영혼론』 |
| *De articulis fidei* | 『신앙 요목』 |
| *De beatitudine* | 『참행복』 또는 『진복』 |
| *De caritate* | 『참사랑』 또는 『참사랑에 관한 토론문제』 |
| *De correct. Frat.* | 『형제적 충언』 또는 『형제적 충언에 관한 토론문제』 |
| *De demonstratione* | 『증명론』 |
| *De diff. verbi Domini* | 『하느님의 말씀과 인간의 말의 차이』 |
| *De dilex. Dei et prox.* | 『하느님 사랑과 이웃 사랑』 |

| | |
|---|---|
| *De dimens. indeterm.* | 『무한의 크기』 |
| *De divinis moribus* | 『하느님의 습성』 |
| *De duo. praecep. char.* | 『사랑의 이중계명』 |
| *De empt. et vend.* | 『신용거래』 또는 『매매론』 |
| *De ente et ess.* | 『존재자와 본질』 또는 『유(有)와 본질(本質)에 대하여』 |
| *De eruditione principis* | 『군주 교육』 |
| *De expos. missae* | 『미사 해설』 |
| *De fallaciis* | 『오류론』 |
| *De fato* | 『운명론』 |
| *De forma absol.* | 『사죄경 형식』 |
| *De humanitate Christi* | 『그리스도의 인성』 |
| *De instantibus* | 『순간론』 |
| *De intellectu et intell.* | 『지성과 가지상』 |
| *De inventione medii* | 『수단의 발명』 |
| *De iudiciis astr.* | 『점술가의 판단』 |
| *De magistro* | 『교사론』 또는 『교사에 관한 토론문제』 |
| *De malo* | 『악론』 또는 『악에 관한 토론문제』 |
| *De mixtione element.* | 『요소들의 혼합』 |
| *De motu cordis* | 『심장 운동』 |
| *De natura accidentis* | 『우유의 본성』 |
| *De natura generis* | 『유(類)의 본성』 |
| *De natura loci* | 『장소의 본성』 |
| *De natura luminis* | 『빛의 본성』 |
| *De natura materiae* | 『질료의 본성』 |
| *De natura syllog.* | 『삼단논법의 본성』 |
| *De natura verbi intell.* | 『지성의 말의 본성』 |
| *De occult. oper. naturae* | 『자연의 신비로운 작용』 |
| *De officio sacerdotis* | 『사제의 직무』 |

| | |
|---|---|
| *De perf. vitae spir.* | 『영성생활의 완성』 |
| *De potentia* | 『권능론』 또는 『권능에 관한 토론문제』 |
| *De potentiis animae* | 『영혼의 능력들』 |
| *De principiis naturae* | 『자연의 원리들』 |
| *De principio individ.* | 『개체화의 원리』 |
| *De propos. mod.* | 『양태명제론』 |
| *De purit. consc. et modo conf.* | 『양심의 순수함과 고백 양식』 |
| *De quat. oppositis* | 『네 대당(對當)』 |
| *De quo est et quod est* | 『'그것에 의해 있는 것(존재)'과 '있는 것(본질)'』 |
| *De rationibus fidei* | 『신앙의 근거들』 |
| *De regimine Iudae.* | 『유다인 통치』 |
| *De regimine princ.* | 『군주통치론』 |
| *De secreto* | 『비밀』 |
| *De sensu resp. singul. et intellectu resp. univ.* | 『감각과 개체, 지성과 보편자』 |
| *De sensu respectu singul.* | 『개별자 감각』 |
| *De sortibus* | 『제비뽑기』 |
| *De spe* | 『희망론』 또는 『희망에 관한 토론문제』 |
| *De spir. creat.* | 『영적 피조물』 또는 『영적 피조물에 관한 토론문제』 |
| *De sub. sep.* | 『분리된 실체』 |
| *De tempore* | 『시간론』 |
| *De unione Verbi Incarn.* | 『육화하신 말씀의 결합』 또는 『육화하신 말씀의 결합에 관한 토론문제』 |
| *De unit. vel plurit. formarum* | 『형상의 단일성 여부』 |
| *De unitate Intell.* | 『지성단일성』 |
| *De usuris in communi* | 『고리대금』 |
| *De veritate* | 『진리론』 또는 『진리에 관한 토론문제』 |
| *De virt. card.* | 『사추덕』 또는 『사추덕에 관한 토론문제』 |
| *De virtutibus* | 『덕론』 또는 『덕에 관한 토론문제』 |
| *Ep. ad comitissam* | 『플랑드르 백작부인 회신』 |

| | |
|---|---|
| *Ep. ad duciss. Brabant.* | 『브라방의 백작부인 서신』 |
| *Ep. exhort. de modo stud.* | 『학업 방식에 관한 권고 서한』 |
| *Hymn.: Adoro Te* | 『찬미가: 엎드려 흠숭하나이다』 |
| *In Anal. post.*, I, II | 『분석론 후서 주해』 제1권, 제2권 |
| *In Cant. Canticor.* | 『아가 주해』 |
| *In De anima*, I, II | 『영혼론 주해』 제1권, 제2권 |
| *In De cael.*, I, II | 『천지론 주해』 제1권, 제2권 |
| *In De causis* | 『원인론 주해』 |
| *In De div. nom.* | 『신명론 주해』 |
| *In De gen. et corrupt.* | 『생성소멸론 주해』 |
| *In De hebd.* | 『주간론 주해』 |
| *In De mem. et remin.* | 『기억과 회상 주해』 |
| *In De meteora* | 『기상학 주해』 |
| *In De sensu et sensato* | 『감각과 감각대상 주해』 |
| *In De Trin.* | 『삼위일체론 주해』 |
| *In decem praecept.* | 『십계명 해설』 |
| *In Decretal.* | 『교령 해설』 |
| *In Ep. ad Col.* | 『콜로새서 주해』 |
| *In Ep. ad Ephes.* | 『에페소서 주해』 |
| *In Ep. ad Hebr.* | 『히브리서 주해』 |
| *In Ep. ad Philem.* | 『필레몬서 주해』 |
| *In Ep. ad Philipp.* | 『필리피서 주해』 |
| *In Ep. ad Rom.* | 『로마서 주해』 |
| *In Ep. I ad Cor.* | 『코린토 1서 주해』 |
| *In Ep. II ad Cor.* | 『코린토 2서 주해』 |
| *In Ep. I ad Thess.* | 『테살로니카 1서 주해』 |
| *In Ep. Pauli* | 『바오로 서간 주해』 |
| *In Ethic.*, I, II | 『니코마코스 윤리학 주해』 제1권, 제2권 |
| *In Hieremiam* | 『예레미야서 주해』 |

| | |
|---|---|
| *In Ioan.* | 『요한복음서 주해』 |
| *In Iob* | 『욥기 주해』 |
| *In Isaiam* | 『이사야서 주해』 |
| *In Matth.* | 『마태오복음서 주해』 |
| *In Metaph.*, I, II | 『형이상학 주해』 제1권, 제2권 |
| *In orat. dominicam* | 『주님의 기도 해설』 |
| *In Periherm.*, I, II | 『명제론 주해』 제1권, 제2권 |
| *In Phys.*, I, II | 『자연학 주해』 제1권, 제2권 |
| *In Pol.*, I, II | 『정치학 주해』 제1권, 제2권 |
| *In Psalm.* | 『시편 주해』 |
| *In salut. angelicam* | 『성모송 해설』 |
| *In Symbolorum* | 『사도신경 해설』 |
| *In Threnos* | 『애가 주해』 |
| *Officium de fest. Corp. Dom.* | 『성체축일 성무일도』 |
| *Orationes* | 『기도문』 |
| *Primus tract. de univers.* | 『보편자 제1론』 |
| *Principium* | 『취임 강연』 |
| *Quaestiones Disp.* | 『토론문제집』 |
| *Quodlibet.*, I, II | 『자유토론문제집』 제1 자유토론, 제2 자유토론 |
| *Resp. ad 108* | 『108문항 회신』 |
| *Resp. ad 30* | 『30문항 회신』 |
| *Resp. ad 36* | 『36문항 회신』 |
| *Resp. ad 42(43)* | 『42(43)문항 회신』 |
| *Resp. ad 6* | 『6문항 회신』 |
| *Resp. ad Abba. Casin.* | 『몬테카시노 아빠스 회신』 |
| *Secundus tract. de univers.* | 『보편자 제2론』 |
| *Sermones* | 『설교집』 |
| *Summa totius logicae* | 『총논리학 대전』 |
| *Tabula Ethicorum* | 『윤리학 도표』 |

# '용기' 입문

## 1. '용기' 논고의 자리매김

　토마스 아퀴나스의 '용기' 논고는 『신학대전』 제2부 제2편, 제123문에서 제140문까지를 지칭한다. 『신학대전』 제1부에서는 인간의 원형(exemplar)에 해당하는 하느님과 하느님의 능력에서 발출된 세계, 그리고 피조물 중에서도 특히 인간에 대한 이론적 혹은 인간학적 탐구가 진행되었다. 제2부에서는 제1부의 이러한 이론적 탐구의 결실을 바탕으로 하느님의 모상(imago Dei)인 인간의 삶과 행위에 대한 철학적·신학적 탐구가 진행된다. 한마디로 그것은 인간에 대한(de homine) 탐구이고, 학문적으로 보자면 윤리학적 탐구에 해당한다.[1] 왜냐하면 제2부에서는 인간의 행위를 다루되, 그것이 그의 자유재량(liberum arbitrium)에서 비롯되는 한에서, 달리 말해 인간이 자신의 행위의 원리(principium)인 한에서 다루기 때문이다(I-II, Proem. 참조). 인간적 행위(actio humana)에 관한 이러한 제2부의 탐구는 크게 제1편과 제2편으로 나눠진다. 제1편은 행위의 내적 원리들(최종 목적, 이성과 의지, 정념, 습성으로서의 덕과 악습 등)과 외적 원리들(법과 은총)을 다룬다. 제2편은 덕과 도덕적 주제들에 관한 구체적 탐구로 진행된다. 그 이유는 도덕에 관련되는 한 보편적 논의는 덜 유용하기 때문인데, 왜냐하면 행위는 항상 구

---

[1] "···necesse est considerare singula in speciali, sermones enim morales universales sunt minus utiles, eo quod actiones in particularibus sunt."(II-II, Proem.)

체적인 상황에서 이뤄지기 때문이다. 따라서 윤리학적 논의는 구체적이면 구체적일수록 그 완성도가 더 높아지기 마련이다. 이런 측면에서 보면 제2부 제2편은 토마스의 윤리학의 완성도를 높이는 데 매우 중요한 기여를 하는 부분이다.[2]

'용기' 논고는 바로 이러한 제2부 제2편의 중간쯤에 위치한다. 제2편 전체는 덕과 악습에 대한 세부적 탐구로 구성된다. 토마스는 우선 신학적 덕인 신앙, 희망, 참사랑에 대해 논한 후, 추요덕들(virtutes cardinales)인 현명, 정의, 용기, 그리고 절제를 탐구한다. 이어서 논의는 특정한 사람들에게 속하는 행위들(예언, 은사, 설교, 기적 등)에 관해 진행한다. 추요덕들 가운데 용기를 이해하기 위해서 가장 중요한 덕은 현명이다. 왜냐하면 용기는 실천이성의 덕인 현명이 중용(medium)을

---

[2] 물론 토마스가 용기에 대한 상세하고 종합적인 설명을 제시할 수 있었던 것은 이전의 고대 및 중세철학자들의 가르침이 있었기 때문이다. 예를 들어 플라톤으로부터는 사추덕(四樞德), 아리스토텔레스로부터는 목적론적 관점에서 덕과 행복의 연결, 두려움과 담대함이라는 두 정념 사이의 중용으로서의 용기, 전쟁에서 죽음에 맞서는 것과 관련되는 고유한 의미의 용기 등의 개념을 물려받았다. 키케로로부터는 덕이 플라톤의 사추덕에 해당하는 네 부분으로 구성될 뿐만 아니라 각 덕에 하위 덕들이 속한다는 생각을 물려받았다. 키케로도 용기에 예를 들어 관대, 신뢰, 인내, 항구함 등을 그 부분으로 제시했다(II-II, q.128, a.1, c & ad6 참조). 하지만 용기의 부분으로 속하는 하위 덕들과 그에 반대되는 악습들에 대한 체계적 설명은 키케로 이후 1000년이 넘는 세월이 지난 후, 키케로의 가르침과 아리스토텔레스의 가르침을 종합한 토마스에 와서야 비로소 볼 수 있게 된다. 토마스는 또한 그리스도교 전통으로부터도 많은 가르침을 수용했다. 예를 들어 밀라노의 암브로시우스는 추요덕(virtutes cardinales)이라는 용어를 만들어냈고, 토마스 또한 이 용어를 사용한다. 이는 곧 덕론에서 '축소주의'적 경향을 토마스가 수용했음을 의미하는데, 예를 들어 아우구스티누스도 모든 것을 사랑으로 축소했다(Augustinus, *De moribus ecclesiae*, 15.25). 대 알베르투스 또한 아리스토텔레스가 제시했던 많은 덕을 플라톤의 사추덕으로 통합하고자 시도했다. 그리고 우리는 토마스의 '용기' 논고에서 이러한 시도들이 높은 완성도와 함께 체계적으로 정리되어 있음을 보게 된다. 토마스 용기론의 역사적 배경에 대해서는 다음을 참조: R. 하우저, 「용기의 덕 (II-II, qq.123-140)」, 윤주현 옮김, 스테픈 포프(편저), 『아퀴나스의 윤리학』, 이재룡 외 3인 옮김, 한국성토마스연구소, 2021, 411-417쪽. 그러나 우리가 또한 주의해야 할 것은, 비록 토마스가 용기 문제를 포함해『신학대전』의 문제에서 선임자들의 가르침을 충실하게 따르고 일관된 체계로 작업했다고 하더라도, 그가 "뚜렷한 독창성을 보여" 주었다는 점이다(이재룡, 「'덕' 입문」, 토마스 아퀴나스, 『신학대전 제23권: 덕』, 이재룡 옮김, 한국성토마스연구소, 2020, lvi쪽 참조).

파악함을 전제하기 때문이다(ST, II-II,[3] q.129, a.2 참조). 현명이 파악한 중용에 비이성적 욕구 중 하나인 분노적 부분이 따르면(q.134, a.4, c & ad1; 플라톤,『국가』, 442b 참조), 용기라는 덕이 달성된다. 용기의 중용은 두려움과 담대함이라는 두 정념 사이에 위치한다(q.123, a.3, sc; 아리스토텔레스,『니코마코스 윤리학』, 1115a6). 용기에 대한 이러한 짧은 언급에서 우리는 이미 용기라는 덕을 파악하기 위해서는 영혼의 능력들에 대한 이해가 필요함을 알게 된다. 토마스에서 영혼의 능력들과 그것들의 탁월성에 해당하는 덕들은 다음과 같이 정리될 수 있다.

| | | | 파악력 | | 욕구력 | | |
|---|---|---|---|---|---|---|---|
| 인간 | 감각 | | | → | 비이성적 욕구 | 1. 욕정적 욕구 | 절제 (temperantia) |
| | | | | | | 2. 분노적 욕구 | 용기 (fortitudo) |
| | 이성 | 사변 | 직관적 지성 (intellectus) | → | 이성적 욕구 | 의지 | 정의 (iustitia) |
| | | | 학문적 앎 (scientia) | | | | |
| | | | 지혜(sapientia) | | | | |
| | | 실천 | 현명(prudentia) | | | | |
| | | | 기예(ars) | | | | |

토마스에 따르면 덕은 영혼이 어떤 좋은 성질(qualitas)을 달성한 것으로서 그것을 가진 것을 좋게 만든다. 그런데 인간의 덕 혹은 선은 올바른 이성을 따름에서 성립한다. 절제와 용기는 의지가 올바른 이성을

---

3. 이하 'ST, II-II'는 생략하고, 특별한 언급이 없는 한 'ST, II-II'을 지칭한다.

따르는 방해물들을 제거하는 역할을 담당한다. 즉 의지가 쾌락에 이끌리는 경우, 절제의 덕은 이 방해물을 제거한다. 의지가 이성이 제시한 올바른 욕구 대상을 추구하는 데 있어 어려움에 부딪히는 경우, 바로 이때 용기는 이 방해물을 제거한다(q.123, a.1). 특히 (특수 덕으로서) 용기는 가장 어려운 것, 심각한 위험들에 맞서 확고히 서서 올바른 이성의 명령을 따르는 데서 성립한다(q.123, a.2 ad2). 이는 곧 용기가 모든 육체적 악 중에서 가장 큰 것인 죽음의 두려움에 맞서 확고한 마음을 유지함을 의미한다(q.123, a.4, c & ad2). 따라서 토마스에게서 용기란 "삶과 죽음에 관한 것들에서 욕구를 이성에 복종시키는" 덕으로 규정된다(I-II, q.66. a.4).[4] 용기는 특히 전쟁에서의 죽음과 고유하게 관련되는데, 왜냐하면 전쟁에서의 죽음은 행위자가 어떤 선(여기서는 공동선)을 추구한다는 사실로부터 직접적으로 발생하는 위험이기 때문이다(q.124, a.5).

## 2. 논고의 구조와 내용

제123문에서 용기의 덕에 대한 이러한 기본적인 설명을 제시한 후, 제124문부터 토마스는 용기의 덕에 관련된 다양한 문제들과 개념들을 다룬다. 우선 토마스는 그리스도교적인 특별한 용기의 형태를 제시하는데, 그것은 곧 순교(martyrium)이다. 순교는 용기의 행위이다. 왜냐하면 용기는 특히 전쟁 안에서 죽음의 위험에 반해 선 안에 굳게 서는 것을 의미하는데, 순교자는 죽음으로 위협하는 박해자들과의 싸움(즉 전

---

4. 바티스타 몬딘, 『성 토마스 개념사전』, 이재룡·안소근·윤주현 옮김, 한국성토마스연구소, 2020, 480쪽 참조.

쟁)에서 신앙과 정의를 저버리지 않기 때문이다(q.124, a.2).[5] 계속해서 토마스는 용기에 관련되는 정념인 두려움(q.125)과 담대함(q.127) 및 그것의 지나침과 모자람에 관해 다룬다. 이어지는 많은 문제(qq.128-138)는 용기의 부분들(웅지, 관대, 인내, 항구함)과 그것에 지나침 혹은 모자람을 통해 반하는 악습들에 대해 논한다. 마지막 두 문제는 인간적 본성을 넘어서는 목적(즉 영원한 삶)에 도달하는 것을 돕기 위해 성령이 선물로 주는 용기에 대해 논하는 부분과(q.139), 신법(lex divina)에서 그 용기에 적합한 용기의 계명들이 전수되었다는 점을 밝히는 부분으로(q.140) 구성된다. 이렇게 다소 복잡한 구조들이 전개되는데, '용기' 논고의 전체 내용을 구조적으로 다음과 같이 정리할 수 있다.

| 123 용기 자체에 대하여 |
|---|
| 124 순교martyrium(=주된 동인이 참사랑인 용기의 행위) |
| 125 두려움timor(지나침은 비겁timiditas) |
| 126 두려움 없음intimiditas(=겁 없음impaviditas)(두려움의 모자람) |
| 127 담대함audacia<br>(지나침은 대담함audacia(혹은 무모))<br>(모자람을 나타내는 악습의 이름은 없음) |
| 128 용기의 부분에 대하여 |

---

5. 용기와 순교에 관한 소개는 특히 『신학대전』 독일어 번역(Band 21) '서문'에서 비교적 길게 논의되고 있다. J. F. Groner OP, "Einleitung", in Thomas von Aquin, J. F. Groner OP(Über.), *Summa Theologica. Deutsch-lateinische Ausgabe. Tapferkeit*, Band 21, Heidelberg/ Graz-Wien-Köln: Gemeinschaftsverlag. F. H. Kerle & Verlag Styria, pp.(5)-(12).

| | |
|---|---|
| 129 웅지magnanimitas(용기의 부분, 대상은 큰 영예) (웅지에 신뢰fiducia와 안심securitas이 포함됨) | |
| | 130-133 웅지에 대립하는 악습들 |
| | 130 자만praesumptio(지나침) |
| | 131 야욕ambitio(지나침) |
| | 132 허영inanis gloria(지나침) |
| | 133 소심pusillanimitas(모자람) |
| 134 관대magnificentia(용기의 부분, 대상은 큰 돈의 지출) (아량liberalitas은 보통의 돈의 지출 관련) | |
| | 135 관대에 대립하는 악습들 쩨쩨함parvificentia(모자람) 낭비consumptio(지나침) |
| 136 인내patientia(용기의 부분, 대상은 이성의 선을 방해하는 슬픔) (참을성longanimitas과 구분됨, 대상은 희망된 선의 지연) | |
| 137 항구함perseverantia(용기의 부분, 대상은 선 안에서 오랫동안 머무는 어려움) (강인함constantia을 포함함, 대상은 외적 방해물에 의해 발생된 선 안에 머물기의 어려움) | |
| | 138 항구함에 대립하는 악습들 유약함mollities(모자람) 완고함pertinacia(지나침) |
| 139 용기에 상응하는 성령의 선물들에 대하여 | |
| 140 용기 자체에 속하는 계명들에 관해 | |

### 3. 주요 내용 요약

**용기 자체에 대하여(제123문)**

토마스에 따르면 인간적 선은 올바른 이성을 따름에서 달성되고, 이는 곧 덕에 따른 삶을 의미한다. 따라서 덕은 올바른 이성을 따름으로써 달성되는데, 이 덕은 다시 세 종류로 구분될 수 있다. 즉 지성적 덕, 정의, 그리고 절제와 용기가 그것이다. 이 중에서 정의는 이성의 올바름 자체가 인간적 일들 안에서 확립되는 것을 의미한다. 그러나 절제와 용기는 모두 올바른 이성에 따르는 것을 방해하는 방해물들의 제거와 관계한다. 예를 들어 의지가 쾌락에 이끌리는 경우 절제의 덕이 이 방해물을 제거한다. 또한 의지가 이성적 선을 추구함에 있어 어려움에 부딪히는 경우, 용기의 덕이 바로 이 방해물을 제거한다. 결국 용기는 올바른 이성적 판단을 따르는 것을 방해하는 어떤 어려움을 제거하는 데서 성립된다. 따라서 용기를 통해 인간은 올바른 이성을 따르게 되고, 그런 한에서 용기는 덕임이 분명하다(q.123, a.1).

그런데 용기의 덕은 다시 일반적 의미의 덕과 특수적 의미의 덕으로 구분된다. 용기는 절대적인 마음의 확고함을 뜻할 수 있는데, 이는 일반 덕(virtus generalis)으로서의 용기를 의미한다. 왜냐하면 모든 덕은 확고하게 실행하는 것을 요구하기 때문이다. 그러나 특수 덕(virtus specialis)으로서의 용기는 그 대상이 확고함을 가지기 가장 어려운 것들, 즉 심각한 위험들 안에서 마음의 확고함을 발휘하는 것과 관련된다. 용기를 이렇게 이해한다면, 그것은 특정하게 정해진 대상 범위를 가지기 때문에 특수 덕으로 간주된다(q.123, a.2). 즉 특수 덕으로서의 용기는 견디기 가장 어려운 것들 안에 확고하게 서 있게 만들어주는 탁월성이다(q.123, a.2 ad2). 용기는 또한 이성적 선을 추구하는 가운데 발생하는 가장 어려운 방해물을 제거해야 하기 때문에 항상 두려움과 담대함이라는 정념과 관련된다(q.123, a.3). 용기 있게 행동한다는 것은 두려움과 담대함의 정념과 관련하여 지나치거나 모자람 없이 마땅한 정도의 (q.129, a.7 ad2 참조), 즉 중용에 해당하는(q.129, a.3 ad1 참조) 두려움과 담대함을 가지고 이성적 선의 방해물들을 제거함을 의미한다.

이렇듯 용기를 통해 의지는 가장 큰 악들에 반하여 이성의 선을 확고히 붙잡는다. 따라서 용기는 특히 죽음의 위험들과 관련되는데, 왜냐하면 모든 육체적 악 중에서 가장 두려운 것은 죽음이기 때문이다(q.123, a.4). 그리고 그런 한에서 용기는 고유하게 전쟁 안에 있는 죽음과 관련된다(q.123, a.5). 전쟁에서는 단지 두려움을 견디는 행위보다 담대함을 가지고 마땅한 때에 실제로 공격하는 행위가 더 주된 것이다. 이에 따라 용기는 두려움보다는 담대함의 정념에 더 관계되고, 또한 견딤의 행위보다는 공격함이 더 주된 행위라는 결론이 따라온다(q.123, a.6). 더 근본적으로 용기는 비이성적 욕구 중에서 분노적 부분에서 발생하는 분노의 정념을 사용하여 공격을 실행한다(q.123, a.10). 왜냐하면 분노에는 슬프게 하는 것에 반하여 덤비는 것이 속하고, 따라서 공격함에 협력할 수 있기 때문이다. 또한 토마스에 따르면 이러한 용기는 추요덕에 속한다. 추요덕이란 덕들에 공통적으로 속하는 것을 특히 자신의 권리로 요구하는 덕들을 의미한다(q.123, a.11). 그런데 모든 덕은 확고히 실행함을 욕구한다. 그리고 용기는 가장 큰 고통과 위험인 죽음에까지 대항하여 이성의 선을 확고히 실행하는 것과 관련된다. 따라서 용기는 추요덕에 속한다.

비록 용기가 이렇게 덕행에서 중요한 역할을 하지만, 토마스에 따르면 용기는 모든 덕들 가운데 가장 우월한 덕은 아니다(q.123, a.12). 인간의 선이란 곧 이성의 선이고, 그런 한에서 그 선은 현명이 담당한다. 또한 정의란 모든 인간적 일들에서 현명이 파악한 이성의 질서를 놓는 것을 의미한다. 용기나 절제는 정념을 조절하여 우리로 하여금 현명의 이성의 선과 그것의 실현인 정의의 선에서 이탈되지 않도록 도와준다. 특히 용기는 이성의 선에서 물러나게 하는 가장 큰 요인인 죽음의 위험에 대항하기 때문에 절제보다 더 주된 역할을 한다. 따라서 내용적으로 보면 현명, 정의, 용기, 절제 순으로 덕의 우월성이 형성된다(q.123, a.12).

### 순교에 대하여(제124문)

용기의 덕 자체를 설명한 후, 토마스는 가장 먼저 그리스도교 전통에서 칭송되어 온, 그리고 어떤 면에서는 매우 극단적인 행위인 순교와 용기에 대해 논한다. 그에 따르면 순교는 덕의 행위이다(q.124, a.1). 왜냐하면 덕은 이성의 선 안에 성립하고, 이성의 선의 대상은 진리인데, 순교란 박해자의 공격에 반해 진리 안에 확고히 서 있는 것을 포함하기 때문이다. 특히 순교는 덕 중에서도 용기의 행위이다(q.124, a.2). 왜냐하면 용기는 특히 전쟁 안에서 죽음의 위험에 반해 선 안에 굳게 서는 것을 의미하는데, 순교는 박해자들과의 싸움, 즉 전쟁에서 신앙과 정의를 저버리지 않는 행위이기 때문이다.

### 두려움에 대하여(제125문)

계속해서 토마스는 용기에 관련된 정념들을 논한다. 인간적 행위의 선은 어떤 마땅한 질서 안에 존재하는데, 이때 마땅한 질서란 욕구가 이성의 다스림에 예속됨을 의미한다. 그러므로 인간적 행위 안에서 죄란 무질서 때문에 발생한다. 이성은 추구하거나 회피해야 할 것을 명령하는데, 이성이 추구할 것으로 명령한 것을 욕구는 두려움 때문에 회피할 수 있다. 이때 두려움은 무질서적인 것이 되고, 죄의 근거를 가지게 된다. 그러나 이성이 두려워하며 회피하라고 명령한 것을 욕구가 따를 경우, 이 욕구와 두려움은 무질서하지도 않고 죄도 아니다. 따라서 이성과 일치하는 두려움은 죄가 아님이 밝혀진다(q.125, a.1). 이는 곧 두려움의 죄인 비겁이 용기에 대립함을 의미한다(q.125, a.2). 이렇듯 두려움은 그것이 질서가 없는 한에서 죄인데, 그 무질서가 감각적 욕구에 의해 발생하면 소죄이나, 예를 들어 현세적 악을 피하는 두려움 때문에 신법의 계명을 어긴다면 사죄가 된다(q.125, a.3). 그러나 두려움에 의한 죄는 면제되지는 않지만 다소 경감되는데, 왜냐하면 두려움에 의해 행해진 것은 덜 의지적이기 때문이다(q.125, a.4).

**두려움 없음의 악습에 대하여(제126문)**
두려움의 지나침인 비겁함이 악습인 것처럼, 두려움이 전혀 없는 것 또한 악습이다. 우리 각자에게는 자연적으로 자신의 생명을 사랑하는 것과 그것으로 질서 지어진 것들을 사랑하는 것이 주어졌다. 그러나 그것들은 마땅한 방식으로 사랑받아야 한다. 이러한 것들은, 마치 그것들 안에서 목적이 확립되는 것처럼 사랑받아서는 안 되고, 최종 목적 때문에 사용되어야 하는 한에서 사랑받아야 한다. 그러므로 어떤 이가 이러한 것들에 대한 사랑의 마땅한 방식에서 결여된다면, 그것은 자연적 경향에 반하는 것이고, 결과적으로 죄이다. 즉 마땅히 사랑해야 할 것을 마땅한 방식으로 사랑하지 않으면, 마땅한 방식으로 두려워해야 하는 것보다 덜 두려워할 수 있다. 왜냐하면 두려움은 사랑함에서 나고, 사랑과 두려움에 대한 판단은 하나이고 동일한 것이기 때문이다. 따라서 두려움 없음은 죄이다(q.126, a.1). 그리고 어떤 이가 마땅히 두려워해야 하는 것을 두려워하지 않는 한에서, 겁 없음은 두려움의 모자람을 통해 용기에 대립한다. 왜냐하면 용기는 이성에 따라 조절된 두려움이 포함되기 때문이다(q.126, a.2).

### 담대함에 대하여(제127문)

담대함은 원래 정념의 일종이다. 그리고 정념은 지나침이나 모자람을 통해 악습이 된다. 그런데 어떤 정념의 명칭은 그것의 지나침에게도 부여될 수 있다. 따라서 담대함은 정념이면서, 한편으로는 지나침의 악습을 의미할 수 있다. 그러므로 담대함이 후자의 의미로 사용될 경우(이것에 조금이라도 차이를 주자면, '대담함'이라 부를 수 있을 것이다), 그것은 죄이자(q.127, a.1) 용기에 대립한다(q.127, a.2).

### 용기의 부분들에 대하여(제128문)

여기서 토마스는 용기의 부분들, 즉 용기와 관련된 덕들을 논한다. 그에 따르면 어떤 덕은 세 부분을 가진다. 종속적 부분, 구성적 부분, 잠재적 부분이 그것이다. 그런데 특수한 덕으로서 용기는 죽음의 위험이라는 고유하고 특수한 사안을 가지고 있다. 따라서 특수 덕으로서 용기는 종적으로 구분되는 많은 종속적 부분을 가질 수 없다. 용기의 구성적 혹은 통합적 부분은 죽음의 위험과 관련된 용기의 행위를 실행할 때, 그것 없이는 용기가 존재할 수 없는 부분들을 의미한다. 용기의 잠재적 부분이란 죽음 이외의 위험들에 관련된다. 이것들은 종적으로 용기와 구분되는 덕들이고, 따라서 용기의 본질적 부분이 아니다. 예를 들어 큰일(예: 큰 발표)에 착수하는 것은 실패의 위험에 노출될 수 있다. 그것을 잘하기 위해서는 그 큰일을 잘해 낼 수 있다는 신뢰가 필요하다. 이때 신뢰는 용기와 유사한 것으로 용기의 잠재적 부분에 포함되는데, 왜냐하면 신뢰는 임박한 위험들의 극복에 관련되기 때문이다(q.128, a.1 ad3).

그렇다면 용기의 구성적 부분은 무엇인가? 이 질문에 대해 토마스는 동일한 덕이 관점에 따라 구성적 부분이 되기도 하고 잠재적 부분이 될 수도 있다고 말한다. 예를 들어 신뢰가 죽음의 위험에 관련될 경우 용기의 구성적 부분이 되고, 죽음 이외의 위험들에 관련될 경우 용기의 잠재적 부분이 된다는 말이다. 확신이 용기의 구성적 부분이 되는 경우는 다음과 같다. 즉 용기는 견딤과 공격함이라는 두 행위로 나타나는데, 두 행위 모두 영혼적 차원에서 이 행위가 올바른 용기의 행위라는 신뢰를 필요로 한다. 따라서 신뢰는 용기의 구성적 부분이라고 말해야 한다. 그러나 방금 언급했듯이 신뢰는 또한, 그것이 죽음 이외의 위험에 관련되는 한, 용기의 잠재적 부분이 될 수도 있다. 이때 신뢰는 마치 이차적인 것이 원리적인 것에 연결되는 것처럼 그렇게 용기에 연결된다(q.128, a.1).

### 웅지에 대하여(제129문)

용기의 부분들에 대한 일반적 소개를 한 후, 이어서 토마스는 구체적인 용기의 부분들을 탐구한다. 제일 먼저 나오는 덕은 웅지이다. 웅지의 대상은 외적 선들 중에서 가장 큰 것인 영예이다(q.129, a.1). 그러나 더 정확히 말하면 웅지의 고유한 사안은 보통의 영예가 아니라 큰 영예이다(q.129, a.2). 웅지는 특별히 큰 영예라는 한정된 대상과 관련된 이성의 올바른 판단이기 때문에 특수 덕이다(q.129, aa.3-4). 토마스에 따르면 이런 웅지는 또한 용기의 부분이다. 용기는 죽음의 위험들 안에서 마음을 확고하게 만든다. 웅지 또한 큰 영예를 추구하는 가운데 어려운 난관에 부딪힐 수 있고, 이때 무엇보다 필요한 것이 확고한 마음이다. 이런 면에서 웅지는 마치 이차적인 것들이 주된 것에 결합되는 것처럼 용기에 잠재적으로 연결된다(q.129, a.5). 이런 웅지에는 세부적으로 신뢰와 안심 또한 포함된다. 신뢰는 성취해야 할 어떤 선에 대한 희망을 가지는 것인데, 웅지는 고유하게 어떤 고된 것에 대한 희망과 관련되기 때문이다(q.129, a.6). 안심 또한 웅지에 속한다. 웅지는 신뢰와 희망을 포함하는데, 절망은 희망에 대립한다(q.125, a.2 ad3). 그런데 바로 안심이 이 절망을 물리치기 때문이다(q.129, a.7).

### 자만에 대하여(제130문)

이어서 토마스는 웅지에 대립하는 악습들에 대해 논한다. 우선 토마스는 자만이 죄임을 밝힌다. 무엇이든 신적 이성에 의해 질서 지어져 있는 것들에 반하면 그것은 악습적이고 죄이다. 그런데 자만은 비례에 따른 자신의 능력을 넘어서는 목적을 자신의 것으로 귀속시키는 것을 의미한다. 따라서 자만은 죄이다(q.130, a.1). 이런 자만은 웅지에 지나침을 통해 대립하는 악습인데, 왜냐하면 웅지는 자신에게 적합한 것들보다 더 큰 것들로 향하지는 않기 때문이다(q.130, a.2).

### 야욕에 대하여(제131문)

야욕도 지나침을 통해 웅지에 대립한다. 야욕은 영예에 대한 무질서한 욕구를 의미하기 때문에 항상 죄이다(q.131, a.1). 웅지 또한 영예에 관련되지만, 그것을 마땅함에 따라 사용한다. 반면 야욕은 영예를 마땅하게 사용할 재료로 여기지 않고 그것을 넘어 영예 자체를 추구하고 그런 한에서 웅지에 대립한다(q.131, a.2).

### 허영에 대하여(제132문)

영광이라는 이름은 육체적 혹은 영적 선이 사람들 사이에서 아름답게 드러남을 의미한다. 따라서 영광은 그 자체로 악습은 아니다. 그러나 무엇이든 공허한 것, 말하자면 깨지기 쉽고 쉽게 없어지는 어떤 것에서 영광을 추구할 때 그것은 공허하고 악습적이다. 예를 들어 영광을 판단이 불분명한 사람들로부터 추구하는 것은 악습에 해당한다(q.132, a.1). 이런 허영은 웅지에 대립하는데, 왜냐하면 웅지는 영예와 영예에 따라오는 영광 또한 적절히 사용하기 때문이다. 그러한 허영은 영광을 무질서하게 [즉 지나치게] 추구하기 때문에 웅지에 대립한다(q.132, a.2). 그러나 허영이 곧 그 자체로 치명적인 죄에 속하는 것은 아니다. 단, 만약 인간적 영광에 대한 사랑이 하느님에 대한 참사랑보다 더 크다면, 그것은 치명적 죄에 해당한다(q.132, a.3). 마지막으로 토마스는 허영이 또한 죄종(vitium capitale), 즉 그것으로부터 다른 죄들이 흘러나오는 근원 또는 원리 중 하나라고 말한다. 모든 악습의 여왕은 교만(superbia)이고, 그것은 근본적으로 탁월성에 대한 무질서한 욕구를 내포한다. 허영 또한 탁월성에서 비롯되는 영광에 대한 무질서한 욕구에서 비롯된 것인 한, 그것은 죄종이다(q.132, a.4).

### 소심함에 대하여(제133문)

소심함은 웅지에 모자람을 통해 대립한다. 자연적 경향에 반하는 모든 것은 죄이다. 그런데 각 사물에는 자신의 능력에 상응하는 행위를 실행하기 위한 자연적 경향이 있다. 소심한 사람은 자신의 능력에 상응하는 것으로 향하는 것을 거절하고 자신의 능력의 비례에 미치는 것도 거절한다. 따라서 소심함은 죄이다(q.133, a.1). 이 소심함은 또한 웅지에 대립하는데, 웅지는 마음의 큼으로부터 큰일들로 향하지만, 소심함은 마음의 작음으로부터 자신을 큰일에서 물러나게 하기 때문이다(q.133, a.2).

### 관대에 대하여(제134문)

관대는 용기의 두 번째 부분으로 제시된다. 돈에 대한 욕구와 관련해서는 두 가지 덕이 있다. 관대는 큰 돈의 지출에 관한 것이고, 아량은 보통의 돈의 지출에 관련된 덕이다(q.129, a.2; q.134, a.4 ad1). 이때 아량은 지출을 돈에 대한 사랑과 욕망의 비교를 통해 바라본다. 따라서 그것은 욕정적 부분과 관련된다. 하지만 관대는 어떤 고된 것을 달성하기 위해 지출을 희망과 비교하여 바라본다. 따라서 관대는 분노적 부분에 있게 된다(q.131, a.4 ad1). 이러한 관대가 덕인 이유는 그것이 어떤 큰 것을 행함에 관련되기 때문이다. 왜냐하면 덕은 능력이 할 수 있는 궁극적인 것과 관련되고, 그런 한에서 큰 것을 행함은 고유하게 덕의 개념에 속하기 때문이다(q.134, a.1). 또한 관대한 자는 [이성의 판단에 따라] 균형 잡힌, 즉 비례적인 지출로부터 큰 행업을 수행하기 때문이다(q.134, a.3). 이러한 관대는 또한 특수 덕을 의미할 수도 있는데, 왜냐하면 그것은 특히 큰 돈을 지출하여 기예에 의해 만들어질 수 있는 큰 것에 관련되기 때문이다(q.134, a.2). 토마스는 또한 관대가 부차적인 덕이 주된 덕에 연결되듯이 용기에 연결되고, 그런 한에서 용기의 잠재적 부분이라고 말한다. 왜냐하면 용기가 어떤 고되고 어려운 것들로 향하는 것처럼 관대 또한 사물의 손실 때문에 발생할 수 있는 난관에 관련되기 때문이다(q.134, a.4).

### 쩨쩨함에 대하여(제135문)

쩨쩨함은 말하자면 모자람을 통해 관대에 대립한다. 그것은 관대와는 달리 지출의 작음을 의도하고, 그 결과로 행업의 작음도 의도하게 된다. 쩨쩨한 자는 그러나 지출과 행업에서 이성에 따라 마땅히 지출해야 할 비례에서 벗어나기 때문에 악습이다(q.135, a.1). 바로 그렇기 때문에 쩨쩨함은 낭비의 악습에 대립한다고 말할 수 있다. 낭비란 어떤 이로 하여금 행업에 비례적인 것보다 더 지출하도록 하는 악습이다(q.135, a.2).

### 인내에 대하여(제136문)

인내는 용기의 부분으로 다뤄진다. 토마스에 따르면 도덕적 덕들은 정념들의 충동에 반해 이성의 선을 보존하는 한에서 선으로 질서 지어진다. 그런데 정념들 가운데 슬픔은 이성의 선을 방해하는 데 효과적이다. 인내란 바로 이 슬픔에 대항해서 이성의 선을 보존하는 데 기여한다. 그리고 그런 한에서 덕이다(q.136, a.1). 그렇다고 인내가 다른 덕들 가운데 가장 우월한 것은 아니다. 덕은 선으로 더 많이 그리고 더 직접적으로 인도할수록, 더 주요하고 더 우월하다. 그런데 인내는 인간을 직접적으로 선 안에 세우는 신학적 덕들과 현명, 그리고 정의에 비해 부족할 뿐만 아니라, 더 큰 방해물에서 멀어지게 하는 용기와 절제에 비해서도 부족하기 때문이다(q.136, a.2). 토마스에 따르면 우리가 슬픔과 고통을 인내하는 것은 그것을 통해 얻고자 하는 선이 있기 때문이다. 그런데 다른 정치적 선들을 위해서는 은총 없이 인내할 수 있지만, 하느님을 향한 참사랑은 은총을 통해서가 아니면 야기될 수 없다. 따라서 하느님을 향한 인내는 은총의 도움 없이 소유될 수 없다(q.136, a.3). 또한 인내는, 그것을 통해 어떤 이가 죽음의 위험에 속하는 악을 인내하며 참는 한, 용기의 구성적 부분으로 제시될 수 있다. 그러나 인내가 무엇이든 다른 악과 관련되는 한, 그것은 이차적 덕이 주된 덕에 결합되듯이 용기에 결합된다(q.136, a.4 ad3). 마지막으로 토마스는 참을성과 인내의 관계에 관해서 논한다. 참을성은 슬픔보다는 멀리 떨어진 선에 대한 희망에 더 주목한다. 그리고 그런 한에서 참을성은 웅지와 더 적합성을 가지는 것이 사실이다. 그러나 참을성은 두 가지 점에서 인내와 일치할 수 있다. 하나는 인내에는 멀리 지연된 선을 위해 악을 견디는 것이 포함된다는 점에서이다. 다른 하나는 인내가 희망된 선의 지연에서 발생하는 슬픔을 견디는 것에도 관련된다는 점에서이다(q.136, a.5).

### 항구함에 대하여(제137문)

항구함은 어떤 어려운 일에 오랫동안 버티고 서 있는 것과 관련된다. 항구함은 기본적으로 완성에 이를 때까지 오랫동안 어떤 선 안에서 계속 지속하게 만들어주는 특수 덕이다(q.137, a.1; 관련하여 ad3도 참조). 이런 항구함은 또한 용기의 부분인데, 왜냐하면 어떤 어려운 것을 확고하게 견디는 것 안에 칭찬이 구성되는 모든 덕은, 마치 이차적 덕이 주된 덕에 결합하듯 용기에 결합되는 것이 필연적이기 때문이다(q.137, a.2). 강인함 또한 어떤 선에 확고하게 머물게 하는 한에서 항구함과 목적에서 일치한다. 그러나 항구함은 행위의 오랜 지속성 자체로부터 오는 어려움에 관련되는 반면, 강인함은 다른 외적 방해물들로부터 발생하는 어려움에 관련된다는 점에서 차이가 있다(q.137, a.3). 토마스에 따르면 항구함은 은총을 필요로 하는데, 왜냐하면 인간의 자유재량은 그 자체로 변할 수 있어 죽을 때까지 인간을 선 안에 세우는 것은 자유재량의 능력에 속하지 않기 때문이다(q.137, a.4)

### 유약함과 완고함에 대하여(제138문)

유약함과 완고함은 항구함에 대립하는 악습으로 소개되고 있다. 전자는 모자람으로, 후자는 지나침으로 항구함에 대립한다. 유약한 자는 마땅한 것보다 더 적게 항구하고, 항구한 자는 마땅함에 따라, 즉 중용에 따라 항구함을 유지한다. 그러나 완고한 자는 말하자면 중용의 지나침에 따라 비난받는다(q.138, aa.1-2).

### 용기의 선물에 대하여(제139문)

용기는 마음의 어떤 확고함을 내포하고, 이 마음의 확고함은 행해야 할 선에서뿐만 아니라 견뎌내야 할 악에서도 필요하며, 특히 힘겨운 선 혹은 악 안에서 필요하다. 인간의 마음은 성령에 의해 무엇이든 시작된 행업의 목적으로 움직여지고, 위협하는 모든 위험을 피한다. 그런데 이것은 인간적 본성을 넘어선다. 왜냐하면 때때로 그것은 인간의 능력 아래에 있지 않고, 또한 죽음으로 압박되기 때문이다. 덕으로서의 용기는 영혼을 어떤 위험이든 견디도록 완성하나, 어떤 위험이든 벗어남의 확신을 주기에는 충분하지 않다. 따라서 성령의 선물인 용기가 필요하다(q.139, a.1).

### 용기의 계명들에 대하여(제140문)

법의 계명들은 입법자의 의도를 향해 질서 지어진다. 따라서 입법자가 의도하는 다양한 목적들에 따라 법의 계명들은 다양한 방식으로 제정되어야 한다(q.140, a.1). 그런데 신법의 목적은 인간이 하느님께 달라붙게 하는 것이고(q.140, a.1), 또한 올바르게 살기 위해 필연적인 것들에 관해 완벽하게 가르친다(q.140, a.2). 따라서 다른 덕들에 관한 신법의 계명들과 마찬가지로 용기에 관한 신법의 계명들도 하느님을 향한 정신의 질서에 일치하는 것에 따라 주어진다(q.140, a.1).

## 참고문헌

Cajetan, Thomas de Vio, OP, *In Secunda secundae summae theologiae Sancti Thomae Aquinatis cum commentariis cardinalis Caietani*, Vol.10, Roma, Leoniana, 1899.

Campodonico, A., "Why Wisdom needs Fortitude (and viceversa)", *Teoria* 2(2018), 67-77.

Cartagena, N. L., *The Theology of Fear in Thomas Aquinas's Summa Theologiae*, Lanham, Rowman & Littlefield, 2024.

Casey, J., *Pagan Virtue*, Oxford, Clarendon Press, 1990.

Cessario, R., OP, *The Moral Virtue and Theological Ethic*s, Notre Dame, University of Notre Dame Press, 1991.

Clark, P., "Is Martyrdom Virtuous? An Occasion for Rethinking the Relation of Christ and Virtue in Aquinas," *Journal of the Society of Christian Ethics* 30/1(2010), 141-159.

DeYoung, R. K., "Power Made Perfect in Weakness: Aquinas's Transformation of the Virtue of Courage," *Medieval Philosophy and Theology* 11(2003), 147-180.

Gauthier, R. A., O.P. *Magnanimité*, Paris, J. Vrin, 1951.

Geach, P. T., *The Virtues*, Cambridge, Cambridge Universiy Press, 1977.

Gorman, R. R., "War and the Virtues in Aquinas's Ehical Thought," *Journal of Military Ethics* 9/3(2010), 245-261.

Groner, J. F. OP, "Einleitung", in Thomas von Aquin, J. F. Groner OP(Über.), *Summa Theologica. Deutsch-lateinische Ausgabe. Tapferkeit*, Band 21, Heidelberg/Graz-Wien-Köln, Gemeinschaftsverlag. F. H. Kerle & Verlag

Styria, pp.(5)-(12).

Hause, J., "Aquinas on the Function of Moral Virtue", *American Catholic Quarterly* 81/1(2007), 1-20.

Herdt, J. A., "Aquinas Aristotelian Defense of Martyr Courage," in T. Hoffmann, J. Müller, M. Perkams(eds.), *Aquians and the Nicomachean Ethics*, Cambridge, Cambridge University Press, 2013, pp.110-128.

Hoffmann, T., "Albert the Great and Thomas Aquinas on Magnanimity," in I. Bejczy(ed.), *Virtue Ethics in the Middle Ages*, Leiden: Brill, 2008, pp.101-129.

Inglis, J., "Aquinas's Replication of the Acquired Moral Virtues: Rethinking the Standard Philosophical Interpretation of Moral Virtue in Aquinas", *Journal of Religious Ethics* 27/1(1999), 3-27.

Keenan S.J., J. F., "Distinguishing Charity as Goodness and Prudence as Rightness: A Key to Thomas's Secunda Pars", *The Thomist* 56/3(1992), 407-426.

Kent, B., "Disposition and Moral Fallibility: The Unaristotelian Aquinas", *History of Philosophy Quarterly* 29/2(2012), 141-157.

Kent, B., "Moral Provincialism", *Religious Studies* 30(1994), 269-285.

Kent, B., *Virtues of the Will: The Transformation of Ethics in the Late Thirteenth Century*, Washington DC, Catholic University of America Press, 1995.

Knobel, A. Mc., "Aquinas and the Pagan Virtues," *International Philosophical Quarterly* 51/3(2011), 339-354.

Langmeier, B., "Hochmut als Tugend? : die "megalopsychia" bei Aristoteles und die theologische Wende der "magnanimitas bei Thomas von Aquin," in C. Ferrari und D. Kiesel(eds.), *Tugend*, Frankfurt am Main, Klostermann Verlag, 2016.

Mattison III, W. C., "Thomas's Categorizations of Virtue: Historical Background and Contemporary Significance," *The Thomist* 74/2(2010), 189-235.

Mirkes, R., "Aquinas on the Unity of Perfect Moral Virtue", *American Catholic*

*Philosophical Quarterly* 71/4(1997), 589-605.

Mirkes, R., "Aquinas's Doctrine of Moral Virtue and Its Significance for Theories of Facility", *The Thomist* 61/2(1997), 189-218.

Müller, J., "Courage as a Cardinal Virtue: a Philosophical Profile", in B. Koch(ed.), *Chivalrous Combatants? The Meaning of Military Virtue Past and Present*, Baden-Baden, Nomos Verlag, 2019, pp.69-94.

Müller, J., "In War And Peace: The Virtue Of Courage In The Writings Of Albert The Great And Thomas Aquinas", in I. Bejczy(ed.), *Virtue Ethics in the Middle Ages*, Leiden, Brill, 2008, pp.77-100.

Niederbacher, B., "Die eingegossene Tugend des Glaubens bei Thomas von Aquin," *Das Mittelalter* 20/2(2015), 266-278.

Osborne Jr., T. M., "The Augustinianism of Thomas Aquinas's Moral Theory", *The Thomist* 67/2(2003), 279-305.

Osborne Jr., Th. M., *Thomas Aquinas on Virtue*, Cambridge, Cambridge University Press, 2022.

Pieper, J., *The Four Cardinal Virtues*, Notre Dame, University of Notre Dame Press, 1965.

Pinckaers, S., OP, *The Sources of Christian Ethics*, St. Mary Thomas Noble(tr.), Washington DC, Catholic University of America Press, 1995.

Reichberg, G. M., "Thomas Aquinas on Military Prudence," *Journal of Military Ethics* 9/3(2010), 262-275.

Reichberg, G. M., "Aquinas on Battlefield Courage," *The Thomist* 74/3(2010), 337-358.

Reichberg, G. M., "Thomas Aquinas on Battlefield Martyrdom," in B. Koch(ed.), *Chivalrous Combatants? The Meaning of Military Virtue Past and Present*, Baden-Baden, Nomos Verlag, 2019, pp.95-106.

Schönberger, R., "Thomas von Aquin - neue Tugenden und alte Tugendethik," in Ch. Halbig, F. Timmermann(eds.), *Handbuch Tugend und Tugendethik*, Wiesbaden, Springer Fachmedien, 2021, pp.177-197.

Shanley O.P., B. J., "Aquinas on Pagan Virtue", *The Thomist* 63/4(1999), 553-577.

Sherman, T. S., & Kaczor, C., *Thomas Aquinas on the Cardinal Virtues: A Summa of the Summa on Prudence, Justice, Temperance, and Courage*, Washington, The Catholic University of America Press, 2020.

te Velde, R., "The Hybrid Character of the Infused Virtue According to Thomas Aquinas," in H. Goris, L. Hendriks, H. Schoot(eds.), *Faith, Hope and Love: Thomas Aquinas on Living by the Theological Virtues*, Leuven, Peetrs Publishers, 2015, pp.25-44.

Thomas, Eckhart, Beier, Kathi, & Roesner, Martina, Über die Tugend, Baden-Baden, Verlag Karl Alber, 2023.

Yearly, L. H., *Mencius and Aquinas: Theories of Virtue and Conception of Courage*, Albany, State University of New York Press, 1990.

강상진, 「아리스토텔레스 덕론」, 『가톨릭철학』 9(2007), 11-39쪽.

김율, 「정념에 대한 책임: 성 토마스 아퀴나스의 이론을 중심으로」, 『가톨릭철학』 8(2006), 82-115쪽.

몬딘, 바티스타, 『성 토마스 개념사전』, 이재룡·안소근·윤주현 옮김, 횡성: 한국성토마스연구소, 2020, 479-480쪽.

서병창, 『토마스 아퀴나스의 윤리학』, 서울: 누멘, 2016.

손은실, 「원대한 마음과 겸손은 양립가능한가?: 아리스토텔레스 윤리학과 그리스도교 신앙의 충돌을 둘러싼 13세기 파리대학가의 논쟁」, 『철학사상』 51(2014), 3-30쪽.

아리스토텔레스, 『니코마코스 윤리학』, 강상진·김재홍·이창우 옮김, 서울: 도서출판 길, 2019.

아퀴나스, 토마스, 『신학대전 제23권: 덕』, 이재룡 옮김, 횡성: 한국성토마스연구소, 2020.

이상섭, 『악(惡)과 죄종(罪宗): 토마스 아퀴나스의 『악에 대한 토론문제집』 풀어 읽기』, 서울: 서강대학교출판부, 2021.

이재룡, 「'덕' 입문」, 토마스 아퀴나스, 『신학대전 제23권: 덕』, 이재룡 옮김, 횡성: 한국성토마스연구소, 2020, xl-lxxi쪽.

이진남, 「지성과의 화해: 아리스토텔레스와 아퀴나스의 욕구 개념 토마스 아퀴나스의 덕론」, 『범한철학』 54(2009), 169-194쪽.

임경헌, 「현명과 다른 덕들의 연결에 관한 연구: 토마스 아퀴나스의 덕론을 중심으로」, 『가톨릭철학』 39(2022), 141-174쪽.

채이병, 「성 토마스 아퀴나스의 덕론」, 『가톨릭철학』 9(2007), 44-75쪽.

켄트, B., 「습성과 덕(I-II, qq.49-70)」, 이재룡 옮김, 스테픈 포프(편저), 『아퀴나스의 윤리학』, 이재룡·김도형·안소근·윤주현 옮김, 횡성: 한국성토마스연구소, 2021, 158-178쪽.

피퍼, 요셉, 『그리스도교 인간상: 덕에 대하여』, 김형수 옮김, 서울: 가톨릭대학교출판부, 2018.

핑케어스, 세르베, 『정념과 덕』, 이재룡 옮김, 횡성: 한국성토마스연구소, 2023.

패렐, 월터, OP, 『성 토마스 아퀴나스의 신학대전 해설서(III)』, 윤주현·조규홍 옮김, 수원가톨릭대학교출판부, 2021, 제14-15장.

하우저, R., 「용기의 덕(II-II, qq.123-140)」, 윤주현 옮김, 스테픈 포프(편저), 『아퀴나스의 윤리학』, 이재룡·김도형·안소근·윤주현 옮김, 횡성: 한국성토마스연구소, 2021, 411-434쪽.

토마스 아퀴나스 신학대전 42

# 용기

제2부 제2편
제123문 - 제140문

## QUAESTIO CXXIII
# DE FORTITUDINE
*in duodecim articulos divisa*

Consequenter, post iustitiam, considerandum est de fortitudine.[1] Et primo, de ipsa virtute fortitudinis; secundo, de partibus eius[2]; tertio, de dono ei correspondente[3]; quarto, de praeceptis ad ipsam pertinentibus.[4]

Circa fortitudinem autem consideranda sunt tria, primo quidem, de ipsa fortitudine; secundo, de actu praecipuo eius, scilicet de martyrio[5]; tertio, de vitiis oppositis.[6]

Circa primum quaeruntur duodecim.

*Primo:* utrum fortitudo sit virtus.

*Secundo:* utrum sit virtus specialis.

*Tertio:* utrum sit circa timores et audacias.

*Quarto:* utrum sit solum circa timorem mortis.

*Quinto:* utrum sit solum in rebus bellicis.

*Sexto:* utrum sustinere sit praecipuus actus eius.

*Septimo:* utrum operetur propter proprium bonum.

*Octavo:* utrum habeat delectationem in suo actu.

---

1. Cf. Prol.; qq.47 & 57, Introd.
2. Q.128.
3. Q.139.

## 제123문
# 용기에 대하여
(전12절)

정의에 이어서 용기에 관해 고찰해야 한다.[1] 첫째, 용기의 덕 자체에 관해, 둘째, 그것의 부분들에 관해,[2] 셋째, 그것에 상응하는 성령의 선물(donum)에 관해,[3] 넷째, 그것 자체에 속하는 계명들(praeceptum)에 관해.[4]

용기에 관해서는 세 가지가 고찰되어야 한다: 첫째, 용기 자체에 대하여, 둘째, 그것의 주된 행위, 즉 순교에 대하여,[5] 셋째, 대립하는 악습들에 대하여.[6]

첫째에 대해서는 다음 열두 가지 질문이 제기된다.

1. 용기는 덕인가?
2. 용기는 특수 덕인가?
3. 용기는 두려움과 담대함에 관한 것인가?
4. 용기는 오직 죽음의 두려움에 관한 것인가?
5. 용기는 오직 전쟁에만 관련되는가?
6. 견딤은 그것의 주된 활동인가?
7. 용기는 자신의 고유한 선 때문에 작용하는가?
8. 용기는 자신의 행위 안에서 쾌락을 가지는가?

---

4. Q.140.
5. Q.124.
6. Q.125.

*Nono:* utrum fortitudo maxime consistat in repentinis.

*Decimo:* utrum utatur ira in sua operatione.

*Undecimo:* utrum sit virtus cardinalis.

*Duodecimo:* de comparatione eius ad alias virtutes cardinales.

## Articulus 1
### Utrum fortitudo sit virtus

Ad primum sic proceditur. Videtur quod fortitudo non sit virtus.

1. Dicit enim Apostolus, II *ad Cor.* 12, [9]: *Virtus in infirmitate perficitur.* Sed fortitudo infirmitati opponitur. Ergo fortitudo non est virtus.

2. Praeterea, si est virtus, aut est theologica, aut intellectualis, aut moralis. Sed fortitudo neque continetur inter virtutes theologicas, neque inter intellectuales, ut ex supra[1] dictis patet. Neque etiam videtur esse virtus moralis. Quia, ut Philosophus dicit, in III *Ethic.*,[2] videntur aliqui esse fortes propter ignorantiam, aut etiam propter experientiam, sicut milites, quae magis pertinent ad artem quam ad virtutem moralem: quidam etiam dicuntur esse fortes propter aliquas passiones, puta propter timorem comminationum vel dehonoratio-

---

1. I-II, q.57, a.2; q.62, a.3

9. 용기는 주로 갑작스러운 것들 안에 있는가?
10. 용기는 자신의 작용에서 분노를 사용하는가?
11. 용기는 추요덕인가?
12. 다른 추요덕들과 용기의 비교.

## 제1절 용기는 덕인가

Parall.: I-II, q.61, a.2; *De virt.*, q.1, a.12.

[반론] 첫째에 대해서는 다음과 같이 진행된다. 용기는 덕이 아닌 것으로 보인다.

1. 왜냐하면 사도는 코린토 2서 12장 [9절]에서 "나의 힘은 약함에서 완성된다."라고 말하기 때문이다. 그러나 용기는 약함에 대립한다. 따라서 용기는 덕이 아니다.

2. 만약 그것이 덕이라면 그것은 신학적, 지성적 혹은 도덕적 덕이다. 그러나 용기는, 위에서¹ 말한 것으로부터 분명한 것처럼, 신학적 덕이나 지성적 덕들 사이에 포함되지 않는다. 그것은 또한 도덕적 덕도 아닌 것으로 보인다. 왜냐하면 철학자가 『니코마코스 윤리학』 제3권²에서 말하듯이, 어떤 이들은 무지 때문에 혹은 군인들의 경우처럼, 경험 때문에 용감한 것으로 보이기 때문이다. 그런데 이 두 경우는 도덕적 덕보다는 기예에 속한다. 또한 어떤 이들은 어

---

2. Aristoteles, *Ethica Nic.*, III, c.11, 1116a 16-21; S. Thomas, lect.16, nn.559-560.

nis, aut etiam propter tristitiam vel iram, seu spem; virtus autem moralis non operatur ex passione, sed ex electione, ut supra[3] habitum est. Ergo fortitudo non est virtus.

3. Praeterea, virtus humana maxime consistit in anima: est enim *bona qualitas mentis,* ut supra[4] iam dictum est. Sed fortitudo videtur consistere in corpore: vel saltem corporis complexionem sequi. Ergo videtur quod fortitudo non sit virtus.

SED CONTRA est quod Augustinus, in libro *de Moribus Eccle.*,[5] fortitudinem inter virtutes numerat.

RESPONDEO dicendum quod, secundum Philosophum, in II *Ethic.*,[6] *virtus est quae bonum facit habentem, et opus eius bonum reddit:* unde *virtus hominis,* de qua loquimur, est *quae bonum facit hominem, et opus eius bonum reddit.* Bonum autem hominis est secundum rationem esse, secundum Dionysium, 4 cap. *de Div. Nom.*.[7] Et ideo ad virtutem humanam pertinet ut faciat hominem et opus eius secundum rationem esse. – Quod quidem tripliciter contingit. Uno modo, secundum quod ipsa ratio rectificatur: quod fit per virtutes intellectuales. Alio modo, secundum quod ipsa rectitudo rationis in rebus humanis instituitur: quod pertinet ad iustitiam. Tertio,

---

3. I-II, q.59, a.1.
4. I-II, q.55, a.4.
5. Augustinus, *De mor. Eccl.*, I, c.15: PL 32, 1322.

떤 정념들 때문에 용감하다고 말한다. 예를 들어 위협이나 불명예에 대한 두려움 때문에 혹은 슬픔이나 분노 또는 희망 때문에. 그러나 도덕적 덕은, 위에서[3] 다룬 것처럼 정념으로부터가 아니라 선택으로부터 작용한다. 따라서 용기는 덕이 아니다.

3. 인간적 덕은 무엇보다도 영혼 안에 자리 잡고 있다. 왜냐하면 그것은, 위에서[4] 말한 것처럼 정신의 좋은 특성이기 때문이다. 그러나 용기는 육체에 있는 것으로 보인다. 혹은 적어도 육체의 기질을 따르는 것으로 보인다. 따라서 용기는 덕이 아닌 것으로 보인다.

[재반론] 그러나 반대로 아우구스티누스는 『가톨릭교회의 관습』에서[5] 용기를 덕들 가운데 중요하게 열거하였다.

[답변] 『니코마코스 윤리학』 제2권[6]에서 철학자에 따르면 덕은 그것을 가진 이를 좋게 만들고, 또한 그의 행업을 좋게 만든다. 따라서 우리가 말하고 있는 인간의 덕은 인간을 좋게 만드는 것이고, 또한 그의 행업을 좋게 만드는 것이다. 그런데 디오니시우스의 『신명론(神名論)』 제4장[7]에 따르면 인간의 선은 이성을 따르는 것이다. 따라서 인간적 덕에는 인간과 그의 행업이 이성에 따르도록 만드는 것이 포함된다. 그런데 그것은 세 가지 방식으로 이뤄진다. 하나의 방식으로는 이성 자체가 바르게 되는 것에 따라서이다. 이것은 지성적 덕들을 통해 이뤄진다. 다른 방식으로는 이성의 올바름 자체가 인간적 일들 안에

---

6. *Ethica Nic.*, II, c.5, 1106a15-23; S. Thomas, lect.6, nn.307-308. Cf. I-II, q.55, a.3, sc.
7. PG 733 A; S. Thomas, lect.22, n.592. Cf. I-II, q.18, a.5

secundum quod tolluntur impedimenta huius rectitudinis in rebus humanis ponendae. — Dupliciter autem impeditur voluntas humana ne rectitudinem rationis sequatur. Uno modo, per hoc quod attrahitur ab aliquo delectabili ad aliud quam rectitudo rationis requirat: et hoc impedimentum tollit virtus temperantiae. Alio modo, per hoc quod voluntatem repellit ab eo quod est secundum rationem, propter aliquid difficile quod incumbit. Et ad hoc impedimentum tollendum requiritur fortitudo mentis, qua scilicet huiusmodi difficultatibus resistat: sicut et homo per fortitudinem corporalem impedimenta corporalia superat et repellit. Unde manifestum est quod fortitudo est virtus, inquantum facit hominem secundum rationem esse.

AD PRIMUM ergo dicendum quod virtus animae non perficitur in infirmitate animae, sed in infirmitate carnis, de qua Apostolus loquebatur. Hoc autem ad fortitudinem mentis pertinet, quod infirmitatem carnis fortiter ferat: quod pertinet ad virtutem patientiae vel fortitudinis. Et quod homo propriam infirmitatem recognoscat, pertinet ad perfectionem quae dicitur humilitas.[8]

AD SECUNDUM dicendum quod exteriorem virtutis actum quandoque aliqui efficiunt non habentes virtutem, ex aliqua alia causa quam ex virtute. Et ideo Philosophus, in III *Ethic.*,[9] ponit quinque modos eorum qui similitudinarie dicuntur fortes, quasi exercentes ac-

---

8. Cf. q.35, a.1, ad3; cf. etiam I-II, q.55, a.3, ad3.

서 확립되는 것에 따라서이다. 이것은 정의에 속한다. 세 번째로는, 인간적 일들 안에서 설정되어야만 하는 이 올바름에 대한 방해물들을 제거하는 것에 따라서이다. 그런데 인간적 의지는 두 가지 방식으로 이성의 올바름을 따르지 못하도록 방해된다. 하나의 방식으로는 의지가 어떤 쾌락적인 것에 의해 이성의 올바름이 요구하는 것과는 다른 어떤 것으로 이끌리게 되는 것을 통해서이다. 그리고 이 방해를 절제의 덕이 제거한다. 다른 방식으로는 들이닥치는 어떤 어려운 것 때문에, 이성에 따르는 것으로부터 의지를 물리치는 것을 통해서이다. 그리고 이 방해물을 제거하기 위해 정신의 용기가 필요하다. 그것을 통해 의지는 이러한 종류의 어려움들에 저항한다. 그것은 마치 인간이 육체적 강함을 통해 육체적 방해물들을 극복하고 물리치는 것과 같다. 따라서 용기는 인간이 이성을 따르게 만드는 한에서, 덕이 분명하다.

[해답] 1. 영혼의 덕은 영혼의 약함이 아니라 육체의 약함 안에서 완성되는데, 사도는 그것에 대해 말했다. 육체의 약함을 용감하게 견디는 것은 정신의 용기에 속하고, 그것은 인내 또는 용기의 덕에 속한다. 그리고 인간이 고유한 약함을 인지하는 것은 겸손[8]이라고 불리는 완전성에 속한다.

2. 때때로 어떤 사람들은 덕을 가지는 것 없이, 덕보다는 어떤 다른 원인으로부터 덕의 외적 행위를 행한다. 따라서 철학자는 『니코마코스 윤리학』 제3권[9]에서 유사하게 용감하다고 불리는 자들, 말하자면 덕 없이 용기를 행하는 자들에 관해 다섯 가지 방식을 제시한다. 그런

---

9. *Ethica Nic.*, III, c.11, 1116a16-21; S. Thomas, lect.16, nn.559-560.

tum fortitudinis praeter virtutem. Quod quidem contingit tripliciter. Primo quidem, quia feruntur in id quod est difficile ac si non esset difficile. Quod in tres modos dividitur. Quandoque enim hoc accidit propter ignorantiam: quia scilicet homo non percipit magnitudinem periculi. Quandoque autem hoc accidit propter hoc quod homo est bonae spei ad pericula vincenda: puta cum expertus est se saepe pericula evasisse. Quandoque autem hoc accidit propter scientiam et artem quandam: sicut contingit in militibus, qui propter peritiam armorum et exercitium non reputant gravia pericula belli, aestimantes se per suam artem posse contra ea defendi; sicut Vegetius dicit, in libro *De Re Militari*[10]: *Nemo facere metuit quod se bene didicisse confidit*. – Alio modo agit aliquis actum fortitudinis sine virtute, propter impulsum passionis: vel tristitiae, quam vult repellere; vel etiam irae. – Tertio modo, propter electionem, non quidem finis debiti, sed alicuius temporalis commodi acquirendi, puta honoris, voluptatis vel lucri; vel alicuius incommodi vitandi, puta vituperii, afflictionis vel damni.

AD TERTIUM dicendum quod ad similitudinem corporalis fortitudinis dicitur fortitudo animae, quae ponitur virtus, ut dictum est.[11] Nec tamen est contra rationem virtutis quod ex naturali complexione aliquis habeat naturalem inclinationem ad virtutem, ut supra[12] dictum est.

---

10. Vegetius, *De Re Militari*, I, c.1; ed. C. Lang, Lipsiae, 1885, p.6, ll.4–5.
11. In corp.

데 그것은 세 가지로 일어난다. 첫째, 그들은 어려운 것으로 이끌리되, 마치 그것이 어렵지 않은 양 이끌리기 때문이다. 그것은 세 방식으로 나눠진다. 때로는 이것이 무지 때문에 발생한다. 왜냐하면 인간은 위험의 크기를 지각하지 못하기 때문이다. 그러나 때로는 인간이 위험들을 이겨내리라는 큰 희망을 갖고 있기 때문에 이것이 발생한다. 예를 들어 그가 자주 위험에서 벗어났던 것을 경험했을 때이다. 그런데 때로는 이것이 어떤 지식과 기예 때문에 발생한다. 예를 들어 그것은 군인들 안에서 발생하는데, 그들은 무기들에 대한 전문적 지식과 훈련을 통해 전쟁의 위험을 무겁게 여기지 않고, 자신들이 기예를 통해 그것에 대항해 방어할 수 있다고 평가한다. 마치 베게티우스가 『군사적 일에 관하여』[10]에서 "누구도 자신이 잘 배웠다고 확신하는 것을 행하는 것을 두려워하지 않는다."라고 말하는 바와 같다. 다른 방식으로 어떤 이는 용기의 행위를 덕 없이 정념의 충동 때문에 행한다. 즉 그가 물리치고자 원하는 슬픔 또는 분노의 충동 때문에 그렇게 하는 것이다. 세 번째 방식으로는, 마땅한 목적의 선택 때문이 아니라, 획득해야 하는 어떤 세속적 이익, 예를 들어 영예, 육욕 혹은 재물의 선택 때문이거나 혹은 회피해야 하는 어떤 손해, 예를 들어 비난, 괴로움 혹은 손실을 피하기 위한 선택 때문에 용기의 행위를 하는 것이다.

3. 이미 말한 바와 같이[11] 덕으로 여겨지는 영혼의 용기는 육체적 용기의 유사성에 따라 그렇게 일컬어진다. 그럼에도 위에서 말한 것처럼,[12] 자연적 기질로부터 어떤 이가 덕을 향한 자연적 경향을 가진다는 것은 덕의 개념에 반하지 않는다.

---

12. I-II, q.63, a.1.

# Articulus 2
## Utrum fortitudo sit specialis virtus

Ad secundum sic proceditur. Videtur quod fortitudo non sit specialis virtus.

1. Dicitur enim *Sap.* 8, [7], quod *sapientia sobrietatem et prudentiam docet, iustitiam*[1] *et virtutem:* et ponitur ibi virtus pro fortitudine. Cum ergo nomen virtutis sit commune omnibus virtutibus, videtur quod fortitudo sit generalis virtus.

2. Praeterea, Ambrosius dicit, in I *de Offic.*[2]: *Non mediocris animi est fortitudo, quae sola defendit ornamenta virtutum omnium, et iudicia custodit; et quae inexpiabili praelio adversus omnia vitia decertat. Invicta ad labores, fortis ad pericula, rigidior adversus voluptates, avaritiam fugat tanquam labem quandam quae virtutem effeminet.* Et idem postea subdit de aliis vitiis. Hoc autem non potest convenire alicui speciali virtuti. Ergo fortitudo non est specialis virtus.

3. Praeterea, nomen fortitudinis a firmitate sumptum esse videtur. Sed *firmiter se habere* pertinet ad omnem virtutem, ut dicitur in II *Ethic.*.[3] Ergo fortitudo est generalis virtus.

---

1. Vulgata: *et iustitiam*.
2. Ambrosius, *De offic. min.*, I, c.39, n.192; PL 16, 80 BC.

## 제2절 용기는 특수 덕인가

**Parall.**: Infra, q.137, a.1; I-II, q.61, aa.3-4; *In Sent.*, III, d.33, q.1, a.1, qc.3; *De virtut.*, q.1, a.12, ad23.

**[반론]** 둘째에 대해서는 다음과 같이 진행된다. 용기는 특수 덕이 아닌 것으로 보인다.

1. 왜냐하면 지혜서 8장 [7절]에서 "지혜는 절제와 현명, 정의[1]와 힘(용기)을 가르친다."고 말하기 때문이다. 그리고 거기서 덕은 용기를 위해 제시된 것이다. 따라서 덕이라는 명칭은 모든 덕에 공통적이기 때문에, 용기는 일반 덕으로 보인다.

2. 암브로시우스는 『성직자의 의무』 제1권에서[2] 말한다: "유독 모든 덕의 영예를 지키고 판단을 견지하는 용기는 평범한 마음의 표시가 아니다. 그리고 그것은 모든 악습에 맞서 화해할 수 없는 전투를 벌인다. 수고에 굴하지 않고, 위험에 용감하며, 육욕을 거슬러 더욱 엄격한 용기는 인색을 마치 덕을 나약하게 만드는 어떤 재앙처럼 회피한다." 그리고 그는 그 밖의 다른 악습들에 대해서도 동일한 것을 제시한다. 그런데 이것은 어떤 특수 덕에 부합할 수 없다. 따라서 용기는 특수 덕이 아니다.

3. 용기라는 명칭은 확고함으로부터 취해진 것으로 보인다. 그러나 『니코마코스 윤리학』 제2권[3]에서 말하듯이, "확고하게 처신하는 것은" 모든 덕에 속한다. 따라서 용기는 일반 덕이다.

---

3. *Ethica Nic.*, II, c.3, 1105a32-b5; S. Thomas, lect.4, n.283.

SED CONTRA est quod in XXII *Moral.*,[4] Gregorius connumerat eam aliis virtutibus.

RESPONDEO dicendum quod, sicut supra[5] dictum est, nomen fortitudinis dupliciter accipi potest. Uno modo, secundum quod absolute importat quandam animi firmitatem. Et secundum hoc est generalis virtus, vel potius conditio cuiuslibet virtutis: quia sicut Philosophus dicit, in II *Ethic.*,[6] ad virtutem requiritur *firmiter et immobiliter operari*. – Alio modo potest accipi fortitudo secundum quod importat firmitatem animi in sustinendis et repellendis his in quibus maxime difficile est firmitatem habere, scilicet in aliquibus periculis gravibus. Unde Tullius dicit, in sua *Rhetorica*,[7] quod *fortitudo est considerata periculorum susceptio et laborum perpessio*. Et sic fortitudo ponitur specialis virtus, utpote materiam determinatam habens.

AD PRIMUM ergo dicendum quod secundum philosophum, in I *de Caelo*,[8] nomen *virtutis* refertur ad *ultimum potentiae*. Dicitur autem uno modo potentia naturalis secundum quam aliquis potest resistere corrumpentibus, alio modo secundum quod est principium agendi: ut patet in V *Metaphys.*.[9] Et ideo, quia haec acceptio est communior, nomen virtutis secundum quod importat ultimum talis potentiae, est commune: nam virtus communiter sumpta nihil est aliud

---

4. Gregorius, *Moralia*, XXII, c.1, n.2: PL 76, 212c.
5. I-II, q.61, aa.3-4.

[재반론] 그러나 반대로 그레고리우스는 『욥기의 도덕적 해설』 제22권에서[4] 그것을 다른 덕들과 함께 열거한다.

[답변] 위에서[5] 말한 것처럼, 용기의 명칭은 두 가지 방식으로 받아들여질 수 있다. 하나의 방식으로는 그것이 절대적으로 마음의 어떤 확고함을 뜻하는 것이다. 그리고 이것에 따르면 그것은 일반 덕이거나, 오히려 각각의 덕의 조건이다. 왜냐하면 철학자가 『니코마코스 윤리학』 제2권[6]에서 말하듯이, 덕에는 "확고하고 부동적으로 실행하는 것"이 요구되기 때문이다. 다른 방식으로 용기는 확고함을 가지기가 가장 어려운 것들이면서 견뎌야 하고 물리쳐야 할 것들 안에서, 즉 어떤 심각한 위험들 안에서 마음의 확고함을 의미하는 것으로 받아들여질 수 있다. 따라서 키케로는 자신의 『수사학』[7]에서 "용기는 위험들에 대한 숙고된 수용이고 수고들에 대한 감내이다."라고 말한다. 그리고 이렇게 용기는, 정해진 범위를 가지기 때문에, 특수 덕으로 간주된다.

[해답] 1. 『천체론』 제1권[8]에서 철학자에 따르면 덕이라는 명칭은 "능력의 최대치"와 관련된다. 그런데 자연적 능력은 하나의 방식으로는 그것에 따라 어떤 이가 파괴적인 것들에 맞서 저항할 수 있다고 언급되고, 다른 방식으로는, 『형이상학』 제5권[9]에서 분명하듯이, 그것이 행위의 원리라는 것에 따라 언급된다. 따라서 이 후자의 해석이 더 공통적이기 때문에, 그러한 능력의 최대치라는 의미에서 덕이라는 단어

---

6. *Ethica Nic.*, II, c.3, 1105a32-b3; S. Thomas, lect.4, n.283.
7. Marcus Tullius Cicero, *Rhetorica*, II, c.54: ed. G. Friedrich, Lipsiae, 1908, p.231, ll.5-6.
8. *De caelo*, I, c.11, 281a14-19; S. Thomas, lect.25, n.4.
9. *Metaphysica*, V, c.12, 1019a15-20; S. Thomas, lect.14, n.955.

quam *habitus quo quis potest bene operari.*[10] Secundum autem quod importat ultimum potentiae primo modo dictae, qui quidem est modus magis specialis, attribuitur speciali virtuti, scilicet fortitudini, ad quam pertinet firmiter stare contra quaecumque impugnantia.

AD SECUNDUM dicendum quod Ambrosius accipit fortitudinem large, secundum quod importat animi firmitatem respectu quorumcumque impugnantium. – Et tamen etiam secundum quod est specialis virtus habens determinatam materiam, coadiuvat ad resistendum impugnationibus omnium vitiorum. Qui enim potest firmiter stare in his quae sunt difficillima ad sustinendum, consequens est quod sit idoneus ad resistendum aliis quae sunt minus difficilia.

AD TERTIUM dicendum quod obiectio illa procedit de fortitudine primo modo dicta.[11]

## Articulus 3
## Utrum fortitudo sit circa timores et audacias

Ad tertium sic proceditur. Videtur quod fortitudo non sit circa timores et audacias.

1. Dicit enim Gregorius, VII *Moral.*[1]: *Iustorum fortitudo est carnem*

---

10. Cf. Aristoteles, *Rhet.*, I, c.9, 1366a36-b1.
11. Cf. corp. art.

는 공통적이다. 왜냐하면 공통적으로 받아들여진 덕이란 "그것에 의해 어떤 이가 잘 작용하는 습성"¹⁰ 이외의 다른 것이 아니기 때문이다. 그러나 더 특수한 방식인 첫 번째 방식으로 언급된 능력의 최대치를 의미하는 것인 한, 어떤 방해물에 대해서도 견고하게 맞서는 데 필요한 특수 덕, 즉 용기에 귀속된다.

2. 암브로시우스는 용기를, 모든 공격과 관련하여 마음의 확고함을 의미하는 것에 따라 넓게 수용했다. 그런데도 비록 그것이 정해진 범위를 갖는 특수 덕에 따른다고 하더라도, 그것은 모든 악습의 공격에 저항하는 데 도움이 된다. 왜냐하면 가장 견디기 어려운 것들 안에 확고히 서 있을 수 있는 사람은 필연적으로 덜 어려운 것들에 대해서도 저항할 수 있기 때문이다.

3. 그 반대는 첫 번째 방식으로 말한 용기로부터 진행된다.¹¹

## 제3절 용기는 두려움과 담대함에 관한 것인가

**Parall.**: *In Ethic.*, III, lect.14.

[반론] 셋째에 대해서는 다음과 같이 진행된다. 용기는 두려움과 담대함에 관한 것이 아닌 것으로 보인다.

1. 왜냐하면 그레고리우스는 『욥기의 도덕적 해설』 제7권¹에서 "정

---

1. Gregorius, *Moralia*, c.21, al. 8, in yet. 9.

*vincere, propriis voluptatibus contraire, delectationem vitae praesentis extinguere*. Ergo fortitudo magis videtur esse circa delectationes quam circa timores et audacias.

2. Praeterea, Tullius dicit, in sua Rhetorica,[2] quod ad fortitudinem pertinet *susceptio periculorum et perpessio laborum*. Sed hoc non videtur pertinere ad passionem timoris vel audaciae, sed magis ad actiones hominis laboriosas, vel ad exteriores res periculosas. Ergo fortitudo non est circa timores et audacias.

3. Praeterea, timori non solum opponitur audacia, sed etiam spes: ut supra[3] habitum est, cum de passionibus ageretur. Ergo fortitudo non magis debet esse circa audaciam quam circa spem.

SED CONTRA est quod Philosophus dicit, in II[4] et in III[5] *Ethic.*, quod *fortitudo est circa timorem et audaciam.*

RESPONDEO dicendum quod, sicut dictum est,[6] ad virtutem fortitudinis pertinet removere impedimentum quo retrahitur voluntas a sequela rationis. Quod autem aliquis retrahatur ab aliquo difficili, pertinet ad rationem timoris, qui importat recessum quendam a malo difficultatem habente: ut supra[7] habitum est, cum de passionibus ageretur. Et ideo fortitudo principaliter est circa timores rerum

---

2. Marcus Tullius Cicero, *Rhetorica*, II, c.54: ed. G. Friedrich, Lipsiae, 1908, p.231, ll.5-6.

의로운 자들의 용기는 육을 이기는 것, 고유한 육욕들에 저항하는 것, 현재 삶의 쾌락을 소멸시키는 것이다."라고 말하기 때문이다. 따라서 용기는 두려움과 담대함에 관한 것이라기보다는 오히려 쾌락들에 관한 것으로 보인다.

2. 키케로는 자신의 『수사학』[2]에서 용기에는 '위험을 받아들이고 수고를 감내하는 것'이 속한다고 말한다. 그러나 이것은 두려움이나 담대함이라는 정념에 속하는 것으로 보이지 않고, 오히려 인간의 수고스러운 행위나 위험한 외적인 일들에 속하는 것으로 보인다. 따라서 용기는 두려움과 담대함에 관한 것이 아니다.

3. 담대함뿐만 아니라 희망 또한, 위에서[3] 정념들에 관해 논할 때 다룬 것처럼, 두려움에 대립한다. 따라서 용기가 희망보다 담대함에 관한 것이어서는 결코 안 된다.

[재반론] 그러나 반대로 철학자는 『니코마코스 윤리학』 제2권[4]과 제3권[5]에서 "용기는 두려움과 담대함에 관한 것"이라고 말한다.

[답변] 이미 말한 것처럼,[6] 의지가 이성의 따름에서 물러나게 만드는 방해물을 제거하는 것이 용기의 덕에 속한다. 어떤 어려운 것에서 물러나는 것은 두려움의 개념에 속하는데, 그것은 위에서[7] 정념들에 관해 논할 때 다룬 것처럼, 힘겨운 악에서 물러남을 뜻한다. 따라서 용기

---

3. I-II, q.23, a.2; q.45, a.1, ad2.
4. Aristoteles, *Ethica Nic.*, II, c.7, 1107a33-b4; S. Th. lect.8, n.341.
5. *Ethica Nic.*, III, cc.9 & 12, 1115a6-7; 1117a29-32; S. Th. lect.14, n.529; lect.18, n.583.
6. Art.1.
7. I-II, q.41, a.2.

difficilium, quae retrahere possunt voluntatem a sequela rationis. – Oportet autem huiusmodi rerum difficilium impulsum non solum firmiter tolerare cohibendo timorem, sed etiam moderate aggredi: quando scilicet oportet ea exterminare, ad securitatem in posterum habendam. Quod videtur pertinere ad rationem audaciae. Et ideo fortitudo est circa timores et audacias, quasi cohibitiva timorum, et moderativa audaciarum.

AD PRIMUM ergo dicendum quod Gregorius ibi loquitur de fortitudine iustorum secundum quod communiter se habet ad omnem virtutem.[8] Unde praemittit quaedam pertinentia ad temperantiam, ut dictum est[9]: et subdit de his quae pertinent proprie ad fortitudinem secundum quod est specialis virtus, dicens: *huius mundi aspera pro aeternis praemiis amare.*

AD SECUNDUM dicendum quod res periculosae et actus laboriosi non retrahunt voluntatem a via rationis nisi inquantum timentur. Et ideo oportet quod fortitudo sit immediate circa timores et audacias: mediate autem circa pericula et labores, sicut circa obiecta praedictarum passionum.

AD TERTIUM dicendum quod spes opponitur timori ex parte obiecti: quia spes est de bono, timor de malo. Audacia autem est circa idem obiectum, et opponitur timori secundum accessum et recessum, ut supra[10] dictum est. Et quia fortitudo proprie respicit tempo-

---

8. Cf. a.2.

는 근원적으로, 이성의 따름에서 의지를 철회하게 하는 어려운 일들에 대한 두려움에 관련된다. 그런데 그러한 어려운 일의 몰아침을 단지 두려움을 억제하며 확고하게 견디는 것뿐만 아니라, 절도 있게 맞서 공격하는 것 또한 필요하다. 즉 미래 안전을 확보하기 위해 그것들을 제거하는 것이 필요할 때, 그것은 담대함의 개념에 속하는 것으로 보인다. 따라서 용기는 두려움과 담대함에 관한 것으로 말하자면 두려움을 억제하고 담대함을 조절하는 것이다.

[해답] 1. 그레고리우스는 거기에서 정의로운 자들의 용기에 대해 말하는데, 그것이 모든 덕[8]과 공통적으로 관계하는 한에서 그렇다. 따라서 그는 이미 말한 것처럼,[9] 절제에 속하는 어떤 것들을 먼저 언급한다. 그리고 그는 "영원한 보상들을 위해 이 세상의 힘겨움을 사랑한다."고 말하면서, 특수 덕인 한에서 용기에 고유하게 속하는 것들에 대해 추가한다.

2. 위험한 일과 수고스러운 행위들은, 그것들이 두려워지는 경우를 제외하면, 의지를 이성의 길로부터 물러나게 하지 않는다. 따라서 용기는 직접적으로 두려움과 담대함에 관한 것이어야 하지만, 간접적으로는 위험과 수고로움들, 즉 언급된 정념의 대상들에 관한 것이어야 한다.

3. 희망은 대상의 측면에서 두려움에 대립한다. 왜냐하면 희망은 선에 관한 것이고, 두려움은 악에 관한 것이기 때문이다. 담대함은 그러나 [두려움과] 동일한 대상에 관한 것이면서, 위에서 말한 것처럼,[10]

---

9. In arg.
10. Loc. cit. in arg. [I-II, q.45, a.1].

ralia mala retrahentia a virtute, ut patet per definitionem Tullii; inde est quod fortitudo proprie est circa timorem et audaciam, non autem circa spem, nisi inquantum connectitur audaciae, ut supra[11] habitum est.

## Articulus 4
### Utrum fortitudo solum sit circa pericula mortis

Ad quartum sic proceditur. Videtur quod fortitudo non solum sit circa pericula mortis.

1. Dicit enim Augustinus, in libro *de Moribus Eccle.*,[1] quod fortitudo est *amor facile tolerans omnia propter id quod amatur.* Et in VI *Musicae*[2] dicit quod fortitudo est *affectio quae nullas adversitates mortemve formidat.* Ergo fortitudo non est solum circa pericula mortis, sed circa omnia alia adversa.

2. Praeterea, oportet omnes passiones animae per aliquam virtutem ad medium reduci. Sed non est dare aliquam aliam virtutem redu-

---

11. Cf. obj.2. [I-II, q.45, a.2].

[그것에] 가까워짐과 멀어짐에 따라 두려움에 대립한다. 그리고 키케로의 정의를 통해 분명한 것처럼, 용기는 고유하게 덕으로부터 물러나게 하는 현세적 악과 관련되기 때문이다. 따라서 용기는 고유하게 두려움과 담대함에 관한 것이지 희망에 관한 것이 아니다. 단지 위에서[11] 다뤄진 것처럼 희망이 담대함에 연결되는 경우를 제외한다면 그러하다.

## 제4절 용기는 오직 죽음의 위험에 관한 것인가

**Parall.**: Infra, a.11; *In Sent.*, III, d.33, q.2, a.3, ad6; q.3, a.3, qc.1; *De virt.*, q.1, a.12, ad23; *In Ethic.*, II, lect.8; III, lect.14.

[반론] 넷째에 관해서는 다음과 같이 진행된다. 용기는 단지 죽음의 위험에 관한 것만은 아닌 것으로 보인다.

1. 왜냐하면 아우구스티누스는 『가톨릭교회의 관습』[1]에서 "용기는 사랑하는 것을 위해 모든 것을 쉽게 견디는 사랑"이라고 말하기 때문이다. 그리고 그는 『음악』 제6권[2]에서 "용기는 어떤 역경들 혹은 죽음도 무서워하지 않는 정감"이라고 말한다. 따라서 용기는 죽음의 위험에 관한 것일 뿐 아니라 모든 다른 역경들에 관한 것이기도 하다.

2. 영혼의 모든 정념은 어떤 덕을 통해 중용으로 환원되어야 한다. 그러나 [죽음과는] 다른 두려움들을 중용으로 환원시키는 어떤 다른

---
1. I, c.15: PL 32, 1322.
2. C.15, n.50: PL 32, 1189.

centem ad medium alios timores. Ergo fortitudo non solum est circa timores mortis, sed etiam circa alios timores.

3. Praeterea, nulla virtus est in extremis. Sed timor mortis est in extremo, quia est maximus timorum, ut dicitur in III *Ethic.*.[3] Ergo virtus fortitudinis non est circa timores mortis.

SED CONTRA est quod Andronicus dicit,[4] quod *fortitudo est virtus irascibilis non facile obstupescibilis a timoribus qui sunt circa mortem.*

RESPONDEO dicendum quod, sicut supra[5] dictum est, ad virtutem fortitudinis pertinet ut voluntatem hominis tueatur ne retrahatur a bono rationis propter timorem mali corporalis. Oportet autem bonum rationis firmiter tenere contra quodcumque malum: quia nullum bonum corporale aequivalet bono rationis. Et ideo oportet quod fortitudo animi dicatur quae firmiter retinet voluntatem hominis in bono rationis contra maxima mala: quia qui stat firmus contra maiora, consequens est quod stet firmus contra minora, sed non convertitur; et hoc etiam ad rationem virtutis pertinet, ut respiciat ultimum. Maxime autem terribile inter omnia corporalia mala est mors, quae tollit omnia corporalia bona: unde Augustinus dicit, in libro *de Moribus Eccle.*,[6] quod *vinculum corporis, ne concutiatur atque vexetur,*

---

3. C.9, 1115a26-27; S. Th. lect.14, n.536.
4. *De affectibus*, de Fortudine: inter *Fragm. Phil. Graece.*, ed. G. A. Mullachius, Parisiis, 1867-1879, t.III, p.575.

덕을 제시하는 일은 존재하지 않는다. 따라서 용기는 죽음의 두려움에 관한 것일 뿐 아니라 또한 다른 두려움들에 관한 것이기도 하다.

3. 어떤 덕도 극단적인 것들 안에 있지 않다. 그러나 죽음의 두려움은 극단에 있다. 왜냐하면 그것은, 『니코마코스 윤리학』 제3권[3]에서 말하듯이 두려움 중에서 가장 큰 것이기 때문이다. 따라서 용기의 덕은 죽음의 두려움에 관한 것이 아니다.

[재반론] 그러나 반대로 안드로니쿠스는 "용기는 죽음과 관련된 두려움들에 의해 쉽게 마비되지 않는 분노적 덕"이라고 말한다.[4]

[답변] 위에서[5] 말한 것처럼, 용기라는 덕에는 인간의 의지가 육체적 악에 대한 두려움 때문에 이성의 선에서 물러나지 않도록 보살피는 것이 포함된다. 그런데 그것이 무슨 악이든 악에 반하여 이성의 선을 확고히 붙잡는 것이 필요하다. 왜냐하면 어떤 육체적 선도 이성의 선과 동등하지 않기 때문이다. 따라서 마음의 용기는 인간의 의지를 가장 큰 악들에 반하여 이성의 선 안에 확고히 붙잡는 것이라고 말해야 한다. 왜냐하면 더 큰 것들에 반하여 확고히 서 있는 자는 더 작은 것들에 반하여 확고히 서 있는 것이 당연하고, 그 역은 아니기 때문이다. 그리고 극단적인 것에 관계하는 것 또한 덕의 개념에 포함된다. 모든 육체적 악 가운데 가장 두려워할 만한 것은 모든 육체적 선을 제거하는 죽음이다. 따라서 아우구스티누스는 『가톨릭교회의 관습』[6]에서 "육체의 속박은, 육체가 흔들리고 시달리지 않도록 영혼이 수고와 고통의

---

5. A.3 [a.1].
6. I, c.22, n.40: PL 32, 1328.

*laboris et doloris; ne auferatur autem atque perimatur, mortis terrore animam quatit.* Et ideo virtus fortitudinis est circa timores periculorum mortis.

AD PRIMUM ergo dicendum quod fortitudo bene se habet in omnibus adversis tolerandis. Non tamen ex toleratione quorumlibet adversorum reputatur homo simpliciter fortis, sed solum ex hoc quod bene tolerat etiam maxima mala. Ex aliis autem dicitur aliquis fortis secundum quid.

AD SECUNDUM dicendum quod quia timor ex amore nascitur, quaecumque virtus moderatur amorem aliquorum bonorum, consequens est ut moderetur timorem contrariorum malorum. Sicut liberalitas, quae moderatur amorem pecuniarum, per consequens etiam moderatur timorem amissionis earum. Et idem apparet in temperantia et in aliis virtutibus. Sed amare propriam vitam est naturale. Et ideo oportuit esse specialem virtutem quae moderaretur timores mortis.

AD TERTIUM dicendum quod extremum in virtutibus attenditur secundum excessum rationis rectae. Et ideo si aliquis maxima pericula subeat secundum rationem, non est virtuti contrarium.

공포로 떨게 하고 또 육체가 제거되거나 파괴되지 않도록 영혼이 죽음의 공포로 떨게 한다."라고 말한다. 따라서 용기의 덕은 죽음의 위험들에 대한 두려움에 관한 것이다.

[해답] 1. 용기는 인내해야 할 모든 역경 안에서 잘 발휘된다. 그러나 단적으로 사람이 용감하다는 것은 아무 역경들에 대한 인내가 아니라 오직 최대의 악들을 잘 인내하는 경우에만 그렇게 간주된다. 다른 역경들로부터 어떤 이는 한정된 의미에서 용감하다고 말해진다.

2. 두려움은 사랑으로부터 나기 때문에, 어떤 덕이든 어떤 선들에 대한 사랑을 조절하는 덕은 그에 반대되는 악에 대한 두려움을 조절한다는 것이 따라 나온다. 그것은 마치 돈에 대한 사랑을 조절하는 아량이 결과적으로 그것들에 대한 상실의 두려움도 조절하는 것과 같다. 그리고 동일한 것이 절제와 다른 덕들 안에서도 나타난다. 그런데 자신의 고유한 삶을 사랑하는 것은 자연적이다. 따라서 죽음의 두려움을 조절하는 특수 덕이 존재하는 것이 필요했다.

3. 덕들 안에서 극단적인 것은 올바른 이성의 넘어섬으로 여겨진다. 따라서 만약 어떤 이가 최대의 위험들을 이성에 따라 감당한다면, 그것은 덕에 반하는 것이 아니다.

## Articulus 5
## Utrum fortitudo proprie consistat circa pericula mortis quae sunt in bello

Ad quintum sic proceditur. Videtur quod fortitudo non consistat proprie circa pericula mortis quae sunt in bello.

1. Martyres enim praecipue de fortitudine commendantur. Sed martyres non commendantur de rebus bellicis. Ergo fortitudo non proprie consistit circa pericula mortis quae sunt in bellicis.

2. Praeterea, Ambrosius dicit, in I *de Offic.*,[1] quod *fortitudo dividitur in res bellicas et domesticas.* Tullius etiam dicit, in I *de Offic.*,[2] quod *cum plerique arbitrentur res bellicas maiores esse quam urbanas, minuenda est haec opinio: sed si vere volumus iudicare, multae res extiterunt urbanae maiores clarioresque quam bellicae.* Sed circa maiora maior fortitudo consistit. Ergo non proprie consistit fortitudo circa mortem quae est in bello.

3. Praeterea, bella ordinantur ad pacem temporalem reipublicae conservandam: dicit enim Augustinus, XIX *de Civ. Dei*,[3] quod *intentione pacis bella aguntur.* Sed pro pace temporali reipublicae non videtur quod aliquis debeat se periculo mortis exponere: cum talis

---
1. C.35, n.175: PL 16, 74B.
2. C.22: ed. C. F. W. Müller, Lipsiae, 1910, p.26, ll.22-23, 27-29.
3. C.12, n.1: PL 41, 637.

## 제5절 용기는 정확히 전쟁에서의 죽음의 위험에 관련되어 있는가

**Parall.**: *In Ethic.*, III, lect.14.

[반론] 다섯째에 관해서는 다음과 같이 진행된다. 용기는 정확히 전쟁에서의 죽음의 위험에 관련되지 않은 것으로 보인다.

1. 왜냐하면 순교자들은 특히 용기에 관해 칭찬받기 때문이다. 그러나 순교자들이 전쟁에 관한 일들에 관해 칭찬받지는 않는다. 그러므로 용기는 정확히 전쟁에서의 죽음의 위험에 관련되지 않는 것으로 보인다.

2. 암브로시우스는 『성직자의 의무』 제1권[1]에서 "용기는 전쟁에 관한 일들과 국내적인 일들로 나뉜다."고 말한다. 키케로 또한 『의무론』 제1권[2]에서 말하길, "비록 대부분의 사람이 전쟁에 관한 것들이 시민적인 것들보다 더 크다고 여기더라도, 이 의견은 제한되어야 한다. 만일 우리가 참으로 판단하기를 원한다면, 전쟁에 관한 것들보다 더 크고 더 빛나는 많은 시민적인 것들이 존재한다." 그러나 더 큰 것들에 관해서는 더 큰 용기가 자리 잡고 있다. 따라서 용기는 정확히 전쟁에서의 죽음과 관련되어 있지 않다.

3. 전쟁들은 국가의 현세적인 평화를 보존하기 위해 편성된다. 왜냐하면 아우구스티누스는 『신국론』 제19권[3]에서 "평화의 의도로 전쟁들이 행해진다."라고 말하기 때문이다. 그러나 국가의 현세적 평화를 위해 어느 누구도 자신을 죽음의 위험에 노출시켜야 하는 것은 아니다. 왜냐하면 그러한 평화는 많은 방종한 자들의 기회이기 때문이다. 따라

pax sit multarum lasciviarum occasio. Ergo videtur quod virtus fortitudinis non consistat circa mortis bellicae pericula.

SED CONTRA est quod Philosophus dicit, in III *Ethic.*,[4] quod maxime est fortitudo circa mortem quae est in bello.

RESPONDEO dicendum quod, sicut dictum est,[5] fortitudo confirmat animum hominis contra maxima pericula, quae sunt pericula mortis. Sed quia fortitudo virtus est, ad cuius rationem pertinet quod semper tendat in bonum, consequens est ut homo pericula mortis non refugiat propter aliquod bonum prosequendum. Pericula autem mortis quae est ex aegritudine, vel ex tempestate maris, vel ex incursu latronum, vel si qua alia sunt huiusmodi, non videntur directe alicui imminere ex hoc quod prosequatur aliquod bonum. Sed pericula mortis quae est in bellicis directe imminent homini propter aliquod bonum: inquantum scilicet defendit bonum commune per iustum bellum. – Potest autem aliquod esse iustum bellum dupliciter. Uno modo, generale: sicut cum aliqui decertant in acie. Alio modo, particulare: puta cum aliquis iudex, vel etiam privata persona, non recedit a iusto iudicio timore gladii imminentis vel cuiuscumque periculi, etiam si sit mortiferum. Pertinet ergo ad fortitudinem firmitatem animi praebere contra pericula mortis non solum quae

---

4. C.9, 1115a34-35; S. Th. lect.14, n.540.

서 용기의 덕은 전쟁에서의 죽음의 위험에 관련되지 않는 것으로 보인다.

[재반론] 그러나 반대로 철학자는 『니코마코스 윤리학』 제3권[4]에서 말한다: "용기는 무엇보다 전쟁에서의 죽음에 관한 것이다."

[답변] 위에서[5] 말한 것처럼, 용기는 제일 큰 위험, 즉 죽음의 위험에 반하여 인간의 마음을 강화한다. 그러나 용기는 덕이고, 그것의 개념에는 항상 선을 향하는 것이 포함되기 때문에, 인간이 죽음의 위험을 피하지 않는 것은 어떤 선을 추구하기 위해서라는 결론이 나온다. 하지만 질병이나 바다의 폭풍우, 강도들의 침입에서 비롯된 죽음의 위험은, 혹은 만약 그와 같은 다른 어떤 것들이 있다면, 그것에서 비롯된 죽음의 위험들은 어떤 이에게, 그가 어떤 선을 추구한다는 사실로부터 직접적으로 위협이 되는 것으로 보이지는 않는다. 그러나 전쟁에서의 죽음의 위험은 어떤 선 때문에, 즉 그가 정의로운 전쟁을 통해 공동선을 방어하는 한에서, 인간에게 직접적으로 위협이 된다. 그런데 어떤 것은 두 가지 방식으로 정의로운 전쟁일 수 있다. 하나는 일반적으로 정의로운 전쟁인데, 그것은 마치 어떤 이들이 전장에서 전투할 때와 같다. 다른 방식으로는 특수한 정의로운 전쟁인데, 예를 들어 어떤 판사 혹은 개인이, 위협하는 칼이나 그것이 무엇이든 다른 위험의 두려움 때문에, 설령 그것이 죽음을 가져온다고 하더라도, 정의로운 판단에서 물러나지 않을 때이다. 따라서 공동의 전쟁에서 위협하는 죽음

---

5. A.4.

imminent in bello communi, sed etiam quae imminent in particulari impugnatione, quae communi nomine bellum dici potest. Et secundum hoc, concedendum est quod fortitudo proprie est circa pericula mortis quae est in bello.

Sed et circa pericula cuiuscumque alterius mortis fortis bene se habet: praesertim quia et cuiuslibet mortis homo potest periculum subire propter virtutem; puta cum aliquis non refugit amico infirmanti obsequi propter timorem mortiferae infectionis; vel cum non refugit itinerari ad aliquod pium negotium prosequendum propter timorem naufragii vel latronum.

AD PRIMUM ergo dicendum quod martyres sustinent personales impugnationes propter summum bonum, quod est Deus. Ideo eorum fortitudo praecipue commendatur. Nec est extra genus fortitudinis quae est circa bellica. Unde dicuntur *fortes facti in bello*.[6]

AD SECUNDUM dicendum quod res domesticae vel urbanae distinguuntur contra res bellicas, quae scilicet pertinent ad bella communia. In ipsis tamen rebus domesticis vel urbanis possunt imminere pericula mortis ex impugnationibus quibusdam, quae sunt quaedam particularia bella. Et ita etiam circa huiusmodi potest esse proprie dicta fortitudo.

AD TERTIUM dicendum quod pax reipublicae est secundum se bona, nec redditur mala ex hoc quod aliqui male ea utuntur. Nam et multi alii sunt qui bene ea utuntur, et multo peiora mala per eam

의 위험뿐만 아니라, 특수한 공격에서 위협하는 죽음의 위험에 반하여 마음의 확고함을 갖는 것도 용기에 속하는데, 이 특수한 공격도 일반적으로 전쟁의 이름으로 불릴 수 있다. 이에 따라 용기가 정확히 전쟁에서의 죽음의 위험에 관한 것이라는 점이 용인되어야 한다.

그러나 용감한 사람은 또한 다른 어떤 죽음의 위험에 관련해서도 잘 대처한다. 왜냐하면 그 사람은 덕 때문에 어떤 종류의 것이든 죽음의 위험을 감당할 수 있기 때문이다. 예를 들어 어떤 이가 치명적인 감염의 두려움 때문에 쇠약한 친구를 돌보는 것에서 도망치지 않을 때, 혹은 그가 난파 혹은 강도들에 대한 두려움 때문에 어떤 경건한 일을 수행하기 위해 여행하는 것에서 도망치지 않을 때 그러하다.

[해답] 1. 순교자들은 개인적인 공격을 최고선, 즉 하느님을 위해 견딘다. 따라서 그들의 용기는 무엇보다 칭찬받는다. 또한 전쟁에 관한 것은 용기의 유(類)를 벗어나지 않는다. 따라서 그들은 "전쟁에서 용감하게 된 자들"이라고 불린다.[6]

2. 국내 문제나 도시적 문제는 공동의 전쟁에 속하는 전쟁에 관한 일들과 구분된다. 그러나 국내 문제나 도시적 문제 자체 안에, 일종의 특수한 전쟁, 즉 어떤 공격들에서 비롯된 죽음의 위험이 위협할 수 있다. 그러므로 이러한 것들과 관련해서도 용기라고 말하는 것이 적절하다.

3. 국가의 평화는 그 자체로 좋고, 어떤 이들이 그것을 나쁘게 사용한다고 해서 나쁘게 되지 않는다. 왜냐하면 그것을 잘 사용하는 다른 많은 이들이 있고, 또한 그것으로부터 특히 육의 악습에 속하는 것들

---

6. Heb. 11, er. Cf. q.124, a.2.

prohibentur, scilicet homicidia, sacrilegia, quam ex ea occasionentur, quae praecipue pertinent ad vitia carnis.

## Articulus 6
## Utrum sustinere sit principalis actus fortitudinis

Ad sextum sic proceditur. Videtur quod sustinere non sit principalis actus fortitudinis.

1. *Virtus* enim *est circa difficile et bonum,* ut dicitur in II *Ethic.*.[1] Sed difficilius est aggredi quam sustinere. Ergo sustinere non est praecipuus fortitudinis actus.

2. Praeterea, maioris potentiae esse videtur quod aliquid possit in aliud agere quam quod ipsum ab alio non immutetur. Sed aggredi est in aliud agere, sustinere autem est immobile perseverare. Cum ergo fortitudo perfectionem potentiae nominet, videtur quod magis ad fortitudinem pertineat aggredi quam sustinere.

3. Praeterea, magis distat ab uno contrariorum aliud contrarium quam simplex eius negatio. Sed ille qui sustinet hoc solum habet quod non timet: ille autem qui aggreditur contrarie movetur timenti, quia

---

1. C.2, 1105a9-13; S. Th. lect.3, n.278.

이 발생하는 것보다, 그것을 통해 살인, 신성모독 같은 훨씬 더 나쁜 악들이 방지되기 때문이다.

## 제6절 견딤은 용기의 주된 행위인가

**Parall.**: Infra, a.11 ad1; q.141, a.3; *In Sent.*, III, d.33, q.2, a.3, ad6; d.34, q.3, a.1, qc.2; *De virt.*, q.1, a.12; *In Ethic.*, III, lect.18.

[반론] 여섯째에 대해서는 다음과 같이 진행된다. 견딤은 용기의 주된 행위가 아닌 것으로 보인다.

1. 왜냐하면 『니코마코스 윤리학』 제2권[1]에서 말하듯 "덕은 어렵고 선한 것들에 관한 것"이기 때문이다. 그러나 공격하는 것이 견딤보다 더 어렵다. 따라서 견딤은 용기의 주된 행위가 아니다.

2. 어떤 것이 다른 것에 작용할 수 있는 것은, 그것이 다른 것에 의해 변화되지 않는 것보다 더 큰 능력의 표징으로 보인다. 그러나 공격하는 것이 다른 것에 작용하는 것임에 반해, 견딤은 부동적으로 항구한 것이다. 그런데 용기는 능력의 완성을 나타내기 때문에 공격이 견딤보다 더 용기에 속하는 것으로 보인다.

3. 하나의 반대되는 것에서부터 다른 반대되는 것은, 그것의 단순한 부정보다 더 떨어져 있다. 그러나 견디는 자는 단지 두려워하지 않는다는 것만 가지는 데 반해, 공격하는 자는 그 두려워하는 자에 반대로 움직인다. 왜냐하면 그는 추격하기 때문이다. 따라서 용기는 무엇보다 마음을 두려움으로부터 물러나게 하는 것이기 때문에, 공격이 견딤보

insequitur. Ergo videtur quod, cum fortitudo maxime retrahat animum a timore, quod magis pertineat ad eam aggredi quam sustinere.

SED CONTRA est quod Philosophus dicit, in III *Ethic.*,[2] quod *in sustinendo tristia maxime aliqui fortes dicuntur.*

RESPONDEO dicendum quod, sicut supra[3] dictum est, et Philosophus dicit, in III *Ethic.*,[4] fortitudo magis est circa timores reprimendos quam circa audacias moderandas. Difficilius enim est timorem reprimere quam audaciam moderari: eo quod ipsum periculum, quod est obiectum audaciae et timoris, de se confert aliquid ad repressionem audaciae, sed operatur ad augmentum timoris. Aggredi autem pertinet ad fortitudinem secundum quod moderatur audaciam: sed sustinere sequitur repressionem timoris. Et ideo principalior actus est fortitudinis sustinere, idest immobiliter sistere in periculis, quam aggredi.

AD PRIMUM ergo dicendum quod sustinere est difficilius quam aggredi, triplici ratione. Primo quidem, quia sustinere videtur aliquis ab aliquo fortiori invadente: qui autem aggreditur invadit per modum fortioris. Difficilius autem est pugnare cum fortiori quam cum debiliori. — Secundo, quia ille qui sustinet iam sentit pericula

---

2. C.12, 1117a32-35; S. Th. lect.18, n.584.

다 용기에 더 속하는 것으로 보인다.

[재반론] 그러나 반대로 철학자는 『니코마코스 윤리학』 제3권[2]에서 말한다: "어떤 이들은 슬픔을 견디는 것이 가장 용감하다고 말한다."

[답변] 위에서 말한 것처럼,[3] 그리고 철학자가 『니코마코스 윤리학』 제3권[4]에서 말한 것처럼, 용기는 조절되어야 하는 담대함보다는, 억제되어야만 하는 두려움에 관련된다. 왜냐하면 두려움을 억제하는 것은 담대함을 조절하는 것보다 더 어렵기 때문이다. 그 이유는 담대함과 두려움의 대상인 위험 자체는, 그 자체로 어느 정도 담대함의 억제로 이끌기도 하지만, 두려움의 증가로 작용하기 때문이다. 그런데 공격하는 것은 용기가 담대함을 조절하는 한에서 용기에 속한다. 그러나 견딤은 두려움의 억제를 따른다. 그러므로 공격하는 것보다 견딤, 즉 위험 속에서 부동적으로 서 있는 것이 용기의 더 주된 행위이다.

[해답] 1. 세 가지 이유에서 견딤은 공격하는 것보다 더 어렵다. 첫째, 왜냐하면 어떤 이는 더 용감한 이의 어떤 습격으로부터 견디는 것으로 보이지만, 공격하는 이는 자신이 더 용감한 이의 위치에서 습격하기 때문이다. 그런데 용감한 자와 싸우는 것은 약한 자와 싸우는 것보다 더 어렵다. 둘째, 왜냐하면 견디는 자는 이미 위협하는 위험을 지각하기 때문이다. 그러나 공격하는 자는 그것들을 미래의 일들로 가진

---

3. A.3.
4. C.12, 1117a30-32; S. Th. lect.18, n.583.

imminentia: ille autem qui aggreditur habet ea ut futura. Difficilius autem est non moveri a praesentibus quam a futuris. — Tertio, quia sustinere importat diuturnitatem temporis: sed aggredi potest aliquis ex subito motu. Difficilius autem est diu manere immobilem quam subito motu moveri ad aliquid arduum. Unde Philosophus dicit, in III *Ethic.*,[5] quod quidam *sunt praevolantes ante pericula, in ipsis autem discedunt: fortes autem e contrario se habent.*

AD SECUNDUM dicendum quod sustinere importat quidem passionem corporis, sed actum animae fortissime inhaerentis bono, ex quo sequitur quod non cedat passioni corporali iam imminenti. Virtus autem magis attenditur circa animam quam circa corpus.

AD TERTIUM dicendum quod ille qui sustinet non timet, praesente iam causa timoris: quam non habet praesentem ille qui aggreditur.

## Articulus 7
### Utrum fortis operetur propter bonum proprii habitus

Ad septimum sic proceditur. Videtur quod fortis non operetur propter bonum proprii habitus.

---

5. C.10, 1116a7-9; S. Th. lect.15, n.556.

다. 그런데 현존하는 것들로부터 움직이지 않는 것은 미래의 것들로부터 그러한 것보다 더 어렵다. 셋째, 견딤은 시간의 오래 지속됨을 내포하지만, 어떤 이는 즉각적인 움직임으로부터 공격할 수 있기 때문이다. 그런데 오랫동안 부동으로 머무르는 것은 즉각적인 운동으로 어떤 고된 것으로 움직여지는 것보다 더 어렵다. 따라서 철학자는 『니코마코스 윤리학』 제3권[5]에서 말하길, "어떤 이들은 전방의 위험들로 앞서 날아가지만 막상 그 위험들 안에서는 물러난다." 그러나 용감한 자들은 반대로 처신한다.

2. 견딤은 육체의 어떤 수난을 내포하지만, 또한 가장 용감하게 선에 열중하는 영혼의 활동을 내포한다. 그것으로부터 견딤은 이미 위협하는 육체적 수난에 굴복하지 않는다는 결론이 나온다. 그런데 덕은 육체보다는 영혼과 관련해서 더 주목된다.

3. 견디는 자는 두려움의 원인이 이미 현존함에도 두려워하지 않는다. 공격하는 자는 이미 현존하는 원인을 가지지 않는다.

### 제7절 용감한 자는 자기 습성의 선을 위해 활동하는가

Parall.: *In Ethic.*, III, lect.15.

[반론] 일곱째에 대해서는 다음과 같이 진행된다. 용감한 자는 자신의 습성의 선을 위해 활동하지 않는 것으로 보인다.

1. 행해야 할 것들에서 목적은, 비록 의도에서 선행하지만, 실행에서는 후행적이다. 그러나 실행 안에 있는 용기의 행위는 용기의 습성 자

1. Finis enim in rebus agendis, etsi sit prior in intentione, est tamen posterior in executione. Sed actus fortitudinis in executione est posterior quam ipse fortitudinis habitus. Non ergo potest esse quod fortis agat propter bonum proprii habitus.

2. Praeterea, Augustinus dicit, XIII *de Trin.*[1]: *Virtutes, quas propter solam beatitudinem amamus, sic persuadere quidam nobis audent,* scilicet dicendo eas propter se appetendas, *ut ipsam beatitudinem non amemus. Quod si faciunt, etiam ipsas utique amare desistemus, quando illam propter quam solam istas amavimus, non amamus.* Sed fortitudo est virtus quaedam. Ergo actus fortitudinis non est ad ipsam fortitudinem, sed ad beatitudinem referendus.

3. Praeterea, Augustinus dicit, in libro *de Moribus Eccle.*,[2] quod fortitudo est *amor omnia propter Deum facile perferens.* Deus autem non est ipse habitus fortitudinis, sed aliquid melius, sicut oportet finem esse meliorem his quae sunt ad finem. Non ergo fortis agit propter bonum proprii habitus.

SED CONTRA est quod Philosophus dicit, in III *Ethic.*,[3] quod *forti fortitudo est bonum: talis autem et finis.*

RESPONDEO dicendum quod duplex est finis: scilicet proximus, et ultimus. Finis autem proximus uniuscuiusque agentis est ut simili-

---

1. C.8: PL 42, 1022-1023.
2. I, c.15, PL 32, 1322.

체보다 후행적이다. 따라서 용감한 자가 자신의 습성의 선을 위해 행하는 것은 불가능하다.

2. 아우구스티누스는 『삼위일체론』 제13권[1]에서 "우리는 오직 참행복을 위해서 덕들을 추구하는데, 어떤 이들은 우리에게", 그것들은 그 자체를 위해 추구해야만 될 것들이라 말하며, "우리가 참행복 자체를 사랑하지 말아야 한다고 설득하기를 감행한다. 만약 그들이 그 설득을 실현한다면, 우리는 물론 덕들 자체를 사랑하는 것을 멈출 것이다. 왜냐하면 우리는, 참행복 하나만을 위해 이 덕들을 사랑했는데, [이제] 참행복을 사랑하지 않기 때문이다."라고 말한다. 그러나 용기는 어떤 덕이다. 따라서 용기의 행위는 용기 자체가 아니라 참행복에 관련되어야 한다.

3. 아우구스티누스는 『가톨릭교회의 관습』[2]에서 말한다: "용기는 모든 것을 하느님을 위해 쉽게 감당하는 사랑이다." 그런데 하느님은 용기의 습성 자체가 아니라 어떤 더 좋은 것이다. 그것은 마치 목적이 목적을 향한 것들보다 더 좋은 것이어야만 하는 것과 같다. 따라서 용감한 자는 자신의 습성의 선을 위해 행하지 않는다.

[재반론] 그러나 반대로 철학자는 『니코마코스 윤리학』 제3권[3]에서 말한다. "용감한 자에게 용기는 선이고, 그러한 것이 또한 목적이다."

[답변] 목적은 이중적이다. 즉 근접 및 궁극 목적. 각 작용자의 근접 목적은 자신의 형상의 유사성을 다른 것 안으로 도입하는 것이다. 그

---

3. C.10, 1115b21-24; S. Th. 15, n.550.

tudinem suae formae in alterum inducat: sicut finis ignis calefacientis est ut inducat similitudinem sui caloris in patiente, et finis aedificatoris est ut inducat similitudinem suae artis in materia. Quodcumque autem bonum ex hoc sequitur, si sit intentum, potest dici finis remotus agentis. Sicut autem in factibilibus materia exterior disponitur per artem, ita etiam in agibilibus per prudentiam disponuntur actus humani. Sic ergo dicendum est quod fortis sicut finem proximum intendit ut similitudinem sui habitus exprimat in actu: intendit enim agere secundum convenientiam sui habitus. Finis autem remotus est beatitudo, vel Deus.

Et per hoc patet responsio AD OBIECTA. Nam prima ratio procedebat ac si ipsa essentia habitus esset finis, non autem similitudo eius in actu, ut dictum est. — Alia vero duo procedunt de fine ultimo.

## Articulus 8
## Utrum fortis delectetur in suo actu

Ad octavum sic proceditur. Videtur quod fortis delectetur in suo actu.

1. Delectatio enim est *operatio connaturalis habitus non impedita*, ut

것은 마치 뜨겁게 하는 불의 목적이 자신의 열의 유사성을 수동자 안에 도입하는 것과 같고, 건축가의 목적이 자신의 기예의 유사성을 질료 안에 도입하는 것과 같다. 그런데 어떤 선이든 이것으로부터 따라오는 선은, 만약 그것이 의도되었다면, 작용자의 먼 목적이라 불릴 수 있다. 더욱이 만들어질 수 있는 것들 안에서 외적 질료가 기예에 의해 배열되는 것처럼, 행해질 수 있는 것들 안에서는 인간적 행위들이 현명을 통해 배열된다. 따라서 용감한 자는 자신의 습성의 유사성을 마치 근접 목적으로서 행위에서 표현하기를 의도한다고 말해야 한다. 왜냐하면 그는 자신의 습성과의 일치에 따라 행하는 것을 의도하기 때문이다. 그런데 먼 목적은 참행복 혹은 하느님이다.

[해답] 이것을 통해서 반론들에 대한 해답 또한 분명하다. 왜냐하면 첫 번째 논거는 마치 습성의 본질 자체가 목적인 것처럼 진행했기 때문이다. 그러나 이미 말한 것처럼, 행위에서는 습성의 유사성이 목적이다. 다른 두 반론은 궁극 목적으로부터 진행한다.

## 제8절 용감한 자는 자신의 행위 안에서 즐거워하는가

Parall.: *In Ethic.*, III, lect.18.

[반론] 여덟 번째에 대해서는 다음과 같이 진행된다. 용감한 자는 자신의 행위에서 즐거워하는 것으로 보인다.

1. 왜냐하면 『니코마코스 윤리학』 제10권[1]에서 말하듯 쾌락은 "본성

dicitur in X *Ethic.*.[1] Sed operatio fortis procedit ex habitu, qui agit in modum naturae. Ergo fortis habet delectationem in suo actu.

2. Praeterea, *Galat.* 5, super illud, [v. 22], *Fructus autem Spiritus caritas, gaudium, pax,* dicit Ambrosius[2] quod opera virtutum dicuntur fructus *quia mentem hominis sancta et sincera delectatione reficiunt.* Sed fortis agit opera virtutis. Ergo habet delectationem in suo actu.

3. praeterea, debilius vincitur a fortiori. Sed fortis plus amat bonum virtutis quam proprium corpus, quod periculis mortis exponit. Ergo delectatio de bono virtutis evacuat dolorem corporalem. Et ita delectabiliter omnino operatur.


SED CONTRA est quod Philosophus dicit, in III *Ethic.*,[3] quod fortis in suo actu *nihil delectabile videtur habere.*


RESPONDEO dicendum quod sicut supra[4] dictum est, cum de passionibus ageretur, duplex est delectatio: una quidem corporalis, quae consequitur tactum corporalem; alia autem animalis, quae consequitur apprehensionem animae. Et haec proprie consequitur opera

---

1. VII, c.13, 1153a14-17; S. Th. lect.12, n.1493. Cf. X, c.4, 1174b16-17; S. Th. lect.6, nn.2022-2023.
2. Cf. Petrus Lombardus, *Sent.*, I, d.1. Cf. Ambrosius, *De Sp. S.*, I, c.12, nn.126-131: PL 16,

에 부합하는 습성의 방해받지 않는 활동이기 때문이다." 그런데 용감한 활동은 본성의 방식으로 행하는 습성으로부터 진행된다. 따라서 용감한 자는 자신의 행위 안에 쾌락을 가진다.

2. "영의 열매는 참사랑, 즐거움, 평화"라는 갈라티아서 5장 [22절]에 관해 암브로시우스[2]는 덕의 행업들은 인간의 정신을 거룩하고 순수한 쾌락으로 회복시키기 때문에 열매들이라고 일컬어진다고 말한다. 그런데 용감한 자는 덕의 행업들을 행한다. 따라서 그는 자신의 행위 안에 쾌락을 갖는다.

3. 더 약한 것은 더 강한 것에 의해 정복된다. 그런데 용감한 자는 죽음의 위험에 노출되는 자신의 육체보다 덕의 선을 더 사랑한다. 따라서 덕의 선에 관한 쾌락은 육체적 고통을 쫓아낸다. 그러므로 그는 전적으로 더 즐거워하며 활동한다.

[재반론] 그러나 반대로 철학자는 『니코마코스 윤리학』 제3권[3]에서 용감한 자는 자신의 행위 안에서 "즐거워할 만한 것을 갖지 않는 것으로 보인다."고 말한다.

[답변] 위에서[4] 정념들에 대해 다룰 때 말한 것처럼, 쾌락은 이중적이다. 하나는 육체적 접촉을 따르는 육체적인 것이고, 다른 하나는 영혼의 파악을 따르는 영혼적인 것이다. 그리고 후자의 것이 고유하게 덕들의 활동에 따라온다. 왜냐하면 그것들 안에서는 이성의 선이 고려되

---

734A-735A; *De Parad.*, c.13, n.64; PL 14, 307D.
3. C.12, 1117b6-9; S. Th. lect.18, n.587.
4. I-II, q.31, aa.3-5.

virtutum: quia in eis consideratur bonum rationis. Principalis vero actus fortitudinis est sustinere aliqua tristia secundum apprehensionem animae, puta quod homo amittit corporalem vitam (quam virtuosus amat, non solum inquantum est quoddam bonum naturale, sed etiam inquantum est necessaria ad opera virtutum) et quae ad eam pertinent: et iterum sustinere aliqua dolorosa secundum tactum corporis, puta vulnera et flagella. Et ideo fortis ex una parte habet unde delectetur, scilicet secundum delectationem animalem, scilicet de ipso actu virtutis et de fine eius: ex alia vero parte habet unde doleat, et animaliter, dum considerat amissionem propriae vitae, et corporaliter. Unde, ut legitur II *Machab.* 6, [30], Eleazarus dixit: *Diros*[5] *corporis sustineo dolores: secundum animam vero, propter timorem tuum, libenter haec patior.*

Sensibilis autem dolor corporis facit non sentiri animalem delectationem virtutis: nisi forte propter superabundantem Dei gratiam, quae fortius elevat animam ad divina, in quibus delectatur, quam a corporalibus poenis afficiatur; sicut beatus Tiburtius, cum super carbones incensos nudis plantis incederet, dixit quod *videbatur sibi super roseos flores ambulare.*[6] Facit tamen virtus fortitudinis ut ratio non absorbeatur a corporalibus doloribus. Tristitiam autem animalem superat delectatio virtutis: inquantum homo praefert bonum virtutis corporali vitae et quibuscumque ad eam pertinentibus. Et ideo Phi-

---

5. Vulgata: *Duros.*

기 때문이다. 그런데 용기의 주된 행위는 영혼의 파악에 따라 어떤 슬픔을 견디는 것이다. 예를 들어 인간이 사랑하는 육체적 삶과 그것에 속하는 것들을 잃어버리는 것(그것을 후덕한 자는 어떤 자연적 선인 한에서 뿐만 아니라 덕들의 실행에 필수적인 것인 한에서 사랑한다)이 그러하다. 또한 육체의 접촉에 따른 어떤 고통스러운 것들을 견디는 것, 예를 들어 상처와 구타들을 견디는 것이다. 그러므로 용감한 자는 한편으로 영혼적 쾌락의 이유를 가지고 있다. 말하자면 덕의 행위 자체와 그것의 목적에 대해 즐거워하지만, 다른 한편으로 자기 자신의 삶의 상실을 고려하는 한에서는 영혼적으로, 그리고 육체적으로 고통스러워한다. 따라서 우리가 마카베오기 하권 6장 [30절][5]에서 읽듯이, 엘아자르는 "몸으로는 채찍질을 당하여 심한 고통을 겪으면서도 영혼으로는 당신에 대한 경외심 때문에 이 고난을 달게 받는다."라고 말한다.

그러나 우연히 영혼을 신적인 것들로 더 강력하게 상승시키는 하느님의 충만하게 하는 은총 때문에, 영혼이 육체적 고통으로부터 당하는 것보다, 그것들 안에서 즐겁게 되는 경우를 제외한다면, 육체의 감각적 고통은 덕의 영혼적 쾌락이 느껴지지 못하게 만든다. 그것은 마치 복된 티부르티우스가, 불타는 숯들 위를 맨발로 걸었을 때, 그것이 "자신에게는 장미꽃들 위를 걷는 것과 같았다."[6]라고 말한 것과 유사하다. 그러나 용기의 덕은 이성이 육체적 고통에 의해 집어삼켜지지 않도록 만든다. 그리고 덕의 쾌락은, 인간이 덕의 선을 육체적 삶과 그것에 속하는 것들보다 우선하는 한에서, 영혼적 슬픔을 극복한다. 그러므로 철학자는 『니코마코스 윤리학』 제3권[7]에서 용감한 자에게는 그가 쾌

---

6. Cf. Acta S. Tiburtii, ex Actis S. Sebastiani, die II augusti: ed. I. Bollandus et alii, t.XXXVI, p.624D.

losophus dicit, in III *Ethic.*,⁷ quod a forti non requiritur ut delectetur, quasi delectationem sentiens, sed sufficit quod *non tristetur.*

AD PRIMUM ergo dicendum quod vehementia actus vel passionis unius potentiae impedit aliam potentiam in suo actu. Et ideo per dolorem sensus impeditur mens fortis ne in propria operatione delectationem sentiat.

AD SECUNDUM dicendum quod opera virtutum sunt delectabilia praecipue propter finem: possunt autem ex sui natura esse tristia. Et praecipue hoc contingit in fortitudine. Unde Philosophus dicit, in III *Ethic.*,⁸ quod *non in omnibus virtutibus operari delectabiliter existit, praeter inquantum finem attingit.*

AD TERTIUM dicendum quod tristitia animalis vincitur in forti a delectatione virtutis. Sed quia dolor corporalis est sensibilior, et apprehensio sensitiva magis est homini in manifesto, inde est quod a magnitudine corporalis doloris *quasi evanescit*⁹ delectatio spiritualis, quae est de fine virtutis.

---

7. C.12, 1117a35; S. Th. lect.18, nn.584-585. Cf. II, c.2, 1104b3-9; S. Th. lect.3, n.266.

락을 지각하는 자처럼 즐거워하는 것이 요구되지는 않고, 슬퍼하지 않는 것이면 충분하다고 말한다.

[해답] 1. 한 능력의 행위 혹은 정념의 격렬함은 다른 능력의 행위를 방해한다. 따라서 감각의 고통을 통해 용감한 자의 정신은 고유한 활동 안에서 쾌락을 느끼지 못하게 방해받는다.

2. 덕들의 행업은 무엇보다도 목적 때문에 즐거워할 만한 것들이다. 그러나 그것들은 자신의 본성으로부터 슬픈 것들일 수 있다. 그리고 이것은 특히 용기 안에서 발생한다. 따라서 철학자는 『니코마코스 윤리학』 제3권[8]에서 "즐겁게 활동하는 것은, [행위자가] 목적을 달성하는 경우를 제외하면, 모든 덕들 안에 존재하는 것은 아니다."라고 말한다.

3. 영혼적 슬픔은 용감한 자 안에서 덕의 쾌락에 의해 극복된다. 그러나 육체적 고통은 더 감각적이고, 감각적 파악은 인간에 더 명백하기 때문에, 덕의 목적으로부터 존재하는 영적 쾌락은 말하자면 육체적 고통이 증가함에 따라 사라진다.[9]

---

8. C.12, 1117b15-16; S. Th. lect.18, n.592.
9. C.12, 1117b1-9; S. Th. lect.18, n.586.

## Articulus 9
## Utrum fortitudo maxime consistat in repentinis

Ad nonum sic proceditur. Videtur quod fortitudo non maxime consistat in repentinis.

1. Illud enim videtur esse in repentinis quod ex inopinato provenit. Sed Tullius dicit, in sua *Rhetorica*,[1] quod *fortitudo est considerata periculorum susceptio et laborum perpessio*. Ergo fortitudo non consistit maxime in repentinis.

2. Praeterea, Ambrosius dicit, in I *de Offic.*[2]: *Fortis viri est non dissimulare cum aliquid immineat, sed praetendere, et tanquam de specula quadam mentis obviare cogitatione provida rebus futuris, ne forte dicat postea: ideo ista incidi, quia non arbitrabar posse evenire*. Sed ubi est aliquid repentinum, ibi non potest provideri in futuro. Ergo operatio fortitudinis non est circa repentina.

3. Praeterea, Philosophus dicit, in III *Ethic.*,[3] quod fortis est *bonae spei*. Sed spes expectat aliquid in futurum: quod repugnat repentino. Ergo operatio fortitudinis non consistit circa repentina.

---

1. *De invent. rhet.*, l. II, c.53: ed. G. Friedrich, Lipsiae 1908, p.231, ll.5-6.
2. C.38, n.189: ML 16, 79C.

## 제9절 용기는 주로 갑작스러운 것들 안에 있는가

Parall.: *In Ethic.*, III, lect.14.

[반론] 아홉 번째에 대해서는 다음과 같이 진행된다. 용기는 주로 갑작스러운 것들 안에 있지 않은 것으로 보인다.

1. 왜냐하면 뜻밖에 발생하는 것이 갑작스러운 것들 안에 있는 것으로 보인다. 그러나 키케로는 자신의 『수사학』[1]에서 "용기는 위험들을 숙고하여 받아들이는 것과 수고를 감내하는 것"이라고 말한다. 따라서 용기는 주로 갑작스러운 것들 안에 있지 않다.

2. 암브로시우스는 『성직자의 의무』 제1권[2]에서 말한다. "용감한 사람의 징표는, 어떤 것이 위협할 때 모르는 척하는 것이 아니라 앞에서 방어하고, 마치 정신의 어떤 망루에서처럼 앞을 내다보는 사유를 통해 미래의 일들에 마주하는 것이다. 이는 나중에 그가 '내가 그것들이 일어날 수 있다고 여기지 않았기 때문에, 그것들이 불시에 공격한다'고 말하지 않기 위해서이다." 그러나 어떤 갑작스러운 것이 있는 곳에서는 미래에 미리 대비하는 것이 불가능하다. 따라서 용기의 작용은 갑작스러운 것들에 관한 것이 아니다.

3. 철학자는 『니코마코스 윤리학』 제3권[3]에서 용감한 자는 '좋은 희망 안에' 있다고 말한다. 그러나 희망은 어떤 것을 미래, 즉 갑작스러운 것에 반하는 것을 위해 기대한다. 따라서 용기의 작용은 갑작스러운 것들에 관한 것이 아니다.

---

3. C.10, 1116a3-4; S. Th. lect.15, n.554.

SED CONTRA est quod Philosophus dicit, in III *Ethic.*,[4] quod fortitudo *maxime est circa quaecumque mortem inferunt, repentina existentia.*

RESPONDEO dicendum quod in operatione fortitudinis duo sunt consideranda. Unum quidem, quantum ad electionem ipsius. Et sic fortitudo non est circa repentina. Eligit enim fortis praemeditari pericula quae possunt imminere, ut eis resistere possit, aut facilius ea ferre: quia, ut Gregorius dicit, in quadam homilia,[5] *iacula quae praevidentur minus feriunt: et nos mala mundi facilius ferimus, si contra ea clipeo praescientiae praemunimur.*

Aliud vero est considerandum in operatione fortitudinis quantum ad manifestationem virtuosi habitus. Et sic fortitudo maxime est circa repentina: quia secundum Philosophum, in III *Ethic.*,[6] in repentinis periculis maxime manifestatur fortitudinis habitus. Habitus enim agit in modum naturae. Unde quod aliquis absque praemeditatione faciat ea quae sunt virtutis, cum necessitas imminet propter repentina pericula,[7] hoc maxime manifestat quod sit fortitudo habitualiter in anima confirmata. Potest autem aliquis etiam qui habitu fortitudinis caret, ex diuturna praemeditatione animum suum contra pericula praeparare. Qua praeparatione etiam fortis utitur, cum tempus adest.

---

4. C.9, 1115a32–35; S. Th. lect.14, n.540.
5. Homil. 35 *in Evang.*, n.I: ML 76, 1259C.

[재반론] 그러나 반대로 철학자는 『니코마코스 윤리학』 제3권[4]에서 용기는 "무엇보다 갑자기 발생하면서 죽음을 가져오는 것들에 관한 것이다."라고 말한다.

[답변] 용기의 작용에는 두 가지가 고려되어야만 한다. 하나는 그것의 선택에 관련된 것이다. 그리고 그런 식으로 용기는 갑작스러운 것들에 관한 것이 아니다. 왜냐하면 용감한 자는 위협할 수 있는 위험들을, 그것에 저항할 수 있기 위해 혹은 그것들을 더 쉽게 감내하기 위해, 사전에 깊이 생각하기를 선택하기 때문이다. 왜냐하면 그레고리우스가 어떤 강론[5]에서 말하듯, "미리 예견된 투창들은 덜 상처를 입히고, 우리가 만약 그것들에 반하여 예지의 방패로 미리 무장한다면, 세상의 악들을 더 쉽게 무찌르기" 때문이다.

용기의 작용 안에서 고찰되어야 할 다른 것은 후덕한 습성의 드러남에 관련된다. 그리고 그런 식으로 용기는 주로 갑작스러운 것들에 관한 것이다. 왜냐하면 『니코마코스 윤리학』 제3권[6]에서 철학자에 따르면 용기의 습성은 갑작스러운 위험들에서 최대로 발현되기 때문이다. 습성은 본성의 양태에 따라 활동하기 때문이다. 따라서 어떤 이가, 갑작스러운 위험들[7] 때문에 미리 대처하지 못하고 사전 숙려 없이 덕의 행동인 것들을 행하는 것, 이것은 용기가 습성적으로 영혼 안에 확고히 존재한다는 것을 최대한 드러낸다. 그러나 용기의 습성이 부족한 사람이라도 오랫동안 미리 대비한다면 자신의 마음을 위험들에 맞설 채비를 갖출 수 있다. 용감한 자도 시간이 넉넉할 때에는 그렇게 준비한다.

---

6. C.11, 1117a17-22; S. Th. lect.17, n.579.
7. Vide supra q.49, a.4, ad2.

Et per hoc patet responsio AD OBIECTA.

## Articulus 10
## Utrum fortis utatur ira in suo actu

Ad decimum sic proceditur. Videtur quod fortis non utatur ira in suo actu.

1. Nullus enim debet assumere quasi instrumentum suae actionis illud quo non potest uti pro suo arbitrio. Sed homo non potest uti ira pro suo arbitrio, ut scilicet possit eam assumere cum velit et deponere cum velit: ut enim Philosophus dicit, in libro *de Memoria*,[1] quando passio corporalis mota est, non statim quiescit ut homo vult. Ergo fortis non debet assumere iram ad suam operationem.

2. Praeterea, ille qui per seipsum sufficit ad aliquid agendum, non debet in auxilium sui assumere illud quod est infirmius et imperfectius. Sed ratio per seipsam sufficit ad opus fortitudinis exequendum, in quo iracundia deficit. Unde Seneca dicit, in libro *de Ira*[2]: *Non ad providendum tantum, sed ad res gerendas satis est per se ipsa ratio. Et quid stultius est quam hanc ab iracundia petere praesidium, rem stabilem ab incerta, fidelem ab infida, sanam ab aegra?* Ergo fortitudo

---

1. C.2, 453a24-28; S. Th. lect.8, n.404.

[해답] 그리고 이것을 통해 반론들에 대한 대답은 분명하다.


## 제10절 용기는 자신의 행위에서 분노를 사용하는가

Parall.: Infra, a.11, ad1; De ver., q.26, a.7; In Ethic., III, lect.17.


[반론] 열 번째에 대해서는 다음과 같이 진행된다. 용감한 자는 자신의 행위에서 분노를 사용하지 않는 것으로 보인다.

1. 왜냐하면 누구도 자신의 의지로 사용할 수 없는 것을 자기 행위의 도구로 취해서는 안 되기 때문이다. 그러나 인간은 자신의 의지에 따라 분노를 사용할 수 없다. 즉 자신이 원할 때 그것을 취하거나 내려놓을 수 없다. 철학자가 『기억과 회상』[1]에서 말하듯이 육체적 정념이 움직일 때, 그것은 인간이 원하는 대로 즉각적으로 잠잠해지지 않기 때문이다. 따라서 용감한 자는 분노를 자신의 활동을 위해 취해서는 안 된다.

2. 어떤 일을 혼자서 충분히 할 수 있는 사람은 더 약한 것과 불완전한 것으로부터 도움을 받으려 해서는 안 된다. 그런데 이성은 자신을 통해 실행되어야 할 용기의 행업을 위해 충분하고, 거기에 분노는 부재한다. 따라서 세네카는 『분노론』[2]에서 말한다. "이성 자체는 예견함뿐만 아니라 수행을 위해서도 충분하다. 그리고 이성이 분노로부터, 확실한 것이 불확실한 것으로부터, 믿음직한 것이 불충실한 것으로부

---

2. I, c.17: ed. E. Hermes, Lipsiae, 1905, p.64, ll.27-31.

non debet iram assumere.

3. Praeterea, sicut propter iram aliqui vehementius opera fortitudinis exequuntur, ita etiam et propter tristitiam vel concupiscentiam: unde Philosophus dicit, in III *Ethic.*,[3] quod *ferae propter tristitiam seu dolorem incitantur ad pericula, et adulteri propter concupiscentiam multa audacia operantur.* Sed fortitudo non assumit ad suum actum neque tristitiam neque concupiscentiam. Ergo, pari ratione, non debet assumere iram.

SED CONTRA est quod Philosophus dicit, in III *Ethic.*,[4] quod *furor cooperatur fortibus.*

RESPONDEO dicendum quod de ira et ceteris animae passionibus, sicut supra[5] dictum est, aliter sunt locuti Peripatetici, et aliter Stoici. Stoici enim et iram et omnes alias animae passiones ab animo sapientis, sive virtuosi, excludebant. Peripatetici vero, quorum princeps fuit Aristoteles, iram et alias animae passiones attribuebant virtuosis, sed moderatas ratione. Et forte quantum ad rem non differebant, sed solum quantum ad modum loquendi. Nam Peripatetici omnes motus appetitus sensitivi, qualitercumque se habentes, passiones animae nominabant, ut supra[6] habitum est: et quia appetitus

---

3. C.11, 1116b32-1117a5; S. Th. lect.17, n.574.
4. C.11, 1116b31; S. Th. lect.17, n.573.

터, 건강한 것이 병든 것으로부터 보호를 구하는 것보다 더 어리석은 것이 무엇이겠는가?" 그러므로 용기는 분노를 취하지 않아야 한다.

3. 분노 때문에 어떤 이들이 용기의 행업을 더 격렬하게 실행하는 것처럼, 또한 슬픔이나 욕망 때문에도 그렇다. 따라서 철학자는 『니코마코스 윤리학』 제3권[3]에서 "맹수들은 슬픔 혹은 고통 때문에 위험들로 자극되고, 간통한 자들은 욕망 때문에 많은 담대한 것들을 행한다."라고 말한다. 그러나 용기는 자신의 행위를 위해 슬픔이나 욕망을 취하지 않는다. 따라서 같은 이유로 그것은 분노를 취하지 말아야 한다.

[재반론] 그러나 반대로 철학자는 『니코마코스 윤리학』 제3권[4]에서 "격분은 용감한 자들에게 협력한다."라고 말한다.

[답변] 위에서[5] 말한 것처럼, 분노와 영혼의 그 밖의 정념들에 관해 소요학파 사람들과 스토아학파 사람들은 다르게 말했다. 왜냐하면 스토아학파 사람들은 분노와 영혼의 다른 모든 정념을 지혜로운 자 혹은 후덕한 자의 마음으로부터 배제했기 때문이다. 그러나 아리스토텔레스가 창시자인 소요학파 사람들은 이성을 통해 조절된 분노와 영혼의 다른 정념들을 후덕한 자들에게 귀속시켰다. 그리고 아마도 그들은 사실과 관련해서가 아니라 단지 말함의 방식과 관련해서만 구분되었을 것이다. 왜냐하면 위에서[6] 다룬 것처럼, 소요학파 사람들은 감각적 욕구의 모든 운동에게, 그것들이 어떤 방식으로 처신하든 상관없이, 영

---

5. I-II, q.24, a.2.
6. Ibid.

sensitivus movetur per imperium rationis ad hoc quod cooperetur ad promptius agendum, idcirco ponebant et iram et alias passiones animae assumendas esse a virtuosis, moderatas secundum imperium rationis. Stoici vero vocabant passiones animae immoderatos quosdam affectus appetitus sensitivi (unde nominabant eos *aegritudines* vel *morbos*): et ideo penitus eos a virtute separabant.[7] — Sic ergo iram moderatam assumit fortis ad suum actum, non autem iram immoderatam.

AD PRIMUM ergo dicendum quod ira moderata secundum rationem subiicitur imperio rationis. Unde consequens est ut homo ea utatur pro suo arbitrio: non autem si esset immoderata.

AD SECUNDUM dicendum quod ratio non assumit iram ad sui actum quasi auxilium ab ea accipiens: sed quia utitur appetitu sensitivo ut instrumento, sicut et membris corporis. Nec est inconveniens si instrumentum sit imperfectius principali agente: ut martellus fabro. — Seneca autem sectator fuit Stoicorum, et directe contra Aristotelem verba praemissa proponit.

AD TERTIUM dicendum quod, cum fortitudo, sicut dictum est,[8] habeat duos actus, scilicet sustinere et aggredi, non assumit iram ad

---

7. Cf. ibid.

혼의 정념의 명칭을 부여했기 때문이다. 그리고 감각적 욕구는 이성의 명령을 통해 더 즉각적으로 행하기 위해 협력하는 쪽으로 움직여지기 때문에, 그 이유로 그들은 이성의 명령에 따라 조절된 분노와 영혼의 다른 정념들을 후덕한 자들이 취해야 하는 것으로 간주했다. 스토아학파 사람들은 그러나 영혼의 정념들을 감각의 욕구의 어떤 조절되지 않은 정감들이라 부른다(그러므로 그들은 그것들을 질환 혹은 병이라 칭한다). 그리고 그 이유로 그것들을 덕으로부터 전적으로 구분했다.[7] ─이렇게 용감한 자는 조절되지 않은 분노가 아니라 조절된 분노를 자신의 행위를 위해 취한다.

[해답] 1. 이성을 따라 조절된 분노는 이성의 명령에 종속된다. 그러므로 인간은 자신의 결정에 따라 그것을 사용하지만, 만약 그것이 조절되지 않은 것이라면, 사용하지 않는다.

2. 이성은 분노를, 마치 그것으로부터 도움을 받는 듯이 자신의 행위를 위해 취하는 것이 아니라, 감각적 욕구를 마치 육체의 사지처럼 도구로 사용하기 때문이다. 그리고 만약 도구가 주된 행위자보다 더 불완전하다면, 그것은 망치가 대장장이보다 불완전한 것처럼 부적절하지 않다. 그러나 세네카는 스토아학파 추종자였고, 앞서 언급된 말에 대해 직접적으로 아리스토텔레스에 반대했다.

3. 언급한 것처럼,[8] 비록 용기가 견딤과 공격이라는 두 가지 행위를 가지지만, 그것이 분노를 취하는 것은 견딤의 행위를 위해서가 아니라

---

8. Aa.3 & 6.

actum sustinendi, quia hunc actum sola ratio per se facit: sed ad actum aggrediendi. Ad quem magis assumit iram quam alias passiones, quia ad iram pertinet insilire in rem contristantem, et sic directe cooperatur fortitudini in aggrediendo.[9] Tristitia autem, secundum propriam rationem, succumbit nocivo: sed per accidens coadiuvat ad aggrediendum; vel inquantum tristitia est causa irae, ut supra[10] dictum est; vel inquantum aliquis periculo se exponit ut tristitiam fugiat. Similiter etiam concupiscentia, secundum propriam rationem, tendit in bonum delectabile, cui per se repugnat aggressio periculorum: sed per accidens quandoque coadiuvat ad aggrediendum, inquantum scilicet aliquis potius vult pericula incidere quam delectabili carere. Et ideo Philosophus dicit, in III *Ethic.*,[11] quod inter fortitudines quae sunt ex passione, *naturalissima esse videtur quae est per iram, et accipiens electionem et cuius gratia* (scilicet debitum finem), *fortitudo* (scilicet, *fuit vera*).

---

9. Cf. I-II, q.47, a.4, ad3, notama), in calce vol. positam.
10. I-II, q.47, a.3.

공격하는 행위를 위해서다. 왜냐하면 오직 이성만이 홀로 견딤의 행위를 그 자체로 행하기 때문이다. 공격을 위해서 이성은 다른 정념들보다 분노를 더 취한다. 왜냐하면 분노에는 슬프게 하는 것에 반하여 덤비는 것이 속하고, 그렇게 공격함에 있어 용기에 협력하기 때문이다.[9] 슬픔은 그러나 고유한 본질에 따라 위험한 것에 굴복하지만 우연히 공격을 위해 도움이 된다. 그것은 슬픔이, 위에서 말한 것처럼,[10] 분노의 원인인 한에서이거나 혹은 어떤 이가 슬픔을 몰아내기 위해 자신을 위험에 노출시키는 한에서다. 유사하게 욕망 또한 고유한 본질에 따라 즐거움을 주는 선으로 향하는데, 위험들에 대한 공격은 그 자체로 이에 상반된다. 그러나 우연적으로는 때때로 욕망이 공격을 지지해 준다. 즉 어떤 이가 즐거운 것에 결핍되기보다 오히려 위험들이 발생하는 것을 원하는 한에서 그러하다. 따라서 철학자는 『니코마코스 윤리학』 제3권[11]에서 "정념으로부터 존재하는 용기들 가운데 분노를 통한 것이 가장 본성적인 것으로 보인다. 그리고 그것이 선택을 받아들이면서 그것을 위할 때(즉 마땅한 목적을 위할 때), 그 용기는 참된 것이다."라고 말한다.

---

11. C.11, 1117a4-5; S. Th. lect.17, n.575.

## Articulus 11
## Utrum fortitudo sit virtus cardinalis

Ad undecimum sic proceditur. Videtur quod fortitudo non sit virtus cardinalis.

1. Ira enim, ut dictum est,[1] maximam affinitatem habet ad fortitudinem. Sed ira non ponitur passio principalis: nec etiam audacia, quae ad fortitudinem pertinet. Ergo nec fortitudo debet poni virtus cardinalis.

2. Praeterea, virtus ordinatur ad bonum. Sed fortitudo non directe ordinatur ad bonum, sed magis ad malum, scilicet *ad sustinendum pericula et labores*, ut Tullius dicit.[2] Ergo fortitudo non est virtus cardinalis.

3. Praeterea, virtus cardinalis est circa ea in quibus praecipue versatur vita humana: sicut ostium in cardine vertitur. Sed fortitudo est circa pericula mortis, quae raro occurrunt in vita humana. Ergo fortitudo non debet poni virtus cardinalis sive principalis.

SED CONTRA est quod Gregorius, XXII *Moral.*,[3] et Ambrosius, *super Luc.*,[4] et Augustinus, in libro *de Moribus Eccle.*,[5] numerant for-

---

1. A.10, ad3.
2. *De invent. rhet.*, II, c.54: ed. G. Friedrich, Lipsiae, 1908, p.231, ll.5-6.
3. C.1, n.2: PL 76, 212C; II, c.49, al.27, in vet. 36, n.76: PL 75, 592B.

## 제11절 용기는 추요덕인가

Parall.: I-II, q.61, aa.2-3; In Sent., III, d.33, q.2, a.1, qc.3-4; De virt., q.1, a.12, ad.26; q.5, a.1.

[반론] 열한 번째에 대해서는 다음과 같이 진행된다. 용기는 추요덕이 아닌 것으로 보인다.

1. 왜냐하면 분노는 말한 것처럼,[1] 용기와 가장 밀접한 관련이 있다. 그러나 분노는 주된 정념으로 간주되지 않고, 용기에 속하는 담대함도 마찬가지다. 따라서 용기도 추요덕으로 간주되어서는 안 된다.

2. 덕은 선으로 질서 지어진다. 그러나 용기는 직접적으로 선으로 질서 지어지기보다는, 키케로가 말하듯이[2] "위험과 수고들을 견디기 위해" 악으로 더 질서 지어진다. 따라서 용기는 추요덕이 아니다.

3. 추요덕은 마치 문이 경첩을 축으로 삼아 돌아가듯이 인간적 삶이 특히 연루되어 있는 것들에 관한 것이다. 그러나 용기는 인간적 삶에서 드물게 발생하는 죽음의 위험들에 관한 것이다. 따라서 용기가 추요 혹은 주된 덕으로 간주되어서는 안 된다.

[재반론] 그러나 반대로 그레고리우스는 『욥기의 도덕적 해설』 제22권[3]에서, 암브로시우스는 『루카복음서 해설』[4]에서, 그리고 아우구스티누스는 『가톨릭교회의 관습』[5]에서 용기를 네 가지 추요 혹은 주된 덕

---

4. V, super 6, 20sqq.: PL 15, 1649C.
5. I, c.15: PL 32, 1322.

titudinem inter quatuor virtutes cardinales seu principales.

RESPONDEO dicendum quod, sicut supra[6] dictum est, virtutes cardinales seu principales dicuntur quae praecipue sibi vindicant id quod pertinet communiter ad virtutes. Inter alias autem communes virtutis conditiones, una ponitur *firmiter operari*, ut patet in II *Ethic.*.[7] Laudem autem firmitatis potissime sibi vindicat fortitudo. Tanto enim magis laudatur qui firmiter stat, quanto habet gravius impellens ad cadendum vel retrocedendum. Impellit autem hominem ad discedendum ab eo quod est secundum rationem et bonum delectans et malum affligens, sed gravius impellit dolor corporis quam voluptas: dicit enim Augustinus, in libro *Octoginta trium Quaest.*[8]: *Nemo est qui non magis dolorem fugiat quam affectat voluptatem: quandoquidem videmus et immanissimas bestias a maximis voluptatibus exterreri dolorum metu.* Et inter dolores animi et pericula maxime timentur ea quae ducunt ad mortem, contra quae firmiter stat fortis. Unde fortitudo est virtus cardinalis.

AD PRIMUM ergo dicendum quod audacia et ira non cooperantur fortitudini ad actum eius qui est sustinere, in quo praecipue commendatur firmitas eius. Per hunc enim actum fortis cohibet timorem, qui est passio principalis, ut supra[9] habitum est.

---

6. I-II, q.61, aa.3-4.
7. C.3, 1105a32-b5; S. Th. lect.4, n.283.

으로 열거한다.

[답변] 위에서[6] 말한 것처럼, 추요 혹은 주된 덕들은 덕에 공통적으로 속하는 것을 특히 자신에게 권리로 요구하는 덕들이라 말해진다. 덕의 다른 공통적 조건 가운데 하나는, 『니코마코스 윤리학』 제2권[7]에서 분명하듯, 확고히 실행하는 것으로 여겨진다. 그런데 용기는 자신에게 무엇보다 확고함에 대한 칭찬을 요구한다. 왜냐하면 확고히 서 있는 자는, 그가 [자신을] 넘어지거나 물러나게 내모는 것을 더 강하게 가질수록, 그만큼 더 칭찬받기 때문이다. 그런데 즐거움을 주는 선과 괴로움을 주는 악은 인간이 이성을 따르는 것에서 떨어져 나가게 내몰지만, 육체의 고통은 육욕보다 더 강하게 내몬다. 왜냐하면 아우구스티누스가 『여든세 가지 다양한 질문』에서[8] "육욕을 얻으려 노력하는 것보다 더 고통을 피하지 않는 자는 없다. 왜냐하면 우리는 야만적 맹수들 또한 고통에 대한 두려움 때문에 최대의 쾌락으로부터 멀어지게 되는 것을 보기 때문이다."라고 말하기 때문이다. 그리고 영혼의 고통과 위험들 가운데 죽음으로 이끄는 것들이 가장 두려운 것인데, 그것들에 반하여 용감한 자는 확고히 서 있다. 따라서 용기는 추요덕이다.

[해답] 1. 담대함과 분노는 그 안에서 특히 용기의 확실성이 칭찬되는 견딤이라는 용기의 행위와 관련하여 협력하는 것이 아니다. 왜냐하면 용감한 자는 위에서[9] 언급한 것처럼, 이 견딤의 행위를 통해 주된 정념인 두려움을 견제하기 때문이다.

---

8. Q.36, n.1: PL 40, 25.
9. Cf. a.4.

AD SECUNDUM dicendum quod virtus ordinatur ad bonum rationis, quod conservari oportet contra impulsus malorum. Fortitudo autem ordinatur ad mala corporalia sicut ad contraria, quibus resistit: ad bonum autem rationis sicut ad finem, quem intendit conservare.

AD TERTIUM dicendum quod quamvis pericula mortis raro immineant, tamen occasiones horum periculorum frequenter occurrunt: dum scilicet homini adversarii mortales suscitantur propter iustitiam quam sequitur, et propter alia bona quae facit.

Articulus 12
Utrum fortitudo praecellat inter omnes virtutes

Ad duodecimum sic proceditur. Videtur quod fortitudo praecellat inter omnes virtutes.

1. Dicit enim Ambrosius, in I *de Offic.*[1]: *Est fortitudo velut ceteris excelsior.*

2. Praeterea, *virtus est circa difficile et bonum.*[2] Sed fortitudo est circa difficillima. Ergo est maxima virtutum.

3. Praeterea, dignior est persona hominis quam res eius. Sed fortitudo est circa personam hominis, quam aliquis periculo mortis exponit propter bonum virtutis: iustitia autem et aliae virtutes mo-

---

1. C.35, n.176: PL 16, 75A.

2. 덕은 악들의 충동에 반해 보호되어야 하는 이성의 선으로 질서 지어진다. 그런데 용기는 육체적 악들에 대해, 자신이 저항하는 반대되는 것으로 맞서 질서 지어지지만, 이성의 선에 대해서는, 자신이 보호하기를 의도하는 목적으로서 질서 지어진다.

3. 비록 죽음의 위험은 드물게 임박하지만, 그럼에도 이 위험들의 기회는 자주 발생한다. 즉 한 인간에게 그가 추구하는 정의 때문에 그리고 그가 실현하는 다른 선들 때문에 죽음을 가져오는 적대자들이 일어날 때 그러하다.


## 제12절 용기는 모든 덕들 가운데서 우월한가

**Parall.**: I-II, q.66, aa.3-4; *In Sent.*, IV, d.33, q.3, a.3; *De virt.*, q.5, a.3.


[반론] 열두 번째에 대해서는 다음과 같이 진행된다. 용기는 모든 덕 가운데서 우월한 것으로 보인다.

1. 왜냐하면 암브로시우스가 『성직자의 의무』 제1권[1]에서 "용기는 말하자면 다른 것들보다 더 드높다."라고 말하기 때문이다.

2. 덕은 어려운 것과 선에 관한 것이다.[2] 그러나 용기는 가장 어려운 것에 관련된다. 따라서 그것은 덕들 중에서 최고의 것이다.

3. 인간의 인격은 그의 소유물들보다 더 품위 있다. 그런데 용기는 어떤 이가 덕의 선 때문에 죽음의 위험에 내놓는 인간의 인격에 관한

---

2. Aristoteles, *Ethica Nic.*, II, c.2, 1105a7-13; S. Th. lect.3, n.278.

rales sunt circa alias res exteriores. Ergo fortitudo est praecipua inter virtutes morales.

SED CONTRA est quod Tullius dicit, in I *de Offic.*[3]: *In iustitia virtutis splendor est maximus, ex qua viri boni nominantur.*

2. Praeterea, Philosophus dicit, in I *Rhet.*[4]: *Necesse est maximas esse virtutes quae maxime aliis utiles sunt.* Sed liberalitas videtur magis utilis quam fortitudo. Ergo est maior virtus.

RESPONDEO dicendum quod, sicut Augustinus dicit, in VI *de Trin.*[5], *in his quae non mole magna sunt, idem est esse maius quod melius.* Unde tanto aliqua virtus maior est quanto melior est. Bonum autem rationis est hominis bonum, secundum Dionysium, 4 cap. *de Div. Nom.*.[6] Hoc autem bonum essentialiter quidem habet prudentia, quae est perfectio rationis. Iustitia autem est huius boni factiva: inquantum scilicet ad ipsam pertinet ordinem rationis ponere in omnibus rebus humanis. Aliae autem virtutes sunt conservativae huius boni: inquantum scilicet moderantur passiones, ne abducant hominem a bono rationis. Et in ordine harum fortitudo tenet locum praecipuum: quia timor periculorum mortis maxime est efficax ad hoc quod hominem faciat recedere a bono rationis. Post quam ordinatur temperantia: quia etiam delectationes tactus maxime inter cet-

---

3. C.7: ed. C. F. W. Müller, Lipsiae, 1910, p.8, ll.35-37.
4. C.9, 1366b3-4.

것이다. 그러나 정의와 도덕적 덕들은 다른 외적인 것들에 관한 것이다. 따라서 용기는 도덕적 덕들 가운데서 주된 것이다.

[재반론] 1. 그러나 반대로 키케로는 『의무론』 제1권[3]에서 "정의 안에서 덕의 광채는 가장 크고, 그것으로부터 인간들은 선하다고 명명된다."라고 말한다.

2. 철학자는 『수사학』 제1권[4]에서 "다른 사람들에게 가장 유용한 덕들이 가장 큰 덕이라는 것은 필연적이다."라고 말한다. 그런데 아량은 용기보다 더 유용한 것으로 보인다. 따라서 그것은 더 큰 덕이다.

[답변] 아우구스티누스는 『삼위일체론』 제6권[5]에서 "부피가 아닌 다른 측면에서는 더 크다는 것이 더 좋다는 것과 동일한 것이다."라고 말한다. 따라서 어떤 덕이 더 클수록 그만큼 더 좋다. 그런데 디오니시우스의 『신명론』 제4장[6]에 따르면 이성의 선은 인간의 선이다. 그리고 이 선은 본질적으로 이성의 완전성인 현명이 가지고 있다. 정의는, 자신에게 모든 인간적 일들에서 이성의 질서를 놓는 것이 속하는 한, 이 선과 관련하여 산출적이다. 그러나 다른 덕들은, 정념들이 인간을 이성의 선으로부터 이탈시키지 않도록 조절하는 한에서, 이 선의 존재와 관련하여 보존적이다. 그리고 이 정념들의 질서에서 용기는 주된 위치를 차지한다. 왜냐하면 죽음의 위험에 대한 두려움은 인간을 이성의 선으로부터 물러나게 만드는 데 가장 유효하기 때문이다. 용기 이후에는 절제가 순서대로 온다. 다른 무엇보다 촉각의 쾌락들 또한 이성의

---

5. C.8: PL 42, 929.
6. PG 3, 733 A; S. Th. lect.22, n.592.

era impediunt bonum rationis. — Id autem quod essentialiter dicitur, potius est eo quod dicitur effective: et hoc etiam potius est eo quod dicitur conservative, secundum remotionem impedimenti. Unde inter virtutes cardinales prudentia est potior; secunda, iustitia; tertia, fortitudo; quarta, temperantia. Et post has, ceterae virtutes.

AD PRIMUM ergo dicendum quod Ambrosius fortitudinem aliis virtutibus praefert secundum quandam generalem utilitatem: prout scilicet et in rebus bellicis et in rebus civilibus seu domesticis utilis est. Unde ipse ibidem[7] praemittit: *Nunc de fortitudine tractemus: quae, velut excelsior ceteris, dividitur in res bellicas et domesticas.*

AD SECUNDUM dicendum quod ratio virtutis magis consistit in bono quam in difficili. Unde magis est mensuranda magnitudo virtutis secundum rationem boni quam secundum rationem difficilis.

AD TERTIUM dicendum quod homo non exponit personam suam mortis periculis nisi propter iustitiam conservandam. Et ideo laus fortitudinis dependet quodammodo ex iustitia. Unde dicit Ambrosius, in I *de Offic.*,[8] quod *fortitudo sine iustitia iniquitatis est materia: quo enim validior est, eo promptior ut inferiorem opprimat.*

QUARTUM[9] concedimus.

AD QUINTUM[10] dicendum quod liberalitas utilis est in quibusdam particularibus beneficiis. Sed fortitudo habet utilitatem gener-

---

7. C.35, n.175: PL 16, 74B.
8. C.35, n.176: PL 16, 75A.

선을 최대로 방해하기 때문이다. 본질적으로 말하는 것은 결과적으로 말하는 것보다 더 주요하고, 후자는 또한 장애를 제거함으로써 보존적으로 말하는 것보다 더 주요하다. 그러므로 추요덕들 가운데서 현명이 가장 강력하고, 둘째는 정의, 셋째는 용기, 넷째는 절제이다. 그리고 이것들 다음에 나머지 덕들이 온다.

[해답] 1. 암브로시우스는 전쟁에 관한 일들과 시민적 혹은 국내적 일들에 있어 유용한 한, 어떤 일반적인 유용성에 따라 용기를 다른 덕들보다 더 낫게 여긴다. 그는 또한 같은 곳에서[7] 미리 언급한다. "이제 말하자면 나머지 것들보다 더 드높고 전쟁에 관한 일들과 국내적 일들로 구분되는 용기에 관해 논하자."

2. 덕의 본질은 어려운 것보다는 선 안에 더 자리 잡고 있다. 그러므로 덕의 크기는 어려움의 기준보다는 선의 기준에 따라 측정되어야 한다.

3. 인간은 보전되어야 할 정의 때문이 아니면, 자신의 인격을 죽음의 위험에 드러내지 않는다. 따라서 용기에 대한 칭찬은 어느 정도 정의에 달려 있다. 그러므로 암브로시우스는 『성직자의 의무』 제1권[8]에서 "정의 없는 용기는 불공정의 바탕이다. 왜냐하면 그것은 더 강할수록 약한 자를 억누르는 데 더 잘 준비되기 때문이다."라고 말한다.

4. 네 번째 것[9]을 우리는 허용한다.

5.[10] 아량은 어떤 개별적인 선행들 안에서 유용하다. 그러나 용기는 정의의 전체 질서를 보호하기 위한 일반적인 유용성을 갖는다. 따라서

---

9. Arg. sc.
10. Arg. sed c 2.

alem ad conservandum totum iustitiae ordinem. Et ideo Philosophus dicit, in I *Rhet.*,[11] quod *iusti et fortes maxime amantur, quia sunt maxime utiles et in bello et in pace.*[12]

---

11. C.9, 1366b5–7.

철학자는 『수사학』 제1권[11]에서 "정의로운 자들과 용감한 자들은 가장 사랑받는데, 왜냐하면 그들은 전쟁뿐만 아니라 평화에서도 가장 유용하기 때문이다."[12]라고 말한다.

---

12. Cf. q.117, a.6.

# QUAESTIO CXXIV
# DE MARTYRIO
*in quinque articul os divisa*

Deinde considerandum est de martyrio.[1]
Et circa hoc quaeruntur quinque.
*Primo:* utrum martyrium sit actus virtutis.
*Secundo:* cuius virtutis sit actus.
*Tertio:* de perfectione huius actus.
*Quarto:* de poena martyrii.
*Quinto:* de causa.

## Articulus 1
### Utrum martyrium sit actus virtutis

Ad primum sic proceditur. Videtur quod martyrium non sit actus virtutis.

1. Omnis enim actus virtutis est voluntarius. Sed martyrium quandoque non est voluntarium: ut patet de Innocentibus pro Christo occisis, de quibus dicit Hilarius, *super Matth.*,[1] quod *in aeternitatis*

---

1. Cf. q.123, Introd.

# 제124문
# 순교에 대하여
(전5절)

이제는 순교에 관해 고찰해야 한다.[1] 그리고 이것에 관해 다섯 가지가 탐구된다.
1. 순교는 덕의 행위인가?
2. 그것은 어떤 덕의 행위인가?
3. 이 행위의 완전성에 관하여.
4. 순교의 고통에 관하여.
5. 그것의 원인에 관하여.


## 제1절 순교는 덕의 행위인가

[반론] 첫째에 대해서는 다음과 같이 진행된다. 순교는 덕의 행위가 아닌 것으로 보인다.

1. 왜냐하면 덕의 모든 행위는 의지적이기 때문이다. 그러나 순교는 때때로, 그리스도를 위해 죽은 무고한 어린이들에서 분명한 것처럼 의지적이지 않다. 이들에 관해 힐라리우스는 『마태오복음서 주해』[1]에서 "그들은 순교의 영광을 통해 영원의 성장으로 높이 올려졌다."라고 말

---
1. C.1, n.7: PL 9,923C.

*profectum per martyrii gloriam efferebantur.* Ergo martyrium non est actus virtutis.

2. Praeterea, nullum illicitum est actus virtutis. Sed occidere seipsum est illicitum, ut supra[2] habitum est. Per quod tamen martyrium consummatur: dicit enim Augustinus, in I *de Civ. Dei,*[3] quod *quaedam sanctae feminae, tempore persecutionis, ut insectatores suae pudicitiae devitarent, se in fluvium deiecerunt, eoque modo defunctae sunt; earumque martyria in Catholica Ecclesia veneratione celeberrima frequentantur.* Non ergo martyrium est actus virtutis.

3. Praeterea, laudabile est quod aliquis sponte se offerat ad exequendum actum virtutis. Sed non est laudabile quod aliquis martyrio se ingerat, sed magis videtur esse praesumptuosum et periculosum. Non ergo martyrium est actus virtutis.

SED CONTRA est quod praemium beatitudinis non debetur nisi actui virtutis. Debetur autem martyrio: secundum illud Matth. 5, [10]: *Beati qui persecutionem patiuntur propter iustitiam: quoniam ipsorum est regnum caelorum.* Ergo martyrium est actus virtutis.

RESPONDEO dicendum quod, sicut dictum est,[4] ad virtutem pertinet quod aliquis in bono rationis conservetur. Consistit autem bonum rationis in veritate, sicut in proprio obiecto; et in iustitia, sicut in proprio effectu, sicut ex supra[5] dictis patet. Pertinet autem ad rationem martyrii ut aliquis firmiter stet in veritate et iustitia contra

한다. 따라서 순교는 덕의 행위가 아니다.

2. 불법적인 어떤 것도 덕의 행위가 아니다. 그러나 자기 자신을 죽이는 것은, 위에서[2] 언급한 것처럼 불법적이다. 그럼에도 그것을 통해 순교는 완성된다. 왜냐하면 아우구스티누스가 『신국론』 제1권[3]에서 "어떤 거룩한 여인들이 박해 시기에 자신의 정절을 약탈하려는 자들을 피하려 강에 몸을 던져 죽었다. 그리고 그들의 순교는 가톨릭교회에서 가장 장엄한 공경과 함께 기념된다."라고 말하기 때문이다. 따라서 순교는 덕의 행위가 아니다.

3. 어떤 이가 덕의 행위를 실행하기 위해 자발적으로 자신을 봉헌하는 것은 칭찬받을 만하다. 그러나 어떤 이가 순교로 뛰어드는 것은 칭찬할 일이 아니라 오히려 자만적이고 위험해 보인다. 따라서 순교는 덕의 행위가 아니다.

[재반론] 그러나 반대로 참행복의 상급이 덕의 행위 외에 주어져서는 안 된다. 그런데 마태오복음서 5장 [10절]에 따르면 그것은 순교에 주어져야 한다. "행복하여라, 의로움 때문에 박해를 받는 사람들! 하늘나라가 그들의 것이다." 따라서 순교는 덕의 행위이다.

[답변] 말한 것처럼,[4] 덕에는 어떤 이가 이성의 선 안에서 보존되는 것이 속한다. 그런데 이성의 선은, 위에서[5] 말한 것에서 분명하듯이, 고유한 대상으로서는 진리 안에, 그리고 고유한 결과로서는 정의 안에

---

2. Q.64, a.5.
3. C.26: PL 41, 39.
4. Q.123, a.12.

persequentium impetus. Unde manifestum est quod martyrium est actus virtutis.

AD PRIMUM ergo dicendum quod quidam[6] dixerunt quod in innocentibus acceleratus est miraculose usus liberi arbitrii, ita quod etiam voluntarie martyrium passi sunt. — Sed quia hoc per auctoritatem Scripturae non comprobatur, ideo melius dicendum est quod martyrii gloriam, quam in aliis propria voluntas meretur, illi parvuli occisi per Dei gratiam sunt assecuti. Nam effusio sanguinis propter Christum vicem gerit baptismi.[7] Unde sicut pueris baptizatis per gratiam baptismalem meritum Christi operatur ad gloriam obtinendam, ita in occisis propter Christum meritum martyrii Christi operatur ad palmam martyrii consequendam. Unde Augustinus dicit, in quodam sermone *de Epiphania*,[8] quasi eos alloquens: *Ille de vestra corona dubitabit in passione pro Christo, qui etiam parvulis Baptismum prodesse non aestimat Christi. Non habebatis aetatem qua in passurum Christum crederetis: sed habebatis carnem in qua pro Christo passuro passionem sustineretis.*[9]

---

5. Q.109, aa.1-2; q.123, a.12. "Per *bonum rationis* non intelligas solum bonum rationis practicae, quod prudentia ponit: sed etiam bonum rationis speculativae, quod fides infusa ponit. Et similiter per *iustitiam* non intelligas solum iustitiae virtutem distinctam contra alias: sed universaliter bonum partis *Iesu Christi* [Rom. 3,22]. Ita quod per haec duo comprehensum est bonum virtutum omnium theologicalium et moralium, tam acquisitarum quam infusarum. Bonum namque appetitus a bono rationis derivari necesse est, et esse proprium illius effectum:

있다. 그리고 순교의 본질에는 어떤 이가 박해하는 자들의 공격에 반해 진리와 정의 안에 확고히 서 있는 것이 포함된다. 그러므로 순교는 덕의 행위임이 분명하다.

[해답] 1. 어떤 이들은[6] 무고한 자들 안에서 자유재량의 사용이 기적적으로 촉진되었고, 그 결과 그들 또한 순교를 의지적으로 겪었다고 말했다. 그러나 이것은 성경의 권위를 통해 승인되지 않기 때문에, 다른 이들 안에서는 고유한 의지가 마땅히 받게 되는 순교의 영광을, 살해된 어린이들은 하느님의 은총을 통해 획득한다고 말하는 것이 더 좋다. 왜냐하면 그리스도를 위한 피 흘림은 세례를 대체하기 때문이다.[7] 그러므로 세례를 받은 어린이들 안에서 그리스도의 공로가 세례의 은총을 통해 영광을 얻도록 작용하듯이, 그리스도를 위해 살해당한 자들 안에서는 그리스도의 순교의 공로가 순교의 영광을 성취하는 데 작용한다. 따라서 아우구스티누스는 주님공현대축일에 관한 한 강론[8]에서, 마치 그들에게 이야기하듯이 말하였다. "그리스도를 위한 수난에서 너희들의 영관(榮冠)에 대해 의심하는 자는 어린이들 안에서 그리스도의 세례가 아무 유익이 없다고 여기는 자이다. 너희는 수난당할 그리스도를 믿을 만한 나이는 갖지 못했지만, 수난당하게 될 그리스도를 위해 고난을 견딜 육신은 가지고 있었다."[9]

---

eo modo quo ea quae in ratione sunt, causant ea quae appetitus sunt." Cajetanu in h.a., n.I.
6. Cf. Paulus Diac., cuius *Homiliarius* homil. 39, *in Natali Innocentium,* Ioan. Chrysost. tribuit; PL 95, 1176A.
7. Cf. III, q.87, a.1, ad2; III q.66, aa.11-12.
8. Serm. 373, al. *de Divers.* 66, c.3; PL 39, 1665.
9. Cf. III, q.86, a.2, ad3; Sup, q.96, a.6, ad12.

AD SECUNDUM dicendum quod, sicut Augustinus ibidem[10] dicit, esset possibile quod *aliquibus fide dignis testificationibus divina persuasit auctoritas Ecclesiae ut dictarum Sanctarum memoriam honoraret.*[11]

AD TERTIUM dicendum quod praecepta legis dantur de actibus virtutis. Dictum autem est supra[12] quaedam praecepta legis divinae tradita esse secundum praeparationem animi, ut scilicet homo sit paratus hoc vel illud faciendi cum fuerit opportunum. Ita etiam et aliqua pertinent ad actum virtutis secundum animi praeparationem, ut scilicet, superveniente tali casu, homo secundum rationem agat. Et hoc praecipue videtur observandum in martyrio, quod consistit in debita sustinentia passionum iniuste inflictarum: non autem debet homo occasionem dare alteri iniuste agendi, sed si alius iniuste egerit, ipse debet moderate tolerare.[13]

## Articulus 2
## Utrum martyrium sit actus fortitudinis

Ad secundum sic proceditur. Videtur quod martyrium non sit actus fortitudinis.

1. Dicitur enim *martyr* in graeco quasi *testis*. Testimonium autem

---

10. Loc. cit. in arg.

2. 아우구스티누스가 같은 곳에서[10] 말하듯, "신적 권위는 믿을 만한 증거들을 통해 교회에게 언급된 거룩한 여인들에 대한 기억을 기념하도록 설득하는 것이 가능했을 것이다."[11]

3. 법의 계명은 덕의 행위들에 관해 주어진다. 그런데 위에서[12] 마음의 준비를 위해, 즉 적절할 때 이것 혹은 저것을 행하는 인간이 준비되기 위해, 신적인 법의 어떤 계명들이 전해졌다고 말했다. 그렇게 다른 것들도 마음의 준비에 따라, 즉 그러한 경우가 덮칠 때 인간이 이성을 따라 행위한다는 것으로 덕의 행위에 속한다. 그리고 이것은 특히 불의하게 가해진 수난을 당당히 견디는 순교에서 관찰되는 것으로 보인다. 그러나 인간은 다른 이에게 불의한 행위를 할 기회를 주어서는 안 되지만, 만약 다른 이가 불의하게 행했다면, 그 자신은 적절히 참아야 한다.[13]

## 제2절 순교는 용기의 행위인가

[반론] 둘째에 대해서는 다음과 같이 진행된다. 순교는 용기의 행위가 아닌 것으로 보인다.

1. 왜냐하면 martyr는 그리스어로 증인을 뜻하기 때문이다. 그런데 "너희는 예루살렘에서 나에게 증인들이 될 것이다."라는 사도행전 1장

---

11. Cf. supra q.64, a.5, ad4.
12. I-II, a.108, a.4, ad4.
13. Cf. a.3, ad1.

redditur fidei Christi: secundum illud *Act.* 1, [8]: *Eritis mihi testes in Ierusalem*, etc. Et Maximus[1] dicit, in quodam sermone[2]: *Mater martyrii fides Catholica est, in qua* ergo *illustres athletae suo sanguine subscripserunt.* martyrium est potius actus fidei quam fortitudinis.

2. Praeterea, actus laudabilis ad illam virtutem praecipue pertinet quae ad ipsum inclinat, et quae ab ipso manifestatur, et sine qua ipse non valet. Sed ad martyrium praecipue inclinat caritas: unde in quodam sermone Maximi[3] dicitur: *Caritas Christi in Martyribus suis vicit.* Maxime etiam caritas per actum martyrii manifestatur: secundum illud Ioan. 15, [13]: *Maiorem dilectionem nemo habet quam ut animam suam ponat quis pro amicis suis.*[4] Sine caritate etiam martyrium nihil valet: secundum illud I *ad Cor.* 13, [3]: *Si tradidero corpus meum ita ut ardeam, caritatem autem non habuero, nihil mihi prodest.* Ergo martyrium magis est actus caritatis quam fortitudinis.

3. Praeterea, Augustinus dicit, in quodam sermone de sancto Cypriano[5]: *Facile est martyrem celebrando venerari: magnum vero fidem eius et patientiam imitari.* Sed in unoquoque actu virtutis praecipue laudabilis redditur virtus cuius est actus. Ergo martyrium magis est actus patientiae quam fortitudinis.

---

1. Taurinensis.
2. *De Natali SS. Mart.*3, al. serm. 88: PL 57, 708B.

[8절] 등에 따르면, 그리스도에 대한 신앙을 위해 증언이 주어진다. 그리고 막시무스[1]는 어떤 설교[2]에서 순교의 어머니는 찬란한 투사들이 자신의 피로 봉인한 가톨릭 신앙이라고 말한다. 따라서 순교는 용기보다는 오히려 신앙의 행위이다.

2. 칭찬받을 만한 행위는 무엇보다 덕에 속하는데, 그 덕은 행위를 향하게 하고, 행위에 의해 드러나며, 또한 그 덕 없이는 그 행위가 가치가 없는 것이다. 그런데 순교로 향하게 하는 것은 무엇보다 참사랑이다. 따라서 막시무스는 어떤 설교[3]에서 "그리스도의 참사랑은 그의 순교자들 안에서 승리했다."라고 말했다. 또한 참사랑은 순교의 행위를 통해 최대한으로 드러난다. 요한복음서 15장 [13절]에 따르면 "친구들을 위하여 자기 목숨을 내놓는 것보다 더 큰 참사랑은 없다."[4] 또한 참사랑 없이는 어떤 순교도 가치가 없다. 코린토 1서 13장 [3절]에 따르면, "내가 내 몸까지 불에 태우도록 넘겨준다 하여도 나에게 참사랑이 없으면 나에게는 아무 소용이 없습니다." 따라서 순교는 용기보다는 차라리 참사랑의 행위이다.

3. 아우구스티누스는 성 키프리아누스에 관한 어떤 설교[5]에서 "순교자를 찬양하며 공경하는 것은 쉽지만, 그의 신앙과 인내를 본받는 것은 위대하다."고 말한다. 그런데 덕의 각각의 행위 가운데 특히 칭찬받을 만하게 되는 것은 그 행위의 원천인 덕이다. 따라서 순교는 용기보다는 오히려 인내의 행위이다.

---

3. Serm. 16 (inter opp.): PL 57, 875B.
4. Vulgata: *Maiorem hac dilectionem nemo habet, ut animam suam ponat quis pro amicis suis.*
5. Serm. 311, al. *de Div.* 115, c.1: PL 38, 1414.

SED CONTRA est quod Cyprianus dicit, in epistola *ad Martyres et Confessores*[6]: *O beati martyres, quibus vos laudibus praedicem? O milites fortissimi, robur corporis vestri quo praeconio vocis explicem?* Quilibet autem laudatur de virtute cuius actum exercet. Ergo martyrium est actus fortitudinis.

RESPONDEO dicendum quod, sicut ex supra[7] dictis patet, ad fortitudinem pertinet ut confirmet hominem in bono virtutis contra pericula, et praecipue contra pericula mortis, et maxime eius quae est in bello. Manifestum est autem quod in martyrio homo firmiter confirmatur in bono virtutis, dum fidem et iustitiam non deserit propter imminentia pericula mortis, quae etiam in quodam certamine particulari a persecutoribus imminent. Unde Cyprianus dicit, in quodam sermone[8]: *Vidit admirans praesentium multitudo caeleste certamen, et in praelio stetisse servos Christi voce libera, mente incorrupta, virtute divina.* Unde manifestum est quod martyrium est fortitudinis actus. Et propter hoc de martyribus legit Ecclesia: *Fortes facti sunt in bello.*[9]

AD PRIMUM ergo dicendum quod in actu fortitudinis duo sunt consideranda. Quorum unum est bonum in quo fortis firmatur: et

---

6. Epist. 8, al. II, c.6: PL 4, 246B.
7. Q.123, aa.1 sqq.

[재반론] 그러나 반대로 키프리아누스는 『순교자들과 고백자들에 대한 편지』[6]에서 "오 복된 순교자들이여, 나는 어떤 찬양으로 당신들을 칭송해야 합니까? 오 가장 용감한 군사들이여, 말의 어떤 찬사로 당신들 육체의 굳셈을 설명해야 합니까?"라고 말한다. 그런데 누구든 그가 실행한 덕의 행위에 관해 칭찬받는다. 따라서 순교는 용기의 행위이다.

[답변] 위에서[7] 말한 것들로부터 분명하듯이, 용기에는 인간을 위험, 특히 죽음의 위험, 그리고 특히 전쟁에서의 죽을 위험에 반해, 덕의 선 안에 확립하는 것이 속한다. 그런데 순교 안에서 인간은, 어떤 특정한 싸움에서 박해자들로부터 닥쳐오는 죽음의 위험한 임박 때문에 신앙과 정의를 버리지 않는 한에서, 덕의 선 안에 확고히 확립되어 있는 것이 분명하다. 그러므로 키프리아누스는 어떤 설교에서[8] "현장에 있던 사람들 중 다수는 경탄하면서 천상에서의 싸움과 전투에서 그리스도의 종들이 자유로운 발언으로, 손상되지 않은 정신으로, 그리고 신적인 힘으로 함께 꿋꿋이 저항한 것을 본다."라고 말한다. 따라서 순교가 용기의 행위라는 것은 분명하다. 그리고 이 때문에 교회는 [미사의 사도 서간 낭독에서] 순교자들에 대해 "그들은 전쟁에서 용감하게 되었다."[9]라고 읽는다.

[해답] 1. 용기의 행위에는 두 가지가 고려되어야 한다. 그중의 하나는 선, 즉 그것 안에서 용감한 자가 견고하게 되는 선이고, 이것은 용

---

8. Epist. 8: PL 4, 252 BC.
9. In Epist. Missae SS. Fabiani et Sebastiani Mart., die 20 ianuarii. Cf. *Heb.* 11,34.

hoc est fortitudinis finis. Aliud est ipsa firmitas, qua quis non cedit contrariis prohibentibus ab illo bono: et in hoc consistit essentia fortitudinis. Sicut autem fortitudo civilis firmat animum hominis in iustitia humana, propter cuius conservationem mortis pericula sustinet; ita etiam fortitudo gratuita firmat animum hominis in bono *iustitiae Dei, quae est per fidem Iesu Christi,* ut dicitur *Rom.* 3, [22]. Et sic martyrium comparatur ad fidem sicut ad finem in quo aliquis firmatur: ad fortitudinem autem sicut ad habitum elicientem.

AD SECUNDUM dicendum quod ad actum martyrii inclinat quidem caritas sicut primum et principale motivum, per modum virtutis imperantis: fortitudo autem sicut motivum proprium, per modum virtutis elicientis. Et inde etiam est quod martyrium est actus caritatis ut imperantis, fortitudinis autem ut elicientis. Et inde est quod utramque virtutem manifestat. Quod autem sit meritorium, habet ex caritate: sicut et quilibet virtutis actus.[10] Et ideo sine caritate non valet.

AD TERTIUM dicendum quod, sicut dictum est,[11] principalior actus fortitudinis est sustinere, ad quem pertinet martyrium; non autem ad secundarium actum eius, qui est aggredi. Et quia patientia deservit fortitudini ex parte actus principalis qui est sustinere, inde est etiam quod concomitanter in martyribus patientia commendatur.

---

10. Cf. I-II, q.114, a.4.

기의 목적이다. 다른 것은 선으로부터 멀어지게 하는 반대에 굴복하지 않게 하는 확고함 자체이다. 그리고 이것 안에 용기의 본질이 있다. 그런데 시민의 용기가 인간의 마음을 인간적 정의 안에서 견고하게 만들어, 그것의 보존을 위해 죽음의 위험을 견디는 것처럼, 그렇게 무상으로 획득된 용기는 또한 인간의 마음을, 로마서 3장 [22절]에서 말하듯, "예수 그리스도의 신앙을 통해 존재하는 하느님의 정의의 선 안에서 견고하게 만든다." 그리고 이렇게 순교는 어떤 이가 견고하게 되는 목적으로는 신앙과 관련되고, [반대되는 것들에 굴복하지 않게 하는] 확고함을 이끌어내는 습성으로는 용기와 관련된다.

2. 참사랑은 첫째이자 주된 동인으로서, 명령하는 덕의 방식을 통해, 어떤 이를 순교의 행위로 기울어지게 한다. 용기는 그러나, 고유한 동인으로서, [반대되는 것들에 굴복하지 않게 하는 확고함을] 이끌어내는 덕의 방식을 통해 그렇게 한다. 따라서 순교는 명령하는 것으로는 참사랑의 행위이면서 이끌어내는 것으로는 용기의 행위이다. 그리고 이로부터 순교가 두 덕 모두를 나타낸다. 그러나 순교가 공로인 것은, 모든 덕의 행위처럼,[10] 참사랑으로부터 비롯된다. 따라서 그것은 참사랑 없이는 의미가 없다.

3. 앞에서 말한 것처럼,[11] 용기의 더 주된 행위는 견딤이고, 이것에 순교가 속한다. 그러나 순교가 용기의 이차적 행위인 공격에 속하는 것은 아니다. 그리고 인내는 용기를 그것의 주된 행위의 부분인 견딤과 관련하여 돕기 때문에, 순교자들에게서 인내가 병행적으로 칭찬된다.

---

11. Q.123, a.6.

## Articulus 3
## Utrum martyrium sit actus maximae perfectionis

Ad tertium sic proceditur. Videtur quod martyrium non sit actus maximae perfectionis.

1. Illud enim ad perfectionem vitae videtur pertinere quod cadit sub consilio, non sub praecepto, quia scilicet non est de necessitate salutis. Sed martyrium videtur esse de necessitate salutis: dicit enim Apostolus, *Rom.* 10, [10]: *Corde creditur ad iustitiam, ore autem fit confessio ad salutem;* et I Ioann. 3, [16] dicitur quod *nos debemus pro fratribus animam ponere.* Ergo martyrium non pertinet ad perfectionem.

2. Praeterea, ad maiorem perfectionem pertinere videtur quod aliquis det Deo animam, quod fit per obedientiam, quam quod det Deo proprium corpus, quod fit per martyrium: unde Gregorius dicit, ult. *Moral.*,[1] quod *obedientia cunctis victimis praefertur.* Ergo martyrium non est actus maximae perfectionis.

3. Praeterea, melius esse videtur aliis prodesse quam seipsum in bono conservare: quia *bonum gentis melius est quam bonum unius hominis*, secundum Philosophum, in I *Ethic.*.[2] Sed ille qui martyrium sustinet, sibi soli prodest: ille autem qui docet, proficit multis. Ergo

---

1. XXXV, c.14, al.10, in vet.12, n.28: PL 76, 765B.

## 제3절 순교는 최고의 완전성의 행위인가

**Parall.**: *In Ep. ad Heb.*, c.11, lect.8.

[반론] 셋째에 대해서는 다음과 같이 진행된다. 순교는 최고의 완전성의 행위가 아닌 것으로 보인다.

1. 삶의 완전성에 속하는 것은 계명의 대상이 아니라 권고의 대상이 되기 때문이다. 왜냐하면 그것은 구원의 필연적 연관성으로부터 존재하지 않기 때문이다. 그러나 순교는 구원의 필연적 연관성으로부터 존재하는 것으로 보인다. 왜냐하면 사도는 로마서 10장 [10절]에서 "곧 마음으로 믿어 의로움을 얻고, 입으로 고백하여 구원을 얻습니다."라고 말하기 때문이다. 그리고 요한 1서 3장 [16절]에서 "우리도 형제들을 위하여 목숨을 내놓아야 합니다."라고 말하기 때문이다. 따라서 순교는 완전성에 속하지 않는다.

2. 순종을 통해 발생하는 것, 즉 어떤 이가 하느님께 영혼을 드리는 것은, 순교를 통해 발생하는 것, 즉 하느님께 자기 자신의 육체를 드리는 것보다 더 큰 완전성에 속하는 것으로 보인다. 그래서 그레고리우스는 『욥기의 도덕적 해설』[1]에서 "순종은 모든 희생자보다 더 낫다."라고 말한다. 따라서 순교는 최고의 완전성의 행위가 아니다.

3. 다른 이들에게 유익한 것이 자기 자신을 선 안에 보존하는 것보다 더 좋아 보인다. 왜냐하면 철학자의 『니코마코스 윤리학』 제1권[2]에 따르면 "도시 전체 시민의 선이 한 인간의 선보다 더 좋기" 때문이다. 그

---

2. C.1, 1094b8-11; S. Th. lect.2, n.30.

actus docendi et gubernandi subditos est perfectior quam actus martyrii.

SED CONTRA est quod Augustinus, in libro *de Sancta Virginit.*,[3] praefert martyrium virginitati, quae ad perfectionem pertinet. Ergo videtur martyrium maxime ad perfectionem pertinere.

RESPONDEO dicendum quod de aliquo actu virtutis dupliciter loqui possumus. Uno modo, secundum speciem ipsius actus, prout comparatur ad virtutem proxime elicientem ipsum. Et sic non potest esse quod martyrium, quod consistit in debita tolerantia mortis, sit perfectissimus inter virtutis actus. Quia tolerare mortem non est laudabile secundum se, sed solum secundum quod ordinatur ad aliquod bonum quod consistit in actu virtutis, puta ad fidem et dilectionem Dei. Unde ille actus virtutis, cum sit finis, melior est.

Alio modo potest considerari actus virtutis secundum quod comparatur ad primum motivum, quod est amor caritatis.[4] Et ex hac parte praecipue aliquis actus habet quod ad perfectionem vitae pertineat: quia, ut Apostolus dicit, *Coloss.* 3, [14], *caritas est vinculum perfectionis.*[5] Martyrium autem, inter omnes actus virtuosos, maxime demonstrat perfectionem caritatis. Quia tanto magis ostenditur aliquis

---

3. C.46, n.47: ML 40, 424.
4. Cf. a.2, ad2.

런데 순교를 견디는 자는 오직 자기 자신에게 유익한 반면, 가르치는 자는 많은 사람들에게 이롭다. 따라서 가르침의 행위와 아랫사람들을 다스리는 것은 순교의 행위보다 더 완전하다.

[재반론] 그러나 반대로 아우구스티누스는 『거룩한 동정녀에 관하여』³에서 완전성에 속하는 동정보다 순교를 더 선호한다. 따라서 순교는 최고의 완전성에 속하는 것으로 보인다.

[답변] 우리는 덕의 어떤 행위에 관해서 이중적으로 말할 수 있다. 하나의 방식으로는 행위 자체의 종을 따라, 행위가 자신을 직접적으로 이끌어내는 덕과의 관계에서 고찰되는 한에서이다. 그리고 이렇게는 죽음을 마땅히 참는 데에서 성립되는 순교가 덕의 행위 가운데 가장 완전한 것일 수 없다. 왜냐하면 죽음을 참는 것은 그 자체로 칭찬받을 만하지는 않고, 오직 그것이 덕의 행위 안에 성립하는 어떤 선을 향해, 예를 들어 하느님에 대한 신앙과 사랑을 향해 질서 지어지는 한에서 그러하기 때문이다. 그러므로 그 덕의 행위는, 목적이 있을 때 더 좋다.

다른 방식으로 덕의 행위는 그것이 제일 동인, 즉 참사랑의 사랑⁴과 관련되는 한에서 고려될 수 있다. 그리고 이 부분으로부터 어떤 행위는 특히 삶의 완전성에 속하는 어떤 것을 가진다. 왜냐하면 사도가 콜로새서 3장 [14절]에서 "참사랑은 완전하게 묶어주는 끈입니다."⁵라고 말하기 때문이다. 그런데 순교는 모든 덕행 가운데 참사랑의 완전성을

---

5. Vulgata: ⋯*caritatem habete, quod est vinculum perfectionis.*

aliquam rem amare, quanto pro ea rem magis amatam contemnit, et rem magis odiosam eligit pati. Manifestum est autem quod inter omnia alia bona praesentis vitae, maxime amat homo ipsam vitam, et e contrario maxime odit ipsam mortem: et praecipue cum doloribus corporalium tormentorum, quorum metu etiam bruta animalia *a maximis voluptatibus absterrentur,* ut Augustinus dicit, in libro *Octoginta trium Quaest.*.[6] Et secundum hoc patet quod martyrium inter ceteros actus humanos est perfectior secundum suum genus, quasi maximae caritatis signum[7]: secundum illud Ioan. 15, [13]: *Maiorem caritatem nemo habet quam ut animam suam ponat quis pro amicis suis.*[8]

AD PRIMUM ergo dicendum quod nullus est actus perfectionis sub consilio cadens qui in aliquo eventu non cadat sub praecepto,[9]

---

6. Q.36, n.1: PL 40,255.
7. (*추가주) 이 말들은 카예타누스와 함께 '통찰력 있게' 주해되어야 한다. 이것을 그는 탁월하게 쓰고 있다: "순교는 온전히 순교를 지칭하므로, 그것은 또한 참사랑의 행위다. 그리고 그것은 나머지 모든 인간적 행위들, 즉 내면적, 외면적 행위들과 비교된다. 왜냐하면 그는 자발적 행위를 의미하는 '나머지 인간적 행위들 가운데'라고 말하면서 어떤 행위도 배제하지 않기 때문이다. 그러나 그것의 탁월성은 '자신의 종을 따라'를 통해 제한된다. 어떤 인간적 행위는 어떤 순교보다 더 완전할 수 있고, 한 사람의 순교는 다른 사람의 순교보다 더 완전한 행위일 수 있기 때문이다. 왜냐하면 복된 동정녀가 하느님을 사랑한 그 사랑의 행위는 성 베드로와 나머지 성인들의 순교보다 더 완전한 인간적 행위였기 때문이다. 그러나 그것은 행위 자체의 종을 따라 더 완전했던 것이 아니라 참사랑의 더 큰 정도를 따라 더 완전했다. 왜냐하면 만약 우리가 행위의 행해진 종에 주목한다면, 순교는 가장 사랑받는 것, 즉 생명보다 하느님을 우선시하는 참사랑의 행위이다. 그리고 이것은 단지 의지나 말로서가 아니라 실행의 행업으로 완성된다. 그러나 더 큰 완전성이나 사랑의 종은 발견될 수 없고, 따라서 하느님은 요한복음서 15장 13절에서 '누구도 이보다 더 큰 참사랑을 가지지 않는다'라고 말씀하신다. 하지만 우리가 이 혹은 저 주체 안에서 참사랑의 정도에 주목한다면, 성 베드로와 같은 한 사람의 순교

가장 잘 증명한다. 왜냐하면 어떤 사람은, 어떤 것을 위해 그가 자신으로부터 사랑받는 것을 더 멸시할수록, 그리고 자신이 싫어하는 것을 감당하고자 더 선택할수록, 그만큼 더 그것을 사랑하는 것으로 밝혀지기 때문이다. 그러나 현재 삶의 다른 모든 선 중에서 인간은 생명 자체를 가장 사랑하는 반면, 반대로 죽음 자체를 가장 싫어한다는 것이 명백하다. 특히 육체적 고문의 고통과 함께하는 죽음이 그러한데, 그것들에 대한 공포 때문에 이성이 없는 동물들 또한 "가장 큰 육욕들로부터 멀어지게 된다."라고 아우구스티누스는 『여든세 가지 다양한 질문』 [6]에서 말한다. 이것에 따라 순교는 최고의 참사랑의 표징으로서 나머지 인간적 행위 가운데 자신의 유에 따라 더 완전하다는 것이 명백하다.[7] 요한복음서 15장 [13절]에 따르면 "친구들을 위하여 목숨을 내놓는 것보다 더 큰 참사랑은 없다."[8]

[해답] 1. 완전함의 어떤 행위도, 비록 그것이 권고의 대상이 된다고 하더라도, 어떤 경우에 구원을 위하여 필수적인 계명의 대상[9]이 되지

---

는 성 퀸티누스와 같은 다른 사람의 순교보다, 더 큰 참사랑에서 비롯되었기 때문에, 더 완전하다는 것이 발견된다. 또한 유사하게 복된 동정녀의 내적 사랑과 같은 다른 내적 혹은 외적 행위도 마찬가지다. 마찬가지로 아드님에 대한 수태고지, 잉태, 탄생 등에 대해 알았던 것에 관해 주님의 제자들을 가르쳤던 설명 또한 복된 동정녀 안에서 더 큰 참사랑의 부분에서 나온 것인 한, 복된 베드로의 순교와 같은 어떤 순교보다도, 더 완전한 행위였다. 그러나 그것은 모든 순교보다 더 완전한 행위는 아니었다. 왜냐하면 요한복음서 18장 37절의 말처럼 '진리에 대해 증언하기 위해 이 세상에 오신 그리스도'의 순교는 모든 인간적 행위 가운데 그 종에 따라서 그리고 참사랑의 정도의 부분에 있어 그 주체 안에서 단적으로 가장 완전하기 때문이다. 그리고 그것은 이것을 위해 정당하게 그렇게 되었어야만 했다. 즉 인간적 행위들 가운데 최고의 종인 순교가 자기에 대한 최고의 것, 즉 단적으로 최고의 순교이자, 모든 인간적 행위들 가운데 단적으로 최고인 것을 가지기 위해. 왜냐하면 이것을 우주의 질서가 요구하는 것으로 보이기 때문이다.

8. Vulgata: *Maiorem hac dilectionem nemo habet, ut animam suam*, etc.
9. Cf. infra q.184, a.3.

quasi de necessitate salutis existens: sicut Augustinus dicit, in libro *de Adulterinis Coniugiis*,[10] quod aliquis incidit in necessitatem continentiae servandae propter absentiam vel infirmitatem uxoris. Et ideo non est contra perfectionem martyrii si in aliquo casu sit de necessitate salutis. Est enim aliquis casus in quo martyrium perferre non est de necessitate salutis: puta cum ex zelo fidei et caritate fraterna multoties leguntur sancti martyres sponte se obtulisse martyrio. – Illa autem praecepta sunt intelligenda secundum praeparationem animi.[11]

AD SECUNDUM dicendum quod martyrium complectitur id quod summum in obedientia esse potest, ut scilicet aliquis sit obediens usque ad mortem: sicut de Christo legitur, *Philipp.* 2, [8], quod *factus est obediens usque ad mortem*. Unde patet quod martyrium secundum se est perfectius quam obedientia absolute dicta.[12]

AD TERTIUM dicendum quod ratio illa procedit de martyrio secundum propriam speciem actus, ex qua non habet excellentiam inter omnes actus virtutum: sicut nec fortitudo est excellentior inter omnes virtutes.

---

10. II, c.19: PL 40, 485.
11. Cf. a.1, ad3.

않는 것이 아니다. 그것은 마치 아우구스티누스가 『부정한 혼인』[10]에서 어떤 이가 부인의 부재 혹은 병약 때문에 자제를 반드시 지켜야 한다고 말하는 것과 같다. 그러므로 만약 순교가 어떤 경우 구원에 필수적인 것이 된다고 하더라도, 그것이 순교의 완전성에 반하는 것은 아니다. 왜냐하면 순교를 감당하는 것이 구원의 필연적 연관성으로부터 나오지 않는 어떤 경우가 있기 때문이다. 예를 들어 신앙에 대한 열망 혹은 형제적 사랑으로부터 거룩한 순교자들이 자발적으로 자신을 순교로 바쳤다고 우리가 자주 읽을 때. 그러니 그 계명들은 마음의 준비에 따라 이해되어야 한다.[11]

2. 순교는 최고의 순종을 포함한다. 즉 예를 들어 우리가 그리스도에 관해 필리피서 2장 [8절]에서 "죽음에 이르기까지 순종하셨습니다."라고 읽는 것처럼, 어떤 이가 죽음에까지 순종하는 것을 포괄한다. 그러므로 순교는 절대적으로 말한다면 그 자체로 순종보다 더 완전하다는 것이 분명하다.[12]

3. 저 논증은 행위의 고유한 종에 따라 고찰한 순교와 관련하여 진행된다. 그런데 순교는 행위의 고유 종에 따라 덕의 모든 행위 가운데 우월성을 가지는 것이 아니다. 이것은 마치 용기가 모든 덕 가운데 더 우월하지 않은 것과 같다.

---

12. Cf. q.104, a.3.

## Articulus 4
## Utrum mors sit de ratione martyrii

Ad quartum sic proceditur. Videtur quod mors non sit de ratione martyrii.

1. Dicit enim Hieronymus, in sermone *de Assumptione*[1]: *Recte dixerim quod Dei Genitrix Virgo et Martyr fuit, quamvis in pace vitam finierit.* Et Gregorius dicit[2]: *Quamvis occasio persecutionis desit, habet tamen pax suum martyrium: quia etsi carnis colla ferro non subiicimus, spirituali tamen gladio carnalia desideria in mente trucidamus.* Ergo absque passione mortis potest esse martyrium.

2. Praeterea, pro integritate carnis servanda aliquae mulieres leguntur laudabiliter vitam suam contempsisse[3]: et ita videtur quod corporalis integritas castitatis praeferatur vitae corporali. Sed quandoque ipsa integritas carnis aufertur, vel auferri intentatur, pro confessione fidei Christianae: ut patet de Agnete et Lucia. Ergo videtur quod martyrium magis debeat dici si aliqua mulier pro fide Christi integritatem carnis perdat, quam si etiam vitam perderet corporalem. Unde et Lucia dixit: *Si me invitam feceris violari, castitas mihi duplicabitur ad coronam.*[4]

---

1. Epist. 9 *ad Paul. et Eustoch.*, n.14: PL 30, 138A.
2. Homil. 3 in Evang., n.4: PL 76, 1089A.
3. Cf. a.1, 2a.

## 제4절 죽음은 순교의 본질로부터 존재하는 것인가

Parall.: *In Sent.*, IV, d.49, q.5, a.3, qc.2, ad8.

[반론] 넷째에 대해서는 다음과 같이 진행된다. 죽음은 순교의 본질이 아닌 것으로 보인다.

1. 왜냐하면 히에로니무스는 『승천론』[1] 설교에서 말했다. "나는 하느님의 어머니가 동정녀였고, 비록 평화 안에서 삶을 마감했지만 순교자였다고 올바르게 말해야 한다." 그리고 그레고리우스는 "비록 박해[로 인한 순교]의 기회는 부재하지만, 그럼에도 평화는 자신의 순교를 가진다. 왜냐하면 우리는 비록 육신의 목을 칼에 내맡기지는 않지만, 육신의 갈망들을 영적인 칼로 정신 안에서 죽이기 때문이다."라고 말한다.[2] 따라서 순교는 죽음의 수난 없이도 존재할 수 있다.

2. 우리는 지켜져야 할 육신의 온전함을 위해 어떤 여자들이 칭찬받을 만하게 자신들의 생명을 경시했다는 것을 읽는다.[3] 그리고 그렇게 순결의 육체적 온전함이 육체적 생명보다 더 선호되는 것으로 보인다. 그러나 아녜스와 루치아로부터 분명하듯이 때로는 그리스도에 대한 신앙 고백을 위해 육신의 온전함 자체가 제거되거나 제거되도록 위협된다. 따라서 만약 어떤 여자가 그리스도에 대한 믿음을 위해 육신의 온전함을 상실한다면, 그것은 육체적 삶을 상실하는 것보다, 더 큰 순교라고 말해야 한다. 그러므로 루치아는 "만약 네가 나로 하여금 비자발적으로 범해지게 만든다면, 순결은 나에게 두 배의 영관(榮冠)이 될 것이다."라고 말했다.[4]

---

4. Cf. *Breviar. Rom.*, die 13 dec., ad Matut., lect.6.

3. Praeterea, martyrium est fortitudinis actus. Ad fortitudinem autem pertinet non solum mortem non formidare, sed nec alias adversitates: ut Augustinus dicit, in VI *Musicae*.[5] Sed multae sunt aliae adversitates praeter mortem, quas aliqui possunt sustinere pro fide Christi: sicut carcerem, exilium, rapinam bonorum, ut patet *ad Heb.* 10, [34]. Unde et sancti Marcelli Papae martyrium celebratur, qui tamen fuit in carcere mortuus.[6] Ergo non est de necessitate martyrii quod aliquis sustineat poenam mortis.

4. Praeterea, martyrium est actus meritorius, ut dictum est.[7] Sed actus meritorius non potest esse post mortem. Ergo ante mortem. Et ita mors non est de ratione martyrii.

SED CONTRA est quod Maximus dicit, in quodam sermone,[8] de martyre, quod *vincit pro fide moriendo qui vinceretur sine fide vivendo.*

RESPONDEO dicendum quod, sicut dictum est,[9] martyr dicitur quasi testis fidei Christianae, per quam nobis visibilia pro invisibilibus contemnenda proponuntur, ut dicitur *Heb.* 11.[10] Ad martyrium ergo pertinet ut homo testificetur fidem, se opere ostendens cuncta praesentia contemnere, ut ad futura et ad invisibilia bona perveniat.

---

5. C.15, n.50: PL 32, 1189.
6. Cf. Anastasius Biblioth., *De vitis Rom. Pont.*, n.31: PL 127, 1481-1482.
7. A.2, ad2; a.3.

3. 순교는 용기의 행위이다. 아우구스티누스가 『음악』 제6권[5]에서 말하듯, 용기에는 죽음뿐만 아니라 다른 불행들 또한 무서워하지 않는 것이 포함된다. 그런데 히브리서 10장 [34]절에서 분명하듯이, 죽음 이외에도 그리스도에 대한 믿음을 위해 견딜 수 있는 다른 많은 역경이 있다. 예를 들어 투옥, 추방, 재산들의 몰수와 같은 것들. 그러므로 감옥에서 죽었음에도 불구하고 교황 성 마르셀루스의 순교는 기념된다.[6] 따라서 어떤 이가 죽음의 형벌을 견디는 것이 순교에 필수적인 것은 아니다.

4. 앞에서 말했듯이[7] 순교는 공적 있는 행위다. 그러나 공적 있는 행위는 죽음 이후에 있을 수 없다. 따라서 그것은 죽음 이전에 있다. 그리고 이렇게 죽음이 순교의 본질로부터 존재하는 것은 아니다.

[재반론] 그러나 반대로 막시무스는 어떤 설교[8]에서 순교자에 대해 "그는 신앙을 위해 죽는 것을 통해 승리하나, 신앙 없이 사는 것을 통해서는 패배하게 될 것이다."라고 말한다.

[답변] 말한 것처럼[9] 순교자는, 히브리서 11장[10]에서 말하듯이 우리에게 보이지 않는 것들을 위해 보이는 것을 경멸해야 할 것으로 제시하는, 그리스도교 신앙의 증인으로 일컬어진다. 따라서 순교에는 인간이, 미래의 보이지 않는 선들에 도달하기 위해 모든 현재적인 것을 경멸한다는 것을 행업을 통해 보여주면서, 신앙을 증언하는 것이 포함

---

8. Inter opp. Maximus Taurinen., serm16: PL 57, 875CD.
9. A.2, 1a.
10. Cf. II *Cor.* 4, 17, 18.

Quandiu autem homini remanet vita corporalis, nondum opere se ostendit temporalia cuncta despicere: consueverunt enim homines et consanguineos et omnia bona possessa contemnere, et etiam dolores corporis pati, ut vitam conservent. Unde et Satan contra Iob induxit[11]: *Pellem pro pelle: et cuncta quae habet homo, dabit pro anima sua,* idest pro vita corporali. Et ideo ad perfectam rationem martyrii requiritur quod aliquis mortem sustineat propter Christum.

AD PRIMUM ergo dicendum quod illae auctoritates, et si quae similes inveniuntur, loquuntur de martyrio per quandam similitudinem.

AD SECUNDUM dicendum quod in muliere quae integritatem carnis perdit, vel ad perdendum eam damnatur, occasione fidei Christianae, non est apud homines manifestum utrum hoc mulier patiatur propter amorem fidei Christianae, vel magis pro contemptu castitatis. Et ideo apud homines non redditur per hoc testimonium sufficiens. Unde hoc non proprie habet rationem martyrii. Sed apud Deum, *qui corda scrutatur,*[12] potest hoc ad praemium deputari, sicut Lucia dixit.

AD TERTIUM dicendum quod, sicut supra[13] dictum est, fortitudo principaliter consistit circa pericula mortis, circa alia autem consequenter. Et ideo nec martyrium proprie dicitur pro sola tolerantia carceris vel exilii vel rapinae divitiarum: nisi forte secundum quod ex

된다. 그러나 인간에게 육체적 생명이 남아 있는 한, 그는 아직 행업을 통해 모든 현세적인 것의 멸시를 보여주지는 않는다. 왜냐하면 인간들은, 생명을 보존하기 위해, 친족들과 소유된 모든 좋은 것들을 경멸하고 또한 육체의 고통을 겪는 것이 보통이기 때문이다. 그러므로 사탄은 욥을 향해 "가죽을 위해 가죽을, 그리고 인간은 그가 가진 모든 것을 자신의 영혼을 위해 줄 것이다."라고 소개한다.[11] 즉 육체적 삶을 위해. 그러므로 순교의 완전한 본질을 위해서는 어떤 이가 그리스도를 위해 죽음을 견디는 것이 요구된다.

[해답] 1. 권위자들, 그리고 유사한 권위자들이 발견된다면, 그것들은 어떤 유사성을 통해 순교에 관해 말하는 것이다.

2. 그리스도교 신앙 때문에 육신의 온전함을 상실하거나 혹은 상실하도록 처벌되는 여자에게 있어, 그 여자가 이 고통을 그리스도교 신앙에 대한 사랑 때문에 겪는지 혹은 오히려 순결에 대한 업신여김 때문에 그런지는 인간들에게 있어 분명하지 않다. 그러므로 이것은 인간들에게 충분한 증언이 되지 못한다. 따라서 이것은 순교의 의미를 고유하게 가지지 않는다. 그러나 "마음을 꿰뚫어 보시는"[12] 하느님께는, 루치아가 말했듯이, 보상을 받을 만한 것으로 간주될 수 있다.

3. 위에서 말한 것처럼,[13] 용기는 주로 죽음의 위험과 관련되어 있고, 그다음에 다른 것들과 관련된다. 따라서 순교는 단지 투옥이나 추방, 또는 재산의 몰수 같은 것을 참는 것으로 고유하게 말해지지 않는

---

11. *Iob* 2,4.
12. I *Paral.* 28, 9; *Ps.* 7, 10; *Rom.* 8, 27.
13. Q.123, a.4.

his sequitur mors.

AD QUARTUM dicendum quod meritum martyrii non est post mortem, sed in ipsa voluntaria sustinentia mortis: prout scilicet aliquis voluntarie patitur inflictionem mortis. Contingit tamen quandoque quod aliquis post mortalia vulnera suscepta pro Christo, vel quascumque alias tribulationes continuatas usque ad mortem, quas a persecutoribus patitur pro fide Christi, diu aliquis vivat. In quo statu actus martyrii meritorius est: et etiam ipso eodem tempore quo huiusmodi afflictiones patitur.

## Articulus 5
### Utrum sola fides sit causa martyrii

Ad quintum sic proceditur. Videtur quod sola fides sit causa martyrii.

1. Dicitur enim I Petr. 4, [15-16]: *Nemo vestrum patiatur quasi*[1] *homicida aut fur*, aut aliquid huiusmodi: *si autem ut Christianus, non erubescat, glorificet autem Deum in isto nomine*. Sed ex hoc dicitur aliquis Christianus quod tenet fidem Christi. Ergo sola fides Christi dat patientibus martyrii gloriam.

---

1. Vulgata: *ut*.

다. 만약 우연히 그것들로부터 죽음이 뒤따르는 경우를 제외한다면 그러하다.

4. 순교의 공로는 죽음 이후가 아니라 죽음을 의지적으로 견디는 것 자체 안에 있다. 즉 어떤 이가 의지적으로 죽음의 처벌을 겪는 한에서. 그런데 때로는 어떤 이가, 그리스도를 위해 치명상을 입은 후 또는 무엇이든 그가 그리스도에 대한 신앙 때문에 박해자들로부터 겪게 되는 죽음에까지 지속된 다른 고난들을 받은 후, 오랫동안 사는 것이 일어난다. 이 상태에서 순교의 행위에는 공로가 있고, 또한 그가 그러한 괴로움들을 겪는 동일한 시간 자체 안에서도 순교의 공로가 있다.

## 제5절 오직 신앙만이 순교의 원인인가

Parall.: *In Sent.*, IV, d.49, q.5, a.3, qc.2, ad9 sqq.; *In Ep. ad Rom.*, c.8, lect.7.

[반론] 다섯째에 대해서는 다음과 같이 진행된다. 오직 신앙만이 단독으로 순교의 원인으로 보인다.

1. 왜냐하면 베드로 1서 4장 [15-16절]에서 "여러분 가운데 아무도 살인자나 도둑이나 또는 이와 같은 어떤 것으로서[1] 고난을 겪어서는 안 됩니다. 그러나 그리스도인으로서 고난을 겪으면 부끄러워하지 말고, 오히려 그 이름으로 하느님을 찬양하십시오."라고 말하기 때문이다. 그러나 어떤 이는 그리스도에 대한 신앙을 견지하는 것으로부터 그리스도인이라고 불린다. 따라서 오직 그리스도에 대한 신앙만이 순교의 영광을 줄 수 있다.

2. Praeterea, *martyr* dicitur quasi *testis*. Testimonium autem non redditur nisi veritati. Non autem aliquis dicitur martyr ex testimonio cuiuslibet veritatis, sed solum ex testimonio veritatis divinae. Alioquin, si quis moreretur pro confessione veritatis geometriae, vel alterius scientiae speculativae, esset martyr: quod videtur ridiculum. Ergo sola fides est martyrii causa.

3. Praeterea, inter alia virtutum opera illa videntur esse potiora quae ordinantur ad bonum commune: quia *bonum gentis melius est quam bonum unius hominis*, secundum Philosophum, in I *Ethic.*.[2] Si ergo aliquod aliud bonum esset causa martyrii, maxime videretur quod illi martyres essent qui pro defensione reipublicae moriuntur. Quod Ecclesiae observatio non habet: non enim militum qui in bello iusto moriuntur martyria celebrantur. Ergo sola fides videtur esse martyrii causa.

SED CONTRA est quod dicitur Matth. 5, [10]: *Beati qui persecutionem patiuntur propter iustitiam:* quod pertinet ad martyrium, ut Glossa[3] ibidem dicit. Ad iustitiam autem pertinet non solum fides, sed etiam aliae virtutes. Ergo etiam aliae virtutes possunt esse martyrii causa.

RESPONDEO dicendum quod, sicut dictum est,[4] *martyres* dicuntur quasi *testes:* quia scilicet corporalibus suis passionibus usque ad

---

2. C.1, 1094b8-11; S. Th. lect.2, n.30.

2. 순교자는 증인이라고 말한다. 증언은 그러나 오직 진리를 위해서만 만들어진다. 그런데 어떤 이는 아무 진리의 증언으로부터 순교자라고 불리는 것이 아니라, 오직 신적인 진리의 증언으로부터만 그렇다. 그렇지 않다면, 만약 누군가 기하학이나 다른 사변적 학문들의 진리를 고백하기 위해 죽을 경우, 그는 순교자가 될 수 있을 것이다. 그것은 터무니없어 보인다. 따라서 오직 신앙만이 단독으로 순교의 원인이다.

3. 덕들의 다른 행업들 가운데 공동선으로 질서 지어진 것들이 더 중요해 보인다. 왜냐하면 철학자의 『니코마코스 윤리학』 제1권[2]에 따르면, "도시 전체 시민의 선이 한 사람의 선보다 더 좋기" 때문이다. 따라서 만약 [신앙 이외의] 어떤 다른 선이 순교의 원인이라면, 국가의 방어를 위해 죽은 자들이 최고의 순교자들인 것으로 보인다. 그러나 그것은 교회의 관례에 속하지 않는다. 왜냐하면 정의로운 전쟁에서 죽은 군인들의 순교가 기념되지는 않기 때문이다. 그러므로 오직 신앙만이 순교의 원인으로 보인다.

[재반론] 그러나 반대로 마태오복음서 5장 [10절]에서는 "행복하여라, 의로움 때문에 박해를 받는 사람들"이라고 하는데, 그것은 『주석』[3]이 같은 곳에서 말하듯 순교에 속한다. 그런데 신앙뿐만 아니라 다른 덕들도 정의에 포함된다. 따라서 다른 덕들도 순교의 원인이 될 수 있다.

[답변] 언급한 것처럼,[4] 순교자들은 마치 증인이라고 불린다. 왜냐하면 그들은 죽음에까지 이르는 자신들의 육체적 수난 안에서 진리를 위

---

3. Ordin.: MP 114, 90D.
4. Arg.2; a.4.

mortem testimonium perhibent veritati, non cuicumque, sed *veritati quae secundum pietatem est*,⁵ quae per Christum nobis innotuit; unde et *martyres Christi* dicuntur, quasi testes ipsius. Huiusmodi autem est veritas fidei. Et ideo cuiuslibet martyrii causa est fidei veritas.

Sed ad fidei veritatem non solum pertinet ipsa credulitas cordis, sed etiam exterior protestatio.⁶ Quae quidem fit non solum per verba quibus aliquis confitetur fidem, sed etiam per facta quibus aliquis fidem se habere ostendit: secundum illud Iac. 2, [18]: *Ego ostendam tibi ex operibus fidem meam.* Unde et de quibusdam dicitur *Tit.* 1, [16]: *Confitentur se nosse Deum, factis autem negant.* Et ideo omnium virtutum opera, secundum quod referuntur in Deum, sunt quaedam protestationes fidei, per quam nobis innotescit quod Deus huiusmodi opera a nobis requirit, et nos pro eis remunerat. Et secundum hoc possunt esse martyrii causa. Unde et beati Ioannis Baptistae martyrium in Ecclesia celebratur, qui non pro neganda fide, sed pro reprehensione adulterii mortem sustinuit.⁷

AD PRIMUM ergo dicendum quod Christianus dicitur qui Christi est. Dicitur autem aliquis esse Christi non solum ex eo quod habet

---

5. Tit. 1,1.
6. Q.3.

한 증언을 제시하기 때문이다. 그것도 아무 진리를 위해서가 아니라 "경건에 따른 진리",⁵ 그리고 그리스도를 통해 우리에게 알려진 진리를 위해서 증언하기 때문에 그리스도의 순교자들은 그의 증인처럼 불린다. 이와 같은 것이 신앙의 진리이다. 따라서 각각의 순교의 원인은 신앙의 진리이다.

그러나 신앙의 진리에는 마음의 신앙심 자체뿐만 아니라 외적인 공언도 속한다.⁶ 그 공언은, "나는 행업들로 나의 믿음을 보여주겠습니다."라는 야고보서 2장 [18절]에 따라, 어떤 이가 신앙을 고백하는 말들을 통해서뿐만 아니라, 자신이 신앙을 가지고 있음을 드러내는 행동을 통해서도 이루어진다. 그러므로 어떤 이들에 관해 티토서 1장 [16절]에서는 "그들은 자신들이 하느님을 안다고 주장하지만, 행동으로는 그분을 부정합니다."라고 말한다. 따라서 모든 덕의 행업은, 그것이 하느님과 관련되는 한에서, 신앙의 어떤 증언들이다. 이 신앙을 통해 하느님은 우리로부터 그러한 덕의 행업들을 요구하시고, 또한 그 행업들 때문에 우리를 보상하신다는 것을 우리에게 알려주신다. 그리고 이에 따라 덕의 행업들도 순교의 원인이 될 수 있다. 그러므로 부인되도록 강제된 신앙[을 부인하지 않은 것] 때문이 아니라 간통에 대한 비난 때문에 죽임을 당한 복된 세례자 요한의 순교는 교회에서 기념된다.⁷

[해답] 1. 그리스도인은 그리스도의 사람이라고 말한다. 그런데 어떤 이는, 그가 그리스도에 대한 신앙을 가졌다는 것으로부터 뿐만 아니라, 그리스도의 영으로 후덕한 행업들로 나아가는 것으로부터도, 그리

---

7. 마태 14, 3 이하.

fidem Christi, sed etiam ex eo quod Spiritu Christi ad opera virtuosa procedit, secundum illud *Rom.* 8, [9]: *Si quis Spiritum Christi non habet, hic non est eius;* et etiam ex hoc quod, ad imitationem Christi, peccatis moritur, secundum illud *Galat.* 5, [24]: *Qui Christi sunt, carnem suam crucifixerunt, cum vitiis et concupiscentiis.*[8] Et ideo ut Christianus patitur non solum qui patitur pro fidei confessione quae fit per verba, sed etiam quicumque patitur pro quocumque bono opere faciendo, vel pro quocumque peccato vitando, propter Christum: quia totum hoc pertinet ad fidei protestationem.

AD SECUNDUM dicendum quod veritas aliarum scientiarum non pertinet ad cultum divinitatis. Et ideo non dicitur esse *secundum pietatem*.[9] Unde nec eius confessio potest esse directe martyrii causa. — Sed quia omne mendacium peccatum est, ut supra[10] habitum est, vitatio mendacii, contra quamcumque veritatem sit, inquantum mendacium est peccatum divinae legi contrarium, potest esse martyrii causa.

AD TERTIUM dicendum quod bonum reipublicae est praecipuum inter bona humana. Sed bonum divinum, quod est propria causa martyrii, est potius quam humanum. — Quia tamen bonum humanum potest effici divinum, ut si referatur in Deum; potest esse quodcumque bonum humanum martyrii causa secundum quod in Deum refertur.

---

8. Vulgata: *Qui autem sunt Christi,* etc.

스도의 사람이라고 불린다. 로마서 8장 [9절]에 따르면, "만약 어떤 이가 그리스도의 영을 모시지 않으면, 그는 그리스도의 사람이 아니다." 또한 갈라티아서 5장 [24절]의 "그리스도의 사람들은 자신의 육신을 악습 및 욕망들과 함께 십자가에 못 박았다."[8]라는 것에 따라, 그가 그리스도에 대한 모방으로 죄에 있어 죽는다는 것으로부터도 그는 그리스도의 사람이라고 말한다. 그러므로 말을 통해 이루어지는 신앙의 고백 때문에 수난하는 자뿐만 아니라, 누구든 그리스도를 위해 행해야 할 각각의 선한 행업 때문에 혹은 피해야 될 각각의 죄 때문에 수난하는 자는 그리스도인으로서 수난하는 것이다. 왜냐하면 이 전체는 신앙의 증언에 속하기 때문이다.

2. 다른 학문의 진리는 신성에 대한 경배에 속하지 않는다. 따라서 그것은 신심에 따른[9] 것이라고 말하지 않는다. 그러므로 그것에 대한 고백은 직접적으로 순교의 원인일 수 없다. 그러나 위에서[10] 다룬 것처럼 모든 거짓말은 죄이기 때문에, 거짓말에 대한 회피는, 그것이 어떤 진리에 대한 것이든 상관없이 거짓말이 신법에 반대되는 죄인 한, 순교의 원인이 될 수 있다.

3. 국가의 선은 인간적 선들 가운데 으뜸가는 것이다. 그런데 순교의 고유한 원인인 신적인 선은 인간적 선보다 더 우월하다. 그러나 인간적 선은, 예를 들어 그것이 하느님과 관련될 수 있다면, 신적인 선이 될 수 있기 때문에 어떤 인간적 선이든, 하느님과 관련되는 한 순교의 원인이 될 수 있다.

---

9. Cf. corp. art.
10. Q.110, a.1.

## QUAESTIO CXXV
## DE TIMORE
*in quatuor articulos divisa*

Deinde considerandum est de vitiis oppositis fortitudini.[1] Et primo, de timore; secundo, de intimiditate[2]; tertio, de audacia.[3]

Circa primum quaeruntur quatuor.

*Primo:* utrum timor sit peccatum.

*Secundo:* utrum opponatur fortitudini.

*Tertio:* utrum sit peccatum mortale.

*Quarto:* utrum excuset vel diminuat peccatum.

### Articulus 1
### Utrum timor sit peccatum

Ad primum sic proceditur. Videtur quod timor non sit peccatum.

1. Timor enim est passio quaedam, ut supra[1] habitum est. Sed *passionibus nec laudamur nec vituperamur*, ut dicitur in II *Ethic.*.[2] Cum

---

1. Cf. q.123, Introd.
2. Q.126.
3. Q.127.

# 제125문

## 두려움에 대하여
(전4절)

이어서 용기에 반대되는 악습들[1]에 대해 고찰해야 한다. 첫째, 두려움에 관해, 둘째, 두려움 없음[2]에 관해, 셋째, 담대함[3]에 관해.

첫째에 관해서는 네 가지가 탐구된다.

1. 두려움이 죄인가?
2. 그것은 용기에 대립하는가?
3. 그것은 사죄(死罪)인가?
4. 그것은 죄를 면제하거나 축소하는가?

## 제1절 두려움은 죄인가

Parall.: *In Ethic.*, III, lect.15.

[반론] 첫째에 대해서는 다음과 같이 진행된다. 두려움은 죄가 아닌 것으로 보인다.

1. 왜냐하면 두려움은, 위에서[1] 언급한 것처럼 어떤 정념이기 때문

---

1. I-II, q.23, a.4; q.41, a.1.

igitur omne peccatum sit vituperabile, videtur quod timor non sit peccatum.

2. Praeterea, nihil quod in lege divina mandatur est peccatum: quia *lex Domini est immaculata*, ut dicitur in Psalmo [Ps. 18, 8]. Sed timor mandatur in lege Dei: dicitur enim *ad Ephes.* 6, [5]: *Servi, obedite dominis carnalibus, cum timore et tremore.* Timor ergo non est peccatum.

3. Praeterea, nihil quod naturaliter inest homini est peccatum: quia peccatum est *contra naturam*, ut Damascenus dicit, II *libro*.[3] Sed timere est homini naturale: unde Philosophus dicit, in III *Ethic.*,[4] quod *erit aliquis insanus, vel sine sensu doloris, si nihil timeat, neque terraemotum neque inundationes.* Ergo timor non est peccatum.

SED CONTRA est quod Dominus dicit, Matth. 10, [28]: *Nolite timere eos qui occidunt corpus.* Et Ezech. 2, [6] dicitur: *Ne timeas eos, neque sermones eorum metuas.*

RESPONDEO dicendum quod aliquid dicitur esse peccatum in

---

2. C.4, 1105b31-1106a2; S. Th. lect.5, n.300.
3. *De fide orth.*, II, cc.4 & 30; PG 94, 876A, 976A.

이다. 그러나 『니코마코스 윤리학』 제2권[2]에서 말하듯 "정념들을 통해서 우리는 칭찬받거나 비난받지 않는다." 모든 죄는 비난받을 만한 것이기 때문에, 두려움은 죄가 아닌 것으로 보인다.

2. 신법 안에 명령된 것들 중 어떤 것도 죄가 아니다. 왜냐하면 시편 19[18]장 [8절]에서 말하듯, "주님의 법은 오점이 없기 때문이다." 그런데 두려움은 하느님의 법 안에서 명령된다. 에페소서 6장 [5절]에서 "종 여러분, 그리스도께 순종하듯이, 두려워하고 떨면서 순수한 마음으로 현세의 주인에게 순종하십시오."라고 말하기 때문이다. 그러므로 두려움은 죄가 아니다.

3. 인간에게 본성적으로 내재하는 것 중 어떤 것도 죄가 아니다. 왜냐하면 다마셰누스가 『정통신앙론』 제2권[3]에서 말하듯, 죄는 "본성에 반하기" 때문이다. 그러나 두려워함은 인간에게 본성적인 것이다. 따라서 철학자는 『니코마코스 윤리학』 제3권[4]에서 "어떤 이는, 만약 그가 지진이든 홍수든 어떤 것도 두려워하지 않는다면, 미치거나 고통에 대한 감각이 없는 것이다."라고 말한다. 따라서 두려움은 죄가 아니다.

[재반론] 그러나 반대로 주님은 마태오복음서 10장 [28절]에서 "육체를 죽이는 자들을 두려워 말라."라고 말씀하신다. 또한 에제키엘서 2장 [6절]에서는 "그들을 두려워하지 말고, 그들이 하는 말도 두려워하지 말라."라고 말한다.

[답변] 인간적 행위들 가운데 어떤 것이 죄라고 일컬어지는 것은 무

---

4. C.10, 1115b26-28; S. Th. lect.15, n.551.

actibus humanis propter inordinationem: nam bonum humani actus in ordine quodam existit, ut ex supra[5] dictis patet. Est autem hic debitus ordo, ut appetitus regimini rationis subdatur. Ratio autem dictat aliqua esse fugienda, et aliqua esse prosequenda; et inter fugienda, quaedam dictat magis esse fugienda quam alia; et similiter inter prosequenda, quaedam dictat esse magis prosequenda quam alia; et quantum est bonum prosequendum, tantum est aliquod oppositum malum fugiendum. Inde est quod ratio dictat quaedam bona magis esse prosequenda quam quaedam mala fugienda. Quando ergo appetitus fugit ea quae ratio dictat esse sustinenda ne desistat ab aliis quae magis prosequi debet, timor inordinatus est, et habet rationem peccati. Quando vero appetitus timendo refugit id quod est secundum rationem fugiendum, tunc appetitus non est inordinatus, nec peccatum.

AD PRIMUM ergo dicendum quod timor communiter dictus secundum suam rationem importat universaliter fugam: unde quantum ad hoc non importat rationem boni vel mali. Et similiter est de qualibet alia passione. Et ideo Philosophus dicit quod passiones non sunt laudabiles neque vituperabiles: quia scilicet non laudantur neque vituperantur qui irascuntur vel timent, sed qui circa hoc aut ordinate aut inordinate se habent.[6]

---

5. Q.109, a.2; q.114, a.1.
6. Cf. I-II, q.24, a.1, obj.3 et ad3.

질서함 때문이다. 왜냐하면 인간적 행위의 선은, 위에서[5] 말한 것으로 부터 분명하듯, 어떤 질서 안에 존재하기 때문이다. 이 마땅한 질서는 욕구가 이성의 다스림에 예속되는 것이다. 그런데 이성은 어떤 것들은 회피해야 하고, 어떤 것들은 추구해야 한다고 명령한다. 그리고 이성은 회피해야 할 것들 가운데 어떤 것들을 다른 것들보다 더 회피해야 한다고 명령한다. 유사하게 이성은 추구해야 할 것들 가운데 어떤 것들을 다른 것들보다 더 추구해야 한다고 명령한다. 그리고 선을 더 추구해야 할수록, 그만큼 어떤 대립하는 악은 더 회피해야 한다. 이로부터 이성은 어떤 악들을 회피해야 한다고 명령하는 것보다, 어떤 선들을 추구해야 한다고 명령하는 것이 따른다. 따라서 이성이, 욕구로 하여금 더 쫓아야 하는 것들에서 떠나지 않도록 하기 위해, 고수해야 하는 것으로 명령하는 것들을 욕구가 회피할 때, 두려움은 무질서적인 것이 되고 죄의 근거를 가진다. 그러나 욕구가 이성에 따라 회피해야 하는 것을 두려워하며 피할 때, 욕구는 무질서적이지 않고 죄도 아니다.

[해답] 1. 자신의 본질에 따라 일반적으로 말하는 두려움은 보편적으로 도망침을 뜻한다. 따라서 이 관점에서 그것은 선 혹은 악의 의미를 내포하지 않는다. 그리고 그것은 각각의 다른 정념에 대해서도 유사하다. 그러므로 철학자는 정념들은 칭찬받을 만하지도 비난받을 만하지도 않다고 말한다. 왜냐하면 화를 내거나 두려워하는 자들은 칭찬받지도 비난받지도 않지만, 이것과 관련해서 질서 있게 혹은 무질서하게 처신하는 자들은 칭찬 혹은 비난을 받기 때문이다.[6]

AD SECUNDUM dicendum quod timor ille ad quem inducit apostolus, est conveniens rationi: ut scilicet servus timeat ne deficiat ab obsequiis quae domino debet impendere.

AD TERTIUM dicendum quod mala quibus homo resistere non potest, et ex quorum sustinentia nihil boni provenit homini, ratio dictat esse fugienda. Et ideo timor talium non est peccatum.

## Articulus 2
### Utrum peccatum timoris opponatur fortitudini

Ad secundum sic proceditur. Videtur quod peccatum timoris non opponatur fortitudini.

1. Fortitudo enim est circa pericula mortis, ut supra[1] habitum est. Sed peccatum timoris non semper pertinet ad pericula mortis. Quia super illud Psalmi [Ps. 127, 1], *Beati omnes qui timent Dominum,* dicit Glossa[2] quod *humanus timor est quo timemus pati pericula carnis, vel perdere mundi bona.* Et super illud Matth. 26, [44], *Oravit tertio eundem sermonem* etc., dicit Glossa[3] quod triplex est malus timor, scilicet *timor mortis, timor vilitatis, et timor doloris.* Non ergo peccatum timoris opponitur fortitudini.

---

1. Q.123, a.4.
2. Ordin.: PL 113, 1048A; Lombardus: PL 191, 1161D. Cf. Cassiodorus, *Exposit. in Psalm.*, super Ps. 127,1: PL 70, 931B.

2. 사도가 소개하는 두려움은 이성과 일치한다. 그래서 종은 주인에게 마땅히 바쳐야 할 충성에 부족함이 없도록 두려워해야 한다.

3. 인간이 저항할 수 없는, 그리고 그것들을 견딤으로써 인간에게서 어떤 선도 나오지 않는 악들을 이성은 회피해야 한다고 명령한다. 따라서 그러한 것들에 대한 두려움은 죄가 아니다.

## 제2절 두려움의 죄는 용기에 대립하는가

[반론] 둘째에 대해서는 다음과 같이 진행된다. 두려움의 죄는 용기에 대립하지 않는 것으로 보인다.

1. 왜냐하면 위에서[1] 언급했듯이 용기는 죽음의 위험에 관련되기 때문이다. 그러나 두려움의 죄가 항상 죽음의 위험에 속하는 것은 아니다. 왜냐하면 시편 128[127]장 [1절]의 "행복하여라, 주님을 경외하는 모든 이들"과 관련하여 『주석』[2]은 "인간적 두려움은 그것을 통해 우리가 육신의 위험을 겪는 것 혹은 세상의 선들을 잃는 것을 두려워하는 것이다."라고 말한다. 그리고 마태오복음서 26장 [44절]의 "예수님께서는 세 번째 같은 말씀으로 기도하셨다." 등과 관련해서 『주석』[3]은 악한 두려움은 삼중적이라고 말한다. 즉 "죽음의 두려움, 경멸의 두려움, 그리고 고통의 두려움." 그러므로 두려움의 죄는 용기에 대립하지 않는다.

---

3. Ordin.: PL 114, 170CD. Cf. Augustinus, *Quaest. Evang.*, I, q.47: PL 35, 1332.

q.125, a.2

2. Praeterea, praecipuum quod commendatur in fortitudine est quod exponit se periculis mortis. Sed quandoque aliquis ex timore servitutis vel ignominiae exponit se morti: sicut Augustinus, in I *de Civ. Dei*,[4] narrat de Catone, qui, ut non incurreret Caesaris servitutem, morti se tradidit. Ergo peccatum timoris non opponitur fortitudini, sed magis habet similitudinem cum ipsa.

3. Praeterea, omnis desperatio ex aliquo timore procedit. Sed desperatio non opponitur fortitudini, sed magis spei, ut supra[5] habitum est. Ergo neque timoris peccatum opponitur fortitudini.

SED CONTRA est quod Philosophus, in II[6] et III[7] *Ethic.*, timiditatem ponit fortitudini oppositam.

RESPONDEO dicendum quod, sicut supra[8] habitum est, omnis timor ex amore procedit: nullus enim timet nisi contrarium eius quod amat. Amor autem non determinatur ad aliquod genus virtutis vel vitii, sed amor ordinatus includitur in qualibet virtute, quilibet enim virtuosus amat proprium bonum virtutis; amor autem inordinatus includitur in quolibet peccato, ex amore enim inordinato procedit inordinata cupiditas. Unde similiter inordinatus timor includitur in quolibet peccato: sicut avarus timet amissionem pecuniae, intemperatus amissionem voluptatis, et sic de aliis. Sed timor

---

4. C.24: PL 41, 37.
5. Q.20, a.1; I-II, q.40, a.4.
6. C.7, 1107b3-4; S. Th. lect.8, n.341.

2. 인간이 용기에서 칭찬받는 주된 것은 자신을 죽음의 위험에 노출하는 것이다. 그러나 때때로 어떤 이는 노예 신세나 불명예에 대한 두려움에서 자신을 죽음에 노출한다. 예를 들어 아우구스티누스가 『신국론』 제1권[4]에서 말한 것처럼 카이사르의 노예가 되지 않기 위해 자신을 죽음에 내준 카토의 경우가 그러하다. 따라서 두려움의 죄는 용기에 대립하지 않고, 오히려 그것과 유사성을 가진다.

3. 모든 절망은 어떤 두려움으로부터 나온다. 그러나 위에서[5] 언급했듯이, 절망은 용기에 대립하지 않고 오히려 희망에 대립한다. 따라서 두려움의 죄는 용기에 대립하지 않는다.

[재반론] 그러나 반대로 철학자는 『니코마코스 윤리학』 제2권[6]과 제3권[7]에서 비겁을 용기에 대립하는 것으로 간주한다.

[답변] 위에서[8] 언급한 것처럼, 모든 두려움은 사랑으로부터 나온다. 왜냐하면 아무도 자신이 사랑하는 것과 반대되는 것을 두려워하지는 않기 때문이다. 그런데 사랑은 덕이나 악습의 어떤 종류로 결정되어 있지 않지만, 질서 잡힌 사랑은 각각의 덕 안에 포함된다. 왜냐하면 각각의 후덕한 자는 덕의 고유한 선을 사랑하기 때문이다. 그러나 무질서한 사랑은 각각의 죄 안에 포함된다. 왜냐하면 무질서한 사랑으로부터 무질서한 탐욕이 나오기 때문이다. 그러므로 마찬가지로 무질서한 두려움은 각각의 죄에 포함된다. 마치 인색한 자가 돈의 상실을 두려워하고, 무절제한 자가 육욕의 상실을 두려워하며, 그와 같이 다른 것

---

7. C.10, 1115b34-1116a7; S. Th. lect.15, nn.553-555.
8. Q.19, a.3; I-II, q.43, a.1.

praecipuus est periculorum mortis, ut probatur in III *Ethic.*.[9] Et ideo talis timoris inordinatio opponitur fortitudini, quae est circa pericula mortis. Et propter hoc antonomastice dicitur timiditas fortitudini opponi.

AD PRIMUM ergo dicendum quod auctoritates illae loquuntur de timore inordinato communiter sumpto, qui diversis virtutibus opponi potest.

AD SECUNDUM dicendum quod actus humani praecipue diiudicantur ex fine, ut ex supra[10] dictis patet. Ad fortem autem pertinet ut se exponat periculis mortis propter bonum: sed ille qui se periculis mortis exponit ut fugiat servitutem vel aliquid laboriosum, a timore vincitur, quod est fortitudini contrarium. Unde Philosophus dicit, in III *Ethic.*,[11] quod *mori fugientem inopiam vel cupidinem vel aliquid triste, non est fortis, sed magis timidi: mollities enim est fugere laboriosa.*

AD TERTIUM dicendum quod, sicut supra[12] dictum est, sicut spes est principium audaciae, ita timor est principium desperationis. Unde sicut ad fortem, qui utitur audacia moderate, praeexigitur spes, ita e converso desperatio ex aliquo timore procedit. Non autem oportet quod quaelibet desperatio procedat ex quolibet timore, sed ex eo qui est sui generis. Desperatio autem quae opponitur spei, ad aliud

---

9. C.9, 1115a26-27; S. Th. lect.14, n.536.
10. I-II, q.1, a.3; q.18, a.6.

들에 관해서도 그런 것과 같다. 그러나 주된 두려움은 『니코마코스 윤리학』 제3권[9]에서 논증하듯, 죽음의 위험들에 대한 두려움이다. 따라서 이러한 두려움의 무질서는 죽음의 위험에 관계하는 용기에 대립한다. 그리고 이것 때문에 비겁은 환칭적(換稱的)으로 용기에 대립한다고 말한다.

[해답] 1. 그 권위자들은 공통적으로 받아들여진 무질서한 두려움에 관해 말한 것이다. 그것은 다양한 덕들에 대립될 수 있다.

2. 위에서[10] 말한 것들로부터 분명하듯이, 인간적 행위들은 주로 목적으로부터 판별된다. 그런데 용기에는 인간이 선 때문에 자신을 죽음의 위험에 노출하는 것이 포함되지만, 노예 신세나 다른 수고스러운 것을 피하기 위해 자신을 죽음의 위험에 노출시키는 자는 두려움에 정복당한 것이고, 그것은 용기에 반대되는 것이다. 그러므로 철학자는 『니코마코스 윤리학』 제3권[11]에서 "가난이나 욕망 또는 어떤 슬픈 것을 피하기 위해 죽는 것은 용감함이 아니라 오히려 비겁한 자의 표징인데, 왜냐하면 고생스러운 것들을 피하는 것은 약함이기 때문이다."라고 말한다.

3. 위에서[12] 말한 것처럼, 희망이 담대함의 원리인 것처럼, 그렇게 두려움은 절망의 원리이다. 그러므로 조절된 담대함을 사용하는 용감한 자에게 희망이 사전에 요구되듯, 반대로 절망은 어떤 두려움으로부터 나온다. 그러나 아무 두려움으로부터 아무 절망이 나오는 것은 아니고, 각 절망은 그 자신의 유(類)에 상응하는 두려움으로부터 나온다.

---

11. C.11, 1116a12-16; S. Th. lect.15, n.557.
12. I-II, q.45, a.2.

genus refertur, scilicet ad res divinas,[13] quam timor qui opponitur fortitudini, qui pertinet ad pericula mortis. Unde ratio non sequitur.

## Articulus 3
### Utrum timor sit peccatum mortale

Ad tertium sic proceditur. Videtur quod timor non sit peccatum mortale.

1. Timor enim, ut supra[1] dictum est, est in irascibili, quae est pars sensualitatis. Sed in sensualitate est tantum peccatum veniale, ut supra[2] habitum est. Ergo timor non est peccatum mortale.

2. Praeterea, omne peccatum mortale totaliter cor avertit a Deo. Hoc autem non facit timor: quia super illud *Iudic.* 7, [3], *Qui formidolosus est* etc., dicit Glossa[3] quod *timidus est qui primo aspectu congressum trepidat, non tamen corde terretur, sed reparari et animari potest*. Ergo timor non est peccatum mortale.

3. Praeterea, peccatum mortale non solum retrahit a perfectione, sed etiam a praecepto. Sed timor non retrahit a praecepto, sed solum a perfectione: quia super illud *Deut.* 20, [8]: *Qui est homo formidolosus et corde pavido* etc., dicit Glossa[4]: *Docet non posse quemquam perfec-*

---

13. Cf. q.20, a.1.

1. I-II, q.23, aa.1 & 4.

그런데 희망에 대립하는 절망은, 용기에 대립되어 죽음의 위험들에 속하는 두려움과는 다른 종류, 즉 신적인 것들[13]과 관련된다. 그러므로 그 논증은 필연적 결론에 이르지 않는다.

## 제3절 두려움은 사죄인가

[반론] 셋째에 대해서는 다음과 같이 진행된다. 두려움은 사죄가 아닌 것으로 보인다.

1. 왜냐하면 두려움은, 위에서[1] 말한 것처럼, 관능의 부분인 분노적인 것 안에 있기 때문이다. 그러나 관능 안에는, 위에서[2] 언급한 것처럼 단지 소죄만 있다. 따라서 두려움은 사죄가 아니다.

2. 모든 사죄는 마음을 하느님으로부터 전적으로 돌아서게 만든다. 그러나 두려움은 이것을 만들지 않는다. 왜냐하면 판관기 7장 [3장]의 "무서워하는 자" 등에 관해 『주석』[3]은 "비겁한 자는 첫눈에 접전(接戰)을 벌벌 떨지만, 마음에서 무서워하는 것이 아니라서 회복하여 용기를 낼 수 있다."라고 말하기 때문이다. 따라서 두려움은 사죄가 아니다.

3. 사죄는 완전성으로부터 뿐만 아니라 계명으로부터도 물러나게 한다. 그러나 두려움은 죄로부터가 아니라 오직 완전성으로부터만 물러나게 한다. 왜냐하면 신명기 20장 [8절]의 "겁이 많고 마음이 약한 사람이 있느냐?"라는 구절에 대해 『주석』[4]은 "아직도 여전히 지상적

---

2. I-II, q.74, a.3, ad3; a.4.
3. Ordin.: PL 113, 527C. Cf. Origenes, *In Iud.*, hom.9, n.1: PG 12, 986D.
4. Ordin.: PL 113, 473D. Cf. Isidorus, *Quaest. in Vet. Test.*, in Deut., c.15, super 20, 8, n.1: PL 83, 365C.

*tionem contemplationis vel militiae spiritualis accipere qui adhuc nudari terrenis opibus pertimescit.* Ergo timor non est peccatum mortale.

SED CONTRA, pro solo peccato mortali debetur poena Inferni. Quae tamen debetur timidis: secundum illud *Apoc.* 21, [8]: *Timidis et incredulis et execratis, etc., pars erit in stagno ignis et sulphuris, quod est mors secunda.*[5] Ergo timiditas est peccatum mortale.

RESPONDEO dicendum quod, sicut dictum est,[6] timor peccatum est secundum quod est inordinatus: prout scilicet refugit quod non est secundum rationem refugiendum. Haec autem inordinatio timoris quandoque quidem consistit in solo appetitu sensitivo, non superveniente consensu rationalis appetitus: et sic non potest esse peccatum mortale, sed solum veniale. - Quandoque vero huiusmodi inordinatio timoris pertingit usque ad appetitum rationalem, qui dicitur voluntas, quae ex libero arbitrio refugit aliquid non secundum rationem. Et talis inordinatio timoris quandoque est peccatum mortale, quandoque veniale. Si enim quis propter timorem quo refugit periculum mortis, vel quodcumque aliud temporale malum, sic dispositus est ut faciat aliquid prohibitum, vel praetermittat aliquid quod est praeceptum in lege divina, talis timor est peccatum mortale. Alioquin erit peccatum veniale.

부와 관련하여 빼앗기는 것을 몹시 무서워하는 자는 관상 혹은 영적 전쟁의 어떤 완전성을 수용할 수 없다는 것을 그[모세]가 가르친다."라고 말하기 때문이다. 따라서 두려움은 사죄가 아니다.

[재반론] 그러나 반대로 오직 사죄를 위해서만 지옥의 처벌이 마땅하다. 그런데 이것은, "비겁한 자들과 불충분한 자들, 그리고 역겨운 것으로 자신을 더럽히는 자들 등이 차지할 몫은 불과 유황이 타오르는 연못뿐이다. 이것이 두 번째 죽음이다."라고 말하는 요한묵시록 21장 [8절]에 따라,[5] 비겁한 자들에게 마땅하다. 따라서 비겁은 사죄이다.

[답변] 이미 말한 것처럼,[6] 두려움은 무질서적인 한에서 죄이다. 즉 이성에 따라서 피하지 말아야 할 것을 피하는 한에서 그러하다. 그런데 이 무질서는 때때로 이성적 욕구의 동의가 수반되지 않고 오직 감각적 욕구 안에만 자리 잡고 있다. 그리고 그런 식으로 그것은 사죄가 될 수 없고, 오직 소죄만 될 수 있다. 그러나 때때로 두려움의 이런 종류의 무질서는 의지라고 불리는 이성적 욕구에까지 다다르고, 의지는 자유재량으로 이성에 따른 것이 아닌 어떤 것을 피하려고 한다. 그리고 그러한 두려움의 무질서는 때때로 사죄이고, 때때로 소죄이다. 왜냐하면 만약 어떤 이가, 죽음의 위험이나 무엇이든 다른 현세적 악을 피하는 두려움 때문에, 금지된 어떤 것을 행하거나 혹은 신법에서 계명인 어떤 것을 생략하도록 준비되었다면, 그러한 두려움은 사죄이다. 그렇지 않다면 그것은 소죄가 될 것이다.

---

5. Vulgata: *pars illorum erit in stagno ardenti igne et sulphure; quod est mors secunda.*
6. Art.1.

AD PRIMUM ergo dicendum quod ratio illa procedit de timore secundum quod sistit infra sensualitatem.

AD SECUNDUM dicendum quod etiam Glossa illa potest intelligi de timore in sensualitate existente. — Vel potest melius dici quod ille toto corde terretur cuius animum timor vincit irreparabiliter. Potest autem contingere quod, etiam si timor sit peccatum mortale, non tamen aliquis ita obstinate terretur quin persuasionibus revocari possit: sicut quandoque aliquis mortaliter peccans concupiscentiae consentiendo, revocatur, ne opere impleat quod proposuit facere.

AD TERTIUM dicendum quod Glossa illa loquitur de timore revocante hominem a bono quod non est de necessitate praecepti, sed de perfectione consilii. Talis autem timor non est peccatum mortale: sed quandoque veniale; quandoque etiam non est peccatum, puta cum aliquis habet rationabilem causam timoris.

## Articulus 4
### Utrum timor excuset a peccato

Ad quartum sic proceditur. Videtur quod timor non excuset a peccato.

1. Timor enim est peccatum, ut dictum est.[1] Sed peccatum non

---

1. Art.1,3.

[해답] 1. 이 논증은 두려움에서 나아가되, 그것이 관능 아래에 있는 한에서 그렇다.

2. 이『주석』또한 관능 안에 존재하는 두려움에 관한 것으로 이해될 수 있다. 혹은 더 낫게는 다음과 같이 말할 수 있다. 즉 저 사람은, 두려움이 그의 마음을 다시 돌이킬 수 없게 압도하여, 마음에 있어 전적으로 무서워진 것이다. 그러나 비록 두려움이 사죄라 하더라도, 어떤 이는 그렇게까지 확고히 무서워지지 않아서, 설득을 통해 [이성으로] 다시 돌이켜질 수 있다. 그것은 마치 욕망에 동의하며 사죄를 짓는 어떤 이가 때때로 그가 하기로 염두에 둔 것을 행동으로 수행하지 않도록 다시 돌이키는 것과 같다.

3. 이『주석』은 반드시 지켜야 하는 계명이 아니라 완전성에 속하는 권고들에 관련된 선으로부터 인간을 물러서게 하는 두려움에 관해 말한다. 그러나 그러한 두려움은 사죄가 아니라 때때로 소죄이다. 때로 그것은, 예를 들어 어떤 이가 두려움에 대한 합리적 원인을 가지고 있을 때처럼, 또한 죄가 아니다.


제4절 두려움은 [인간을] 죄에서 면제하는가

Parall.: *In Ethic.*, III, lect.2.


[반론] 넷째에 대해서는 다음과 같이 진행된다. 두려움은 죄에서 면제하지 않는 것으로 보인다.

1. 왜냐하면 이미 말한 것처럼, 두려움이 죄이기 때문이다.[1] 그러나

excusat a peccato, sed magis aggravat ipsum. Ergo timor non excusat a peccato.

2. Praeterea, si aliquis timor excusat a peccato, maxime excusaret timor mortis, qui dicitur *cadere in constantem virum*.² Sed hic timor non videtur excusare: quia cum mors ex necessitate immineat omnibus, non videtur esse timenda. Ergo timor non excusat a peccato.

3. Praeterea, timor omnis aut est mali temporalis, aut spiritualis. Sed timor mali spiritualis non potest excusare peccatum: quia non inducit ad peccandum, sed magis retrahit a peccato. Timor etiam mali temporalis non excusat a peccato: quia sicut Philosophus dicit, in III *Ethic.*,³ *inopiam non oportet timere, neque aegritudinem, neque quaecumque non a propria malitia procedunt.* Ergo videtur quod timor nullo modo excusat a peccato.

SED CONTRA est quod in Decretis, qu. 1,⁴ dicitur: *Vim passus et invitus ab haereticis ordinatus colorem habet excusationis.*

RESPONDEO dicendum quod, sicut supra⁵ dictum est, timor intantum habet rationem peccati inquantum est contra ordinem ratio-

---

2. Dig., IV, tit.2, leg.6: ed Krueger, t.I, p.80a.
3. C.9, 1115a17-22; S. Th. lect.14, n.534.

죄는 죄에서 면제하지 않고, 오히려 그 죄를 더 악화시킨다. 따라서 두려움은 죄에서 면제되지 않는다.

2. 만약 어떤 두려움이 죄에서 면제된다면, "굳건한 남자도 겪게 된다."[2]라고 말하는 죽음에 대한 두려움이 최대로 면제될 것이다. 그러나 이 두려움은 면제되지 않는 것으로 보인다. 왜냐하면 죽음은 필연적으로 모든 이에게 임박하기 때문에, 그것은 두려워해야 할 것으로 보이지 않기 때문이다. 따라서 두려움은 죄에서 면제되지 않는다.

3. 모든 두려움은 현세적 악이거나 영적인 악의 표징이다. 그러나 영적 악에 대한 두려움은 죄를 면제할 수 없다. 왜냐하면 그것은 죄로 이끄는 것이 아니라 오히려 죄로부터 떠나게 하기 때문이다. 현세적 악에 대한 두려움 또한 죄를 면제하지 않는다. 왜냐하면 철학자가 『니코마코스 윤리학』 제3권[3]에서 말하듯 "인간은 가난이나 병, 그리고 무엇이든 자기 자신의 악함으로부터 나오지 않는 것들을 두려워해서는 안 되기" 때문이다. 따라서 두려움은 어떤 방식으로도 죄를 면제하지 않는 것으로 보인다.

[재반론] 그러나 반대로 『교령집』 제1문제[4]에는 "폭력을 겪고 이단들로부터 억지로 서품된 자는 면제의 구실을 가진다."라는 것이 있다.

[답변] 위에서[5] 말한 것처럼, 두려움은 이성의 질서에 반하는 한에서 죄의 본성을 가진다. 그런데 이성은 다른 악보다 어떤 악이 더 회피되

---

4. Gratianus, *Decretum*, p.II, causa 1, q.1, can.111: ed. Richter-Friedberg, t.I, p.401.
5. Aa.1 & 3.

nis. Ratio autem iudicat quaedam mala esse magis aliis fugienda. Et ideo quicumque, ut fugiat mala quae sunt secundum rationem magis fugienda, non refugit mala quae sunt minus fugienda, non est peccatum. Sicut magis est fugienda mors corporalis quam amissio rerum: unde si quis, propter timorem mortis, latronibus aliquid promitteret aut daret, excusaretur a peccato quod incurreret si sine causa legitima, praetermissis bonis, quibus esset magis dandum, peccatoribus largiretur.

Si autem aliquis per timorem fugiens mala quae secundum rationem sunt minus fugienda, incurrat mala quae secundum rationem sunt magis fugienda, non posset totaliter a peccato excusari: quia timor talis inordinatus esset. Sunt autem magis timenda mala animae quam mala corporis; et mala corporis quam mala exteriorum rerum. Et ideo si quis incurrat mala animae, idest peccata, fugiens mala corporis, puta flagella vel mortem, aut mala exteriorum rerum, puta damnum pecuniae; aut si sustineat mala corporis ut vitet damnum pecuniae; non excusatur totaliter a peccato.[6] Diminuitur tamen aliquid eius peccatum: quia minus voluntarium est quod ex timore agitur; imponitur enim homini quaedam necessitas aliquid faciendi propter imminentem timorem. Unde Philosophus[7] huiusmodi quae ex timore fiunt, dicit esse non simpliciter voluntaria, sed mixta ex voluntario et involuntario.

---

6. Cf. I-II, q.6, a.6.

어야 한다고 판단한다. 그러므로 누구든, 이성에 따라 더 회피되어야 할 악을 피하기 위해, 덜 회피되어야 할 악을 피하지 않는 자는 죄를 짓는 것이 아니다. 예를 들면 육체적 죽음이 재산의 상실보다 더 회피되어야 하는 경우가 그러하다. 그러므로 만약 어떤 이가 죽음에 대한 두려움 때문에 강도들에게 어떤 것을 약속하거나 준다면 그는 그가 초래한 죄에서 면제될 것이나, 만약 그가 정당한 이유 없이 선한 이들이 소홀히 됨에도 불구하고 선한 이들에게 더 주어져야 할 것을 죄인들에게 준다면, 그는 죄를 짓는 것이다.

그러나 만약 어떤 이가 두려움 때문에 이성에 따라 덜 피해야 하는 악들을 피하면서 이성에 따라 더 피해야 할 악들을 저지른다면, 그는 전적으로 죄에서 면제될 수 없을 것이다. 왜냐하면 그러한 두려움은 무질서하기 때문이다. 그런데 영혼의 악들은 육체의 악들보다 더 두려워해야 한다. 그리고 외적 사물들의 악보다는 육체의 악들을 더 두려워해야 한다. 그러므로 만약 어떤 이가 구타 혹은 죽음과 같은 육체의 악들을 피하면서 혹은 돈의 손실과 같은 외적 사물들의 악들을 피하기 위하여 영혼의 악, 즉 죄를 저지른다면, 혹은 어떤 이가 돈의 상실을 피하기 위해 육체의 악을 견딘다면, 그는 전적으로 죄에서 면제되지 않는다.[6] 그러나 그의 죄는 다소간 경감된다. 두려움에서 행한 것은 덜 의지적이기 때문이다. 왜냐하면 위협하는 두려움 때문에 어떤 것을 행할 어떤 필연성이 그 인간에게 부과되었기 때문이다. 그러므로 철학자[7]는 두려움으로부터 발생한 이러한 것들은 단적으로 의지적인 것이 아니라 의지적인 것과 비의지적인 것의 혼합이라고 말한다.

---

7. *Ethica Nic.*, III, c.1, 1110a4-19; S. Th. lect.1, nn.388-391.

AD PRIMUM ergo dicendum quod timor non excusat ex ea parte qua est peccatum, sed ex ea parte qua est involuntarium.

AD SECUNDUM dicendum quod, licet mors omnibus immineat ex necessitate, tamen ipsa diminutio temporis vitae est quoddam malum, et per consequens timendum.

AD TERTIUM dicendum quod secundum Stoicos, qui ponebant bona temporalia non esse hominis bona, sequitur ex consequenti quod mala temporalia non sint hominis mala, et per consequens nullo modo timenda. Sed secundum Augustinum, in libro *de Lib. Arbit.*,[8] huiusmodi temporalia sunt minima bona. Quod etiam Peripatetici senserunt. Et ideo contraria eorum sunt quidem timenda: non tamen multum, ut pro eis recedatur ab eo quod est bonum secundum virtutem.

---

8. II, c.19, n.50: PL 32, 1267.

[해답] 1. 두려움은 어떤 것을 그것이 죄라는 점에서 면제하는 것이 아니라 비의지적이라는 점에서 면제한다.

2. 비록 죽음이 모든 이에게 필연적으로 임박하지만, 그럼에도 생명의 시간의 감소 자체는 어떤 악이고, 결과적으로 두려워해야 할 것이다.

3. 현세적 선은 인간의 선이 아니라고 규정한 스토아학파 사람들에 따르면 현세적 악은 결과적으로 인간의 악이 아니며, 어떤 방식으로든 전혀 두려워할 것이 아니다. 그러나 아우구스티누스의 『자유재량론』[8]에 따르면 이와 같은 현세적인 것들은 최소한의 선이다. 그것을 소요학파 사람들 또한 알았다. 그러므로 그것들에 반대되는 것들은 실로 두려워해야 할 것이지만 그렇다고 그것들 때문에 덕에 따라 선인 것으로부터 물러날 정도로 두려운 것은 아니다.

## QUAESTIO CXXVI
## DE VITIO INTIMIDITATIS
*in duos articulos divisa*

Deinde considerandum est de vitio intimiditatis.
Et circa hoc quaeruntur duo.
*Primo:* utrum intimidum esse sit peccatum.
*Secundo:* utrum opponatur fortitudini.

Articulus 1
Utrum intimiditas sit peccatum

Ad primum sic proceditur. Videtur quod intimiditas non sit peccatum.

1. Quod enim ponitur pro commendatione viri iusti, non est peccatum. Sed in commendationem viri iusti dicitur, *Prov.* 28, [1]: *Iustus, quasi leo confidens, absque terrore erit.* Ergo esse impavidum non est peccatum.

2. Praeterea, *maxime terribilis est mors*, secundum Philosophum, in III *Ethic.*.[1] Sed nec mortem oportet timere, secundum illud Matth.

---

1. C.9, 1115a26-27; S. Th. lect.14, n.536.

# 제126문
# 두려움 없음의 악습에 대하여
(전2절)

이어서 두려움 없음의 악습에 대해 고찰해야 한다. 그리고 이것에 관해 두 가지가 탐구된다.
1. 두려움 없는 것은 죄인가?
2. 그것은 용기에 대립하는가?

## 제1절 두려움 없음은 죄인가

[반론] 첫째에 대해서는 다음과 같이 진행된다. 두려움 없음은 죄가 아닌 것으로 보인다.

1. 왜냐하면 정의로운 자의 칭찬거리로 제시된 것은 죄가 아니다. 그런데 정의로운 자의 칭찬과 관련하여 잠언 28장 [1절]에서는 "사자처럼 당당한 정의로운 자는 공포 없이 있을 것이다."라고 말한다. 따라서 겁 없는 것은 죄가 아니다.

2. 『니코마코스 윤리학』 제3권[1]에서 철학자에 따르면 "죽음이 가장 무섭다." 그러나 "육체를 죽이는 자들을 두려워하지 말라."는 마태오복음서 10장 [28절]에 따르면 죽음을 두려워해서는 안 된다. 그리고 또한, "죽을 인간을 두려워하는[2] 너는 누구냐?"라고 말하는 이사야서 51장 [12절]에 따르면, 인간에 의해 가해질 수 있는 어떤 것도 두려워해

10, [28]: *Nolite timere eos qui occidunt corpus:* nec etiam aliquid quod ab homine possit inferri, secundum illud Isaiae 51, [12]: *Quis tu, ut timeas[2] ab homine mortali?* Ergo impavidum esse non est peccatum.

3. Praeterea, timor ex amore nascitur, ut supra[3] dictum est. Sed nihil mundanum amare pertinet ad perfectionem virtutis: quia, ut Augustinus dicit, in XIV *de Civ. Dei,*[4] *amor Dei usque ad contemptum sui, facit cives civitatis caelestis.* Ergo nihil humanum formidare videtur non esse peccatum.

SED CONTRA est quod de iudice iniquo dicitur, Luc. 18, [2], quod *nec Deum timebat, nec hominem reverebatur.*[5]

RESPONDEO dicendum quod, quia timor ex amore nascitur, idem iudicium videtur esse de amore et de timore. Agitur autem nunc de timore quo mala temporalia timentur, qui provenit ex temporalium bonorum amore. Inditum autem est unicuique naturaliter ut propriam vitam amet, et ea quae ad ipsam ordinantur, tamen debito modo: ut scilicet amentur huiusmodi non quasi finis constituatur in eis, sed secundum quod eis utendum est propter ultimum finem. Unde quod aliquis deficiat a debito modo amoris ipsorum, est contra

---

2. Vulgata: *ut timeres.*
3. Q.125, a.2.
4. C.28: PL 41, 436.
5. Vulgata: *Deum non timebat et hominem non reverebatur.*

서는 안 된다. 따라서 겁 없는 것은 죄가 아니다.

3. 위에서³ 말한 것처럼 두려움은 사랑에서 생긴다. 그런데 세상적인 것을 사랑하는 것은 덕의 완전성에 속하지 않는다. 왜냐하면 아우구스티누스가 『신국론』 제14권⁴에서 말하듯 "자신의 경멸에까지 이르는 하느님에 대한 사랑은 천상적 국가의 시민들을 만들기" 때문이다. 따라서 인간적인 어떤 것도 무서워하지 않는 것은 죄가 아닌 것으로 보인다.

[재반론] 그러나 반대로 불공정한 재판관에 대해 루카복음서 18장 [2절]에서 "그는 하느님을 두려워하지 않았고, 인간을 어려워하지 않았다."라고 말한다.⁵

[답변] 두려움은 사랑으로부터 나기 때문에, 사랑과 두려움에 대한 판단은 하나의 동일한 것으로 보인다. 지금은 현세적 악들을 두려워하게 하는, 현세적 선들에 대한 사랑에서 나오는 두려움에 대해 다룬다. 그런데 각자에게는 자연적으로 자신의 생명을 사랑하는 것과 그것으로 질서 지어진 것들을 사랑하는 것이 주어졌다. 그러나 그것들은 마땅한 방식으로 사랑해야 한다. 즉 이러한 것들은, 마치 그것들 안에서 목적이 확립되는 것처럼 사랑해서는 안 되고, 최종 목적 때문에 사용되어야 하는 한에서 사랑해야 한다. 그러므로 어떤 이가 이러한 것들에 대한 사랑의 마땅한 방식에서 결여된다면, 그것은 자연적 경향에 반하는 것이고, 결과적으로 죄이다. 그럼에도 불구하고 어떤 이도 그러한 사랑으로부터 전적으로 분리되지는 않는다. 왜냐하면 본성에 있는 것은 전적으로 파괴될 수 없기 때문이다. 이 때문에 사도는 에페소

naturalem inclinationem: et per consequens est peccatum. Nunquam tamen a tali amore totaliter aliquis decidit: quia id quod est naturae totaliter perdi non potest. Propter quod Apostolus dicit, *ad Ephes.* 5, [29], quod *nemo unquam carnem suam odio habuit.* Unde etiam illi qui seipsos interimunt, ex amore carnis suae hoc faciunt, quam volunt a praesentibus angustiis liberari.

Unde contingere potest quod aliquis minus quam debeat timeat, mortem et alia temporalia mala, propter hoc quod minus debito amet ea. Sed quod nihil horum timeat, non potest ex totali defectu amoris contingere: sed ex eo quod aestimat mala opposita bonis quae amat, sibi supervenire non posse. Quod quandoque contingit ex superbia animi de se praesumentis et alios contemnentis: secundum quod dicitur *Iob* 41, [vv. 24-25]: *Factus est ut nullum timeret: omne sublime videt.* Quandoque autem contingit ex defectu rationis: sicut Philosophus dicit, in III *Ethic.*,[6] quod Celtae propter stultitiam nihil timent. Unde patet quod esse impavidum est vitiosum: sive causetur ex defectu amoris, sive causetur ex elatione animi, sive causetur ex stoliditate; quae tamen excusat a peccato si sit invincibilis.

AD PRIMUM ergo dicendum quod iustus commendatur a timore retrahente eum a bono: non quod sit absque omni timore. Dicitur enim *Eccli.* 1, [28]: *Qui sine timore est, non poterit iustificari.*

---

6. C.10, 1125b28-33; S. Th. lect.15,, n.551.

서 5장 [29절]에서 "아무도 자기 몸을 미워하지 않습니다."라고 말한다. 그러므로 자기 자신을 죽이는 자들 또한 그들이 현존하는 곤궁들로부터 자유롭게 되기를 원하는 자신의 육신에 대한 사랑으로부터 이것을 행한다.

따라서 어떤 이는 죽음과 다른 현세적 악들을, 마땅히 사랑해야 하는 것보다 덜 사랑하기 때문에, 마땅히 두려워해야 하는 것보다 덜 두려워하는 것이 발생할 수 있다. 그러나 그가 이것들 가운데 어떤 것도 두려워하지 않는 것은 사랑의 전적인 결여로부터 발생할 수 있는 것이 아니라, 자신이 사랑하는 선들에 대립하는 악들이 자신에게 덮칠 수 없다고 간주하기 때문에 발생한다. 때때로 그것은, 욥기 41장 [24절 이하]에서 "그는 누구도 두려워하지 않도록 만들어졌고 모든 높은 자들을 내려다본다."고 말하는 것처럼, 자신에 대해서는 과대평가하고 타인들을 업신여기는 마음의 교만으로부터 발생한다. 그리고 때때로 그것은, 철학자가 『니코마코스 윤리학』 제3권[6]에서 "켈트인들은 우둔함 때문에 아무것도 두려워하지 않는다."라고 말하는 것처럼, 이성의 결함으로부터 발생한다. 그러므로 겁 없는 것은, 사랑의 결함이 원인이 되든, 마음의 우쭐함이 원인이 되든, 혹은 어리석음이 원인이 되든, 악습적인 것임이 분명하다. 그러나 어리석음은, 만약 그것이 극복할 수 없는 것이라면, 죄를 면제시킨다.

[해답] 1. 정의로운 자가 칭찬을 받는 것은 그가 두려움 때문에 선으로부터 물러나지 않기 때문이지, 그가 모든 두려움 없이 존재하기 때문이 아니다. 왜냐하면 집회서 1장 [28절]에서 "두려움 없이 있는 자는 의로워질 수 없을 것이다."라고 말하기 때문이다.

AD SECUNDUM dicendum quod mors, vel quidquid aliud ab homine mortali potest inferri, non est ea ratione timendum ut a iustitia recedatur. Est tamen timendum inquantum per hoc homo potest impediri ab operibus virtuosis, vel quantum ad se, vel quantum ad profectum quem in aliis facit. Unde dicitur *Prov.* 14, [16]: *Sapiens timet, et declinat a malo.*

AD TERTIUM dicendum quod bona temporalia debent contemni quantum nos impediunt ab amore et timore Dei. Et secundum hoc etiam non debent timeri: unde dicitur *Eccli.* 34, [16]: *Qui timet Deum*[7] *nihil trepidabit.* Non autem debent contemni bona temporalia inquantum instrumentaliter nos iuvant ad ea quae sunt divini amoris et timoris.

## Articulus 2
### Utrum esse impavidum opponatur fortitudini

Ad secundum sic proceditur. Videtur quod esse impavidum non opponatur fortitudini.

1. De habitibus enim iudicamus per actus. Sed nullus actus fortitudinis impeditur per hoc quod aliquis est impavidus: remoto enim timore, aliquis et fortiter sustinet et audacter aggreditur. Ergo esse impavidum non opponitur fortitudini.

2. Praeterea, esse impavidum est vitiosum vel propter defectum debiti amoris, vel propter superbiam, vel propter stultitiam.[1] Sed

2. 죽음이든 다른 무엇이든 죽을 인간이 가할 수 있는 것은 그것 때문에 인간이 정의에서 물러날 정도로 두렵게 여겨져서는 안 된다. 그러나 그것은, 자기 자신과 관련되든 혹은 그가 다른 이들 안에서 만드는 유익과 관련되든, 그것을 통해 인간이 덕행에서 방해될 수 있는 한에서 두렵게 여겨져야 한다. 그러므로 잠언 14장 [16절]에서 "지혜로운 자는 두려워하고 악에서 벗어난다."라고 말한다.

 3. 현세적 선들은 우리를 하느님에 대한 사랑과 두려움으로부터 방해하는 한에서 경멸받아야 한다. 그리고 이에 따라 그것들을 두려워해서는 안 된다. 그러므로 집회서 34장 [16절]에서 "하느님[7]을 두려워하는 자는 아무것도 무서워하지 않을 것이다."라고 말한다. 그러나 현세적 선들은, 그것이 신적인 사랑과 두려움에 속하는 것들의 획득을 위해 우리를 도구적으로 돕는 한에서, 경멸해서는 안 된다.

## 제2절 겁 없음은 용기에 대립하는가

**[반론]** 둘째에 대해서는 다음과 같이 진행된다. 겁 없는 것은 용기에 대립하지 않는 것으로 보인다.

 1. 왜냐하면 습성에 관해 우리는 행위를 통해 판단하기 때문이다. 그러나 용기의 어떤 행위도 어떤 이가 겁 없음을 통해 방해되지 않는다. 왜냐하면 만약 두려움이 제거된다면, 어떤 이는 용감하게 견디고 담대하게 공격하기 때문이다. 따라서 겁 없음은 용기에 대립하지 않는다.

 2. 겁 없는 것은 마땅한 사랑의 결함 때문에, 교만 때문에, 혹은 우둔

---

7. Vulgata: *Dominum*.

defectus debiti amoris opponitur caritati; superbia autem humilitati; stultitia autem prudentiae, sive sapientiae. Ergo vitium impaviditatis non opponitur fortitudini.

3. Praeterea, virtuti opponuntur vitia sicut extrema medio. Sed unum medium ex una parte non habet nisi unum extremum. Cum ergo fortitudini ex una parte opponatur timor, ex alia vero parte opponatur ei audacia, videtur quod impaviditas ei non opponatur.

SED CONTRA est quod Philosophus, in III *Ethic.*,[2] ponit impaviditatem fortitudini oppositam.

RESPONDEO dicendum quod, sicut supra[3] dictum est, fortitudo est circa timores et audacias. Omnis autem virtus moralis ponit modum rationis in materia circa quam est. Unde ad fortitudinem pertinet timor moderatus secundum rationem: ut scilicet homo timeat quod oportet, et quando oportet, et similiter de aliis. Hic autem modus rationis corrumpi potest, sicut per excessum, ita et per defectum. Unde sicut timiditas opponitur fortitudini per excessum timoris, inquantum scilicet homo timet quod non oportet, vel secundum quod non oportet; ita etiam impaviditas opponitur ei per defectum timoris, inquantum scilicet non timet aliquis quod oportet timere.

---

1. Cf. a.1.

함 때문에[1] 악습적이다. 그러나 마땅한 사랑의 결함은 참사랑에 대립하고, 교만은 겸손에, 우둔함은 현명 혹은 지혜에 대립한다. 따라서 겁 없음의 악습은 용기에 대립하지 않는다.

3. 악습은, 마치 극단이 중용에 대립하듯이 덕에 대립한다. 그러나 하나의 중용은 한 부분에서 오직 하나의 극단만 가진다. 따라서 두려움은 한 부분에서 용기에 대립하는 반면 담대함은 다른 부분에서 그것에 대립하기 때문에, 겁 없음은 그것에 대립하지 않는 것으로 보인다.

[재반론] 그러나 반대로 철학자는 『니코마코스 윤리학』 제3권[2]에서 겁 없음을 용기에 대립하는 것으로 둔다.

[답변] 위에서[3] 말한 것처럼, 용기는 두려움과 담대함에 관한 것이다. 그런데 모든 도덕적 덕은 그것이 관여하는 범위 안에 이성의 방식을 세운다. 그러므로 용기에는 이성에 따라 조절된 두려움이 속한다. 즉 인간이 마땅한 것을, 마땅한 때에, 그리고 다른 것들에 관해서도 유사하게 두려워하는 것이 속한다. 그런데 이 이성의 방식은 예컨대 지나침을 통해 파괴될 수 있듯이, 그렇게 모자람을 통해서도 파괴될 수 있다. 그러므로 인간이 마땅하지 않은 것을 두려워하거나 혹은 마땅하지 않은 [방식]에 따라 두려워하는 한, 비겁이 용기에 두려움의 지나침을 통해 대립하듯이, 그렇게 어떤 이가 마땅히 두려워해야 하는 것을 두려워하지 않는 한에서, 겁 없음 또한 두려움의 모자람을 통해 용기에 대립한다.

---

2. C.10, 1115b24-33; S. Th. lect.15, n.551.
3. Q.123, a.3.

AD PRIMUM ergo dicendum quod actus fortitudinis est timorem sustinere et aggredi non qualitercumque, sed secundum rationem. Quod non facit impavidus.

AD SECUNDUM dicendum quod impaviditas ex sua specie corrumpit medium fortitudinis: et ideo directe fortitudini opponitur. Sed secundum suas causas, nihil prohibet quin opponatur aliis virtutibus.

AD TERTIUM dicendum quod vitium audaciae opponitur fortitudini secundum excessum audaciae: impaviditas autem secundum defectum timoris. Fortitudo autem in utraque passione medium ponit. Unde non est inconveniens quod secundum diversa habeat diversa extrema.

[해답] 1. 용기의 행위는 어떤 식으로든 두려움을 견디는 것과 공격하는 것이 아니라, 이성에 따라 그렇게 하는 것이다. 그것을 겁 없는 자는 행하지 않는다.

2. 겁 없음은 자신의 종으로부터 용기의 중용을 파괴하고, 따라서 용기에 직접적으로 대립한다. 그러나 자신의 [발생] 원인들에 따라서는 어떤 것도 그것이 다른 덕들에 대립하는 것을 방해하지 않는다.

3. 담대함의 악습은 담대함의 지나침에 따라 용기에 대립한다. 겁 없음은 그러나 두려움의 모자람에 따라 그렇다. 용기는 그러나 두 정념 안에 중용을 확립한다. 그러므로 다양한 관점들에 따라 용기가 다양한 극단을 가진다는 것은 부적절하지 않다.

# QUAESTIO CXXVII
# DE AUDACIA
*in duos articulos divisa*

Deinde considerandum est de audacia.
Et circa hoc quaeruntur duo.
*Primo:* utrum audacia sit peccatum.
*Secundo:* utrum opponatur fortitudini.

## Articulus 1
## Utrum audacia sit peccatum

Ad primum sic proceditur. Videtur quod audacia non sit peccatum.

1. Dicitur enim *Iob* 39, [21], de equo, per quem significatur bonus praedicator, secundum Gregorium, in *Moral.*,[1] quod *audacter in occursum pergit armatis.* Sed nullum vitium cedit in commendationem alicuius. Ergo esse audacem non est peccatum.

2. Praeterea, sicut Philosophus dicit, in VI *Ethic.*,[2] *oportet consiliari quidem tarde, operari autem velociter consiliata.* Sed ad hanc veloci-

---

1. XXXI, c.24, al.11, in vet.19, n.43: PL 76, 597B.

## 제127문

# 담대함에 대하여
(전2절)

이어서 담대함에 대해 고찰해야 한다. 그리고 이것과 관련해서 두 가지가 탐구된다.
1. 담대함은 죄인가?
2. 그것은 용기에 대립하는가?

### 제1절 담대함은 죄인가

[반론] 첫째에 대해서는 다음과 같이 진행된다. 담대함은 죄가 아닌 것으로 보인다.

1. 왜냐하면 욥기 39장 [21절]에서 "적의 무기를 향해 담대하게 달려가는 말"이라고 말하는데, 그레고리우스의 『욥기의 도덕적 해설』[1]에 따르면 그 말은 좋은 설교자를 의미하기 때문이다. 그러나 어떤 악습도 어떤 이의 칭찬의 대상이 되지 않는다. 따라서 담대한 것은 죄가 아니다.

2. 철학자는 『니코마코스 윤리학』 제6권[2]에서 "천천히 숙고하는 것이 필요하지만, 숙고된 것들은 빠르게 실행해야 한다."라고 말한다. 그

---

2. C.10, 1142b4-5; S. Th. lect.8, n.1219.

tatem operandi iuvat audacia. Ergo audacia non est peccatum, sed magis aliquid laudabile.

3. Praeterea, audacia est quaedam passio quae causatur a spe, ut supra³ habitum est, cum de passionibus ageretur. Sed spes non ponitur peccatum, sed magis virtus. Ergo nec audacia debet poni peccatum.

SED CONTRA est quod dicitur *Eccli.* 8, [15]: *Cum audace non eas in via, ne forte gravet mala sua in te*. Nullius autem societas est declinanda nisi propter peccatum. Ergo audacia est peccatum.

RESPONDEO dicendum quod audacia, sicut supra⁴ dictum est, est passio quaedam. Passio autem quandoque quidem est moderata secundum rationem: quandoque autem caret modo rationis, vel per excessum vel per defectum; et secundum hoc est passio vitiosa. Sumuntur autem quandoque nomina passionum a superabundanti: sicut ira dicitur non quaecumque, sed superabundans, prout scilicet est vitiosa. Et hoc etiam modo audacia, per superabundantiam dicta, ponitur esse peccatum.

AD PRIMUM ergo dicendum quod audacia ibi sumitur secundum quod est moderata ratione. Sic enim pertinet ad virtutem fortitudinis.

AD SECUNDUM dicendum quod operatio festina commendabi-

---

3. I-II, q.45, a.2.

런데 실행의 빠름을 담대함이 돕는다. 따라서 담대함은 죄가 아니라 오히려 어떤 칭찬받을 만한 것이다.

3. 담대함은, 위에서[3] 정념들에 관해 논할 때 언급한 것처럼, 희망에서 비롯된 어떤 정념이다. 그러나 희망은 죄로 간주되는 것이 아니라 오히려 덕으로 간주된다. 따라서 담대함은 죄로 간주되어서는 안 된다.

[재반론] 그러나 반대로 집회서 8장 [15절]에서 "너는 담대한 자와 함께 길을 가지 마라. 혹시 자기 악들을 떠넘길지도 모른다."라고 말한다. 그런데 죄 때문이 아니라면 어떤 이와의 교제도 회피되어서는 안 된다. 따라서 담대함은 죄이다.

[답변] 위에서[4] 말한 것처럼, 담대함은 어떤 정념이다. 정념은 때로는 이성에 따라 조절되지만, 때로는 지나침을 통해서든 혹은 모자람을 통해서든 이성의 방식을 가지고 있지 않다. 그리고 이에 따라 정념은 악습적이다. 그런데 정념들의 명칭은 때때로 넘치는 것으로부터 취해진다. 예를 들어 분노는 아무 분노가 아니라 넘치는 분노로 불리고, 그런 한에서 악습적이다. 그리고 이 방식으로 넘치는 담대함도 죄로 간주된다.

[해답] 1. 거기서 담대함은 이성에 의해 조절되는 것에 따라 취해진다. 왜냐하면 그것은 용기의 덕에 속하기 때문이다.

---

4. I-II, q.23, aa.1 & 4; q.45.

lis est post consilium, quod est actus rationis. Sed si quis ante consilium vellet festine agere, non esset hoc laudabile, sed vitiosum: esset enim quaedam praecipitatio actionis, quod est vitium prudentiae oppositum, ut supra[5] dictum est. Et ideo audacia, quae operatur ad velocitatem operandi, intantum laudabilis est inquantum a ratione ordinatur.

AD TERTIUM dicendum quod quaedam vitia innominata sunt, et similiter quaedam virtutes: ut patet per Philosophum, in IV *Ethic.*.[6] Et ideo oportuit quibusdam passionibus uti nomine virtutum et vitiorum. Praecipue autem illis passionibus utimur ad vitia designanda quarum obiectum est malum: sicut patet de odio, timore et ira, et etiam audacia. Spes autem et amor habent bonum pro obiecto. Et ideo magis eis utimur ad designanda nomina virtutum.

## Articulus 2
### Utrum audacia opponatur fortitudini

Ad secundum sic proceditur. Videtur quod audacia non opponatur fortitudini.

1. Superfluitas enim audaciae videtur ex animi praesumptione procedere. Sed praesumptio pertinet ad superbiam, quae opponitur humilitati. Ergo audacia magis opponitur humilitati quam fortitudini.

2. Praeterea, audacia non videtur esse vituperabilis nisi inquantum

---

5. Q.53, a.3.

2. 이성의 활동인 권고 이후 빠른 실행은 추천할 만하다. 그러나 만약 어떤 이가 권고 이전에 빠르게 행하기를 원한다면, 이것은 칭찬받을 만하지 않고 악습적이다. 왜냐하면 위에서[5] 말한 것처럼, 현명에 대립하는 악습인 어떤 행위의 성급함이기 때문이다. 따라서 실행의 빠름으로 이끄는 담대함은 그것이 이성으로부터 질서 지어지는 한 칭찬받을 만하다.

3. 『니코마코스 윤리학』 제4권[6]에서 철학자에 의해 분명하듯이, 어떤 악습들은 이름이 없고 유사하게 어떤 덕들도 그렇다. 따라서 덕들과 악습의 명칭으로 어떤 정념의 명칭을 사용하는 것이 필요했다. 특히 우리는, 예를 들어 미움, 두려움, 분노, 그리고 담대함에서 분명하듯이, 악습을 가리키기 위해 그것의 대상이 악인 정념들을 사용한다. 그러나 희망과 사랑은 선을 대상으로 가진다. 따라서 우리는 그것들을 오히려 덕의 명칭들을 지시하기 위해 사용한다.


## 제2절 담대함은 용기에 대립하는가

[반론] 둘째에 대해서는 다음과 같이 진행된다. 담대함은 용기에 대립하지 않는 것으로 보인다.

1. 왜냐하면 담대함의 잉여는 마음의 자만에서 나오는 것으로 보이기 때문이다. 그러나 자만은 겸손에 대립하는 교만에 속한다. 따라서 담대함은 용기보다는 오히려 겸손함에 대립한다.

---

6. Cc.10-11, 1125b21-24; 26-29; S. Th. lect.12, n.798; lect.13, n.800. Cf. II, c.7, 1107b2-4; S. Th. lect.8, n.341.

ex ea provenit vel nocumentum aliquod ipsi audaci, qui se periculis inordinate ingerit; vel etiam aliis, quos per audaciam aggreditur vel in pericula praecipitat. Sed hoc videtur ad iniustitiam pertinere. Ergo audacia, secundum quod est peccatum, non opponitur fortitudini, sed iustitiae.

3. Praeterea, fortitudo est et circa timores et circa audacias, ut supra[1] habitum est. Sed quia timiditas opponitur fortitudini secundum excessum timoris, habet aliud vitium oppositum timiditati secundum defectum timoris. Si ergo audacia opponatur fortitudini propter excessum audaciae, pari ratione opponetur ei aliquod vitium propter audaciae defectum. Sed hoc non invenitur. Ergo nec audacia debet poni vitium oppositum fortitudini.

SED CONTRA est quod Philosophus, in II[2] et III[3] *Ethic.*, ponit audaciam fortitudini oppositam.

RESPONDEO dicendum quod, sicut supra[4] dictum est, ad virtutem moralem pertinet modum rationis observare in materia circa quam est. Et ideo omne vitium quod importat immoderantiam circa materiam alicuius virtutis moralis, opponitur illi virtuti morali sicut immoderatum moderato. Audacia autem, secundum quod sonat

---

1. Q.123, a.3.
2. C.7, 1107b2-4; S. Th. lect.8, n.341.

2. 담대함은, 그로 인해 어떤 손해가 자신을 위험에 무질서하게 내던지는 담대한 자 자신에게 발생하거나 또는 담대한 자가 담대함을 통해 공격하거나 위험으로 몰아넣는 다른 사람에게 발생하는 경우를 제외하고는, 비난할 만하지 않은 것으로 보인다. 그러나 이것은 불의에 속하는 것으로 보인다. 따라서 담대함은 그것이 죄인 한에서 용기가 아니라 정의에 대립하는 것으로 보인다.

3. 용기는 위에서[1] 언급했듯이, 두려움에도 관련되고 담대함에도 관련된다. 그런데 비겁함이 두려움의 지나침에 따라 용기에 대립하기 때문에, 용기는 두려움의 모자람에 따라 비겁함에 반대되는 다른 악습을 가진다. 따라서 만약 담대함이 그 지나침 때문에 용기에 대립한다면, 같은 이유로 어떤 악습은 대담함이 모자라기 때문에 용기에 대립한다. 그러나 이것은 발견되지 않는다. 따라서 두려움은 용기에 대립하는 악습으로 간주되어서는 안 된다.

[재반론] 그러나 반대로 철학자는 『니코마코스 윤리학』 제2권[2]과 제3권[3]에서 담대함을 용기에 대립하는 것으로 간주한다.

[답변] 위에서[4] 말한 것처럼, 도덕적 덕에는 그것이 관계하는 사안 안에서 이성의 방식을 준수하는 것이 포함된다. 따라서 어떤 도덕적 덕의 사안과 관련하여 조절되지 않음을 뜻하는 모든 악습은, 조절되지 않는 것이 조절된 것에 대립하듯 도덕적 덕에 대립한다. 담대함은, 그

---

3. C.10, 1115b28-33; S. Th. lect.15, n.552.
4. Q.126, a.2.

in vitium, importat excessum passionis quae audacia dicitur. Unde manifestum est quod opponitur virtuti fortitudinis, quae est circa timores et audacias, ut supra[5] dictum est.

AD PRIMUM ergo dicendum quod oppositio vitii ad virtutem non attenditur principaliter secundum causam vitii, sed secundum ipsam vitii speciem. Et ideo non oportet quod audacia opponatur eidem virtuti cui opponitur praesumptio, quae est causa ipsius.

AD SECUNDUM dicendum quod sicut directa oppositio vitii non attenditur circa eius causam, ita etiam non attenditur secundum eius effectum. Nocumentum autem quod provenit ex audacia est effectus ipsius. Unde nec etiam secundum hoc attenditur oppositio audaciae.

AD TERTIUM dicendum quod motus audaciae consistit in invadendo id quod est homini contrarium, ad quod natura inclinat, nisi inquantum talis inclinatio impeditur per timorem patiendi nocumentum ab eo. Et ideo vitium quod excedit in audacia non habet contrarium defectum nisi timiditatem tantum. — Sed audacia non semper concomitatur tantum defectum timiditatis. Quia sicut Philosophus dicit, in III *Ethic.*,[6] *audaces sunt praevolantes et volentes ante pericula, sed in ipsis discedunt, scilicet prae timore.*

---

5. Q.123, a.3.

것이 악습을 의미하는 한, 담대함이라 불리는 정념의 지나침을 내포한다. 그러므로 위에서[5] 말한 것처럼, 담대함은 두려움과 담대함에 관계하는 용기의 덕에 대립하는 것이 분명하다.

[해답] 1. 덕에 대한 악습의 대립은 근원적으로 악습의 원인에 따라서가 아니라 악습의 종(種) 자체에 따라 찾아진다. 따라서 [악습을 의미하는] 담대함이 그것의 원인인 자만이 대립하고 있는 동일한 덕에 대립하는 것은 필연적이지 않다.

2. 악습의 직접적인 반대가 그것의 원인과 관련하여 찾아지지 않는 것처럼, 그것의 결과를 따라서도 찾아지지 않는다. 그런데 담대함으로부터 나오는 손해는 그것의 결과이다. 그러므로 이것을 따라서도 담대함에 반대되는 것이 찾아지지 않는다.

3. 담대함의 움직임은 인간에게 반대되는 것을 습격함에서 성립되는데, 본성은 만약 그러한 경향이 손해를 겪는 것에 대한 두려움을 통해 방해되지 않는 한, 그 해로운 것으로 기울어진다. 따라서 담대함에서 지나친 악습은, 비겁만을 제외하면 반대되는 모자람을 갖지 않는다. 그러나 담대함이 항상 단지 비겁의 모자람을 동반하는 것은 아니다. 왜냐하면 철학자가 『니코마코스 윤리학』 제3권[6]에서 말하듯이, "담대한 자들은 위험 앞에서 성급하고 의욕적이지만, 그것들 안에서 동요된다."라고 말하기 때문이다. 이는 두려움 때문에 그렇게 되는 것이다.

---

6. C.10, 1116a7-9; S. Th. lect.15, n.556.

# QUAESTIO CXXVIII
# DE PARTIBUS FORTITUDINIS

Deinde considerandum est de partibus fortitudinis. Et primo considerandum est quae sint fortitudinis partes; secundo, de singulis partibus est agendum.

## Articulus Unicus
### Utrum convenienter partes fortitudinis enumerentur

Ad primum sic proceditur. Videtur quod inconvenienter partes fortitudinis enumerentur.

1. Tullius enim, in sua *Rhetorica*,[1] ponit fortitudinis quatuor partes: scilicet *magnificentiam, fiduciam, patientiam* et *perseverantiam*. Et videtur quod inconvenienter. Magnificentia enim videtur ad liberalitatem pertinere: quia utraque est circa pecunias, et *necesse est magnificum liberalem esse,* ut Philosophus dicit, in IV *Ethic.*.[2] Sed liberalitas est pars iustitiae, ut supra[3] habitum est. Ergo magnificentia non deb-

---

1. *De invent. rhet.*, II, c.54: ed. G. Friedrich, Lipsiae, 1908, p.231, ll.6-7.

# 제128문
# 용기의 부분들에 대하여
(전1절)

이어서 용기의 부분들에 대해 고찰해야 한다.
1. 무엇이 용기의 부분들인지 고찰해야 한다.
2. 개별적인 부분들에 대해 다뤄야 한다.

제1절 용기의 부분들은 적합하게 열거되어 있는가

**Parall.**: *In Sent.*, III, d.33, q.3, a.3.

[반론] 첫째에 대해서는 다음과 같이 진행된다. 용기의 부분들은 부적합하게 열거된 것으로 보인다.

1. 왜냐하면 키케로는 『수사학』[1]에서 용기의 네 부분을 제시하기 때문이다. 즉 "관대, 신뢰, 인내, 그리고 항구함." 그리고 그것은 부적절해 보인다. 왜냐하면 관대는 아량에 속하는 것으로 보이기 때문인데, 둘은 돈에 관한 것이고, 철학자가 『니코마코스 윤리학』 제4권[2]에서 말하듯이 "관대한 자는 아량이 있어야만 하기 때문이다." 그러나 아량은 위에서[3] 언급한 것처럼 정의의 부분이다. 따라서 관대는 용기의 부분

---

2. C.4, 1122b10-13; S. Th. lect.6, n.717.
3. Q.117, a.5.

et poni pars fortitudinis.

2. Praeterea, fiducia nihil aliud esse videtur quam spes. Sed spes non videtur ad fortitudinem pertinere, sed ponitur per se virtus. Ergo fiducia non debet poni pars fortitudinis.

3. Praeterea, fortitudo facit hominem bene se habere circa pericula. Sed magnificentia et fiducia non important in sui ratione aliquam habitudinem ad pericula. Ergo non ponuntur convenienter partes fortitudinis.

4. Praeterea, patientia, secundum Tullium,[4] importat *difficilium perpessionem:* quod etiam ipse[5] attribuit fortitudini. Ergo patientia est idem fortitudini, et non est pars eius.

5. Praeterea, illud quod requiritur in qualibet virtute, non debet poni pars alicuius specialis virtutis. Sed perseverantia requiritur in qualibet virtute: dicitur enim Matth. 24, [13]: *Qui perseveraverit usque in finem, hic salvus erit.* Ergo perseverantia non debet poni pars fortitudinis.

6. Praeterea, Macrobius[6] ponit septem partes fortitudinis: scilicet *magnanimitatem, fiduciam, securitatem, magnificentiam, constantiam, tolerantiam, firmitatem*. Andronicus[7] etiam ponit septem virtutes annexas fortitudini, quae sunt *eupsychia, lema, magnanimitas, virilitas, perseverantia, magnificentia, andragathia*. Ergo videtur quod insufficienter Tullius partes fortitudinis enumeraverat.

---

4. Loc. cit.: ed. cit., p.231, ll.13-14.

으로 간주되어서는 안 된다.

2. 신뢰는 희망과 다르지 않은 것으로 보인다. 그러나 희망은 용기에 속하지 않은 것으로 보이고, 그 자체로 덕으로 간주된다. 따라서 신뢰는 용기의 부분으로 간주되지 않아야 한다.

3. 용기는 인간을 위험과 관련해서 잘 처신하도록 만든다. 그러나 관대와 신뢰는 그것의 의미 안에 위험을 향한 어떤 습성을 내포하지 않는다. 따라서 그것들은 용기의 부분들로 간주되는 것이 적절치 않다.

4. 인내는 키케로[4]에 따르면, "어려운 일들에 대한 감내"를 내포한다. 그것을 또한 그는 용기에 귀속시킨다.[5] 따라서 인내는 용기와 동일한 것이지 그것의 부분이 아니다.

5. 각각의 덕 안에 요구되는 것은 어떤 특수한 덕의 부분으로 간주되어서는 안 된다. 그러나 항구함은 각각의 덕 안에 요구된다. 왜냐하면 마태오복음서 24장 [13절]에서 "끝까지 견디어내는 이는 구원될 것이다."라고 말하기 때문이다. 따라서 항구함은 용기의 부분으로 간주되어서는 안 된다.

6. 마크로비우스[6]는 용기의 일곱 부분을 제시한다. 즉 "웅지, 신뢰, 안심, 관대, 강인함, 관용, 확고함." 안드로니쿠스[7] 또한 용기에 연결된 일곱 개의 덕을 제시하는데, 이것은 "의연, 단호, 웅지, 남자다움, 항구함, 관대, 씩씩함"이다. 따라서 키케로는 용기의 부분들을 불충분하게 열거한 것으로 보인다.

---

5. Loc. cit.; ed. cit., p.231, l.6.
6. *In Somn. Scip.*, I, c.8; ed. Fr. Eyssenhardt, Lipsiae, 1868, p.507, ll.18-20.
7. *De Affect.*, de Fortitudine; inter *Fragm. Phil. Graec.*, ed. G. A. Mullachius, Parisiis, 1867-1879, t.III, p.575.

7. Praeterea, Aristoteles, in III *Ethic.*,[8] ponit quinque modos fortitudinis. Quorum prima est politica, quae fortiter operatur propter timorem exhonorationis vel poenae; secunda militaris, quae fortiter operatur propter artem et experientiam rei bellicae; tertia est fortitudo quae fortiter operatur ex passione, praecipue irae; quarta est fortitudo quae fortiter operatur propter consuetudinem victoriae; quinta autem est quae fortiter operatur propter ignorantiam periculorum. Has autem fortitudines nulla praedictarum divisionum continet. Ergo praedictae enumerationes partium fortitudinis videntur esse inconvenientes.

RESPONDEO dicendum quod, sicut supra[9] dictum est, alicuius virtutis possunt esse triplices partes, scilicet subiectivae, integrales et potentiales. Fortitudini autem, secundum quod est specialis virtus, non possunt assignari partes subiectivae: eo quod non dividitur in multas virtutes specie differentes, quia est circa materiam valde specialem. Assignantur autem ei partes quasi integrales, et potentiales: integrales quidem secundum ea quae oportet concurrere ad actum fortitudinis; potentiales autem secundum quod ea quae fortitudo observat circa difficillima, scilicet circa pericula mortis, aliquae aliae virtutes observant circa quasdam alias materias minus difficiles; quae quidem virtutes adiunguntur fortitudini sicut secundariae principali.

---

8. C.11, 1116a16-1117a28; S. Th. lect.16, n.559-lect.17, n.581.

7. 아리스토텔레스는 『니코마코스 윤리학』 제3권[8]에서 용기의 다섯 가지 양태를 제시한다. 그 가운데 첫째는 명예 손상이나 처벌의 두려움 때문에 용감하게 행하는 정치적 용기이다. 둘째는 전쟁에 관한 기예나 경험 때문에 용감하게 행하는 군사적 용기이다. 셋째는 무엇보다 분노의 정념으로부터 용감하게 행하는 용기이다. 넷째는 승리의 습관 때문에 용감하게 행하는 용기이다. 다섯째는 위험에 대한 무지 때문에 용감하게 행하는 것이다. 앞서 언급한 구분 중 어떤 것도 이 용기를 포함하지 않는다. 따라서 앞서 언급한 용기의 부분들에 대한 열거는 부적절한 것으로 보인다.

[답변] 위에서[9] 말한 것처럼, 어떤 덕에는 세 부분, 즉 종속적, 구성적, 그리고 잠재적 부분들이 있을 수 있다. 그런데 용기에는, 그것이 특수 덕인 한, 종속적인 부분들이 지정될 수 없다. 왜냐하면 그것은 종적으로 구분되는 많은 덕으로 구분되지 않고 매우 특수한 사안에 관한 것이기 때문이다. 그러나 용기에는 부분들이 마치 구성적이고 잠재적인 것처럼 지정된다. 구성적 부분들은 용기의 행위를 위해 함께 모여들어야 하는 것들에 따라 지정된다. 그러나 잠재적 부분들은 용기가 가장 어려운 것들, 즉 죽음의 위험과 관련하여 실행하는 것들을 어떤 다른 덕들은 덜 어려운 어떤 다른 사안들과 관련하여 실행하는 것에 따라 지정된다. 이 덕들은, 원리적 덕에 이차적 덕으로 결합되는 것처럼, 용기에 결합된다.

---

9. Q.48.

q.128, a.1

Est autem, sicut supra[10] dictum est, duplex fortitudinis actus: scilicet aggredi, et sustinere. Ad actum autem aggrediendi duo requiruntur. Quorum primum pertinet ad animi praeparationem, ut scilicet aliquis promptum animum habeat ad aggrediendum. Et quantum ad hoc ponit Tullius fiduciam. Unde dicit[11] quod *fiducia est per quam magnis et honestis rebus multum ipse animus in se fiduciae cum spe collocavit.* — Secundum autem pertinet ad operis executionem: ne scilicet aliquis deficiat in executione illorum quae fiducialiter inchoavit. Et quantum ad hoc ponit Tullius magnificentiam. Unde dicit[12] quod *magnificentia est rerum magnarum et excelsarum cum animi ampla quadam et splendida propositione cogitatio atque administratio,* idest executio, ut scilicet amplo proposito administratio non desit. — Haec ergo duo, si coarctentur ad propriam materiam fortitudinis, scilicet ad pericula mortis, erunt quasi partes integrales ipsius, sine quibus fortitudo esse non potest. Si autem referantur ad aliquas alias materias in quibus est minus difficultatis, erunt virtutes distinctae a fortitudine secundum speciem, tamen adiungentur ei sicut secundarium principali: sicut magnificentia a Philosopho, in IV *Ethic.*,[13] ponitur circa magnos sumptus; magnanimitas autem, quae videtur idem esse fiduciae, circa magnos honores.[14]

Ad alium autem actum fortitudinis, qui est sustinere, duo requiruntur. Quorum primum est ne difficultate imminentium malo-

---

10. Q.123, aa.3 & 6.
11. Loc. cit.: ed. cit., p.231, ll.10-12.
12. Loc. cit.: ed. cit., p.231, ll.7-10.

위에서[10] 말한 것처럼, 용기의 행위는 이중적이다. 즉 공격함과 견딤이 있다. 공격함의 행위에는 두 가지가 요구된다. 그 가운데 첫 번째는 마음의 준비와 관련된다. 즉 어떤 이가 공격하기 위해 준비된 마음을 가지는 것이다. 그리고 이와 관련해서 키케로는 신뢰를 언급한다. 따라서 그는 "신뢰는 그것을 통해 영혼 자체가 자신 안에 크고 명예로운 일들에서 큰 신뢰와 희망을 가지고 배치한 것"이라고 말한다.[11] 두 번째 것은, 어떤 이가 자신 있게 시작한 것들의 성취에 있어 부족함이 없게 만드는, 행업의 실행에 관련된다. 그리고 이와 관련하여 키케로는 관대를 제시한다. 그래서 그가 말하기를, "관대는, 영혼이 어떤 광대하고 빛나는 계획으로 위대하고 고귀한 것들에 관한 생각과 처리", 다시 말해 실행이어서 광대한 계획의 처리에 있어 부족함이 없게 할 것이다.[12] 따라서 이 두 가지는, 만약 그것이 용기의 고유한 사안, 즉 죽음의 위험들로 제한된다면, 마치 그것들 없이는 용기가 존재할 수 없는 용기의 구성적 부분들처럼 될 것이다. 그러나 만약 그것들이 어려움이 덜한 어떤 다른 사안들에 적용된다면, 그것은 용기로부터 종에 따라 구분된 덕이 될 것이지만 그럼에도 그것들은, 마치 이차적인 것이 원리적인 것에 대해 그런 것처럼, 그것에 연결될 것이다. 그것은 마치 관대가 『니코마코스 윤리학』 제4권[13]에서 철학자에 의해 큰 지출들과 관련해 제시되는 것과 같다. 신뢰와 동일한 것으로 보이는 웅지는 그러나 큰 영예에 관련해서 제시된다.[14]

용기의 다른 행위, 즉 견딤에 관해서는 두 가지가 필요하다. 그 가운데 첫째는 임박한 악들의 어려움 안에서 영혼이 슬픔을 통해 깨지지

---

13. C.4, 1122a21-23; b2-6; S. Th. lect.6, nn.708, 712-713. Cf. II, c.7, 1107b18-21; S. Th. lect.8, n.344.
14. Ibid. IV, c.10, 1125a34-35; S. Th. lect.11, n.791.

rum animus frangatur per tristitiam, et decidat a sua magnitudine. Et quantum ad hoc ponit patientiam. Unde dicit[15] quod *patientia est honestatis aut utilitatis causa rerum arduarum ac difficilium voluntaria ac diuturna perpessio.* — Aliud autem est ut ex diuturna difficilium passione homo non fatigetur usque ad hoc quod desistat: secundum illud *Heb.* 12, [3]: *Non fatigemini, animis vestris deficientes.* Et quantum ad hoc ponit perseverantiam. Unde dicit[16] quod *perseverantia est in ratione bene considerata stabilis et perpetua permansio.* — Haec etiam duo, si coarctentur ad propriam materiam fortitudinis, erunt partes quasi integrales ipsius. Si autem ad quascumque materias difficiles referantur, erunt virtutes a fortitudine distinctae, et tamen ei adiungentur sicut secundariae principali.

AD PRIMUM ergo dicendum quod magnificentia circa materiam liberalitatis addit quandam magnitudinem, quae pertinet ad rationem ardui, quod est obiectum irascibilis, quam principaliter perficit fortitudo. Et ex hac parte pertinet ad fortitudinem.

AD SECUNDUM dicendum quod spes qua quis de Deo confidit, ponitur virtus theologica, ut supra[17] habitum est. Sed per fiduciam quae nunc ponitur fortitudinis pars, homo habet spem in seipso: tamen sub Deo.

---

15. Loc. cit.: ed. cit., p.231, ll.12-14.

않도록 하는 것이고, 자신의 고결함으로부터 떨어지지 않도록 하는 것이다. 그리고 이와 관련해서 키케로는 인내를 언급한다. 그래서 그는 "인내는 영예나 유용성을 위해 고되고 어려운 일들에 대한 의지적이고 오래가는 감내이다."라고 말한다.[15] 다른 것은 히브리서 12장 [3절]의 "정신이 지쳐 낙심하지 마십시오."에 따라, 힘겨운 고통으로 포기할 만큼 지쳐서는 안 된다는 것이다. 그리고 이것과 관련하여 그는 항구함을 언급한다. 그는 "항구함은 잘 사유된 계획 안에서 견고하고 영속적으로 고수하는 것이다."라고 말한다.[16] 이 둘은 또한, 만약 그것이 용기의 고유한 문제로 한정된다면, 마치 구성적인 것들처럼 그것의 부분들이 될 것이다. 그러나 만약 그것이 무엇이든 어려운 문제들에 관계된다면, 용기로부터 구분된 덕이 될 것이다. 그럼에도 그것들은 용기에게, 마치 이차적인 것들이 원리적인 것에 그러하듯 결합될 것이다.

[해답] 1. 관대는 아량의 사안과 관련하여 어떤 큼을 추가한다. 그 큼은 용기가 주로 완성시키는 분노적인 부분의 대상인 힘겨움의 개념에 관계한다. 그리고 이 부분 때문에 관대는 용기에 속한다.

2. 희망은 그것을 통해 어떤 이가 하느님에 대해 신뢰하는 것으로, 위에서[17] 언급한 것처럼, 신학적 덕으로 간주된다. 그러나 지금 용기의 부분으로 간주되는 신뢰를 통해서 인간은 자신 안에서 희망을 가진다. 단 하느님 아래에서 그 희망을 갖는 것이다.

---

16. Loc. cit.: ed. cit., p.231, ll.14-15.
17. Q.17, a.5; I-II, q.62, a.3.

AD TERTIUM dicendum quod quascumque magnas res aggredi videtur esse periculosum, quia in his deficere est valde nocivum. Unde etiam si magnificentia et fiducia circa quaecumque alia magna operanda vel aggredienda ponantur, habent quandam affinitatem cum fortitudine, ratione periculi imminentis.

AD QUARTUM dicendum quod patientia non solum perpetitur pericula mortis, circa quae est fortitudo, absque superabundanti tristitia, sed etiam quaecumque alia difficilia seu periculosa. Et secundum hoc ponitur virtus adiuncta fortitudini. – Inquantum autem est circa pericula mortis, est pars integralis ipsius.

AD QUINTUM dicendum quod perseverantia secundum quod dicit continuitatem boni operis usque in finem, circumstantia omnis virtutis esse potest. Ponitur autem pars fortitudinis secundum quod dictum est.[18]

AD SEXTUM dicendum quod Macrobius ponit quatuor praedicta a Tullio posita, scilicet *fiduciam, magnificentiam, tolerantiam,* quam ponit loco *patientiae,* et *firmitatem,* quam ponit loco *perseverantiae.* Superaddit autem tria. Quorum duo, scilicet *magnanimitas* et *securitas,* a Tullio sub *fiducia* comprehenduntur: sed Macrobius magis per specialia distinguit. Nam fiducia importat spem hominis ad magna. Spes autem cuiuslibet rei praesupponit appetitum in magna protensum per desiderium, quod pertinet ad *magnanimitatem;* dictum est enim supra[19] quod spes praesupponit amorem et desiderium rei speratae.

3. 그것이 무엇이든 큰일을 착수하는 것은 위험한 것으로 보인다. 왜냐하면 그것들 안에서 실패함은 매우 해롭기 때문이다. 따라서 비록 관대와 신뢰가, 그것이 무엇이든 실행되어야 할 혹은 착수되어야 할 어떤 다른 큰 것들과 관련해 제시된다고 하더라도, 그것들은 임박한 위험의 이유로 인해 용기와의 어떤 유사성을 가진다.

4. 인내는 용기가 관련되는 죽음의 위험을 과도한 슬픔 없이 견디어 낼 뿐만 아니라, 다른 어떤 어려움이나 위험한 것들 또한 견딘다. 그리고 이에 따라 그것은 용기에 결합된 덕으로 간주된다. 그러나 죽음의 위험에 관련되는 한, 그것은 용기의 구성적 부분이다.

5. 끝까지 좋은 행위가 지속되는 것을 가리키는 항구함은 모든 덕의 조건일 수 있다. 그러나 그것은 이미 말한[18] 의미에 따라서는 용기의 부분으로 간주된다.

6. 마크로비우스는 키케로가 앞서 언급한 네 가지를 제시한다. 즉 신뢰, 관대, 그가 인내의 자리에 놓은 참음, 그리고 항구함의 자리에 놓은 강인함이다. 그리고 그는 세 개를 덧붙인다. 그 가운데 둘, 즉 웅지와 안심은 키케로에 의해 신뢰 아래에 포함되지만, 마크로비우스는 특수한 것들을 통해 더 구분한다. 왜냐하면 신뢰는 큰 것들을 위한 인간의 희망을 내포하기 때문이다. 그런데 어떤 일에 대한 희망은 갈망을 통해 큰 것들로 연장된 욕구를 전제하고, 그것이 웅지에 속한다. 왜냐하면 위에서[19] 희망은 희망하게 된 것에 대한 사랑과 갈망을 전제한다고 말했기 때문이다.

---

18. In corp.
19. I-II, q.40, a.7.

Vel melius potest dici quod fiducia pertinet ad spei certitudinem; magnanimitas autem ad magnitudinem rei speratae. — Spes autem firma esse non potest nisi amoveatur contrarium: quandoque enim aliquis, quantum ex seipso est, speraret aliquid, sed spes tollitur propter impedimentum timoris; timor enim quodammodo spei contrariatur, ut supra[20] habitum est. Et ideo Macrobius addit *securitatem*, quae excludit timorem. — Tertium autem addit, scilicet *constantiam*, quae sub *magnificentia* comprehendi potest: oportet enim in his quae magnifice aliquis facit, constantem animum habere. Et ideo Tullius ad magnificentiam pertinere dicit non solum *administrationem rerum magnarum*, sed etiam *animi amplam excogitationem ipsarum*. Potest etiam constantia ad *perseverantiam* pertinere: ut *perseverans* dicatur aliquis ex eo quod non desistit propter diuturnitatem; *constans* autem ex eo quod non desistit propter quaecumque alia repugnantia.

Illa etiam quae Andronicus ponit ad eadem pertinere videntur. Ponit enim *perseverantiam* et *magnificentiam* cum Tullio et Macrobio; *magnanimitatem* autem cum Macrobio. — *Lema* autem est idem quod *patientia* vel *tolerantia:* dicit enim[21] quod *lema est habitus promptus tribuens ad conari qualia oportet, et sustinere quae ratio dicit.* — *Eupsychia* autem, idest *bona animositas*, idem videtur esse quod *securitas:* dicit enim[22] quod est *robur animae ad perficiendum opera*

---

20. Ibid., a.4, ad1.
21. Loc. cit.
22. Loc. cit.

제128문 제1절

또는 더 낮게 말해, 신뢰는 희망의 확실성에 속하는 반면 웅지는 희망하게 된 것의 큼에 속한다. 그런데 희망은, 반대되는 것이 제거되지 않는다면 확고할 수 없다. 왜냐하면 때로는 어떤 이가, 자기 자신으로부터 비롯되는 것인 한 어떤 것을 희망할 수 있으나, 그 희망은 두려움의 방해 때문에 제거되기 때문이다. 왜냐하면 두려움은, 위에서[20] 언급한 것처럼, 어떤 의미에서 희망에 반대되기 때문이다. 따라서 마크로비우스는 두려움을 쫓아내는 안심을 덧붙인다. 그는 또한 세 번째 것, 즉 굳건함을 덧붙이는데, 그것은 관대 아래에 포함될 수 있다. 왜냐하면 어떤 이가 관대하게 행하는 것들 안에서 굳건한 영혼을 가지는 것이 필요하기 때문이다. 그래서 키케로는 관대에 "큰일들에 대한 처리"뿐만 아니라 "그것들에 대한 영혼의 광대한 구상"도 속한다고 말한다. 굳건함은 또한 항구함에 포함될 수 있다. 그래서 어떤 이는 오랜 지속으로 중단하지 않는 사실로부터는 '항구하다'고 일컬어지지만, 어떤 다른 저항 때문에 중단하지 않는 사실로부터는 '강인하다'고 말할 수 있다.

안드로니쿠스가 언급한 것 또한 동일한 것에 속하는 것으로 보인다. 왜냐하면 그는 키케로와 마크로비우스와 함께 항구함과 관대를 언급하고, 마크로비우스와 함께 웅지를 언급하기 때문이다. 레마(lema)는 인내 또는 참음과 동일한 것이다. 왜냐하면 그는 "레마는 무엇이든 마땅한 것을 시도하는 것을 허락하는 준비된 습성이고, 이성이 말하는 것을 지켜낸다."라고 말하기 때문이다.[21] 그런데 '에우프시키아'(eupsychia), 즉 좋은 기분은 안심과 동일한 것으로 보인다. 왜냐하면 그는 안심이 "일들을 성취하기 위한 영혼의 굳셈"이라고 말하기 때문이다.[22] 남자다움은 신뢰와 동일한 것으로 보인다. 왜냐하면 그는 "남자다움

*ipsius*. – *Virilitas* autem idem esse videtur quod *fiducia:* dicit enim[23] quod *virilitas est habitus per se sufficiens tributus in his quae secundum virtutem.* – *Magnificentiae* autem addit *andragathiam,* quasi *virilem bonitatem,* quae apud nos *strenuitas* potest dici. Ad magnificentiam enim pertinet non solum quod homo consistat in executione magnorum operum, quod pertinet ad *constantiam:* sed etiam cum quadam virili prudentia et sollicitudine ea exequatur, quod pertinet ad *andragathiam* sive *strenuitatem.* Unde dicit[24] quod *andragathia est viri virtus adinventiva communicabilium operum.*

Et sic patet quod omnes huiusmodi partes ad quatuor principales reducuntur quas Tullius ponit.

AD SEPTIMUM dicendum quod illa quinque quae ponit Aristoteles, deficiunt a vera ratione virtutis: quia etsi conveniant in actu fortitudinis, differunt tamen in motivo, ut supra[25] habitum est. Et ideo non ponuntur partes fortitudinis, sed quidam fortitudinis modi.

---

23. Loc. cit.
24. Loc. cit.

은 덕에 따른 것들 안에 그 자체로 충분히 주어진 습성이다."라고 말하기 때문이다.²³ 그는 관대에 '안드라가티아'(andragathia)를 마치 남자다운 선성인 것처럼 추가하는데, 이것은 용맹이라고 말할 수 있다. 왜냐하면 관대에 속하는 것은 인간이 강인함에 속하는 것, 즉 큰일의 실행에 있어 확고히 서 있음뿐만 아니라, 씩씩함(andragathia)이나 용맹에 속하는 것, 즉 어떤 남자다운 현명과 주의와 함께 그것들을 실행하는 것이기 때문이다. 따라서 그는 "씩씩함은 함께 나눌 수 있는 것을 생각해 내는 남자의 덕이다."라고 말한다.²⁴

그리고 이렇게 모든 부분은 키케로가 언급한 네 개의 주된 것으로 환원된다.

7. 아리스토텔레스가 언급한 다섯 가지는 덕의 참된 개념에서 떨어져 있다. 왜냐하면 비록 그것들이 용기의 행위에는 해당되지만, 위에서²⁵ 언급한 것처럼, 동기에 있어 차이가 있기 때문이다. 따라서 그것들은 용기의 부분들로 제시된 것이 아니라 용기의 어떤 양태들로 제시된 것이다.

---

25. Q.123, a.1, ad2.

# QUAESTIO CXXIX
# DE MAGNANIMITATE
*in octo articulos divisa*

Deinde considerandum est de singulis fortitudinis partibus[1]: ita tamen ut sub quatuor principalibus quas Tullius ponit,[2] alias comprehendamus; nisi quod magnanimitatem, de qua etiam Aristoteles tractat,[3] loco fiduciae ponemus. Primo ergo considerandum erit de magnanimitate; secundo, de magnificentia[4]; tertio, de patientia[5]; quarto, de perseverantia.[6]

Circa primum, primo considerandum est de magnanimitate; secundo, de vitiis oppositis.[7]

Circa primum quaeruntur octo.

*Primo:* utrum magnanimitas sit circa honores.

*Secundo:* utrum magnanimitas sit solum circa magnos honores.

*Tertio:* utrum sit virtus.

*Quarto:* utrum sit virtus specialis.

*Quinto:* utrum sit pars fortitudinis.

*Sexto:* quomodo se habeat ad fiduciam.

*Septimo:* quomodo se habeat ad securitatem.

*Octavo:* quomodo se habeat ad bona fortunae.

---

1. Cf. q.128, Introd.
2. *De invent. rhet.*, II, c.54: ed. G. Friedrich, Lipsiae, 1908, p.231, ll.6-7.
3. *Ethica Nic.*, IV, cc.7-9: 1123a34-1125a17; S. Th. lect.8, n.735-lect.10, n.783. Cf. q.128.

# 제129문
# 웅지에 대하여
(전8절)

 이어서 용기의 개별적인 부분들[1]에 관해 고찰해야 한다. 우리는 키케로가 언급한[2] 네 가지 주된 부분들 아래에, 다른 것들을 포함할 것이다. 다만, 신뢰의 자리에는 아리스토텔레스가 논한[3] 웅지를 놓을 것이다. 따라서 첫째, 웅지에 관해 고찰해야 한다. 둘째, 관대에 관해,[4] 셋째, 인내에 관해,[5] 넷째, 항구함에 관해.[6]

 첫 번째 것에 관해서는, 첫째, 웅지에 관해, 둘째, 대립하는 악습들[7]에 관해서 고찰해야 한다. 첫 번째 것과 관련해서 여덟 개의 질문이 탐구된다.

 1. 웅지는 영예에 관한 것인가?
 2. 웅지는 오직 큰 영예들에 관한 것인가?
 3. 웅지는 덕인가?
 4. 웅지는 특수 덕인가?
 5. 웅지는 용기의 부분인가?
 6. 웅지는 신뢰에 어떻게 관계하는가?
 7. 웅지는 안심에 어떻게 관계하는가?
 8. 웅지는 행운의 선들에 어떻게 관계하는가?

---

4. Q.134.
5. Q.136.
6. Q.137.
7. Q.130.

## Articulus 1
## Utrum magnanimitas sit circa honores

Ad primum sic proceditur. Videtur quod magnanimitas non sit circa honores.

1. Magnanimitas enim est in irascibili. Quod ex ipso nomine patet: nam magnanimitas dicitur quasi *magnitudo animi; animus* autem pro vi irascibili ponitur, ut patet in III *de Anima*,[1] ubi Philosophus dicit quod in sensitivo appetitu est *desiderium* et *animus*, idest concupiscibilis et irascibilis. Sed honor est quoddam bonum concupiscibile: cum sit *praemium virtutis*.[2] Ergo videtur quod magnanimitas non sit circa honores.

2. Praeterea, magnanimitas, cum sit virtus moralis, oportet quod sit circa passiones vel operationes. Non est autem circa operationes: quia sic esset pars iustitiae. Et sic relinquitur quod sit circa passiones. Honor autem non est passio. Ergo magnanimitas non est circa honores.

3. Praeterea, magnanimitas videtur pertinere magis ad prosecutionem quam ad fugam: dicitur enim *magnanimus* quia ad *magna* tendit. Sed virtuosi non laudantur ex hoc quod cupiunt honores, sed magis ex hoc quod eos fugiunt. Ergo magnanimitas non est circa honores.

---

1. C.9, 432b6-7; S. Th. lect.14, n.802.
2. Aristoteles, *Ethica Nic.*, IV, c.7, 1123b33-1124a1; S. Th. lect.8, n.748.

## 제1절 웅지는 영예에 관한 것인가

**Parall.**: *In Sent.*, II, d.42, a.2, a.4; III, d.26, q.2, a.2 ad4; d.33, q.3, a.3, qc.1, ad2; *In Ethic.*, IV, lect.8-9.

[반론] 첫째에 대해서는 다음과 같이 진행된다. 웅지는 영예에 관한 것이 아닌 것으로 보인다.

1. 왜냐하면 웅지는 분노적인 부분 안에 있기 때문이다. 그것은 이름 자체로부터 분명하다. 왜냐하면 웅지는 마치 영혼의 큼과 같다고 말하기 때문이다. 그런데 『영혼론』 제3권[1]에서 분명하듯, 마음은 분노적 힘을 위해 주어진다. 거기서 철학자는 감각적 욕구에는 갈망과 마음, 즉 욕정적 욕구와 분노적 욕구가 있다고 말한다. 그러나 영예는 덕의 보상[2]이기 때문에, 어떤 욕정적 선이다. 따라서 웅지는 영예에 관한 것이 아닌 것으로 보인다.

2. 웅지는 도덕적 덕이기 때문에 정념 혹은 활동들에 관한 것이어야 한다. 그러나 그것은 활동들과 관련되지 않는다. 그렇게 된다면, 그것은 정의의 부분이기 때문이다. 이렇게 웅지는 정념들에 관련된다는 것이 남는다. 그러나 영예는 정념이 아니다. 따라서 웅지는 영예에 관련되지 않는다.

3. 웅지는 회피보다는 수행(隨行)에 더 속하는 것으로 보인다. 왜냐하면 사람은 큰일들로 향하기 때문에 웅지가 있다고 하기 때문이다. 그러나 덕스러운 자들은 영예를 원하기 때문이 아니라, 오히려 그것들을 회피하기 때문에 칭찬을 받는다. 따라서 웅지는 영예와 관련되지 않는다.

SED CONTRA est quod Philosophus dicit, in IV *Ethic.*,[3] quod *magnanimus est circa honores et inhonorationes.*

RESPONDEO dicendum quod *magnanimitas* ex suo nomine importat quandam extensionem *animi* ad *magna.* Consideratur autem habitudo virtutis ad duo: uno quidem modo, ad materiam circa quam operatur; alio modo, ad actum proprium, qui consistit in debito usu talis materiae. Et quia habitus virtutis principaliter ex actu determinatur, ex hoc principaliter dicitur aliquis magnanimus quod animum habet ad aliquem magnum actum. Aliquis autem actus potest dici dupliciter magnus: uno modo, secundum proportionem; alio modo, absolute. Magnus quidem potest dici actus secundum proportionem etiam qui consistit in usu alicuius rei parvae vel mediocris: puta si aliquis illa re optime utatur. Sed simpliciter et absolute magnus actus est qui consistit in optimo usu rei maximae. Res autem quae in usum hominis veniunt sunt res exteriores. Inter quae simpliciter maximum est honor: tum quia propinquissimum est virtuti, utpote testificatio quaedam existens de virtute alicuius, ut supra[4] habitum est; tum etiam quia Deo et optimis exhibetur; tum etiam quia homines propter honorem consequendum et vituperium vitandum omnia alia postponunt. Sic autem dicitur aliquis magnanimus ex his quae sunt magna simpliciter et absolute, sicut dicitur aliquis fortis ex

---

3. C.7, 1124a5; S. Th. lect.9, n.750.

[재반론] 그러나 반대로 철학자는 『니코마코스 윤리학』 제4권[3]에서 "웅지를 가진 자는 영예와 불명예에 관련된다."라고 말한다.

[답변] 웅지는 그 이름에서 큰 것들을 향한 마음의 어떤 확장을 의미한다. 그런데 덕의 습관은 두 가지로 고찰된다. 하나의 양태로는 그것이 작용하는 사안에 대해서이고, 다른 양태로는 그러한 사안에 대한 마땅한 실천에서 성립하는 고유한 행위에 대해서이다. 그리고 덕의 습성은 주로 행위로부터 결정되기 때문에, 이로부터 주로 웅지를 가진 어떤 이는 어떤 큰 행위를 향한 마음을 가진 것이라고 말한다. 그런데 어떤 행위는 이중적으로 크다고 말할 수 있다. 하나의 양태로는 비례에 따라, 다른 양태로는 절대적으로 크다고 할 수 있는 것이다. 어떤 작은 혹은 중간의 것을 사용하는 것에서 성립하는 행위는, 만약 어떤 이가 사물을 최선으로 사용한다면 비례에 따라 크다고 말할 수 있다. 그러나 가장 큰 사물을 최선으로 사용하는 행위는 단적으로 그리고 절대적으로 크다. 인간의 사용에 이르는 사물들은 외적인 사물들이다. 그것들 가운데 영예는 단적으로 가장 큰 것이다. 왜냐하면 위에서[4] 언급한 것처럼, 어떤 이의 덕과 관련해서 어떤 증언으로서, 덕에 가장 가까운 것이기 때문이다. 또한 그것은 하느님과 최선의 사람들에게 드러나기 때문이고, 또한 사람들은 영예를 추구하고 경멸을 회피하기 위해 다른 모든 것을 제쳐놓기 때문이다. 어떤 이가 단적으로 어려운 것들로부터 용감하다고 언급되는 것처럼, 어떤 이는 단적으로 그리고 절대적으로 큰 것들로부터 웅지를 가진 것이라고 말한다. 따라서 웅지는

---

4. Q.103, a.1.

his quae sunt simpliciter difficilia. Et ideo consequens est quod magnanimitas consistat circa honores.

AD PRIMUM ergo dicendum quod bonum vel malum, absolute quidem considerata, pertinent ad concupiscibilem: sed inquantum additur ratio ardui, sic pertinet ad irascibilem. Et hoc modo honorem respicit magnanimitas: inquantum scilicet habet rationem magni vel ardui.

AD SECUNDUM dicendum quod honor, etsi non sit passio vel operatio, est tamen alicuius passionis obiectum: scilicet spei, quae tendit in bonum arduum. Et ideo magnanimitas est quidem immediate circa passionem spei,[5] mediate autem circa honorem, sicut circa obiectum spei: sicut et de fortitudine supra[6] dictum est quod est circa pericula mortis inquantum sunt obiectum timoris et audaciae.

AD TERTIUM dicendum quod illi qui contemnunt honores hoc modo quod pro eis adipiscendis nihil inconveniens faciunt, nec eos nimis appretiantur, laudabiles sunt. Si quis autem hoc modo contemneret honores quod non curaret facere ea quae sunt digna honore, hoc vituperabile esset. Et hoc modo magnanimitas est circa honorem: ut videlicet studeat facere ea quae sunt honore digna, non tamen sic ut pro magno aestimet humanum honorem.

---

5. Cf. I-II, q.60, a.5.

영예와 관련하여 존재한다는 것으로 귀결된다.

[해답] 1. 절대적으로 고찰된 선과 악은 욕정적 부분에 속하지만 힘겨움의 의미가 추가되는 한, 그것은 분노적 부분에 속한다. 그리고 이 방식으로, 즉 영예가 큼 혹은 어려움의 의미를 가지는 한에서, 웅지는 영예를 고려한다.

2. 영예는 비록 정념이나 활동이 아니더라도, 어떤 정념의, 즉 고된 선을 향하는 희망의 대상이다. 따라서 웅지는 직접적으로 희망의 정념[5]에 관한 것이지만, 간접적으로는 마치 희망의 대상에 관한 것처럼 영예에 관한 것이다. 그것은 마치 용기에 대해 위에서[6] 말한 것과 같다. 즉 죽음의 위험이 두려움과 담대함의 대상인 한, 용기는 죽음의 위험들에 관한 것이다.

3. 영예를 이런 방식으로, 즉 획득되어야 할 그것들을 위해 어울리지 않는 어떤 것도 하지 않고, 또한 그것들을 과도하게 평가하지 않는 방식으로 경멸하는 자들은 칭찬받을 만하다. 그러나 만일 영예를 이런 방식으로, 즉 영예에 합당한 것들을 행하려고 하지 않는 방식으로 경멸한다면, 이것은 비난받아야 할 것이다. 그리고 이런 방식으로, 다시 말해, 영예에 합당한 것들을 행하려 애쓰지만, 인간적 영예를 큰 것으로 여기지 않는 방식으로 웅지는 영예에 관한 것이다.

---

6. Q.123, a.3, ad2; a.4.

## Articulus 2
## Utrum magnanimitas de sui ratione habeat quod sit circa magnum honorem

Ad secundum sic proceditur. Videtur quod magnanimitas de sui ratione non habeat quod sit circa magnum honorem.

1. Propria enim materia magnanimitatis est honor, ut dictum est,[1] Sed magnum et parvum accidunt honori. Ergo de ratione magnanimitatis non est quod sit circa magnum honorem.

2. Praeterea, sicut magnanimitas est circa honores, ita mansuetudo est circa iras. Sed non est de ratione mansuetudinis quod sit circa magnas iras, vel circa parvas. Ergo etiam non est de ratione magnanimitatis quod sit circa magnos honores.

3. Praeterea, parvus honor minus distat a magno honore quam exhonoratio. Sed magnanimus bene se habet circa exhonorationes. Ergo etiam et circa parvos honores. Non ergo est solum circa honores magnos.

SED CONTRA est quod Philosophus dicit, in II *Ethic.*,[2] quod *magnanimitas est circa magnos honores.*

RESPONDEO dicendum quod, secundum Philosophum, in VII *Physic.*,[3] *virtus est perfectio quaedam*. Et intelligitur esse perfectio po-

---

1. A.1.

## 제2절 웅지의 개념은 큰 영예를 대상으로 삼는가

Parall.: Infra, a.4, ad1; I-II, q.60, a.5; *In Ethic.*, II, lect.9; IV, lect.9.

[반론] 웅지의 개념은 큰 영예를 대상으로 삼지 않는 것으로 보인다.

1. 왜냐하면 웅지의 고유한 사안은, 말한 것처럼[1] 영예이기 때문이다. 그러나 큼과 작음은 영예에 우연적이다. 따라서 웅지와 큰 영예의 연관성은 웅지의 개념에 속하지 않는다.

2. 웅지가 영예에 관련되는 것처럼, 온순함은 분노에 관련된다. 그러나 온순함의 개념으로부터 그것이 크거나 작은 분노들에 연관됨이 나오지 않는다. 따라서 웅지의 개념으로부터 그것이 큰 영예들과 연관됨이 나오지 않는다.

3. 작은 영예는 불명예보다 큰 영예로부터 거리가 더 적다. 그러나 웅지는 불명예에 맞닥뜨렸을 때도 잘 대처한다. 또한 작은 영예들과 관련해서도 그렇다. 그러므로 그것은 큰 영예들과만 관련되는 것은 아니다.

[재반론] 그러나 반대로 철학자는 『니코마코스 윤리학』 제2권[2]에서 "웅지는 큰 영예들에 관련된다."라고 말한다.

[답변] 『자연학』 제7권[3]에서 철학자가 말한 것처럼, "덕은 어떤 완전

---

2. C.7, 1107b26-1108a4; S. Th. lect.9, n.346.
3. C.3, 246b27-28; a13; 247a2; S. Th. lect.6, n.2.

tentiae, ad cuius *ultimum* pertinet, ut patet in I *de Caelo*.[4] Perfectio autem potentiae non attenditur in qualicumque operatione, sed in operatione quae habet aliquam magnitudinem aut difficultatem: quaelibet enim potentia, quantumcumque imperfecta, potest in aliquam operationem modicam et debilem. Et ideo ad rationem virtutis pertinet ut sic *circa difficile et bonum,* ut dicitur in II *Ethic.*.[5] Difficile autem et magnum, quae ad idem pertinent, in actu virtutis potest attendi dupliciter. Uno modo, ex parte rationis: inquantum scilicet difficile est medium rationis adinvenire et in aliqua materia statuere. Et ista difficultas sola invenitur in actu virtutum intellectualium, et etiam in actu iustitiae. Alia autem est difficultas ex parte materiae, quae de se repugnantiam habere potest ad modum rationis qui est circa eam ponendus. Et ista difficultas praecipue attenditur in aliis virtutibus moralibus, quae sunt circa passiones: quia *passiones pugnant contra rationem,* ut Dionysius dicit, 4 cap. *de Div. Nom.*.[6]

Circa quas considerandum est quod quaedam passiones sunt quae habent magnam vim resistendi rationi principaliter ex parte passionis: quaedam vero principaliter ex parte rerum quae sunt obiecta passionum. Passiones autem non habent magnam vim repugnandi rationi nisi fuerint vehementes: eo quod appetitus sensitivus, in quo sunt passiones, naturaliter subditur rationi.[7] Et ideo virtutes quae sunt circa huiusmodi passiones non ponuntur nisi circa id quod est

---

4. C.11, 281a14-19; S. Th. lect.25, n.4.
5. C.2, 1105a9-13; S. Th. lect.3, n.278.

성이다." 그리고 『천체론』 제1권⁴에서 분명하듯, 그것은 능력의 완전성으로 이해되고 능력의 최대치에 속한다. 그런데 능력의 완전성은 아무 작용에서 찾아지는 것이 아니라, 어떤 위대함 혹은 어려움을 가지는 작용 안에서 찾아진다. 왜냐하면 무슨 능력이든, 그것이 아무리 불완전하더라도, 어떤 중간 정도의 혹은 약한 작용 안에 있을 수 있기 때문이다. 그래서 『니코마코스 윤리학』 제2권⁵에서 말하는 것처럼, "어려움과 선에 관련되는" 것은 덕의 개념에 속한다. 동일한 것에 관련되는 어려운 것과 위대한 것은 덕의 행위에서 이중적으로 주목될 수 있다. 하나의 양태로는, 이성의 중용을 발견하고 그것을 어떤 사안 안에서 세우는 것이 어려운 한, 이성의 부분으로부터다. 그리고 이 어려움은 오직 지성적 덕들의 활동에서만 발견되고, 또한 정의의 활동에서도 발견된다. 다른 어려움은, 사안의 부분으로부터 발견되는데, 그것은 그 사안에 관해 주어져야 하는 이성의 방식에 대해 그 자체로 저항을 가질 수 있다. 그리고 이 어려움은 주로 다른 도덕적 덕들 안에서 주목된다. 왜냐하면 디오니시우스가 『신명론』 제4장⁶에서 말하듯 "정념들은 이성에 맞서 저항하기 때문이다."

그 정념에 관해서 고려되어야 할 점은, 이성에 저항하는 큰 힘을 가진 어떤 정념들은 주로 정념의 부분으로부터 존재하는 반면, 어떤 것들은 주로 정념의 대상인 사물의 부분으로부터 존재한다는 것이다. 그런데 정념은 격렬하지 않다면, 이성에 저항하는 큰 힘을 가지지 않는다. 왜냐하면 정념이 들어 있는 감각적 욕구는 자연적으로 이성에 종속되기 때문이다.⁷ 그러므로 이런 종류의 정념과 연관된 덕들은 제시

---

6. PG 3, 717A; S. Th. lect.15, n.487.
7. Cf. I, q.81, a.3; I-II, q.17, a.7.

magnum in ipsis passionibus: sicut fortitudo est circa maximos timores et audacias, temperantia est circa maximarum delectationum concupiscentias, et similiter mansuetudo est circa maximas iras. Passiones autem quaedam habent magnam vim repugnandi rationi ex ipsis rebus exterioribus quae sunt passionum obiecta: sicut amor vel cupiditas pecuniae seu honoris. Et in istis oportet esse virtutem non solum circa id quod est maximum in eis, sed etiam circa mediocria vel minora: quia res exterius existentes, etiam si sint parvae, sunt multum appetibiles, utpote necessariae ad hominis vitam. Et ideo circa appetitum pecuniarum sunt duae virtutes, una quidem circa mediocres et moderatas, scilicet liberalitas; alia autem circa magnas pecunias, scilicet magnificentia.

Similiter etiam et circa honores sunt duae virtutes. Una quidem circa mediocres honores, quae innominata est: nominatur tamen ex suis extremis, quae sunt *philotimia,* idest *amor honoris,* et *aphilotimia,* idest *sine amore honoris;* laudatur enim quandoque qui amat honorem, quandoque autem qui non curat de honore, prout scilicet utrumque moderate fieri potest. Circa magnos autem honores est magnanimitas. Et ideo dicendum est quod propria materia magnanimitatis est magnus honor: et ad ea tendit magnanimus quae sunt magno honore digna.

AD PRIMUM ergo dicendum quod magnum et parvum per accidens se habent ad honorem secundum se consideratum: sed magnum

되지 않고, 오직 정념 자체 안에서 큰 것과 관련되는 덕들만 제시된다. 예를 들어 용기는 최대의 두려움과 담대함에 관련되고, 절제는 최대의 쾌락의 욕망에 관련되며, 유사하게 온순함은 최대의 분노에 관련된다. 그런데 어떤 정념은, 예를 들어 돈이나 영예에 대한 사랑이나 탐욕처럼, 그 정념의 대상들인 외부적 사물 자체로부터 이성에 저항하는 큰 힘을 가진다. 그리고 이것들 안에는 덕이, 그 정념 안에서 가장 큰 것과 관련해서뿐만 아니라, 중간이거나 작은 것과 관련해서도 있어야만 한다. 왜냐하면 외부에 존재하는 사물들은 비록 작을지라도, 인간적 삶을 위해서 필요한 것들로 더 욕구할 만하기 때문이다. 그러므로 돈에 대한 욕구와 관련해서 두 덕이 있는데, 하나는 보통의 그리고 조절된 돈에 관련된 것, 즉 아량이고, 다른 것은 큰 돈에 관한 것, 즉 관대이다.

유사하게 영예와 관련해서도 두 덕이 있다. 하나는 이름 없는 보통의 영예에 관련되는 것으로 그럼에도 그것들의 극단으로부터 이름 붙여진다. 그것은 '필로티미아'(philotimia), 즉 영예에 대한 사랑과 '아필로티미아'(aphilotimia), 즉 영예를 사랑하지 않음이다. 왜냐하면 때로는 영예를 사랑하는 자가 칭찬받고, 때로는 영예를 돌보지 않는 자가 칭찬받기도 하기 때문이다. 즉 둘 모두 조절될 수 있는 한에서 그러하다. 그러나 큰 영예에 관해서는 웅지가 있다. 그러므로 웅지의 고유한 사안은 큰 영예이고, 웅지를 가진 자는 큰 영예에 합당한 것들로 기울어진다고 말해야 한다.

[해답] 1. 큼과 작음은 그 자체로 고려된 영예에 대해서는 부수적인 관계를 맺지만, 이성에 대한 관계에서는 큰 차이를 만든다. 이성의 기

differentiam faciunt secundum quod comparantur ad rationem, cuius modum in usu honoris observari oportet, qui multo difficilius observatur in magnis honoribus quam in parvis.

AD SECUNDUM dicendum quod in ira et in aliis materiis non habet difficultatem notabilem nisi illud quod est maximum, circa quod solum oportet esse virtutem. Alia autem ratio est de divitiis et honoribus, quae sunt res extra animam existentes.

AD TERTIUM dicendum quod ille qui bene utitur magnis, multo magis potest bene uti parvis. Magnanimitas ergo attendit magnos honores sicut quibus est dignus: vel etiam sicut minores his quibus est dignus, quia scilicet virtus non potest sufficienter honorari ab homine, cui debetur honor a Deo. Et ideo non extollitur ex magnis honoribus: quia non reputat eos supra se, sed magis eos contemnit. Et multo magis moderatos aut parvos. Et similiter etiam dehonorationibus non frangitur, sed eas contemnit: utpote quas reputat sibi indigne afferri.

## Articulus 3
### Utrum magnanimitas sit virtus

Ad tertium sic proceditur. Videtur quod magnanimitas non sit virtus.

1. Omnis enim virtus moralis in medio consistit. Sed magnanim-

준은 영예의 사용에서 지켜져야 하는데, 그 기준은 작은 영예보다 큰 영예들 안에서 더 어렵게 지켜진다.

2. 분노와 다른 사안들 안에서 오직 가장 큰 것만이 주목할 만한 어려움을 가지고, 오직 그것과 관련해서만 덕이 존재해야 한다. 그런데 영혼 밖에 존재하는 사물인 부와 영예에 관해서는 그렇지 않다.

3. 큰 것을 잘 사용하는 자는 작은 것들을 훨씬 더 잘 사용할 수 있다. 따라서 웅지는 큰 영예를, 자신에게 합당한 것인 양 얻으려 하거나, 또는 심지어 자신에게 합당한 것보다 더 작은 것인 양 얻으려 한다. 왜냐하면 하느님에 의해 영예를 받을 만한 덕은 인간에 의해서는 충분히 영예로워질 수 없기 때문이다. 그래서 그는 큰 영예들에 의해 높여지지 않는다. 왜냐하면 그는 그것들을 자신 위의 것들로 간주하지 않고, 오히려 그것들을 멸시하기 때문이다. 그리고 중간적 혹은 작은 영예들을 훨씬 더 멸시한다. 또한 유사하게 불명예들에 의해 꺾이지 않고 그것들을 멸시하는데, 그것들이 자신에게 부당하게 초래된다고 여기기 때문이다.

## 제3절 웅지는 덕인가

Parall.: *De malo*, q.8, a.2; *In Ethic.*, IV, lect.8

[반론] 세 번째에 대해서는 다음과 같이 진행된다. 웅지는 덕이 아닌 것으로 보인다.

1. 모든 도덕적 덕은 중용에서 성립하기 때문이다. 그러나 웅지는 중

itas non consistit in medio, sed in maximo: quia *maximis dignificat seipsum,* ut dicitur in IV *Ethic.*.[1] Ergo magnanimitas non est virtus.

2. Praeterea, qui habet unam virtutem, habet omnes, ut supra[2] habitum est. Sed aliquis potest habere aliquam virtutem non habens magnanimitatem: dicit enim Philosophus, in IV *Ethic.*,[3] quod *qui est parvis dignus, et his dignificat seipsum, temperatus est, magnanimus autem non.* Ergo magnanimitas non est virtus.

3. Praeterea, virtus est *bona qualitas mentis,* ut supra[4] habitum est. Sed magnanimitas habet quasdam corporales dispositiones: dicit enim Philosophus, in IV *Ethic.*,[5] quod *motus lentus magnanimi videtur, et vox gravis, et locutio stabilis.* Ergo magnanimitas non est virtus.

4. Praeterea, nulla virtus opponitur alteri virtuti. Sed magnanimitas opponitur humilitati: nam magnanimus *dignum se reputat magnis,* et *alios contemnit,* ut dicitur in IV *Ethic.*.[6] Ergo magnanimitas non est virtus.

5. Praeterea, cuiuslibet virtutis proprietates sunt laudabiles. Sed magnanimitas habet quasdam proprietates vituperabiles: primo quidem, quod *non est memor benefactorum*[7]; secundo, quod est *otiosus et tardus*[8]; tertio, quod *utitur ironia ad multos*[9]; quarto, quod *non*

---

1. C.7, 1123b16-22; S. Th. lect.8, n.742.
2. I-II, q.65.
3. C.7, 1123b5-8; S. Th. lect.8, n.738.
4. I-II, q.55, a.4.
5. C.8, 1125a12-17; S. Th. lect.10, n.782.
6. C.7, 1123b2; 1124b29; S. Th. lect.8, n.736; lect.10, n.774.

용이 아니라 가장 큰 것에서 성립한다. 왜냐하면 그것은 『니코마코스 윤리학』 제4권[1]에서 말하듯, "그는 자신을 가장 큰 것들에 어울린다고 평가하기" 때문이다. 따라서 웅지는 덕이 아니다.

2. 위에서[2] 언급했듯이, 하나의 덕을 가진 자는 모든 덕을 가진다. 그러나 어떤 이는 웅지를 가지지 않으면서 어떤 덕을 가질 수 있다. 왜냐하면 철학자가 『니코마코스 윤리학』 제4권[3]에서 "작은 것들에 합당한 자이면서 자신을 이것에 어울린다고 평가하는 자는 절제 있는 사람이지 웅지를 가진 사람은 아니다."라고 말하기 때문이다. 따라서 웅지는 덕이 아니다.

3. 위에서[4] 언급했듯이, 덕은 정신의 선한 성질이다. 그러나 웅지는 어떤 신체적 성향을 갖는다. 왜냐하면 철학자가 『니코마코스 윤리학』 제4권[5]에서 "웅지를 가진 자의 움직임은 느리고, 음성은 묵직하며, 말투는 안정적으로 보인다."라고 말하기 때문이다. 따라서 웅지는 덕이 아니다.

4. 어떤 덕도 다른 덕에 대립하지 않는다. 그러나 웅지는 겸손에 대립한다. 왜냐하면 『니코마코스 윤리학』 제4권[6]에서 말하듯이 웅지를 가진 자는 "자신을 큰 것들에 합당하다고 여기고 다른 이들을 경멸하기" 때문이다.

5. 각 덕의 특성들은 칭찬할 만하다. 그러나 웅지는 어떤 비난할 만한 특성들을 가진다. 첫째, "은인들에 대한 기억이 없다."[7] 둘째, "게으르고 더디다."[8] 셋째, "많은 이들을 향해 풍자를 사용한다."[9] 넷째, "다

---

7. Ibid., c.8, 11244b13-14; S. Th. lect.10, n.764.
8. Ibid., c.8, 1124b24-26; S. Th. lect.10, n.771.
9. Ibid., c.8, 1124b30-31; S. Th. lect.10, n.775.

*potest alii convivere*[10]; quinto, quod *magis possidet infructuosa quam fructuosa.*[11] Ergo magnanimitas non est virtus.

SED CONTRA est quod in laudem quorundam dicitur, II *Machab.* 14, [18]: *Nicanor audiens virtutem comitum Iudae, et animi magnitudinem quam pro patriae certaminibus habebant,* etc. Laudabilia autem sunt solum virtutum opera. Ergo magnanimitas, ad quam pertinet magnum animum habere, est virtus.

RESPONDEO dicendum quod ad rationem virtutis humanae pertinet ut in rebus humanis bonum rationis servetur, quod est proprium hominis bonum. Inter ceteras autem res humanas exteriores, honores praecipuum locum tenent, sicut dictum est.[12] Et inde magnanimitas, quae modum rationis ponit circa magnos honores, est virtus.

AD PRIMUM ergo dicendum quod, sicut Philosophus dicit, in IV *Ethic.*,[13] *magnanimus est quidem magnitudine extremus,* inquantum scilicet ad maxima tendit: *eo autem quod ut oportet, medius,* quia videlicet ad ea quae sunt maxima, secundum rationem tendit; *eo enim quod secundum dignitatem seipsum dignificat,* ut ibidem dicitur, quia scilicet se non extendit ad maiora quam dignus est.

AD SECUNDUM dicendum quod connexio virtutum non est in-

---

10. Ibid., c.8, 1124b31-1125a2; S. Th. lect.10, n.776.
11. Ibid., c.8, 1125a11-12; S. Th. lect.10, n.781.

른 사람들과 조화될 수 없다."¹⁰ 다섯째, "유익한 것들보다는 무익한 것들을 더 소유한다."¹¹ 따라서 웅지는 덕이 아니다.

[재반론] 그러나 반대로 마카베오기 하권 14장 [18절]은 어떤 이들을 칭찬하면서 "니카노르는 유다의 동료들의 덕과 조국의 전투를 위해 가졌던 마음의 큼을 들었다."라고 말한다. 그런데 오직 덕들의 행업만이 칭찬받을 만하다. 따라서 큰마음을 가지는 것이 속하는 웅지는 덕이다.

[답변] 인간적 일들에서 인간의 고유한 선인 이성의 선이 지켜지는 것은 인간적 덕의 개념에 속한다. 그런데 말한 것처럼,¹² 그 밖의 외적인 인간적 일 중에서 영예는 가장 주요한 위치를 차지한다. 그러므로 큰 영예와 관련하여 이성의 방식을 제시하는 웅지는 덕이다.

[해답] 1. 철학자가 『니코마코스 윤리학』 제4권¹³에서 말하듯이, 가장 큰 것들로 향하는 한 "웅지를 가진 자는 크기에 있어서는 극단적이지만", "마땅한 것에 있어서는 중용적인데", 왜냐하면 그는 이성에 따라 가장 큰 것들로 향하기 때문이다. 같은 곳에서 말하듯, "이는 그가 품위에 맞게 자신을 평가하기 때문인데", 왜냐하면 그는 합당한 것보다 더 큰 것들로 자신을 확장하지 않기 때문이다.
  2. 덕들이 서로 연결되어 있다는 말은 행위에 따라, 즉 모든 덕행들을 갖는 것이 누구에게나 모든 덕의 행위가 적합하다는 뜻으로 이해되

---

12. Art.1.
13. C.7, 1123b13-15; S. Th. lect.8, n.741.

telligenda secundum actus, ut scilicet cuilibet competat habere actus omnium virtutum. Unde actus magnanimitatis non competit cuilibet virtuoso, sed solum magnis. Sed secundum principia virtutum, quae sunt prudentia et gratia, omnes virtutes sunt connexae secundum habitus simul in anima existentes, vel in actu vel in propinqua dispositione. Et sic potest aliquis cui non competit actus magnanimitatis, habere magnanimitatis habitum: per quem scilicet disponitur ad talem actum exequendum si sibi secundum statum suum competeret.

AD TERTIUM dicendum quod corporales motus diversificantur secundum diversas animae apprehensiones et affectiones. Et secundum hoc contingit quod ad magnanimitatem consequuntur quaedam determinata accidentia circa motus corporales. Velocitas enim motus provenit ex eo quod homo ad multa intendit, quae explere festinat: sed magnanimus intendit solum ad magna, quae pauca sunt, quae etiam indigent magna attentione; et ideo habet motum tardum. Similiter etiam acuitas vocis, et velocitas, praecipue competit his qui de quibuslibet contendere volunt: quod non pertinet ad magnanimos, qui non intromittunt se nisi de magnis. Et sicut praedictae dispositiones corporalium motuum conveniunt magnanimis secundum modum affectionis eorum, ita etiam in his qui sunt naturaliter dispositi ad magnanimitatem tales conditiones naturaliter inveniuntur.

AD QUARTUM dicendum quod in homine invenitur aliquid magnum, quod ex dono Dei possidet: et aliquis defectus, qui competit ei ex infirmitate naturae. Magnanimitas igitur facit quod homo *se*

어서는 안 된다. 그러므로 웅지의 행위는 후덕한 누구나에게 귀속되는 것이 아니라 오직 큰 사람들에게만 귀속된다. 그러나 현명과 은총이라는 덕의 원리에 따라서는, 모든 덕이 실행에 있어서나 그것에 가까운 성향에 있어서, 습성에 따라 동시에 영혼 안에 존재하면서 연결된다. 그래서 웅지의 행위에 적합하지 않은 자도 웅지의 습성을 가질 수 있으며, 그것을 통해 만약 그 행위가 그의 상태에 따라 적합하다면 실행되어야 할 그러한 행위로 준비된다.

3. 육체적 움직임은 영혼의 다양한 파악과 정감들에 따라 구별될 수 있다. 그리고 이것에 따라 육체적 움직임과 관련하여 어떤 특정한 우유들이 웅지를 뒤따른다는 것이 발생한다. 왜냐하면 움직임의 빠름은 인간이 완성하기 위해 서두르는 많은 것을 추구하는 것에서 발생하지만, 웅지를 품은 자는 오직 소수의 그리고 큰 주의를 필요로 하는 큰일들만 추구하기 때문이다. 따라서 그는 더딘 움직임을 갖는다. 또한 유사하게 목소리의 날카로움과 속도는 주로 무엇에 관해서든 다투기를 원하는 자들에게 적합하다. 그러나 그것은 큰일들에 관해서가 아니면 자신을 관여시키지 않는 웅지를 가진 사람에게는 속하지 않는다. 그리고 언급된 신체적 움직임들의 성향이 웅지를 품은 자들에게 그들의 정감의 양태에 따라 적합한 것처럼, 또한 그러한 조건들은 본성적으로 웅지로 준비된 자들 안에서 본성적으로 발견된다.

4. 인간 안에 그가 하느님의 선물로부터 소유하고 있는 어떤 큰 것이 발견된다. 그리고 본성의 약함으로부터 그에게 적합한 어떤 결함도 발견된다. 따라서 웅지는 사람이 자기 자신을 하느님으로부터 소유한 선물을 고려하는 가운데, 큰일들에 어울리도록 만들게 한다. 그것은 마치, 만일 그가 마음의 큰 덕을 가진다면, 웅지가 그로 하여금 덕의 완

*magnis dignificet* secundum considerationem donorum quae possidet ex Deo: sicut, si habet magnam virtutem animi, magnanimitas facit quod ad perfecta opera virtutis tendat. Et similiter est dicendum de usu cuiuslibet alterius boni, puta scientiae vel exterioris fortunae. Humilitas autem facit quod homo seipsum parvipendat secundum considerationem proprii defectus. — Similiter etiam magnanimitas contemnit alios secundum quod deficiunt a donis Dei: non enim tantum alios appretiatur quod pro eis aliquid indecens faciat.[14] Sed humilitas alios honorat, et superiores aestimat, inquantum in eis aliquid inspicit de donis Dei. Unde in Psalmo [Ps. 14, 4] dicitur de viro iusto: *Ad nihilum deductus est in conspectu eius malignus,* quod pertinet ad contemptum magnanimi; *timentes autem Dominum glorificat,* quod pertinet ad honorationem humilis. — Et sic patet quod magnanimitas et humilitas non sunt contraria, quamvis in contraria tendere videantur: quia procedunt secundum diversas considerationes.[15]

AD QUINTUM dicendum quod proprietates illae, secundum quod ad magnanimum pertinent, non sunt vituperabiles, sed superexcedenter laudabiles. Quod enim primo dicitur, quod magnanimus *non habet in memoria a quibus beneficia recipit,* intelligendum est quantum ad hoc quod non est sibi delectabile quod ab aliquibus beneficia recipiat, quin sibi maiora recompenset. Quod pertinet ad perfectionem gratitudinis, in cuius actu vult superexcellere, sicut et

---

14. Cf. a.4, ad2.

전한 작용들로 향하게 만드는 것과 같다. 그리고 그것은 학문이나 외적인 행운 같은 다른 선의 사용에 관해서도 마찬가지이다. 겸손은 그러나 인간이 고유한 결함을 고려하는 가운데 자기 자신을 작게 평가하도록 만든다. 또한 유사하게 웅지는 다른 사람들을, 그들이 하느님의 선물들에서 떨어져 나가는 것에 따라 경시한다. 왜냐하면 웅지를 가진 자는 다른 사람들을 그렇게 높게 평가하지 않아서, 그들을 위해 어떤 품위에 어긋나는 것을 행하지 않기 때문이다.[14] 그러나 겸손은 다른 사람들 안에서 하느님의 선물로부터 비롯된 어떤 다른 것을 통찰하는 한, 그들을 존경하고 더 높은 사람들로 평가한다. 따라서 시편 15[14]장 [4절]에서 정의로운 사람에 대해 "그의 눈앞에서 악인은 무가치하게 되었다."라고 말하는데, 그것은 웅지를 가진 사람의 경멸과 관련된다. 그러나 그는 주님을 두려워하는 자들을 찬양하는데, 그것은 겸손한 자에 대한 존경에 속한다. 이렇게 웅지와 겸손은, 서로 다른 고려에 따라 진행되기 때문에 비록 반대되는 것들로 향하는 것으로 보이더라도, 반대되는 것이 아님이 분명하다.[15]

5. 그러한 특성이 웅지를 품은 자에게 속하는 한, 비난할 만한 것이 아니라 지극히 칭찬할 만한 것이다. 왜냐하면 첫째로, 웅지를 품은 사람이 누구로부터 호의를 받았는지 기억하지 못한다고 말하는 것은 다른 사람들로부터 호의를 받은 것이 그에게는, 그들에게 더 큰 것을 보답함 없이는 즐겁지 않다는 의미에서 이해되어야 하기 때문이다. 그것은 감사하는 마음의 완성에 속하는데, 그는 다른 덕들의 행위에서처럼, 감사의 행위 안에서도 탁월하기를 원한다. 둘째로, 유사하게 또한

---

15. Cf. q.161, a.1, ad3.

in actibus aliarum virtutum. — Similiter etiam secundo dicitur quod est *otiosus et tardus,* non quia deficiat ab operando ea quae sibi conveniunt: sed quia non ingerit se quibuscumque operibus sibi convenientibus, sed solum magnis, qualia decent eum. — Dicitur etiam tertio quod *utitur ironia,* non secundum quod opponitur veritati, ut scilicet dicat de se aliqua vilia quae non sunt vel neget aliqua magna quae sunt: sed quia non totam magnitudinem suam monstrat, maxime quantum ad inferiorum multitudinem; quia sicut Philosophus ibidem[16] dicit, ad magnanimum pertinet *magnum esse ad eos qui in dignitate et bonis fortunis sunt, ad medios autem moderatum.* — Quarto etiam dicitur quod *ad alios non potest convivere,* scilicet familiariter, *nisi ad amicos:* quia omnino vitat adulationem et simulationem, quae pertinent ad animi parvitatem. Convivit tamen omnibus, et magnis et parvis, *secundum quod oportet,* ut dictum est.[17] — Quinto etiam dicitur quod *vult habere magis infructuosa,* non quaecumque, sed *bona,* idest honesta. Nam in omnibus praeponit honesta utilibus, tanquam maiora: utilia enim quaeruntur ad subveniendum alicui defectui, qui magnanimitati repugnat.

---

16. C.8, 1124b18-20; S. Th. lect.10, n.767.

제129문 제3절

그가 게으르고 더디다고 말하는 것은, 그가 행위에서 부족하기 때문이 아니라, 그가 자신에게 적합한 아무 일들이 아니라 오직 그에게 어울리는 큰일들에만 뛰어들기 때문이다. 또한 셋째로, 그가 풍자를 사용하는 것은 그것이 진리에 대립하는 것에 따라서가 아니라, 즉 예를 들어 그가 자신에 대해 존재하지 않는 어떤 저속한 것들을 말하거나 또는 존재하는 어떤 큰 것들을 부정하는 것에 따라서가 아니라, 특히 더 열등한 대중들과 관련하여 자신의 큼을 전체적으로 보여주지 않기 때문이다. 왜냐하면 철학자가 같은 곳에서[16] 말하듯이, "웅지를 품은 사람은 품위와 행운을 누리는 사람들에게는 큰 사람으로 처신하지만, 평범한 사람들에게는 소박한 사람으로 처신한다."는 것이 웅지를 가진 사람에게 속하기 때문이다. 넷째로, 그들은 친구들을 제외하면, 다른 사람들과 함께 살지 못한다고, 즉 친밀하게 살지 못한다고 말한다. 왜냐하면 그는 마음의 작음에 속하는 아첨과 시늉을 전적으로 기피하기 때문이다. 그러나 이미 말한 바와 같이[17] 그는 모든 사람과 즉 큰 사람뿐만 아니라 작은 사람들과도 마땅함에 따라 함께 산다. 다섯째로 그는 무익한 것들을 더 가지기를 원한다고 말하는데, 이는 아무것이 아니라 선한 것, 즉 영예로운 것들이다. 그는 모든 것에서 유용한 것보다 영예로운 것을 더 큰 것인 것처럼 상위에 두기 때문이다. 왜냐하면 유용한 것들은 웅지에 반하는 어떤 결함을 고치기 위해 추구되기 때문이다.

---

17. Ad1.

## Articulus 4
## Utrum magnanimitas sit virtus specialis

Ad quartum sic proceditur. Videtur quod magnanimitas non sit specialis virtus.

1. Nulla enim specialis virtus operatur in omnibus virtutibus. Sed Philosophus dicit, in IV *Ethic.*,[1] quod ad magnanimum pertinet *quod est in unaquaque virtute magnum*. Ergo magnanimitas non est specialis virtus.

2. Praeterea, nulli speciali virtuti attribuuntur actus virtutum diversarum. Sed magnanimo attribuuntur diversarum virtutum actus: dicitur enim in IV *Ethic.*,[2] quod ad magnanimum pertinet *non fugere commonentem*, quod est actus prudentiae; *neque facere iniusta*, quod est actus iustitiae; et quod est *promptus ad benefaciendum*,[3] quod est actus caritatis; et quod *ministrat prompte*,[4] quod est actus liberalitatis; et quod est *veridicus*,[5] quod est actus veritatis; et quod *non est planctivus*,[6] quod est actus patientiae. Ergo magnanimitas non est virtus specialis.

3. Praeterea, quaelibet virtus est quidam spiritualis ornatus animae:

---

1. C.7, 1123b30; S. Th. lect.8, n.746.
2. C.7, 1123b31-32; S. Th. lect.8, n.747.
3. C.8, 1124b9-11; S. Th. lect.10, n.762.

## 제4절 웅지는 특수 덕인가

Parall.: *In Sent.*, III, d.33, q.3, a.3, qc.1.

[반론] 네 번째에 대해서는 다음과 같이 진행된다. 웅지는 특수 덕이 아닌 것으로 보인다.

1. 왜냐하면 어떤 특수 덕도 모든 덕에 작용하지 않기 때문이다. 그런데 철학자는 『니코마코스 윤리학』 제4권[1]에서 "각각의 덕에서 큰 것은 웅지를 가진 자에게 속한다."라고 말한다. 따라서 웅지는 특수 덕이 아니다.

2. 다양한 덕들의 행위는 어떤 특수 덕에도 귀속되지 않는다. 그런데 다양한 덕들의 행위는 웅지를 가진 자에게 귀속된다. 왜냐하면 『니코마코스 윤리학』 제4권[2]에서 "경고를 피하지 않는 것이 웅지를 가진 자에게 속한다."라고 말하기 때문이다. 이것은 현명의 행위이다. "또한 불의한 짓을 저지르지 않는 것", 이것은 정의의 행위이다. 그리고 "그가 좋은 일을 행함을 위해 태세를 갖추고 있다는 것",[3] 이것은 참사랑의 행위이다. "민첩하게 봉사하는 것,"[4] 이것은 아량의 행위이다. "그가 진실하다는 것",[5] 이것은 진리의 행위이다. "그가 가슴 치며 통곡하지 않는 것",[6] 이것은 인내의 행위이다. 따라서 웅지는 특수 덕이 아니다.

3. 모든 덕은 영혼의 어떤 영적인 장식이다. 이사야서 61장 [10절]에

---

4. C.8, 1124b18; S. Th. lect.10, n.766.
5. C.8, 1124b30-31; S. Th. lect.10, n.775.
6. C.8, 1125a9-10; S. Th. lect.10, n.780.

secundum illud Isaiae 61, [10]: *Induit me Dominus*[7] *vestimentis salutis;* et postea subdit, *quasi sponsam ornatam monilibus suis.* Sed magnanimitas est *ornatus omnium virtutum,* ut dicitur in IV *Ethic.*.[8] Ergo magnanimitas est generalis virtus.

SED CONTRA est quod Philosophus, in II *Ethic.*,[9] distinguit eam contra alias virtutes.

RESPONDEO dicendum quod, sicut supra[10] dictum est, ad specialem virtutem pertinet quod modum rationis in aliqua determinata materia ponat. Magnanimitas autem ponit modum rationis circa determinatam materiam, scilicet circa honores, ut supra[11] dictum est. Honor autem, secundum se consideratus, est quoddam bonum speciale. Et secundum hoc magnanimitas, secundum se considerata, est quaedam specialis virtus. Sed quia honor est cuiuslibet virtutis praemium, ut ex supra[12] dictis patet; ideo ex consequenti, ratione suae materiae, respicit omnes virtutes.

AD PRIMUM ergo dicendum quod magnanimitas non est circa honorem quemcumque, sed circa magnum honorem. Sicut autem honor debetur virtuti, ita etiam magnus honor debetur magno operi virtutis. Et inde est quod magnanimus intendit magna operari in

---

7. Vulgata: om. *Dominus.*
8. C.7, 1124a1-4; S. Th. lect.8, n.749.

따르면 "주님은 나를 구원의 옷으로 입히셨다."⁷ 뒤이어 그는 "마치 신부가 패물로 장식하듯"을 덧붙인다. 그러나 웅지는 『니코마코스 윤리학』 제4권⁸에서 말하는 것처럼, 모든 덕의 장식이다. 따라서 웅지는 일반 덕이다.

[재반론] 그러나 반대로 철학자는 『니코마코스 윤리학』 제2권⁹에서 그것을 다른 덕들과 구분한다.

[답변] 위에서¹⁰ 말한 것처럼, 이성의 방식을 어떤 한정된 사안에서 세우는 것은 특수 덕에 속한다. 그런데 위에서¹¹ 말한 것처럼, 웅지는 이성의 방식을 한정된 질료, 즉 영예와 관련하여 세운다. 그러나 그 자체로 고려된 영예는 어떤 특수 선이다. 이에 따라 그 자체로 고려된 웅지는 어떤 특수 덕이다.

하지만 위에서¹² 말한 것들로부터 분명하듯이, 영예는 어떤 덕이든 그것의 보상이기 때문에, 결과적으로 웅지는 자신의 질료(대상)라는 이유로 모든 덕과 관련된다.

[해답] 1. 웅지는 아무 영예에 관한 것이 아니라 큰 영예에 관한 것이다. 그래서 영예가 덕에 주어져야 하는 것처럼, 그렇게 큰 영예는 또한 덕의 큰 작용에 주어져야 한다. 그리고 그것으로부터 웅지를 품은 자는, 큰 영예에 합당한 것들로 향하는 한 각 덕에서 큰일을 행하는 것을

---

9. C.7, 1107b22-23; S. Th. lect.9, n.345.
10. A.2.
11. Aa.1-2.
12. Q.103, a.1, ad2.

qualibet virtute: inquantum scilicet tendit ad ea quae sunt digna magno honore.

AD SECUNDUM dicendum quod quia magnanimus tendit ad magna, consequens est quod ad illa praecipue tendat quae important aliquam excellentiam, et illa fugiat quae pertinent ad defectum. Pertinet autem ad quandam excellentiam quod aliquis bene faciat, et quod sit communicativus, et plurium retributivus. Et ideo ad ista promptum se exhibet, inquantum habent rationem cuiusdam excellentiae: non autem secundum eam rationem qua sunt actus aliarum virtutum.

Ad defectum autem pertinet quod aliquis intantum magnipendat aliqua exteriora bona vel mala quod pro eis a iustitia vel quacumque virtute declinet. Similiter etiam ad defectum pertinet omnis occultatio veritatis: quia videtur ex timore procedere. Quod etiam aliquis sit planctivus, ad defectum pertinet: quia per hoc videtur animus exterioribus malis succumbere. Et ideo haec et similia vitat magnanimus secundum quandam specialem rationem, scilicet tanquam contraria excellentiae vel magnitudini.

AD TERTIUM dicendum quod quaelibet virtus habet quendam decorem sive ornatum ex sua specie, qui est proprius unicuique virtuti. Sed superadditur alius ornatus ex ipsa magnitudine operis virtuosi per magnanimitatem, quae omnes virtutes *maiores facit*, ut dicitur in IV *Ethic.*.[13]

의도한다.

2. 웅지를 품은 사람은 큰일들로 향하기 때문에, 주로 어떤 탁월성을 내포하는 것들로 향하고, 결함에 속하는 것들을 회피한다. 그런데 관대하다는 것, 그리고 잘 소통하고 더 풍부하게 보답적이라는 것은 어떤 탁월성에 속한다. 따라서 웅지를 품은 사람은 이것들을 향해 즉각적인 태세를 갖추고 있는데, 이는 그것들이 어떤 탁월성의 이유를 가지는 한에서이지, 그것들이 다른 덕의 행위라는 이유에 따라서는 아니다. 그런데 어떤 이가 어떤 외적인 선이나 악을 대단히 높게 평가해서, 그것을 위해 정의나 다른 어떤 덕으로부터 멀어지는 것은 결함에 속한다. 마찬가지로, 진리의 모든 은폐는 또한 결함에 속한다. 왜냐하면 그것은 두려움에서 진행되는 것으로 보이기 때문이다. 또한 누군가가 통곡하는 것도 결함에 속하는데, 그 이유는 그것을 통해 마음이 외적인 악에 굴복하는 것으로 보이기 때문이다. 따라서 웅지를 품은 사람은 이것이나 이와 유사한 것들을 어떤 특수한 이유에 따라, 즉 그것이 탁월함이나 위대함에 반대되는 것이라는 점에서 피한다.

3. 어떤 덕이든 자신의 종(種)에 따라 각각의 덕에 고유한 어떤 아름다움이나 장식을 가진다. 그러나 『니코마코스 윤리학』 제4권[13]에서 말하듯, 모든 덕을 더 크게 만드는 웅지를 통한 덕행의 위대함 자체로부터 다른 장식이 더 추가된다.

---

13. C.7, 1124a2-4; S. Th. lect.8, n.749.

## Articulus 5
## Utrum magnanimitas sit pars fortitudinis

Ad quintum sic proceditur. Videtur quod magnanimitas non sit pars fortitudinis.

1. Idem enim non est pars sui ipsius. Sed magnanimitas videtur idem esse fortitudini. Dicit enim Seneca, in libro *de Quatuor Virtut.*[1]: *Magnanimitas, quae et fortitudo dicitur, si insit animo tuo, cum magna fiducia vives.* Et Tullius dicit, in I *de Offic.*[2]: *Viros fortes magnanimos esse eosdem volumus, veritatis amicos, minimeque fallaces.* Ergo magnanimitas non est pars fortitudinis.

2. Praeterea, Philosophus dicit, in IV *Ethic.*,[3] quod *magnanimus non est philokindynus*, idest *amator periculi*. Ad fortem autem pertinet exponere se periculis. Ergo magnanimitas non convenit cum fortitudine, ut possit dici pars eius.

3. Praeterea, magnanimitas respicit magnum in bonis sperandis: fortitudo autem respicit magnum in malis timendis vel audendis. Sed bonum est principalius quam malum. Ergo magnanimitas est principalior virtus quam fortitudo. Non ergo est pars eius.

---

1. Cf. Martinus de Bracara, *Formula honestae vitae*, c.2: PL 72, 25A.
2. C.19, ed. C. F. W. Müller, Lipsiae, 1910, p.23, ll.3-5.

## 제5절 웅지는 용기의 부분인가

Parall.: Supra, q.128.

[반론] 다섯째에 대해서는 다음과 같이 진행된다. 웅지는 용기의 부분이 아닌 것으로 보인다.

1. 왜냐하면 동일한 것은 자기 자신의 부분이 아니기 때문이다. 그런데 웅지는 용기와 동일한 것으로 보인다. 왜냐하면 세네카는 『네 가지 덕에 관하여』[1]에서 "만약 용기라고도 불리는 웅지가 당신의 마음속에 있다면, 당신은 큰 신뢰를 품고 살 것이다."라고 말하기 때문이다. 그리고 키케로는 『의무론』 제1권[2]에서 "우리는 용기 있는 사람들이 웅지를 품은 자들과 동일하기를, 진리의 친구들이기를, 조금도 기만적이지 않기를 원한다."라고 말한다. 따라서 웅지는 용기의 부분이 아니다.

2. 철학자는 『니코마코스 윤리학』 제4권[3]에서 웅지는 '필로킨디누스'(philokindynus), 즉 위험을 사랑하는 자가 아니라고 말한다. 그런데 자신을 위험에 노출시키는 것은 용기 있는 자에게 속한다. 따라서 웅지는 용기와 일치하지 않고, 그것의 부분이라고 말할 수 없다.

3. 웅지는 희망해야 할 선에서 큰 것과 관련되지만, 용기는 두려워하거나 모험해야 하는 악들에서 큰 것과 관련된다. 그런데 선은 악보다 더 주요하다. 따라서 웅지는 용기보다 더 주된 덕이다. 그러므로 웅지는 그것의 부분이 아니다.

---

3. C.8, 1124b7-8; S. Th. lect.10, n.760.

SED CONTRA est quod Macrobius[4] et Andronicus[5] ponunt magnanimitatem fortitudinis partem.

RESPONDEO dicendum quod, sicut supra[6] dictum est, principalis virtus est ad quam pertinet aliquem generalem modum virtutis constituere in aliqua materia principali. Inter alios autem generales modos virtutis unus est firmitas animi: quia *firmiter se habere* requiritur in omni virtute, ut dicitur in II *Ethic.*.[7] Praecipue tamen hoc laudatur in virtutibus quae in aliquod arduum tendunt, in quibus difficillimum est firmitatem servare. Et ideo quanto difficilius est in aliquo arduo firmiter se habere, tanto principalior est virtus quae circa illud firmitatem praestat animo. Difficilius autem est firmiter se habere in periculis mortis, in quibus confirmat animum fortitudo, quam in maximis bonis sperandis vel adipiscendis, ad quae confirmat animum magnanimitas: quia sicut homo maxime diligit vitam suam, ita maxime refugit mortis pericula. Sic ergo patet quod magnanimitas convenit cum fortitudine inquantum confirmat animum circa aliquid arduum: deficit autem ab ea in hoc quod firmat animum in eo circa quod facilius est firmitatem servare. Unde magnanimitas ponitur pars fortitudinis, quia adiungitur ei sicut secundaria principali.

---

4. *In somn. Scip.*, I, c.8: ed. Fr Eyssenhardt, Lipsiae, 1868, p.507, ll.18-19.
5. *De affectibus,* de Fortitudine: inter *Fragm. Phil. Graec.,* ed. G. A. Mullachius, Parisiis, 1867-1879, t.III, p.575.

[재반론] 그러나 반대로 마크로비우스[4]와 안드로니쿠스[5]는 웅지를 용기의 부분으로 제시한다.

[답변] 위에서[6] 말한 것처럼, 주요 덕에는 어떤 주요한 사안에서 덕의 어떤 일반적인 양태를 확립하는 것이 속한다. 그런데 덕의 다른 일반적인 양태 가운데 하나는 마음의 확고함이다. 왜냐하면 『니코마코스 윤리학』 제2권[7]에서 말하듯, 모든 덕에는 확고하게 처신하는 것이 요구되기 때문이다. 그럼에도 이것은 주로 그 안에서 확고함을 지키는 것이 어려운 어떤 힘겨운 것으로 기울어지는 덕 안에서 칭찬받는다. 그러므로 어떤 난관에서 확고하게 처신하는 것이 더 어려울수록, 그만큼 그것과 관련해서 확고함을 마음에 제공하는 덕은 더 주요하다. 그런데 용기가 마음을 견고하게 하는 것은 죽음의 위험 안에서인데, 그 안에서 확고히 처신하는 것은, 웅지가 마음을 견고하게 하는 대상인 희망해야 하거나 획득해야 하는 최고선들 안에서 처신하는 것보다 더 어렵다. 왜냐하면 인간은 자신의 생명을 가장 사랑하는 것처럼, 그렇게 죽음의 위험을 가장 피하기 때문이다. 따라서 웅지는, 어떤 난관에 관해 마음을 견고하게 하는 한, 용기와 일치하는 것이 분명하다. 그런데 웅지는, 확고함을 지키는 것이 더 쉬운 것 안에서 마음을 확고하게 한다는 점에서 용기에 미치지 못한다. 그러므로 웅지는 용기의 부분으로 제시된다. 왜냐하면 웅지는, 마치 이차적인 것들이 주된 것에 그런 것처럼, 용기에 결합되기 때문이다.

---

6. Q.61, aa.3-4.
7. C.3, 1105a32-b5; S. Th. lect.4, n.283.

AD PRIMUM ergo dicendum quod, sicut Philosophus dicit, in V *Ethic.*,[8] *carere malo accipitur in ratione boni.* Unde et non superari ab aliquo gravi malo, puta a periculis mortis, accipitur quodammodo pro eo quod est attingere ad magnum bonum: quorum primum pertinet ad fortitudinem, secundum ad magnanimitatem. Et secundum hoc fortitudo et magnanimitas pro eodem accipi possunt. Quia tamen alia ratio difficultatis est in utroque praedictorum, ideo, proprie loquendo, magnanimitas ab Aristotele[9] ponitur alia virtus a fortitudine.

AD SECUNDUM dicendum quod amator periculi dicitur qui indifferenter se periculis exponit. Quod videtur pertinere ad eum qui indifferenter multa quasi magna existimat, quod est contra rationem magnanimi: nullus enim videtur pro aliquo se periculis exponere nisi illud magnum existimet. Sed pro his quae vere sunt magna, magnanimus promptissime periculis se exponit: quia operatur magnum in actu fortitudinis, sicut et in actibus aliarum virtutum. Unde et Philosophus ibidem[10] dicit quod magnanimus *non est microkindynus,* idest *pro parvis periclitans,* sed *megalokindynus,* idest *pro magnis periclitans.* Et Seneca dicit, in libro *de Quatuor Virtut.*[11]: *Eris magnanimus, si pericula nec appetas ut temerarius, nec formides ut timidus: nam nihil timidum facit animum nisi reprehensibilis vitae conscientia.*

---

8. Cc.2 & 7, 1129b8-11; 1131b21-24; S. Th. lect.1, n.898; lect.5, n.946.
9. *Ethica Nic.*, II, c.7, 1107a33-b4; 21-23; S. Th. lect.8, n.342; lect.9, n.345.
10. C.8, 1124b7-8; S. Th. lect.10, n.760.
11. Cf. Martinus de Bracara, *Formula honestae vitae*, c.2; PL 72, 25B.

[해답] 1. 철학자가 『니코마코스 윤리학』 제5권[8]에서 말하듯이, 악을 멀리하는 것은 선의 개념에 받아들여진다. 따라서 죽음의 위험과 같은 어떤 무거운 악에 의해 정복되지 않는 것은 어떤 의미에서 큰 선에 다다른 것으로 받아들여지고, 그것 중 첫 번째 것은 용기에, 두 번째 것은 웅지에 속한다. 그리고 이에 따라 용기와 웅지는 동일한 것처럼 받아들여질 수 있다. 그럼에도 앞서 언급한 두 가지에서 어려움의 다른 이유가 존재하기 때문에, 엄밀하게 말하자면, 웅지는 아리스토텔레스[9]에 의해 용기와 다른 덕으로 제시된다.

2. 위험을 사랑하는 자는 무차별적으로 자신을 위험에 노출시키는 자라고 불린다. 그것은 많은 것들을 무차별적으로 마치 큰 것들인 양 평가하는 자에게 속하는 것으로 보인다. 그것은 웅지를 품은 자의 개념에 반하는데, 왜냐하면 누구도 어떤 것을 위해, 만약 그가 그것을 위대한 것으로 평가하는 경우를 제외한다면, 자신을 위험에 노출시키지 않는 것으로 보이기 때문이다. 그러나 참으로 위대한 것들을 위해서는 웅지가 있는 사람이 선뜻 자기 자신을 위험에 노출시킨다. 왜냐하면 그는 다른 덕의 행위에서와 마찬가지로, 용기의 행위에서도 위대한 것을 실행에 옮기기 때문이다. 그래서 철학자는 또한 같은 곳에서[10] 웅지를 품은 사람은 '미크로킨디누스'(microkindynus), 즉 작은 것을 위해 위험을 감수하는 자가 아니라, '메갈로킨디누스'(megalokindynus), 즉 큰 것을 위해 위험을 감수하는 자라고 말한다. 그리고 세네카는 『네 가지 덕에 관하여』[11]에서 "만약 당신이 위험을 경솔한 사람처럼 욕구하지 않고 또한 겁쟁이처럼 몹시 두려워하지 않는다면, 웅지를 품은 사람이 될 것이다. 왜냐하면 비난받을 만한 삶에 대한 양심을 제외한다면 아무것도 마음을 두렵게 만들지 않기 때문이다."라고 말한다.

AD TERTIUM dicendum quod malum, inquantum huiusmodi, fugiendum est: quod autem sit contra ipsum persistendum, est per accidens, inquantum scilicet oportet sustinere mala ad conservationem bonorum. Sed bonum de se est appetendum: et quod ab eo refugiatur, non est nisi per accidens, inquantum scilicet existimatur excedere facultatem desiderantis. Semper autem quod est per se potius est quam id quod est per accidens. Et ideo magis repugnat firmitati animi arduum in malis quam arduum in bonis. Et ideo principalior est virtus fortitudinis quam magnanimitatis: licet enim bonum sit simpliciter principalius quam malum, malum tamen est principalius quantum ad hoc.

## Articulus 6
### Utrum fiducia pertineat ad magnanimitatem

Ad sextum sic proceditur. Videtur quod fiducia non pertineat ad magnanimitatem.

1. Potest enim aliquis habere fiduciam non solum de seipso, sed etiam de alio: secundum illud II *ad Cor.* 3, [vv. 4-5]: *Fiduciam autem habemus per Iesum*[1] *Christum ad Deum: non quod sumus sufficientes cogitare aliquid a nobis, quasi ex nobis.* Sed hoc videtur esse contra rationem magnanimitatis. Ergo fiducia ad magnanimitatem non per-

---

1. Vulgata: om. *Iesum*.

3. 악 자체로서의 악은 회피해야 한다. 그러나 악에 대항하여 계속 버텨야 하는 것은, 선의 보존을 위해 악을 견뎌야 하는 한에서 우유적이다. 하지만 선은 그 자체로부터 욕구되어야 하고, 그것으로부터 멀어지게 되는 것은, 선이 갈망하는 자의 능력을 초과한다고 평가되는 한에서만 우유적으로 존재한다. 그런데 항상 그 자체로 존재하는 것이 우유적으로 존재하는 것보다 더 낫다. 그래서 악한 일들 안에서의 힘겨움이 좋은 일들 안에서의 힘겨움보다 마음의 확고함에 더 크게 반한다. 그러므로 용기의 덕이 웅지의 덕보다 더 주요하다. 왜냐하면 비록 선이 악보다 단적으로 더 주요하다고 하더라도, 이것에 관련되는 한에서는 악이 더 주요하기 때문이다.

## 제6절 신뢰는 웅지에 속하는가

Parall.: *In Sent.*, III, d.33, a.3, a.3, qc.1.

[반론] 여섯째에 대해서는 다음과 같이 진행된다. 신뢰는 웅지에 속하지 않는 것으로 보인다.

1. 왜냐하면 어떤 이는 자신에 대해서뿐만 아니라 다른 사람에 대해서도 신뢰를 가질 수 있기 때문이다. 코린토 2서 3장 [4-5절]에 따르면, "우리는 예수 그리스도를 통해[1] 하느님에 대한 신뢰를 가지는 것이지, 우리가 무슨 자격이 있어서 스스로 무엇인가 해낸 양 여긴다는 말은 아닙니다." 그러나 이것은 웅지의 개념에 반하는 것으로 보인다. 따라서 신뢰는 웅지에 속하지 않는다.

tinet.

2. Praeterea, fiducia videtur timori esse opposita: secundum illud Isaiae 12, [2]: *Fiducialiter agam, et non timebo.* Sed carere timore magis pertinet ad fortitudinem. Ergo et fiducia magis ad fortitudinem pertinet quam ad magnanimitatem.

3. Praeterea, praemium non debetur nisi virtuti. Sed fiduciae debetur praemium: dicitur enim *Heb.* 3, [6], quod *nos sumus domus Christi, si fiduciam et gloriam spei usque in finem firmam retineamus.*[2] Ergo fiducia est quaedam virtus distincta a magnanimitate. — Quod etiam videtur per hoc quod Macrobius eam magnanimitati condividit.[3]

SED CONTRA est quod Tullius, in sua *Rhetorica*,[4] videtur ponere fiduciam loco magnanimitatis, ut supra[5] dictum est.

RESPONDEO dicendum quod nomen *fiduciae* ex *fide* assumptum esse videtur. Ad fidem autem pertinet aliquid et alicui credere. Pertinet autem fiducia ad spem: secundum illud *Iob* 11, [18]: *Habebis fiduciam, proposita tibi spe.* Et ideo nomen fiduciae hoc principaliter significare videtur, quod aliquis spem concipiat ex hoc quod credit verbis alicuius auxilium promittentis. — Sed quia fides dicitur etiam opinio vehemens; contingit autem aliquid vehementer opinari non

---

2. Vulgata: *quae domus sumus nos.*
3. *In somn. Scip.,* I, c.8: ed. Fr. Eyssenhardt, Lipsiae, 1868, p.507, ll.18-19.

2. 신뢰는 두려움에 대립하는 것으로 보인다. 이사야서 12장 [2절]에 따르면 "나는 신뢰 가운데 행할 것이며, 두려워하지 않을 것이다." 그러나 두려움이 없는 것은 용기에 더 속한다. 따라서 신뢰는 웅지보다는 용기에 더 속한다.

3. 보상은 마땅히 덕에만 주어져야 한다. 그러나 신뢰에도 보상이 마땅히 주어진다. 왜냐하면 히브리서 3장 [6절]에서 "만약 우리가 희망의 신뢰와 영광을 끝까지 확고하게 붙잡는다면, 우리는 그리스도의 집이다."[2]라고 말하기 때문이다. 따라서 신뢰는 웅지와 구분되는 어떤 덕이다. 그것은 또한 마크로비우스가 그것을 웅지에서 서로 분리한다[3]는 것을 통해서도 드러난다.

[재반론] 그러나 반대로 키케로는 자신의 『수사학』에서[4] 신뢰를, 위에서[5] 말한 것처럼 웅지의 자리에 둔 것으로 보인다.

[답변] 신뢰라는 이름은 신앙으로부터 취해진 것으로 보인다. 그런데 어떤 것과 누군가를 믿는 것은 신앙에 속한다. 그러나 욥기 11장 [18절]의 "희망이 있기에 자네는 신뢰할 수 있다."에 따르면 신뢰는 희망에 속한다. 따라서 신뢰라는 이름은 주로 어떤 이가 도움을 약속하는 어떤 다른 사람의 말을 믿는 것으로부터 희망을 품는 것을 의미하는 것으로 보인다. 그러나 신앙은 또한 강한 의견이라 불리고, 어떤 것이 다른 사람이 말한 것뿐만 아니라 다른 사람 안에서 고찰된 것으로부터

---

4. *De invent. rhet.*, II, c.54: ed. G. Friedrich, Lipsiae, 1908, p.231, ll.10-12.
5. Q.128, a.un., ad6.

solum ex eo quod est ab alio dictum, sed etiam ex eo quod in alio consideratur: inde est quod fiducia etiam potest dici qua aliquis spem alicuius rei concipit ex aliquo considerato; quandoque quidem in seipso, puta cum aliquis, videns se sanum, confidit se diu victurum; quandoque autem in alio, puta cum aliquis, considerans alium amicum suum esse et potentem, fiduciam habet adiuvari ab eo. — Dictum est autem supra[6] quod magnanimitas proprie est circa spem alicuius ardui. Et ideo, quia fiducia importat quoddam robur spei proveniens ex aliqua consideratione quae facit vehementem opinionem de bono assequendo, inde est quod fiducia ad magnanimitatem pertinet.

AD PRIMUM ergo dicendum quod, sicut Philosophus dicit, in IV *Ethic.*,[7] ad magnanimum pertinet *nullo indigere,* quia hoc deficientis est: hoc tamen debet intelligi secundum modum humanum; unde addit, *vel vix.* Hoc enim est supra hominem, ut omnino nullo indigeat. Indiget enim omnis homo, primo quidem, divino auxilio: secundario autem etiam auxilio humano, quia homo est naturaliter animal sociale, eo quod sibi non sufficit ad vitam.[8] Inquantum ergo indiget aliis, sic ad magnanimum pertinet ut habeat fiduciam de aliis: quia hoc etiam ad excellentiam hominis pertinet, quod habeat alios in promptu qui eum possint iuvare. Inquantum autem ipse aliquid potest, intantum ad magnanimitatem pertinet fiducia quam habet de

---

6. A.1, ad2.
7. C.8, 1124b17-18; S. Th. lect.10, n.766.

강하게 의견으로 제시되기도 하기 때문에, 따라서 신뢰는 또한 어떤 이가 고찰된 어떤 것으로부터 어떤 것에 대한 희망을 지니는 것이라고 말할 수 있다. 즉 때로는 자기 자신 안에서, 예를 들어 어떤 이가 자신이 건강한 것을 보고 자신은 오래 살 것이라고 확신할 때가 있다. 그러나 때로는 다른 것 안에서, 예를 들어 다른 이를 자신의 친구로 그리고 힘 있는 자로 간주해서, 그로부터 도움을 받을 것이라는 신뢰를 가질 때가 있다. 그런데 위에서[6] 웅지는 고유하게 어떤 고된 것에 대한 희망에 관련된다고 말했다. 그러므로 성취되어야 할 선에 관한 강한 의견을 만드는 어떤 고려에서 나오는 신뢰는 희망의 어떤 굳셈을 내포하기 때문에, 신뢰는 웅지에 속한다는 결론이 나온다.

[해답] 1. 철학자가 『니코마코스 윤리학』 제4권[7]에서 말하듯, 웅지가 있는 자에게는 "아무것도 필요하지 않는 것"이 속한다. 왜냐하면 이것은 부족한 자의 표징이기 때문이다. 그러나 이것은 인간적 방식에 따라 이해되어야 한다. 그래서 그는 "혹은 거의"를 덧붙인다. 왜냐하면 이것, 즉 전적으로 아무것도 필요하지 않은 것은 인간을 넘어서기 때문이다. 모든 인간은 첫째로는 신적인 도움이, 둘째로는 인간적 도움이 필요하다. 인간은 삶을 위해 스스로에게 충분하지 못한[8] 본성적으로 사회적 동물이기 때문이다. 따라서 다른 사람들이 필요한 한에서, 다른 사람에 대해 신뢰심을 품는 것은 웅지가 있는 사람에게 속한다. 왜냐하면 인간이 자신을 도울 수 있는 다른 사람들을 가까이 가지는 것은 그의 탁월성에 속하기 때문이다. 그러나 그 자신이 어떤 것을 할

---

8. Cf. q.109, a.3, ad1; q.114, a.2, ad1; q.188, a.8, obj.5 et ad5; I-II, q.61, a.5; q.72, a.4; q.95, a.4; etc.

seipso.

AD SECUNDUM dicendum quod, sicut supra[9] dictum est, cum de passionibus ageretur, spes quidem directe opponitur desperationi, quae est circa idem obiectum, scilicet circa bonum, sed secundum contrarietatem obiectorum opponitur timori, cuius obiectum est malum. Fiducia autem quoddam robur spei importat. Et ideo opponitur timori, sicut et spes. Sed quia fortitudo proprie firmat hominem contra mala, magnanimitas autem circa prosecutionem bonorum; inde est quod fiducia magis proprie pertinet ad magnanimitatem quam ad fortitudinem. Sed quia spes causat audaciam, quae pertinet ad fortitudinem, inde est quod fiducia ad fortitudinem ex consequenti pertinet.

AD TERTIUM dicendum quod fiducia, sicut dictum est,[10] importat quendam modum spei: est enim fiducia spes roborata ex aliqua firma opinione. Modus autem adhibitus alicui affectioni potest pertinere ad commendationem ipsius actus, ut ex hoc sit meritorius: non tamen ex hoc determinatur ad speciem virtutis, sed ex materia. Et ideo fiducia non potest, proprie loquendo, nominare aliquam virtutem, sed potest nominare conditionem virtutis. Et propter hoc numeratur inter partes fortitudinis, non quasi virtus adiuncta (nisi secundum quod accipitur pro magnanimitate a Tullio[11]), sed sicut pars integralis, ut dictum est.[12]

---

9. I-II, q.23, a.2; q.40, a.4.

수 있는 한, 그가 자기 자신에 대해 가지는 신뢰는 웅지에 속한다.

2. 위에서[9] 말한 것처럼, 정념들에 대해 다뤘을 때 희망은 직접적으로 동일한 대상, 즉 선에 관계하는 절망에 대립한다. 그러나 대상들의 반대에 따르면 그것은 악을 대상으로 삼는 두려움에 대립한다. 그런데 신뢰는 희망의 어떤 굳셈을 내포한다. 따라서 그것은 희망과 마찬가지로 두려움에 대립한다. 그러나 용기는 고유하게 인간을 악에 대항해서 견고하게 만드는 반면, 웅지는 선의 수행과 관련해서 견고하게 만들기 때문에, 신뢰는 용기보다 웅지에 더 고유하게 속한다는 결론이 뒤따른다. 하지만 희망이 용기에 속하는 담대함을 초래하기 때문에, 신뢰는 결과적으로 용기에 속한다고 할 수 있다.

3. 위에서[10] 언급한 것처럼, 신뢰는 희망의 어떤 양태를 뜻한다. 왜냐하면 신뢰는 어떤 확고한 의견으로부터 굳건하게 된 희망이기 때문이다. 그런데 어떤 정감에 적용된 양태는 그 행위 자체의 칭찬에 이롭게 될 수 있고, 그래서 공로가 되지만, 그 덕의 종은 이것으로부터 결정되는 것이 아니고 사안으로부터 결정된다. 그러므로 신뢰는 고유하게 말하자면, 어떤 덕이라 명명할 수 없지만, 덕의 조건으로 명명할 수 있다. 그리고 이것 때문에 그것은 용기의 부분 가운데 열거되는데, 결합된 덕으로서가 아니라(그것이 키케로[11]에 의해 웅지로 받아들여지는 것에 따라서가 아니라면), 이미 말한 것처럼[12] 구성적 부분으로서이다.

---

10. In corp.
11. Loc. cit. in arg. *sed c.*
12. Q.128.

## Articulus 7
## Utrum securitas ad maganimitatem pertineat

Ad septimum sic proceditur. Videtur quod securitas ad magnanimitatem non pertineat.

1. Securitas enim, ut supra[1] habitum est, importat quietem quandam a perturbatione timoris. Sed hoc maxime facit fortitudo. Ergo securitas videtur idem esse quod fortitudo. Sed fortitudo non pertinet ad magnanimitatem, sed potius e converso. Ergo neque securitas ad magnanimitatem pertinet.

2. Praeterea, Isidorus dicit, in libro *Etymol.*,[2] quod *securus dicitur quasi sine cura*. Sed hoc videtur esse contra virtutem, quae curam habet de rebus honestis: secundum illud Apostoli, II *ad Tim.* 2, [15]: *Sollicite cura teipsum probabilem exhibere Deo*. Ergo securitas non pertinet ad magnanimitatem, quae operatur magnum in omnibus virtutibus.

3. Praeterea, non est idem virtus et virtutis praemium. Sed securitas ponitur praemium virtutis: ut patet *Iob* 11, [vv. 14, 18]: *Si iniquitatem quae est in manu tua abstuleris, defossus securus dormies*. Ergo securitas non pertinet ad magnanimitatem, neque ad aliam virtutem, sicut pars eius.

SED CONTRA est quod Tullius dicit, in I *de Offic.*,[3] quod ad

---

1. Q.128, a.un., ad6.

## 제7절 안심은 웅지에 속하는가

[반론] 일곱째에 대해서는 다음과 같이 진행된다. 안심은 웅지에 속하지 않는 것으로 보인다.

1. 왜냐하면 위에서[1] 언급한 것처럼, 안심은 두려움의 혼란으로부터 어떤 휴식을 뜻하기 때문이다. 그런데 이것은 용기가 하는 일이다. 따라서 안심은 용기와 동일한 것으로 보인다. 그러나 용기는 웅지에 속하지 않고 오히려 그 반대이다. 따라서 안심 또한 웅지에 속하지 않는다.

2. 이시도루스는 『어원』[2]에서 "안심하는 자는 마치 걱정이 없는 것을 지칭한다."고 말한다. 그러나 이것은 "너 자신을 하느님에게 인정받을 자격이 있게 드러내는 것을 조심스럽게 염려하라."라는 사도의 티모테오 2서 2장 [15절]에 따라, 영예로운 일에 대해 걱정을 가지는 덕에 반하는 것으로 보인다. 따라서 안심은 모든 덕 안에서 큰 것을 수행하는 웅지에 속하지 않는다.

3. 덕과 덕의 보상은 동일한 것이 아니다. 그러나 "만약 자네 손에 있는 죄악을 멀리 치워버린다면, 자네는 안심하고 영면할 것이네."라는 욥기 11장 [14절, 18절]에서 분명하듯이, 안심은 덕의 보상으로 제시된다. 따라서 안심은 웅지에도, 다른 덕에도 그것의 부분으로서 속하지 않는다.

[재반론] 반대로 키케로는 『의무론』 제1권[3]에서 "마음의 혼란이나 인

---

2. X, ad litt. S, n.237: PL 82, 393C.
3. C.20: ed. C. F. W. Müller, Lipsiae, 1910, p.24, ll.1-3.

magnanimum pertinet *neque perturbationi animi, neque homini, neque fortunae succumbere.* Sed in hoc consistit hominis securitas. Ergo securitas ad magnanimitatem pertinet.

RESPONDEO dicendum quod, sicut Philosophus dicit, in II suae *Rhetoricae*,[4] *timor facit homines consiliativos:* inquantum scilicet curam habent qualiter possint ea evadere quae timent. Securitas autem dicitur per remotionem huius curae quam timor ingerit. Et ideo securitas importat quandam perfectam quietem animi a timore: sicut fiducia importat quoddam robur spei. Sicut autem spes directe pertinet ad magnanimitatem, ita timor directe pertinet ad fortitudinem. Et ideo, sicut fiducia immediate pertinet ad magnanimitatem, ita securitas immediate pertinet ad fortitudinem. – Considerandum tamen est quod, sicut spes est causa audaciae, ita timor est causa desperationis, ut supra[5] habitum est, cum de passionibus ageretur. Et ideo, sicut fiducia ex consequenti pertinet ad fortitudinem, inquantum utitur audacia[6]; ita et securitas ex consequenti pertinet ad magnanimitatem, inquantum repellit desperationem.

AD PRIMUM ergo dicendum quod fortitudo non praecipue laudatur ex hoc quod non timeat, quod pertinet ad securitatem: sed inquantum importat firmitatem quandam in passionibus. Unde securitas non est idem quod fortitudo, sed est quaedam conditio eius.

AD SECUNDUM dicendum quod non quaelibet securitas est

간이나 행운에 굴복하지 않는 것이" 웅지에 속한다고 말한다. 그러나 이것 안에서 인간의 안심이 구성된다. 따라서 안심은 웅지에 속한다.

[답변] 철학자가 자신의 『수사학』 제2권[4]에서 말하듯이, "두려움은 사람들을 숙고하도록 만든다." 즉 그들이 어떻게 두려워하는 것들을 피할 수 있는지에 대한 염려를 하는 한 그러하다. 그런데 두려움이 가져오는 이러한 염려의 제거가 안심이라고 일컬어진다. 그러므로 안심은, 마치 확신이 희망의 어떤 굳셈을 뜻하듯, 두려움으로부터 마음의 어떤 완전한 휴식을 뜻한다. 그런데 희망이 웅지에 직접적으로 속하는 것처럼, 두려움은 용기에 직접적으로 속한다. 그러므로 확신이 매개 없이 웅지에 속하듯이, 안심은 매개 없이 용기에 속한다. 그러나 위에서[5] 정념들에 대해 다룰 때 언급했듯이, 희망이 담대함의 원인이듯 두려움은 절망의 원인이라는 것이 고려되어야 한다. 그러므로 확신이 담대함을 사용하는 한[6] 결과적으로 용기에 속하는 것처럼, 안심도 절망을 물리치는 한 결과적으로 웅지에 속한다.

[해답] 1. 용기는 안심에 속하는 것, 즉 두려워하지 않는다는 것 때문에 주로 칭찬받는 것이 아니라, 그것이 정념 안에서 어떤 확고함을 내포하는 한에서 그런 것이다. 따라서 안심은 용기와 동일한 것이 아니라 그것의 어떤 조건이다.

2. 모든 안심이 칭찬할 만한 것이 아니라, 어떤 이가 마땅한 한에서

---

4. C.5, 1383a6-7. Cf. I-II, q.44, a.2.
5. I-II, q.45, a.2.
6. Cf. a.6, ad2.

laudabilis, sed quando deponit aliquis curam prout debet, et in quibus timere non oportet. Et hoc modo est conditio fortitudinis et magnanimitatis.

AD TERTIUM dicendum quod in virtutibus est quaedam similitudo et participatio futurae beatitudinis, ut supra[7] habitum est. Et ideo nihil prohibet securitatem quandam esse conditionem alicuius virtutis, quamvis perfecta securitas ad praemium virtutis pertineat.

## Articulus 8
## Utrum bona fortunae conferant ad magnanimitatem

Ad octavum sic proceditur. Videtur quod bona fortunae non conferant ad magnanimitatem.

1. Quia ut Seneca dicit, in libro *de Ira*,[1] *virtus sibi sufficiens est*. Sed magnanimitas facit omnes virtutes magnas, ut dictum est.[2] Ergo bona fortunae non conferunt ad magnanimitatem.

2. Praeterea, nullus virtuosus contemnit ea quibus iuvatur. Sed magnanimus contemnit ea quae pertinent ad exteriorem fortunam: dicit enim Tullius, in I *de Offic.*,[3] quod *magnus animus in externarum rerum despicientia commendatur*. Ergo magnanimitas non adiuvatur a

---

7. I-II, q.69, a.3.

1. I, c.9: ed. E. Hermes, Lipsiae, 1905, p.56, l.7. Cf. *De vita beata*, c.16: ed. cit., p.213, ll.28-29.

그리고 두려워할 필요가 없는 것들 안에서 걱정을 내려놓을 때 그렇다. 그리고 이 방식으로 안심은 용기와 웅지의 조건이다.

3. 위에서[7] 언급했듯이, 덕들 안에는 미래적 참행복에 대한 유사성과 참여가 있다. 그러므로 비록 완전한 안심이 덕의 보상에 속한다고 하더라도, 어떤 것도 어떤 안심이 어떤 덕의 조건이 되는 것을 방해하지 않는다.

## 제8절 행운의 선들은 웅지에 이바지하는가

Parall.: *In Ethic.*, IV, lect.9.

[반론] 여덟째는 다음과 같이 진행된다. 행운의 선들은 웅지에 이바지하지 않는 것으로 보인다.

1. 왜냐하면 세네카가 『분노론』[1]에서 "덕은 자신에게 충분하다."라고 말하기 때문이다. 그러나 말한 것처럼[2] 웅지는 모든 덕을 크게 만든다. 따라서 행운의 선들은 웅지에 이바지하지 않는다.

2. 덕 있는 사람은 누구도 자신이 도움을 받게 되는 것을 경멸하지 않는다. 그러나 웅지가 있는 사람은 외적인 행운에 속하는 것들을 경멸한다. 왜냐하면 키케로가 『의무론』 제1권[3]에서 "큰마음은 외적 사물에 대한 멸시를 통해 칭찬받는다."라고 말하기 때문이다. 따라서 웅지

---

2. A.4, ad3.
3. C.20: ed. C. F. W. Müller, Lipsiae, 1910, p.23, ll.34-36.

bonis fortunae.

3. Praeterea, ibidem[4] Tullius subdit quod ad magnum animum pertinet *ea quae videntur acerba ita ferre ut nihil a statu naturae discedat, nihil a dignitate sapientis*. Et Aristoteles dicit, in IV *Ethic.*,[5] quod *magnanimus in infortuniis non est tristis*. Sed acerba et infortunia opponuntur bonis fortunae: quilibet autem tristatur de subtractione eorum quibus iuvatur. Ergo exteriora bona fortunae non conferunt ad magnanimitatem.

SED CONTRA est quod Philosophus dicit, in IV *Ethic.*,[6] quod *bonae fortunae videntur conferre ad magnanimitatem*.

RESPONDEO dicendum quod, sicut ex supra[7] dictis patet, magnanimitas ad duo respicit: ad honorem quidem sicut ad materiam; sed ad aliquid magnum operandum sicut ad finem. Ad utrumque autem istorum bona fortunae cooperantur. Quia enim honor virtuosis non solum a sapientibus, sed etiam a multitudine exhibetur, quae maxima reputat huiusmodi exteriora bona fortunae; fit ex consequenti ut ab eis maior honor exhibeatur his quibus adsunt exteriora bona fortunae. Similiter etiam ad actus virtutum organice bona

---

4. C.20: ed. cit., p.24, ll.17-20.
5. C.7, 1124a16-20; S. Th. lect.9, nn.754-755.

는 행운의 선들로부터 도움을 받지 않는다.

3. 같은 곳에서[4] 키케로는 "쓰라리게 보이는 것들을 감내해서 어떤 것도 본성의 상태에서 벗어나지 않게 하는 것, 어떤 것도 지혜로운 자의 품위에서 벗어나지 않게 하는 것이 큰마음에 속한다."라고 삽입한다. 그리고 아리스토텔레스는 『니코마코스 윤리학』 제4권[5]에서 "웅지가 있는 사람은 불운 속에서도 슬퍼하지 않는다."라고 말한다. 그러나 쓰라린 것들과 불운은 행운의 선에 대립하며, 누구든 그가 도움을 받았던 것들의 제거에 대해 슬퍼한다. 따라서 행운의 외적인 선들은 웅지에 기여하지 않는다.

[재반론] 그러나 반대로 철학자는 『니코마코스 윤리학』 제4권[6]에서 "좋은 행운들은 웅지를 위해 기여하는 것으로 보인다."라고 말한다.

[답변] 위에서[7] 말한 것들로부터 분명하듯이, 웅지는 두 가지에 관계된다. 즉 영예와는 [다뤄야 할] 사안처럼, 그러나 수행되어야 할 어떤 큰일과는 목적처럼 관계된다. 그런데 행운의 선들은 이 두 가지 각각에 협력한다. 왜냐하면 영예는 지혜로운 자들에 의해서뿐만 아니라 이러한 행운의 외적 선들을 가장 큰 것들로 여기는 대중에 의해서도 부여되기 때문이다. 결과적으로 그들에 의해 더 큰 영예가 행운의 외적 선들을 갖추고 있는 사람들에게 제공되는 것이 발생한다. 또한 유사하게 행운의 선들은 덕의 행위를 위해 도구적으로 기여한다. 왜냐하면

---

6. C.8, 1124a20-26-S. Th. lect.9, n.756.
7. A.1.

fortunae deserviunt: quia per divitias et potentiam et amicos datur nobis facultas operandi.⁸ Et ideo manifestum est quod bona fortunae conferunt ad magnanimitatem.⁹

AD PRIMUM ergo dicendum quod virtus sibi sufficiens esse dicitur, quia sine his etiam exterioribus bonis esse potest. Indiget tamen his exterioribus bonis ad hoc quod expeditius operetur.

AD SECUNDUM dicendum quod magnanimus exteriora bona contemnit, inquantum non reputat ea magna bona, pro quibus debeat aliquid indecens facere. Non tamen quantum ad hoc contemnit ea, quin reputet ea utilia ad opus virtutis exequendum.

AD TERTIUM dicendum quod quicumque non reputat aliquid magnum, neque multum gaudet si illud obtineat, neque multum tristatur si illud amittat. Et ideo, quia magnanimus non aestimat exteriora bona fortunae quasi aliqua magna, inde est quod nec de eis multum extollitur si adsint, neque in eorum amissione multum deiicitur.

---

8. Cf. Aristoteles, *Ethica Nic.*, I, c.9, 1099a32-b7; S. Th. lect.13, n.163. Cf. I-II, q.4, aa.7-8.

부와 권력, 그리고 친구들을 통해 우리에게 실행의 능력이 주어지기 때문이다.[8] 따라서 행운의 선들은 웅지를 위해 기여함이 분명하다.[9]

[해답] 1. 덕은 그 자체로 충분하다고 말할 수 있다. 왜냐하면 이러한 외적 선들 없이도 존재할 수 있기 때문이다. 그러나 그것은, 손쉽게 실행할 수 있다는 바로 이 점에서는, 이러한 외적 선들이 필요하다.

2. 웅지가 있는 사람은 외적 선들을 경멸하는데, 그것은 그가 그것들을 큰 선들로 여기지 않아서, 그것을 위해 어떤 어울리지 않는 것을 행해야 한다고 여기지 않는 한에서 그렇다. 그러나 그는 그것들을 실행되어야 할 덕의 행업을 위해 유용한 것들로 간주하는 한 경멸하지 않는다.

3. 누구든지 어떤 것을 큰 것으로 여기지 않는 자는, 만약 그가 그것을 얻는다면 크게 기뻐하지도 않고, 또한 만약 그가 그것을 잃는다고 크게 슬퍼하지도 않는다. 그러므로 웅지를 품은 사람은 행운의 외적 선들을 어떤 큰 것인 양 평가하지 않기 때문에, 그것이 있어도 크게 우쭐하지 않고, 또한 그것을 상실해도 크게 낙담하지 않는다.

---

[9] 그러나 말한 것처럼(a.3, ad2), 외적인 선들 없이도 어떤 사람은 습성과 관련하여 웅지 있는 사람일 수 있다.

## QUAESTIO CXXX
# DE PRAESUMPTIONE
*in duos articulos divisa*

Deinde considerandum est de vitiis oppositis magnanimitati. Et primo, de illis quae opponuntur sibi per excessum: quae sunt tria, scilicet praesumptio, ambitio, inanis gloria. Secundo, de pusillanimitate, quae opponitur ei per modum defectus.

Circa primum quaeruntur duo.

*Primo:* utrum praesumptio sit peccatum.

*Secundo:* utrum opponatur magnanimitati per excessum.

### Articulus 1
### Utrum praesumptio sit peccatum

Ad primum sic proceditur. Videtur quod praesumptio non sit peccatum.

1. Dicit enim Apostolus, ad *Philipp.3, [13]: Quae retro sunt obliviscens, ad anteriora me extendo*.[1] Sed hoc videtur ad praesumptionem pertinere quod aliquis tendat in ea quae sunt supra seipsum. Ergo praesumptio non est peccatum.

---

1. Vulgata: *Quae quidem retro sunt obliviscens, ad ea vero quae sunt priora extendens meipsum.*

# 제130문
# 자만에 대하여
### (전2절)

이어서 웅지에 대립하는 악습들에 대해 고찰해야 한다. 첫째, 지나침을 통해 그것에 대립하는 것들에 관해, 즉 자만, 야욕, 허영이라는 세 가지에 대해. 둘째, 모자람의 양태를 통해 그것에 대립하는 소심함에 대해.

1. 자만은 죄인가?
2. 그것은 지나침을 통해 웅지에 대립하는가?

## 제1절 자만은 죄인가

**Parall.**: Infra, q.133, a.1; *In Ethic.*, IV, lect.11.

[반론] 첫째에 대해서는 다음과 같이 진행된다. 자만은 죄가 아닌 것으로 보인다.

1. 왜냐하면 사도는 필리피서 3장 [13절]에서 "나는 뒤에 있는 것들을 잊어버리고 앞에 있는 것들을 향해 내달리고 있습니다."[1]라고 말하기 때문이다. 그러나 어떤 이가 자신 위에 있는 것들로 향하는 것은 자만에 속하는 것으로 보인다. 따라서 자만은 죄가 아니다.

2. Praeterea, Philosophus dicit, in X *Ethic.*,² quod *oportet non secundum suadentes humana sapere hominem entem, neque mortalia mortalem: sed inquantum contingit immortale facere.* Et in I *Metaphys.*³ dicit quod homo debet se trahere ad divina inquantum potest. Sed divina et immortalia maxime videntur esse supra hominem. Cum ergo de ratione praesumptionis sit quod aliquis tendat in ea quae sunt supra seipsum, videtur quod praesumptio non sit peccatum sed magis sit aliquid laudabile.

3. Praeterea, Apostolus dicit, II *ad Cor.* 3, [5]: *Non sumus sufficientes cogitare aliquid a nobis, quasi ex nobis.*⁴ Si ergo praesumptio, secundum quam aliquis nititur in ea ad quae non sufficit, sit peccatum, videtur quod homo nec cogitare aliquod bonum licite possit. Quod est inconveniens. Non ergo praesumptio est peccatum.

SED CONTRA est quod dicitur *Eccli.* 37, [3]: *O praesumptio nequissima, unde creata es?* Ubi respondet Glossa⁵: *De mala scilicet voluntate creaturae.* Sed omne quod procedit ex radice malae voluntatis est peccatum. Ergo praesumptio est peccatum.

RESPONDEO dicendum quod, cum ea quae sunt secundum naturam sint ordinata ratione divina, quam humana ratio debet imitari, quidquid secundum rationem humanam fit quod est contra

---

2. C.11, 1177b31; 1178a8; S. Th. lect.11, n.2107.

2. 철학자는 『니코마코스 윤리학』 제10권[2]에서 "인간이니 인간적인 것들을 추구하라고, 사멸할 자이니 사멸할 것들을 추구하라고 설득하는 자들을 따라서는 안 되고, 될 수 있는 한 불멸적인 것을 행해야 한다."라고 말한다. 그리고 그는 『형이상학』 제1권[3]에서 "인간은 할 수 있는 한, 자신을 신적인 것들로 이끌어야 한다."라고 말한다. 그러나 신적인 것과 불멸적인 것들은 가장 인간을 넘어서 있는 것으로 보인다. 그러므로 어떤 이가 자신을 넘어서는 것들로 향하는 것은 자만의 개념에서 비롯된 것이기 때문에, 자만은 죄가 아니라 오히려 칭찬받을 만한 어떤 것으로 보인다.

3. 사도는 코린토 2서 3장 [5절]에서 "그렇다고 우리가 무슨 자격이 있어서 스스로 무엇인가 해낸 것인 양 여긴다는 말은 아닙니다."[4]라고 말한다. 따라서 자만을 통해 자신의 능력을 넘어서는 것들을 얻기 위해 노력하는데, 만약 자만이 죄라면, 인간은 어떤 선을 정당하게 생각할 수 없는 것으로 보인다. 이것은 부적절하다. 따라서 자만은 죄가 아니다.

[재반론] 그러나 반대로 집회서 37장 [3절]에서 "오, 사악한 자만아, 너는 어디서 생겨났느냐?"라고 말한다. 이에 대해 『주석』[5]은 "피조물의 악한 의지로부터"라고 대답한다. 그러나 악한 의지의 뿌리로부터 나오는 모든 것은 죄이다. 따라서 자만은 죄이다.

[답변] 자연을 따르는 것들은, 인간적 이성이 모방해야 하는 신적 이

---

3. C.2, 982b28; 983a4; S. Th. lect.3, nn.61-63.
4. Vulgata: *Non quod sufficientes simus cogigare aliquid a nobis quasi ex nobis.*
5. Interlin.

ordinem communiter in naturalibus rebus inventum, est vitiosum et peccatum. Hoc autem communiter in omnibus rebus naturalibus invenitur, quod quaelibet actio commensuratur virtuti agentis, nec aliquod agens naturale nititur ad agendum id quod excedit suam facultatem. Et ideo vitiosum est et peccatum, quasi contra ordinem naturalem existens, quod aliquis assumat ad agendum ea quae praeferuntur suae virtuti. Quod pertinet ad rationem praesumptionis: sicut et ipsum nomen manifestat. Unde manifestum est quod praesumptio est peccatum.

AD PRIMUM ergo dicendum quod nihil prohibet aliquid esse supra potentiam activam alicuius rei naturalis quod non est supra potentiam passivam eiusdem: inest enim aeri potentia passiva per quam potest transmutari in hoc quod habeat actionem et motum ignis, quae excedunt potentiam activam aeris. Sic etiam vitiosum esset et praesumptuosum quod aliquis in statu imperfectae virtutis existens attentaret statim assequi ea quae sunt perfectae virtutis: sed si quis ad hoc tendat ut proficiat in virtutem perfectam, hoc non est praesumptuosum nec vitiosum. Et hoc modo apostolus in anteriora se extendebat, scilicet per continuum profectum.

AD SECUNDUM dicendum quod divina et immortalia secundum ordinem naturae sunt supra hominem: homini tamen inest quaedam naturalis potentia, scilicet intellectus, per quam potest coniungi immortalibus et divinis.[6] Et secundum hoc Philosophus dicit

성에 의해 질서 지어져 있기 때문에, 무엇이든 인간적 이성을 따라 생기는 것이 자연적 사물들 안에서 공통적으로 발견되는 질서에 반하면, 그것은 악습적이고 죄이다. 그런데 어떤 행위든 행위자의 힘에 상응한다는 것과 어떤 자연적 행위자도 자신의 능력을 넘어서는 것을 행하기 위해 노력하지 않는다는 것은 모든 자연적 사물 안에서 공통적으로 발견된다. 그러므로 어떤 이가 행할 목적으로 자신의 힘을 넘어가는 것들을 자기 것으로 귀속시키는 것은, 마치 자연적 질서에 반해 존재하는 것처럼, 악습적이고 죄이다. 이것이, 그 이름 자체가 또한 드러내듯이, 자만의 개념에 속한다. 따라서 자만은 죄라는 것이 명백하다.

[해답] 1. 아무것도 어떤 자연적 사물의 능동적 능력을 넘어서는 어떤 것이 자연적 사물의 수동적 능력을 넘어서지 않는다는 것을 방해하지 않는다. 왜냐하면 공기에는 수동적 능력이 내재하고, 그것을 통해 공기는 자신의 능동적 능력을 능가하는 불의 작용과 운동을 가지는 것으로 변화될 수 있기 때문이다. 그렇게 불완전한 덕의 상태에 존재하는 어떤 이가 즉시 덕의 완전성에 속하는 것에 도달하려고 시도하는 것 또한 악습적이고 자만적일 것이다. 그러나 만약 어떤 이가 완전한 덕에 오르려고 애쓴다면, 이것은 자만적이지도 악습적이지도 않다. 그리고 이런 방식으로, 즉 계속된 진보를 통해 사도는 자신 앞에 있는 것들로 자신을 확장시켰다.

2. 신적이고 불멸적인 것들은 자연의 질서에 따라 인간을 넘어서 존재하지만, 인간에게는 어떤 자연적 능력, 즉 지성이 있다. 이것을 통해 인간은 불멸적인 것과 신적인 것들과 결합될 수 있다.[6] 그리고 이것

---

6. Cf. I, q.12, a.1.

quod oportet hominem se attrahere ad immortalia et divina: non quidem ut ea operetur quae decet Deum facere, sed ut ei uniatur per intellectum et voluntatem.

AD TERTIUM dicendum quod, sicut Philosophus dicit, in III *Ethic.*,[7] *quae per alios possumus, aliqualiter per nos possumus.* Et ideo, quia cogitare et facere bonum possumus cum auxilio divino,[8] non totaliter hoc excedit facultatem nostram. Et ideo non est praesumptuosum si aliquis ad aliquod opus virtuosum faciendum intendat. Esset autem praesumptuosum si ad hoc aliquis tenderet absque fiducia divini auxilii.

## Articulus 2
### Utrum praesumptio opponatur magnanimitati per excessum

Ad secundum sic proceditur. Videtur quod praesumptio non opponatur magnanimitati per excessum.

1. Praesumptio enim ponitur species peccati in Spiritum Sanctum, ut supra[1] habitum est. Sed peccatum in Spiritum Sanctum non opponitur magnanimitati, sed magis caritati. Ergo etiam neque praesumptio opponitur magnanimitati.

---

7. C.5, 1112b27-28; S. Th. lect.8, n.477.
8. Cf I, q.109, a.4, ad2.

에 따라 철학자는, 인간은 하느님이 행하는 것에 어울리는 것들을 하기 위해서가 아니라 지성과 의지를 통해 그분과 합일하기 위해, 자신을 불멸적이고 신적인 것들로 끌어당겨야 한다고 말한다.

3. 철학자가 『니코마코스 윤리학』 제3권[7]에서 말하듯이, "우리는 다른 사람을 통해 할 수 있는 것을 어떻게든 우리를 통해서도 할 수 있다." 그러므로 우리가 신적인 도움과 함께 선을 생각하고 행할 수 있기 때문에,[8] 이것은 우리의 능력을 전적으로 능가하지 않는다. 따라서 만약 어떤 이가 어떤 후덕한 행업을 행하는 것을 의도한다면, 그것은 자만적이지 않다. 그러나 만약 어떤 이가 신적인 도움을 신뢰하지 않고 이것으로 향한다면, 그것은 자만이 될 것이다.

## 제2절 자만은 지나침을 통해 웅지에 대립하는가

Parall.: Supra, q.21, a.1; *In Ethic.*, II, lect.9; IV, lect.8 & 11.

[반론] 둘째에 대해서는 다음과 같이 진행된다. 자만은 지나침을 통해 웅지에 대립하지 않는 것으로 보인다.

1. 왜냐하면 위에서[1] 언급한 것처럼, 자만은 성령에 반하는 죄의 종으로 제시되기 때문이다. 그러나 성령에 반하는 죄는 웅지에 대립하는 것이 아니라, 오히려 참사랑에 대립한다. 따라서 자만도 웅지에 대립하지 않는다.

---

1. Q.14, a.1; q. 21, a.1.

2. Praeterea, ad magnanimitatem pertinet quod aliquis *se magnis dignificet*.[2] Sed aliquis dicitur praesumptuosus etiam si se parvis dignificet, dummodo hoc excedat propriam facultatem. Non ergo directe praesumptio magnanimitati opponitur.

3. Praeterea, magnanimus exteriora bona reputat quasi parva. Sed secundum Philosophum, in IV *Ethic.*,[3] praesumptuosi propter exteriorem fortunam *fiunt despectores et iniuriatores aliorum,* quasi magnum aliquid aestimantes exteriora bona. Ergo praesumptio non opponitur magnanimitati per excessum, sed solum per defectum.

SED CONTRA est quod Philosophus, in II[4] et IV[5] *Ethic.*, dicit quod magnanimo per excessum opponitur *chaunus,* idest furiosus vel ventosus, quem nos dicimus *praesumptuosum.*

RESPONDEO dicendum quod, sicut supra[6] dictum est, magnanimitas consistit in medio, non quidem secundum quantitatem eius in quod tendit, quia tendit in maximum: sed constituitur in medio secundum proportionem ad propriam facultatem; non enim in maiora tendit quam sibi conveniant. Praesumptuosus autem, quantum ad id in quod tendit, non excedit magnanimum: sed multum quando-

---

2. Cf. Aristoteles, *Ethica Nic.,* IV, c.7, 1123b1-2; S. Th. lect.8, n.736.
3. C.8, 1124a29-b6; S. Th. lect.9, n.757.
4. C.7, 1107b23; S. Th. lect.9, n.345.
5. C.9, 1125a17-19; S. Th. lect.11, n.784.

2. 어떤 이가 자신을 "큰 것들에 어울린다."²라고 평가하는 것은 웅지에 속한다. 그러나 어떤 이는, 비록 그가 자신을 작은 것들에 어울린다고 평가하더라도, 그것이 그의 고유한 능력을 넘어서는 한, 자만적이라고 말한다. 그러므로 자만은 웅지에 직접적으로 대립하지 않는다.

3. 웅지가 있는 사람은 외적인 선들을 마치 작은 것처럼 여긴다. 그러나 『니코마코스 윤리학』 제4권³에서 철학자에 따르면 "자만하는 사람들은 외적인 행운 때문에 다른 사람들에 대해 경멸적이고 모욕적으로 된다." 왜냐하면 그들은 외적인 선들을 마치 어떤 큰 것인 양 평가하기 때문이다. 따라서 자만은 지나침을 통해서가 아니라 오직 결핍을 통해서만 웅지에 대립한다.

[재반론] 그러나 반대로 『니코마코스 윤리학』 제2권⁴과 4권⁵에서 철학자는 '카우누스'(chaunus), 즉 우리가 자만하는 자라 칭하는 맹렬한 자 또는 허풍을 떠는 자는 지나침을 통해 웅지를 품은 사람에게 대립한다고 말한다.

[답변] 위에서⁶ 말했듯이, 웅지는 그것이 향하는 것의 크기에 따라서 중용에 자리 잡고 있는 것이 아니다. 왜냐하면 그것은 가장 위대한 것으로 향하기 때문이다. 그러나 웅지는 우리의 고유한 능력에 대한 비례에 따라 중용에 자리 잡게 된다. 왜냐하면 그것은 자신에게 적합한 것들보다 더 큰 것들로 향하지 않기 때문이다. 그러므로 자만하는 사람은 그가 향하는 것과 관련하여 웅지를 품은 사람을 능가하지 않고,

---

6. Q.129, a.3, ad1.

que ab eo deficit. Excedit autem secundum proportionem suae facultatis, quam magnanimus non transcendit. Et hoc modo praesumptio opponitur magnanimitati per excessum.

AD PRIMUM ergo dicendum quod non quaelibet praesumptio ponitur peccatum in Spiritum Sanctum, sed illa qua quis divinam iustitiam contemnit ex inordinata confidentia divinae misericordiae. Et talis praesumptio, ratione materiae, inquantum scilicet per eam contemnitur aliquid divinum, opponitur caritati, vel potius dono timoris, cuius est Deum revereri. Inquantum tamen talis contemptus excedit proportionem propriae facultatis, potest opponi magnanimitati.

AD SECUNDUM dicendum quod sicut magnanimitas, ita et praesumptio in aliquid magnum tendere videtur: non enim multum consuevit dici aliquis praesumptuosus si in aliquo modico vires proprias transcendat. Si tamen praesumptuosus talis dicatur, haec praesumptio non opponitur magnanimitati: sed illi virtuti quae est circa mediocres honores, ut dictum est.[7]

AD TERTIUM dicendum quod nullus attentat aliquid supra suam facultatem nisi inquantum facultatem suam aestimat maiorem quam sit. Circa quod potest esse error dupliciter. Uno modo, secundum solam quantitatem: puta cum aliquis aestimat se habere maiorem

---

7. Ibid., a.2.

때때로 그보다 훨씬 부족하다. 그러나 자만하는 사람은 비례에 따른 자신의 능력의 한계를 초과하지만, 웅지를 품은 사람은 초월하지 않는다. 그리고 이런 방식으로 자만은 지나침을 통해 웅지에 대립한다.

[해답] 1. 모든 자만이 다 성령에 반하는 죄로 간주되는 것은 아니고, 신적인 자비에 대한 무질서한 신뢰로부터 신적인 정의를 경멸하는 자만이 그렇다. 그리고 이러한 자만은 내용의 이유로, 즉 그것을 통해 어떤 신적인 것이 경멸되는 한, 참사랑에 대립하거나 혹은 오히려 하느님을 경외하는 것을 담당하는 두려움의 선물에 대립한다. 그러나 이러한 경멸이 자신의 능력의 비례를 넘어서는 한, 그것은 웅지에 대립될 수 있다.

2. 웅지처럼 자만도 또한 어떤 큰 것으로 향하는 것처럼 보인다. 왜냐하면 어떤 이가, 어떤 작은 것에서 자기 자신의 힘을 초과한다고 해서 자만적이라고 불리는 것은 많이 익숙하지 않기 때문이다. 그럼에도 만약 그러한 자가 자만적이라고 한다면, 이 자만은 이미 말한 것처럼,[7] 웅지에 대립하는 것이 아니라 보통의 영예들에 관계하는 덕에 대립한다.

3. 누구도, 만약 그가 자신의 능력을 실재보다 더 크게 평가하는 경우를 제외한다면, 자신의 능력을 넘어서는 어떤 것을 얻으려 하지 않는다. 이것과 관련해서 두 가지 오류가 있을 수 있다. 첫째 양태로는 오직 크기에 따라서. 예를 들어 어떤 이가, 그가 가진 것보다 자신이 더 큰 힘, 지식, 혹은 그와 같은 어떤 다른 것을 가지고 있다고 평가할 때이다. 둘째 양태로는 사물의 유에 따라서. 예를 들어 이로부터 어떤 이가 자신으로부터 존재하는 것이 아닌 것들, 예를 들어 부나 행운의

virtutem vel scientiam, vel aliquid aliud huiusmodi, quam habeat. — Alio modo, secundum genus rei: puta cum aliquis ex hoc aestimat se magnum et magnis dignum ex quo non est, puta propter divitias vel propter aliqua bona fortunae; ut enim Philosophus dicit, in IV *Ethic.*,[8] *qui sine virtute talia bona habent, neque iuste magnis seipsos dignificant, neque recte magnanimi dicuntur.*

Similiter etiam illud ad quod aliquis tendit supra vires suas, quandoque quidem secundum rei veritatem est magnum simpliciter: sicut patet de Petro, qui tendebat ad hoc quod pro Christo pateretur,[9] quod erat supra virtutem suam. Quandoque vero non est aliquid magnum simpliciter, sed solum secundum stultorum opinionem: sicut pretiosis vestibus indui, despicere et iniuriari aliis. Quod quidem pertinet ad excessum magnanimitatis non secundum rei veritatem, sed secundum opinionem. Unde Seneca dicit, in libro *de Quatuor Virtut.*,[10] quod *magnanimitas, si se extra modum suum extollat, faciet virum minacem, inflatum, turbidum, inquietum, et in quascumque excellentias dictorum factorumque, neglecta honestate, festinum.* Et sic patet quod praesumptuosus secundum rei veritatem quandoque deficit a magnanimo: sed secundum apparentiam in excessu se habet.

---

8. C.8, 1124a26-b6; S. Th. lect.9, n.757.
9. 마태 26,35; 루카 22,33.

어떤 다른 선 때문에 자신이 크고 또한 큰일들에 합당하다고 여길 때이다. 왜냐하면 철학자가 『니코마코스 윤리학』 제4권[8]에서 말하듯이, "덕 없이 그러한 선들을 가지고 있는 자들은 정당하게 자신들이 큰 것에 어울린다고 평가하지도 않고, 올바르게 웅지를 품은 자들이라고 불리지도 않기" 때문이다.

마찬가지로, 또한 어떤 이가 자신의 능력을 넘어 향하는 것은 때때로 사태의 진리에 따라 단적으로 큰 것이다. 예를 들어 그리스도를 위해 자신의 능력을 넘어서는 것을 감수하려고 했던 베드로의 경우가 그러하다.[9] 그러나 때때로 어떤 것은 단적으로 큰 것이 아니라 오직 어리석은 자들의 의견에 따라 그렇다. 예를 들어 값비싼 옷을 걸친 자들이 다른 사람을 멸시하고 모욕하는 경우가 여기에 해당한다. 그런데 이것은, 사태의 진리를 따라서가 아니라 의견에 따라, 웅지의 지나침에 속한다. 그래서 세네카는 『네 가지 덕에 관하여』[10]에서 "웅지는 만약 그것이 자신의 한도를 넘어 자신을 치켜올리면 사람을 당돌하게, 거만하게, 소란스럽게, 불안하게 만들며, 또한 모든 말과 행동들의 탁월성과 관련하여, 영예가 경시됨에도 불구하고 성급하게 만들 것이다."라고 말한다. 그리고 이렇게 자만하는 사람은 사태의 진리에 따르면 때로는 웅지를 품은 사람에 미치지 못하지만, 의견에 따라서는 과도하게 처신한다는 것이 분명하다.

---

10. Cf. Martinus de Bracara, *Formula honestae vitae*, c.6: PL 72, 28A.

## QUAESTIO CXXXI
# DE AMBITIONE
*in duos articulos divisa*

Deinde considerandum est de ambitione.[1]

Et circa hoc quaeruntur duo.

*Primo:* utrum ambitio sit peccatum.

*Secundo:* utrum opponatur magnanimitati per excessum.

### Articulus 1
### Utrum ambitio sit peccatum

Ad primum sic proceditur. Videtur quod ambitio non sit peccatum.

1. Importat enim ambitio cupiditatem honoris. Honor autem de se quoddam bonum est, et maximum inter exteriora bona: unde et illi qui de honore non curant, vituperantur. Ergo ambitio non est peccatum, sed magis aliquid laudabile, secundum quod bonum laudabiliter appetitur.

2. Praeterea, quilibet absque vitio potest appetere id quod sibi debetur pro praemio. Sed *honor est praemium virtutis,* ut Philosophus

## 제131문

# 야욕에 대하여
(전2절)

이어서 야욕[1]에 대해 고찰해야 한다. 그리고 이와 관련해서 두 가지를 고려해야 한다.
1. 야욕은 죄인가?
2. 그것은 지나침을 통해 웅지에 대립하는가?

### 제1절 야욕은 죄인가

Parall.: *In Ep. I ad Cor.*, c.13, lect.2.

[반론] 첫째에 대해서는 다음과 같이 진행된다. 야욕은 죄가 아닌 것으로 보인다.

1. 왜냐하면 야욕은 영예에 대한 탐욕을 내포하기 때문이다. 그런데 영예는 그 자체로 어떤 선이고, 외적 선들 가운데 가장 큰 것이다. 따라서 영예를 대수롭지 않게 여기는 자들은 비난을 받는다. 그러므로 야욕은 죄가 아니라 오히려 선이 칭찬받을 만한 방식으로 욕구되는 한, 칭찬받을 만한 어떤 것이다.

2. 누구든 자신에게 상으로 주어져야 하는 것을 요구하는 것은 악

---

1. Cf. q.130, Introd.

dicit, in I[1] et VIII[2] *Ethic.* Ergo ambitio honoris non est peccatum.

3. Praeterea, illud per quod homo provocatur ad bonum et revocatur a malo, non est peccatum. Sed per honorem homines provocantur ad bona facienda et mala vitanda: sicut Philosophus dicit, in III *Ethic.*,[3] quod *fortissimi videntur esse apud quos timidi sunt inhonorati, fortes autem honorati;* et Tullius dicit, in libro *de Tusculan. Quaest.*[4] quod *honor alit artes.* Ergo ambitio non est peccatum.

SED CONTRA est quod dicitur I *ad Cor.* 13, [5], quod *caritas non est ambitiosa, non quaerit quae sua sunt.* Nihil aut repugnat caritati nisi peccatum. Ergo ambitio est peccatum.

RESPONDEO dicendum quod, sicut supra[5] dictum est, honor importat quandam reverentiam alicui exhibitam in testimonium excellentiae eius. Circa excellentiam autem hominis duo sunt attendenda. Primo quidem, quod id secundum quod homo excellit, non habet homo a seipso, sed est quasi quiddam divinum in eo. Et ideo

---

1. C.12, 1101b31-1102a1; S. Th. lect.18, n.222.
2. C.16, 1163b3-5; S. Th. lect.14, n.1749.
3. C.11, 1116a20-21; S. Th. lect.16, n.562.

습이 아니다. 그러나 철학자가 『니코마코스 윤리학』 제1권[1]과 8권에서[2] 말하듯 "영예는 덕의 상이다." 따라서 영예에 대한 야욕은 죄가 아니다.

3. 그것을 통해 인간이 선을 향하도록 자극되고 악으로부터 물러서게 되는 것은 죄가 아니다. 그런데 영예를 통해 인간은 행해야 할 선들과 회피해야 할 악들로 자극된다. 그것은 마치 아리스토텔레스가 『니코마코스 윤리학』 제3권에서[3] "가장 용감한 사람들이 존재하고 그들 근처에서 겁쟁이들이 불명예스럽게 되고, 용감한 이들이 영예스럽게 된다."라고 말하는 것과 같다. 또한 키케로는 『투스쿨룸 대화』에서[4] "영예는 기예들을 양육한다."라고 말한다. 따라서 야욕은 죄가 아니다.

[재반론] 그러나 반대로 코린토 1서 13장 [5절]에서는 "참사랑은 야욕을 품지 않고, 자기 이익을 구하지 않는다."라고 말한다. 죄가 아니면 어떤 것도 참사랑에 대적하지 않는다. 그러므로 야욕은 죄이다.

[답변] 위에서 말한 것처럼,[5] 영예는 어떤 이의 탁월성을 증언하기 위해 표현된 일종의 경의를 의미한다. 그런데 인간의 탁월성에 대해 두 가지를 주의해야 한다. 첫째, 그것에 따라 인간이 탁월하게 되는 것을 인간은 자신으로부터 가지지 않는다. 그것은 마치 신적인 것처럼 그 안에 있다. 따라서 이로부터 영예는 주로 인간 자신에게가 아니라 하

---

4. I, c.2: ed. C. F. W. Müller, Lipsiae, 1908, p.279, l.27.
5. Q.103, aa.1-2.

ex hoc non debetur principaliter sibi honor, sed Deo. — Secundo considerandum est quod id in quo homo excellit, datur homini a Deo ut ex eo aliis prosit. Unde intantum debet homini placere testimonium suae excellentiae quod ab aliis exhibetur, inquantum ex hoc paratur sibi via ad hoc quod aliis prosit.

Tripliciter ergo appetitum honoris contingit esse inordinatum. Uno modo, per hoc quod aliquis appetit testimonium de excellentia quam non habet: quod est appetere honorem supra suam proportionem. Alio modo, per hoc quod honorem sibi cupit non referendo in Deum. Tertio modo, per hoc quod appetitus eius in ipso honore quiescit, non referens honorem ad utilitatem aliorum. Ambitio autem importat inordinatum appetitum honoris. Unde manifestum est quod ambitio semper est peccatum.

AD PRIMUM ergo dicendum quod appetitus boni debet regulari secundum rationem: cuius regulam si transcendat, erit vitiosus. Et hoc modo vitiosum est quod aliquis honorem appetat non secundum ordinem rationis.[6] Vituperantur autem qui non curant de honore secundum quod ratio dictat, ut scilicet vitent ea quae sunt contraria honori.

AD SECUNDUM dicendum quod honor non est praemium virtutis quoad ipsum virtuosum, ut scilicet hoc pro praemio expetere debeat: sed pro praemio expetit beatitudinem, quae est finis virtutis. Dicitur autem esse praemium virtutis ex parte aliorum, qui non

느님께 마땅히 주어져야 한다. 둘째, 그것 안에서 인간이 탁월하게 되는 것은, 인간이 그것을 통해 다른 이들에게 도움이 되도록 하기 위해 하느님으로부터 주어졌다는 점이 고려되어야 한다. 그러므로 인간은 자신의 탁월성에 대한 다른 이들의 증언을, 다른 이들에게 도움이 되기 위한 방법이 자신에게 준비되는 한에서 기뻐해야 한다.

따라서 영예에 대한 욕구는 세 가지 방식으로 무질서해진다. 첫째, 어떤 이가 자신이 가지고 있지 않은 탁월성에 관해 증언을 욕구하는 것을 통해서인데, 이것은 자신의 비례를 넘어 영예를 욕구하는 것이다. 둘째, 영예를 하느님께 돌리는 것 없이, 자신의 것으로 탐하는 것을 통해서이다. 셋째, 그의 욕구가 영예 자체 안에 안주하고, 영예를 다른 이들의 유익으로 돌리지 않는 것을 통해서이다. 그런데 야욕은 영예에 대한 무질서한 욕구를 의미한다. 따라서 야욕이 항상 죄라는 것은 분명하다.

[해답] 1. 선에 대한 욕구는 이성에 따라 규제되어야 한다. 만약 이성의 규제를 넘어선다면, 그것은 악습적으로 될 것이다. 그리고 이 방식으로, 어떤 이가 이성의 질서에 따르지 않고 영예를 욕구하는 것은 악습적이다.[6] 그러나 이성이 명하는 것, 즉 영예에 반하는 것들을 회피하라는 것에 따르자면, 영예를 돌보지 않는 자들은 비난받는다.

2. 영예는 후덕한 사람 자체에 관련해서는 덕의 보상이 아니다. 즉 그가 보상을 위해 그것을 추구해야 하는 것은 아니다. 반면에, 후덕한 사람은 보상을 위해 덕의 목적인 행복을 추구한다. 그런데 영예는 후덕한 자에게 영예보다 줄 수 있는 더 큰 어떤 것을 가지고 있지 않은

---

6. 선은 그래서 오직, 질서 있게 욕구될 때, 칭찬받을 만하게 욕구된다. Cfr. I, q.63, a.3.

habent aliquid maius quod virtuoso retribuant quam honorem, qui ex hoc ipso magnitudinem habet quod perhibet testimonium virtuti.⁷ Unde patet quod *non est sufficiens praemium*, ut dicitur in IV *Ethic.*.⁸

AD TERTIUM dicendum quod sicut per appetitum honoris, quando debito modo appetitur, aliqui provocantur ad bonum et revocantur a malo; ita etiam, si inordinate appetatur, potest esse homini occasio multa mala faciendi, dum scilicet non curat qualitercumque honorem consequi possit. Unde Sallustius dicit, in *Catilinario*,⁹ quod *gloriam, honorem et imperium bonus et ignavus aeque sibi exoptat: sed ille, scilicet bonus, vera via nititur; huic,* scilicet ignavo, *quia bonae artes desunt, dolis atque fallaciis contendit.* – Et tamen illi qui solum propter honorem vel bona faciunt vel mala vitant, non sunt virtuosi: ut patet per Philosophum, in III *Ethic.*,¹⁰ ubi dicit quod non sunt vere fortes qui propter honorem fortia faciunt.

## Articulus 2
### Utrum ambitio opponatur magnanimitati per excessum

Ad secundum sic proceditur. Videtur quod ambitio non opponatur magnanimitati per excessum.

---

7. Cf. I-II, q.2, a.2.
8. C.7, 1124a7-9; S. Th. lect.9, n.751.

다른 사람들의 관점에서 보면, 덕의 보상이다. 이 영예는 덕에 대한 증언을 제시한다는 사실 자체에서 중요성을 가진다.[7] 그러므로 『니코마코스 윤리학』 제4권[8]에서 말한 것처럼 "영예는 충분한 보상이 아님"이 분명하다.

3. 영예에 대한 욕구가 마땅한 방식으로 추구될 때, 그것을 통해 어떤 이들은 선으로 자극되고 악에서부터 되돌아온다. 또한 만약 그것이 무질서하게 욕구된다면, 어떤 방법으로 영예를 성취할 수 있는지를 마음 쓰지 않으면서, 인간에게는 많은 악을 행할 기회가 존재하게 된다. 따라서 살루스티우스는 『카틸리나 전쟁』에서[9] 말하길, "영광, 영예, 그리고 권력을 선한 사람과 악한 사람이 동일하게 열망하지만, 선한 사람은 참된 방식으로 얻으려 노력하는 반면에, 악한 사람은 좋은 기예들이 부재하기 때문에, 잔꾀와 기만으로 쟁취하려 애쓴다." 그러나 오직 영예 때문에 선한 것을 행하거나 혹은 악한 것을 회피하는 자들은, 철학자를 통해 『니코마코스 윤리학』 제3권에서[10] 분명하듯이 후덕하지 못하다. 거기에서 그는 영예 때문에 용감한 것을 행하는 자들은 참으로 용감한 것은 아니라고 말한다.

제2절 야욕은 지나침을 통해 웅지에 대립하는가

[반론] 둘째에 대해서는 다음과 같이 진행된다. 야욕은 지나침을 통해 웅지에 대립하지 않는 것으로 보인다.

---

9. C.11: ed. R. Dietsch, Lipsiae 1884, p.6, ll.12-14.
10. C.11, 1116a16-21; 27-29; S. Th. lect.16, nn.562 & 564.

1. Uni enim medio non opponitur ex una parte nisi unum extremum. Sed magnanimitati per excessum opponitur praesumptio ut dictum est.¹ Ergo non opponitur ei ambitio per excessum.

2. Praeterea, magnanimitas est circa honores. Sed ambitio videtur pertinere ad dignitates: dicitur enim II *Machab.* 4, [7], quod *Iason ambiebat summum sacerdotium*.² Ergo ambitio non opponitur magnanimitati.

3. Praeterea, ambitio videtur ad exteriorem apparatum pertinere: dicitur enim *Act.* 25, [23], quod Agrippa et Berenice *cum multa ambitione* introierunt praetorium; et II *Paralip.* 16, [14], quod super corpus Asa mortui combusserunt aromata et unguenta *ambitione nimia*. Sed magnanimitas non est circa exteriorem apparatum. Ergo ambitio non opponitur magnanimitati.

SED CONTRA est quod Tullius dicit, in I *de Offic.*,³ quod *sicut quisque magnitudine animi excellit, ita maxime vult princeps omnium solus esse*. Sed hoc pertinet ad ambitionem. Ergo ambitio pertinet ad excessum magnanimitatis.

RESPONDEO dicendum quod, sicut dictum est,⁴ ambitio importat inordinatum appetitum honoris. Magnanimitas autem est circa honores, et utitur eis secundum quod oportet. Unde manifestum est

---

1. Q.130, a.2.
2. Vulgata: *Ambiebat Iason ... summum sacerdotium*.

1. 왜냐하면 하나의 중용에 대해 한쪽 편에서는 오직 하나의 극단만이 대립하기 때문이다. 그러나 말한 것처럼, 웅지에 대해서는 자만이 지나침을 통해 대립한다.¹ 그러므로 야욕은 지나침을 통해 이에 대립하지 않는다.

2. 웅지는 영예에 관련된다. 그런데 야욕은 존중할 만한 지위에 속하는 것으로 보인다. 왜냐하면 마카베오기 하권 4장 [7절]에서 "야손이 대사제직을 [야욕으로] 차지했다."²라고 말하기 때문이다. 따라서 야욕은 웅지에 대립하지 않는다.

3. 야욕은 외적 장식에 속하는 것으로 보인다. 왜냐하면 사도행전 25장 [23절]에서 아그리파와 베르니케가 '온갖 호사를 과시하며' 관저에 들어섰다고 말하기 때문이다. 또한 역대기 하권 16장 [14절]에서는 그들이 죽은 아사의 시신을 온갖 향료와 향유를 가득 채운 침상에 눕히고 그를 위해 '대단히 성대하게' 불을 지펴 놓았다고 말하고 있다. 그러나 웅지는 외적인 장식에 관한 것이 아니다. 따라서 야욕은 웅지에 대립하지 않는다.

[재반론] 그러나 반대로 키케로는 『의무론』 제1권에서³ "누구든 영혼의 크기에서 탁월한 만큼, 홀로 모든 이의 우두머리가 되기를 가장 원한다."라고 말한다. 따라서 야욕은 웅지의 지나침에 속한다.

[답변] 말한 것처럼,⁴ 야욕은 영예에 대한 무질서한 욕구를 의미한다. 그러나 웅지는 영예들에 관한 것이고 그것을 마땅함에 따라 사용한다. 따라서 야욕은 무질서한 것이 질서 있는 것에 반대되는 것처럼, 웅지

---

3. C.19: ed. C. F. W. Müller, Lipsiae, 1908, p.23, ll.11-13.
4. A.1.

quod ambitio opponitur magnanimitati sicut inordinatum ordinato.

AD PRIMUM ergo dicendum quod magnanimitas ad duo respicit. Ad unum quidem sicut ad finem intentum: quod est aliquod magnum opus, quod magnanimus attentat secundum suam facultatem. Et quantum ad hoc opponitur magnanimitati per excessum praesumptio, quae attentat aliquod magnum opus supra suam facultatem. Ad aliud autem respicit magnanimitas sicut ad materiam qua debite utitur, scilicet ad honorem. Et quantum ad hoc opponitur magnanimitati per excessum ambitio. Non est autem inconveniens secundum diversa esse plures excessus unius medii.[5]

AD SECUNDUM dicendum quod illis qui sunt in dignitate constituti, propter quandam excellentiam status, debetur honor. Et secundum hoc inordinatus appetitus dignitatum pertinet ad ambitionem. Si quis enim inordinate appeteret dignitatem non ratione honoris, sed propter debitum dignitatis usum suam facultatem excedentem, non esset ambitiosus, sed magis praesumptuosus.

AD TERTIUM dicendum quod ipsa solemnitas exterioris cultus ad quendam honorem pertinet: unde et talibus consuevit honor exhiberi. Quod significatur Iac. 2, [vv. 2-3]: *Si introierit in conventum vestrum vir anulum habens aureum,*[6] *in veste candida, et dixeritis ei: Tu sede hic bene,* etc. Unde ambitio non est circa exteriorem cultum nisi secundum quod pertinet ad honorem.

에 반대되는 것임이 명백하다.

[해답] 1. 웅지는 두 가지에 관련된다. 하나에는 마치 의도된 목적처럼 관련된다. 즉 웅지를 품은 자가 자신의 능력에 따라 시도하는 어떤 큰 행업에 관련되는 것이다. 그리고 이 점에서 자신의 능력을 넘어 어떤 큰 행업을 시도하는 자만은 지나침을 통해 웅지에 반대된다. 그러나 웅지는 다른 것에는, 즉 영예에는 그것이 마치 마땅하게 사용하는 재료처럼 관련된다. 그리고 이 점에서 야욕은 지나침을 통해 웅지에 대립한다. 그런데 다양한 측면에 따라 하나의 중용에 여러 지나침이 존재하는 것은 부적당한 것이 아니다.[5]

2. 존중할 만한 지위에 임명된 자들에게는 그 지위의 어떤 탁월성 때문에 영예가 주어져야 한다. 그리고 이에 따라 존중할 만한 지위에 대한 무질서한 욕구는 야욕에 속한다. 왜냐하면 만약 어떤 이가 영예에 대한 이유로부터가 아니라 자신의 능력을 초과하는 존중할 만한 지위의 마땅한 사용 때문에 존중할 만한 지위를 무질서하게 욕구한다면, 그는 야욕을 가진 것이 아니라 오히려 자만적이다.

3. 외적인 예배의 장엄함 자체가 어떤 영예에 속하고, 따라서 그러한 것에 영예가 부여되는 것은 관례였다. 그것은 야고보서 2장 [2-3절]의 "만약 여러분의 모임에 금가락지를 끼고[6] 화려한 옷을 입은 사람이 들어오면, 여러분은 그에게 '당신은 여기 좋은 자리에 앉으십시오'라고 말할 것이다." 등에서 나타난다. 그러므로 야욕은, 영예에 관련되는 경우를 제외한다면 외적 예배에 관한 것이 아니다.

---

5. Cf. q.126, a.2, ad3.
6. Vulgata: *vir aureum anulum haberis*.

## QUAESTIO CXXXII
## DE INANI GLORIA
*in quinque articulos divisa*

Deinde considerandum est de inani gloria.[1]
Et circa hoc quaeruntur quinque.
*Primo:* utrum appetitus gloriae sit peccatum.
*Secundo*: utrum inanis gloria magnanimitati opponatur.
*Tertio:* utrum sit peccatum mortale.
*Quarto:* utrum sit vitium capitale.
*Quinto:* de filiabus eius.

### Articulus 1
### Utrum appetitus gloriae sit peccatum

Ad primum sic proceditur. Videtur quod appetitus gloriae non sit peccatum.

1. Nullus enim peccat in hoc quod Deo assimilatur: quinimmo mandatur, *Ephes.* 5, [1]: *Estote imitatores Dei, sicut filii carissimi.* Sed in hoc quod homo quaerit gloriam, videtur Deum imitari, qui ab

---

1. Cf. q.130, Introd.

## 제132문
# 허영에 대하여
### (전5절)

이어서 허영[1]에 대해 고찰해야 한다. 그리고 이와 관련해서 다섯 가지를 물어야 한다.
1. 영광에 대한 욕구는 죄인가?
2. 허영은 웅지에 대립하는가?
3. 그것은 사죄인가?
4. 그것은 죄종(罪宗)인가?
5. 그것의 딸들에 관하여.

### 제1절 영광에 대한 욕구는 죄인가

**Parall.:** *De malo*, q.9, a.1; *In Ep. ad Gal.*, c.5, lect.7

[반론] 영광의 욕구는 죄가 아닌 것으로 보인다.

1. 왜냐하면 누구도 하느님과 유사하게 되는 것에서 죄를 짓지 않기 때문이다. 더욱이 에페소서 5장 [1절]은 "사랑받는 자녀답게 하느님을 본받는 사람이 되십시오."라고 명령한다. 그러나 영광을 추구하는 것 안에서 인간은 인간들로부터 영광을 추구하는 하느님을 모방하는 것으로 보인다. 따라서 이사야서 43장 [7절]에서 "내 이름을 부르는 모든

hominibus gloriam quaerit: unde dicitur Isaiae 43, [7]: *Omnem qui invocat nomen meum, in gloriam meam creavi eum.* Ergo appetitus gloriae non est peccatum.

2. Praeterea, illud per quod aliquis provocatur ad bonum, non videtur esse peccatum. Sed per appetitum gloriae homines provocantur ad bonum: dicit enim Tullius, in libro *de Tusculan. Quaest.*,[1] quod *omnes ad studia impelluntur gloria.* In sacra etiam Scriptura promittitur gloria pro bonis operibus: secundum illud *Rom.* 2, [7]: *His qui sunt secundum patientiam boni operis, gloriam et honorem.*[2] Ergo appetitus gloriae non est peccatum.

3. Praeterea, Tullius dicit, in sua *Rhetorica*,[3] quod *gloria est frequens de aliquo fama cum laude:* et ad idem pertinet quod Ambrosius dicit,[4] quod gloria est *clara cum laude notitia.* Sed appetere laudabilem famam non est peccatum, quinimmo videtur esse laudabile: secundum illud *Eccli.* 41, [15]: *Curam habe de bono nomine;* et *ad Rom.* 12, [17]: *Providentes bona non solum*[5] *coram Deo, sed etiam coram omnibus hominibus.* Ergo appetitus inanis gloriae non est peccatum.

SED CONTRA est quod Augustinus dicit, V *de Civ. Dei*[6]: *Sanius videt qui et amorem laudis vitium esse cognoscit.*

---

1. I, c.2: ed. C. F. W. Müller, Lipsiae, 1908, p.279, ll.27-28.
2. Vulgata: *Iis quidem, qui secundum patientiam boni operis gloriam et honorem et incorruptionem quaerunt, vitam aeternam…*.
3. *De invent. rhet.*, II, c.55: ed. G. Friedrich, Lipsiae, 1908, p.232, ll.9-10.

이들을 나는 나의 영광을 위해 창조했다."라고 말한다. 그러므로 영광의 욕구는 죄가 아니다.

2. 어떤 이가 선으로 자극되는 것은 죄가 아닌 것으로 보인다. 그러나 영광의 욕구는 인간들을 선으로 자극시킨다. 왜냐하면 키케로는 『투스쿨룸 대화』에서[1] "모든 이가 영광을 통해 그들의 연학(硏學)으로 자극된다."라고 말하기 때문이다. 또한 성경에서도 선행에 대한 영광이 약속된다. 로마서 2장 [7절]에 따르면 "선행을 위해 인내하며 영광과 영예를 추구하는 이들이다."[2] 그러므로 영광의 욕구는 죄가 아니다.

3. 키케로는 자신의 『수사학』에서[3] "영광은 어떤 이에 관한 칭찬을 동반한 거듭되는 명성"이라고 말하며, 암브로시우스도 "영광은 칭찬과 함께하는 빛나는 인식"이라고 말한다.[4] 그런데 칭찬받을 만한 명성을 욕구하는 것은 죄가 아니고, 더욱이 그것은 집회서 41장 [15절]의 "선한 이름에 주의를 기울여라."라는 것에 따르면 칭찬받을 만한 것으로 보인다. 또한 로마서 12장 [17절]에도 "하느님 앞에서뿐만 아니라 모든 사람 앞에서 선을 보살피십시오."[5]라고 말한다. 따라서 허영에 대한 욕구는 죄가 아니다.

[재반론] 그러나 반대로 아우구스티누스는 『신국론』에서[6] "칭찬에 대한 사랑도 악습임을 아는 자가 더 건강한 것으로 보인다."라고 말한다.

---

4. Cf. Augustinus., *Contra Maximin. Haer.*, II, c.13, n.2: PL 42, 770. Cf. q.103, a.1, ad3.
5. Vulgata: *tantum*.
6. C.13: PL 41, 158.

RESPONDEO dicendum quod gloria claritatem quandam significat: unde *glorificari* idem est quod *clarificari*, ut Augustinus dicit, *super Ioan.*.[7] Claritas autem et decorem quendam habet, et manifestationem. Et ideo nomen gloriae proprie importat manifestationem alicuius de hoc quod apud homines decorum videtur, sive illud sit bonum aliquod corporale, sive spirituale.[8] Quia vero illud quod simpliciter clarum est, a multis conspici potest et a remotis, ideo proprie per nomen gloriae designatur quod bonum alicuius deveniat in multorum notitiam et approbationem: secundum quem modum dicitur in Tito Livio[9]: *Gloriari ad unum non est.* Largius tamen accepto nomine gloriae, non solum consistit in multitudinis cognitione, sed etiam paucorum vel unius, aut sui solius, dum scilicet aliquis proprium bonum considerat ut dignum laude.

Quod autem aliquis bonum suum cognoscat et approbet, non est peccatum: dicitur enim I *ad Cor.* 2, [12]: *Nos autem non spiritum huius mundi accepimus, sed Spiritum qui ex Deo est, ut sciamus quae a Deo donata sunt nobis.* Similiter etiam non est peccatum quod aliquis velit bona sua ab aliis approbari: dicitur enim Matth. 5, [16]: *Luceat lux vestra coram hominibus.* Et ideo appetitus gloriae de se non nominat aliquid vitiosum.

Sed appetitus inanis vel vanae gloriae vitium importat: nam quidlibet vanum appetere vitiosum est, secundum illud Psalmi [Ps. 4,

---

7. Tract.82, n.1 (super 15, 8); tract.100, n.1 (super 16, 13); tract.104, n.3 (super 17, 1): PL 35, 1742-1843, 1891, 1903.

[답변] 영광은 어떤 찬란함을 의미한다. 그래서 아우구스티누스가 『요한복음서 주해』에서[7] 말하듯, 영광스럽게 됨은 빛나게 됨과 같은 것이다. 찬란함은 어떤 아름다움과 드러남을 가진다. 그래서 영광이라는 이름은, 그것이 어떤 육체적 혹은 영적인 선이든,[8] 고유하게 사람들 사이에서 아름답게 보이는 것으로부터 어떤 것의 드러남을 의미한다. 참으로 단적으로 빛나는 것은 많은 사람에 의해 그리고 멀리 있는 자들에 의해 식별되기 때문에, 영광이라는 이름을 통해서 고유하게는 어떤 이의 선이 마침내 많은 이들의 인식과 승인에 이르게 됨을 의미한다. 이 방식에 따라 티투스 리비우스는[9] "한 사람에게만 자랑하는 것은 존재하지 않는다."라고 말한다.

그러나 영광의 이름이 더 넓은 의미로 받아들여지면, 그것은 단지 많은 사람의 인식에서뿐만 아니라 소수의 사람이나 한 사람 혹은 오직 자기 자신만의 인식 안에서도 존재한다. 즉 누군가가 자신의 선을 칭찬받아 마땅한 것으로 여길 때 그러하다. 그런데 어떤 이가 자신의 선을 인지하고 승인하는 것은 죄가 아니다. 왜냐하면 코린토 1서 2장 [12절]에서 "우리는 이 세상의 영이 아니라 하느님으로부터 오시는 영을 받았습니다. 그래서 하느님께서 우리에게 주신 것[선물]들을 알아볼 수 있게 되었습니다."라고 말하기 때문이다. 마찬가지로, 어떤 이가 자신이 다른 이들로부터 승인받기를 원하는 것 또한 죄가 아니다. 왜냐하면 마태오복음서 5장 [16절]에서 "너희의 빛이 사람들 앞을 비추게 하라."라고 말하기 때문이다.

그러므로 영광의 욕구는 그 자체로는 어떤 악습적인 것을 의미하지

---

8. Cf. q.145, a.3.
9. Hist., XXII, c.39: ed. M. Mueller, Lipsiae, 1909, p.331, 9.

3]: *Ut quid diligitis vanitatem, et quaeritis mendacium?* Potest autem gloria dici vana, uno modo, ex parte rei de qua quis gloriam quaerit: puta cum quis quaerit gloriam de eo quod non est, vel de eo quod non est gloria dignum, sicut de aliqua re fragili et caduca. — Alio modo, ex parte eius a quo quis gloriam quaerit: puta hominis, cuius iudicium non est certum. — Tertio modo, ex parte ipsius qui gloriam appetit, qui videlicet appetitum gloriae suae non refert in debitum finem, puta ad honorem Dei vel proximi salutem.

AD PRIMUM ergo dicendum quod, sicut dicit Augustinus,[10] super illud Ioan. 13, [13], 《Vos vocatis me, Magister et Domine, et bene dicitis》, *periculosum est sibi placere cui cavendum est superbire. Ille autem qui super omnia est, quantumcumque se laudet, non se extollit. Nobis namque expedit Deum nosse, non illi: nec eum quisque cognoscit, si non se indicet ipse qui novit.* Unde patet quod Deus suam gloriam non quaerit propter se, sed propter nos.[11] Et similiter etiam homo laudabiliter potest ad aliorum utilitatem gloriam suam appetere: secundum illud Matth. 5, [16]: *Videant opera vestra bona, et glorificent Patrem vestrum qui in caelis est.*

---

10. Tract.58, n.3, super 13, 13: PL 35, 1793.
11. "저 propter가 최종적 원인을 가리킨다고 이해되어서는 안 된다. 왜냐하면 하느님은 자신의 영광과 모든 것을 자신을 위해, 즉 모든 피조물과 피조될 수 있는 것들의 목적과도 같은 자신을 위해 원하기 때문이다(cfr. I, q.19, a.2). 그러나 저기서 propter는 유익의 목적을 지시하는

않는다. 그러나 영광에 대한 헛된 혹은 공허한 욕구는 악습을 나타낸다. 왜냐하면 "어찌하여 너희들은 헛된 것을 사랑하며 거짓을 찾아다니려 하느냐."는 시편 4장 [3절]에 따르면, 무엇이든 공허한 것을 욕구하는 것은 악습적인 것이기 때문이다. 그런데 영광은 세 가지 방식으로 헛되다고 말할 수 있다. 하나는 어떤 이가 영광을 추구하는 사물의 측면에서부터 그러한데, 예를 들어 어떤 이가 존재하지 않거나 영광을 받을 가치가 없는 것에서, 말하자면 깨지기 쉽고 쉽게 없어지는 어떤 것에서 영광을 추구하는 경우이다. 둘째로는 어떤 이가 영광을 사람으로부터, 즉 판단이 분명하지 않은 사람으로부터 추구하는 경우이다. 셋째로는 영광을 욕구하는 사람 자체의 측면에서 그렇다. 즉 자신의 영광을 욕구하는 것, 예를 들어 하느님의 영예나 가까운 이웃의 구원과 같은, 마땅한 목적으로 돌리지 않는 사람일 경우가 그러하다.

[해답] 1. 아우구스티누스가 "나를 스승님 또는 주님이라고 부르는데, 그렇게 하는 것이 옳다."라는 요한복음서 13장 [13절]에[10] 대해 말하듯, "교만함을 조심해야 하는 자에게 자신을 자랑스럽게 여기는 것은 위험한 것이다. 그러나 모든 것 위에 있는 저분은 아무리 자신을 칭찬하더라도 과장하는 것이 아니다. 왜냐하면 우리에게는 하느님을 아는 것이 유익하지만, 그에게는 유익하지 않고, 또한 누구도 자기 자신을 아는 하느님 스스로 자신을 선포하지 않는다면, 그를 알지 못하기 때문이다." 따라서 하느님은 자신을 위해서가 아니라 우리를 위해서

---

것으로 이해된다. 왜냐하면 우리가 존재하고, 하느님은 자신의 영광을 우리의 유익을 위해 추구하기 때문이다. 그에 관해서는 '영광이 포함되어 있는 우리의 선을 그분은 필요로 하지 않는다'라고 쓰여 있기 때문이다(Ps. 15, 2).″ Cajetanus in h. a., n. IV.

AD SECUNDUM dicendum quod gloria quae habetur a Deo, non est gloria vana, sed vera. Et talis gloria bonis operibus in praemium repromittitur. De qua dicitur, II *ad Cor.* X0, [vv. 17-18]: *Qui gloriatur, in Domino glorietur: non enim qui seipsum commendat, ille probatus est; sed quem Deus commendat.* – Provocantur etiam aliqui ad virtutum opera ex appetitu gloriae humanae, sicut etiam ex appetitu aliorum terrenorum bonorum: non tamen est vere virtuosus qui propter humanam gloriam opera virtutis operatur, ut Augustinus probat, in V *de Civ. Dei*[12].

AD TERTIUM dicendum quod ad perfectionem hominis pertinet quod ipse cognoscat: sed quod ipse ab aliis cognoscatur non pertinet ad eius perfectionem, et ideo non est per se appetendum. Potest tamen appeti inquantum est utile ad aliquid: vel ad hoc quod Deus ab hominibus glorificetur; vel ad hoc quod homines proficiant ex bono quod in alio cognoscunt; vel ex hoc quod ipse homo ex bonis quae in se cognoscit per testimonium laudis alienae studeat in eis perseverare et ad meliora proficere. Et secundum hoc laudabile est quod *curam habeat aliquis de bono nomine,* et quod *provideat bona coram hominibus:* non tamen quod in hominum laude inaniter delectetur.[13]

---

12. C.12, n.4: PL 41, 156. Cf. q.131, a.1, ad3.
13. Cf. q.103, a.1, ad3.

자신의 영광을 구하는 것이 명백하다.[11] 마찬가지로, 인간도 "그들이 너희의 선한 행실을 보고 하늘에 계신 너희 아버지께 영광을 돌리게 하라."라는 마태오복음서 5장 [16절]에 따라, 칭찬할 만한 방식으로 다른 사람의 유익을 위해 자신의 영광을 욕구할 수 있다.

2. 하느님으로부터 가지게 되는 영광은 공허한 영광이 아니라 참된 영광이다. 그리고 이러한 영광은 선한 행위들의 보상을 위해 약속된다. 그것에 관해서는 "자랑하려 자는 주님 안에서 자랑해야 합니다. 인정을 받는 사람은 스스로 자신을 내세우는 자가 아니라 하느님께서 내세우는 사람입니다."라고 코린토 2서 10장 [17-18절]에서 말한다. 또한 어떤 이들은 인간적 영광의 욕구로부터, 마치 다른 세속적 선들에 대한 욕구로부터도 그런 것처럼 덕의 행위로 자극받는다. 그러나 아우구스티누스가 『신국론』 5권에서[12] 증명한 것처럼 인간적 영광을 위해 덕의 행위를 하는 사람은 참으로 덕스러운 자가 아니다.

3. 인간이 자신을 아는 것은 인간의 완성에 속하지만, 자신이 다른 이들로부터 알게 되는 것은 그의 완성에 속하지 않고, 따라서 그 자체로 욕구되어야 할 것이 아니다. 그러나 그것은 어떤 것을 위해 유익한 것인 한 욕구될 수 있다. 즉 하느님이 인간에 의해 영광을 받으시도록 하는 것, 혹은 인간들이 다른 사람 안에서 알게 된 선으로부터 진보하는 것, 또는 인간 자신이 타인의 칭찬의 증언을 통해 알게 된 자신 안에 있는 선들로부터 자신을 그 안에 항구히 머물도록 그리고 더 나은 것들로 나아가도록 힘쓰는 것을 위해서 욕구될 수 있다. 이에 따라 어떤 이가 선한 명성에 관해 신경을 쓰는 것과 사람들 앞에서 선한 것을 보살피는 것은 칭찬받을 만한 일이나, 사람들의 칭찬에서 헛되이 기뻐하는 것은 그렇지 않다.[13]

## Articulus 2
## Utrum inanis gloria magnanimitati opponatur

Ad secundum sic proceditur. Videtur quod inanis gloria magnanimitati non opponatur.

1. Pertinet enim ad inanem gloriam, ut dictum est,[1] quod aliquis glorietur in his quae non sunt, quod pertinet ad falsitatem; vel in rebus terrenis vel caducis, quod pertinet ad cupiditatem; vel in testimonio hominum, quorum iudicium non est certum, quod pertinet ad imprudentiam. Huiusmodi autem vitia non opponuntur magnanimitati. Ergo inanis gloria non opponitur magnanimitati.

2. Praeterea, inanis gloria non opponitur magnanimitati per defectum, sicut pusillanimitas, quae inani gloriae repugnans videtur. Similiter etiam nec per excessum: sic enim opponitur magnanimitati praesumptio et ambitio, ut dictum est,[2] a quibus inanis gloria differt. Ergo inanis gloria non opponitur magnanimitati.

3. Praeterea, *Philipp.* 2, super illud [V. 3], *Nihil per contentionem aut*[3] *inanem gloriam,* dicit Glossa[4]: *Erant aliqui inter eos dissentientes, inquieti, inanis gloriae causa contendentes.* Contentio autem non opponitur magnanimitati. Ergo neque inanis gloria.

---

1. A.1.
2. Q.130, a.2; q.131, a.2.

## 제2절 허영은 웅지에 대립하는가

Parall.: *In Sent.*, II, d.42, q.2, a.4.

[반론] 둘째에 대해서는 다음과 같이 진행된다. 허영은 웅지에 대립하지 않는 것으로 보인다.

1. 왜냐하면 이미 말한 것처럼,[1] 어떤 이가 존재하지 않는 것들 안에서 영광스럽게 생각하는 것은 허영에 속하고, 그것은 거짓에 속한다. 또는 지상적인 것이나 쉽게 없어질 것들 안에서 그런 것은 탐욕에 속한다. 또는 판단이 확실하지 않은 사람들의 증언 안에서 그런 것은 현명하지 못함에 속한다. 그러나 이러한 악습들은 웅지에 대립하지 않는다. 따라서 허영은 웅지에 대립하는 것이 아니다.

2. 허영은 허영에 상반되는 것으로 보이는 소심함의 경우처럼, 결핍을 통해 웅지에 대립하지 않는다. 마찬가지로 그것은 과도함을 통해서도 웅지에 대립하지 않는다. 왜냐하면 이미 말한 것처럼,[2] 허영과는 다른 자만과 야욕이 웅지에 그러한 방식으로 대립하기 때문이다. 따라서 허영은 웅지에 대립하는 것이 아니다.

3. 필리피서 2장 [3절]의 '어떤 것도 다툼이나[3] 허영을 통해'라는 구절에 대해 『주석』[4]은 "그들 사이에 불화하여 불안하고, 허영 때문에 다투는 어떤 이들이 있었다."라고 말한다. 그러나 다툼은 웅지에 반하지 않는다. 따라서 허영도 웅지에 반하지 않는다.

---

3. Vulgata: *neque*.
4. Ordin.: PL 114, 603B; Lombardus: PL 192, 232D. Cf. Ambrosiaster, *In Philipp.*, super 2,3: PL 17, 408B.

SED CONTRA est quod Tullius dicit, in I *de Offic.*[5]: *Cavenda est gloriae cupiditas: eripit enim animi libertatem, pro qua magnanimis viris omnis debet esse contentio.* Ergo opponitur magnanimitati.

RESPONDEO dicendum quod, sicut supra[6] dictum est, gloria est quidam effectus honoris et laudis, ex hoc enim quod aliquis laudatur, vel quaecumque reverentia ei exhibetur, redditur clarus in notitia aliorum. Et quia magnanimitas est circa honorem, ut supra[7] dictum est, consequens est etiam ut sit circa gloriam: ut scilicet sicut moderate utitur honore, ita moderate utatur gloria. Et ideo inordinatus appetitus gloriae directe magnanimitati opponitur.

AD PRIMUM ergo dicendum quod hoc ipsum magnitudini animi repugnat, quod aliquis res modicas tantum appretietur quod de eis glorietur: unde in IV *Ethic.*[8] dicitur de magnanimo quod sibi sit honor *parvum*. Similiter etiam et alia quae propter honorem quaeruntur, puta potentatus et divitiae, parva reputantur ab eo. — Similiter etiam magnitudini animi repugnat quod aliquis de his quae non sunt glorietur. Unde de magnanimo dicitur in IV *Ethic.*,[9] quod *magis curat veritatem quam opinionem.* — Similiter etiam et magnitudini animi

---

5. C.20: 3d. C. F. W. Müller, Lipsiae, 1910, p.24, ll.28-31.
6. Q.103, a.1, ad3.

제132문 제2절

[재반론] 그러나 반대로 키케로는 『의무론』 제1권[5]에서 "영광에 대한 탐욕은 경계해야 한다. 왜냐하면 모든 웅지 있는 자들에게는 마음의 자유를 위한 다툼이 있어야만 하는데, 그것은 마음의 자유를 빼앗기 때문이다."라고 말한다. 따라서 그것은 웅지에 대립한다.

[답변] 위에서[6] 말한 것처럼, 영광은 영예와 칭찬의 어떤 결과이다. 왜냐하면 어떤 이는 칭찬받거나 혹은 그에게 어떤 존경이 주어지는 것으로부터 다른 이들의 인식 속에서 빛나게 되기 때문이다. 그리고 위에서[7] 말한 것처럼, 웅지는 영예와 관련되기 때문에 그것은 또한 영광에 관련됨이 귀결된다. 즉 웅지는 영예를 적절히 사용하는 것처럼 영광도 적절히 사용해야 한다. 따라서 영광에 대한 무질서한 욕구는 직접적으로 웅지에 대립한다.

[해답] 1. 이것 자체는, 즉 어떤 이가 작은 일들을 그렇게 크게 평가하여 그것에 대해 자랑스러워하는 것은 마음의 위대함에 반한다. 그래서 『니코마코스 윤리학』 제4권[8]에서는 웅지를 품은 사람에 대해, 그에게 영예는 작은 것이라고 말한다. 마찬가지로, 권력이나 부처럼 영예를 위해 추구되는 다른 것들 또한 그에 의해 사소한 것으로 여겨진다. 또한 마찬가지로 어떤 이가 존재하지 않는 것들에 대해 자랑하는 것도 마음의 위대함에 반한다. 그러므로 『니코마코스 윤리학』 제4권[9]에서는 웅지를 품은 자에 대해 "그는 의견보다 진리를 더 염려한다."라고

---

7. Q.129. aa.1-2.
8. C.7, 1124a19-20; S. Th. lect.9, n.755.
9. C.8, 1124b27-28; S. Th. lect.10, n.773.

repugnat quod aliquis glorietur in testimonio laudis humanae, quasi hoc magnum aliquid aestimetur. Unde de magnanimo dicitur in IV *Ethic.*,[10] quod *non est ei cura ut laudetur.* — Et sic ea quae aliis virtutibus opponuntur nihil prohibet opponi magnanimitati, secundum quod habent pro magnis quae parva sunt.

AD SECUNDUM dicendum quod inanis gloriae cupidus, secundum rei veritatem, deficit a magnanimo: quia videlicet gloriatur in his quae magnanimus parva aestimat, ut dictum est.[11] Sed considerando aestimationem eius, opponitur magnanimo per excessum: quia videlicet gloriam quam appetit, reputat aliquid magnum, et ad eam tendit supra suam dignitatem.

AD TERTIUM dicendum quod, sicut supra[12] dictum est, oppositio vitiorum non attenditur secundum effectum. Et tamen hoc ipsum magnitudini animi opponitur, quod aliquis contentionem intendat: nullus enim contendit nisi pro re quam aestimat magnam. Unde Philosophus dicit, in IV *Ethic.*,[13] quod magnanimus *non est contentiosus, qui nihil aestimat magnum.*

---

10. C.8, 1125a6-9; S. Th. lect.10, n.779.
11. Ad1.

말한다. 마찬가지로, 어떤 이가 인간적인 칭찬의 증언 안에서, 마치 이 것이 어떤 큰 것으로 평가되는 양 자랑하는 것 또한 마음의 위대함에 반한다. 그래서 웅지를 품은 자에 관해 『니코마코스 윤리학』 제4권[10]에서는 "그에게 칭찬받기 위한 염려는 존재하지 않는다."라고 말한다. 따라서 어떤 것도 다른 덕들에 대립하는 것들이, 작은 것들을 큰 것들처럼 가지는 한, 웅지에 대립하는 것을 막지 못한다.

2. 허영을 탐하는 자는, 사물의 진리에 따르면 웅지에 있어 부족하다. 왜냐하면 이미 말한 것처럼,[11] 그는 말하자면 웅지를 품은 사람이 작게 여기는 것들 안에서 자랑하기 때문이다. 그러나 그의 평가를 고려할 때, 그는 웅지에 지나침을 통해 대립한다. 왜냐하면 그가 욕구하는 영광을 그는 말하자면 어떤 큰 것으로 간주하기 때문이고, 자신의 품위를 넘어 그것으로 향하기 때문이다.

3. 위에서[12] 말한 것처럼, 악습들의 반대는 결과에 따라 주목되지 않는다. 그러나 어떤 이가 다툼을 의도하는 것 자체는 마음의 위대함에 대립한다. 왜냐하면 누구도 그가 크다고 평가하는 것을 위해서가 아니면 다투지 않기 때문이다. 그러므로 철학자는 『니코마코스 윤리학』 제4권[13]에서 "어떤 것도 크다고 평가하지 않는 웅지를 품은 자는 다투지 않는다."라고 말한다.

---

12. Q.127, a.2, ad2.
13. C.8, 1125a15-17; S. Th. lect.10, n.782.

## Articulus 3
## Utrum inanis gloria sit peccatum mortale

Ad tertium sic proceditur. Videtur quod inanis gloria sit peccatum mortale.

1. Nihil enim excludit mercedem aeternam nisi peccatum mortale. Sed inanis gloria excludit mercedem aeternam: dicitur enim Matth. 6, [1]: *Attendite ne iustitiam vestram faciatis coram hominibus, ut videamini ab eis.* Ergo inanis gloria est peccatum mortale.

2. Praeterea, quicumque subripit sibi quod est Dei proprium, mortaliter peccat. Sed per appetitum inanis gloriae aliquis sibi attribuit quod est proprium Dei: dicitur enim Isaiae 42, [8]: *Gloriam meam alteri non dabo;* et I ad Tim. 1, [17]: *Soli Deo honor et gloria.* Ergo inanis gloria est peccatum mortale.

3. Praeterea, illud peccatum quod est maxime periculosum et nocivum, videtur esse mortale. Sed peccatum inanis gloriae est huiusmodi: quia super illud I *ad Thess.* 2, [4], *Deo qui probat corda nostra,* dicit Glossa[1] Augustini: *Quas vires nocendi habeat humanae gloriae amor, non sentit nisi qui ei bellum indixerit: quia etsi cuiquam facile est laudem non cupere dum negatur, difficile tamen est ea non delectari*

---

1. Ordin.: PL 114, 616C; Lombardus: PL 192, 293A. Cf. Augustinus, Epist. 22 *ad Aurel.*, c.2, n.8: PL 33, 93.

## 제3절 허영은 사죄인가

Parall.: *De malo*, q.9, a.2.

[반론] 셋째에 대해서는 다음과 같이 진행된다. 허영은 사죄인 것으로 보인다.

1. 왜냐하면 사죄가 아니면 어떤 것도 영원한 보상을 배제하지 않기 때문이다. 그러나 허영은 영원한 보상을 배제한다. 마태오복음서 6장 [1절]에서 "너희의 의로움을 사람들 앞에서 행하여, 그들에 의해 목격되지 않도록 주의하라."라고 말하기 때문이다. 그러므로 허영은 사죄이다.

2. 누구든 하느님의 고유한 것을 자신에게 빼돌리는 자는 사죄를 짓는다. 그런데 허영에 대한 욕구를 통해 어떤 자는 하느님의 고유한 것을 자신에게 귀속시킨다. 이사야서 42장 [8절]에서 "나는 내 영광을 남에게 돌리지 않겠다."라고 말하고, 또 티모테오 1서 1장 [17절]에서는 "오직 하느님께만 영예와 영광"이라 말하기 때문이다. 그러므로 허영은 사죄이다.

3. 가장 위험하고 해로운 죄는 사죄로 보인다. 그런데 허영의 죄는 그러한 것이다. 왜냐하면 "우리의 마음을 시험하시는 하느님께"라는 테살로니카 1서 2장 [4절]에 대해 아우구스티누스의 『주석』[1]은 "인간적 영광에 대한 사랑이 어떤 해로움의 힘을 가지는지는 그것에게 전쟁을 선포한 자가 아니고서는 감지하지 못한다. 왜냐하면 비록 칭찬이 거부될 때 칭찬을 탐하지 않는 것은 누구에게나 쉽다고 하더라도, 칭찬이 주어질 때 그것을 즐거워하지 않는 것은 어렵기 때문이다."라고

*cum offertur*. Chrysostomus etiam dicit, Matth. 6,[2] quod *inanis gloria occulte ingreditur, et omnia quae intus sunt insensibiliter aufert*. Ergo inanis gloria est peccatum mortale.

SED CONTRA est quod Chrysostomus dicit, *super Matth.*,[3] quod *cum cetera vitia locum habeant in servis Diaboli, inanis gloria locum habet etiam in servis Christi*. In quibus tamen nullum est peccatum mortale. Ergo inanis gloria non est peccatum mortale.

RESPONDEO dicendum quod, sicut supra[4] dictum est, ex hoc aliquod peccatum est mortale quod caritati contrariatur. Peccatum autem inanis gloriae, secundum se consideratum, non videtur contrariari caritati quantum ad dilectionem proximi. Quantum autem ad dilectionem Dei, potest contrariari caritati dupliciter. Uno modo, ratione materiae de qua quis gloriatur. Puta cum quis gloriatur de aliquo falso quod contrariatur divinae reverentiae: secundum illud Ezech. 28, [2]: *Elevatum est cor tuum, et dixisti: Deus ego sum;* et I ad Cor. 4, [7]: *Quid habes quod non accepisti? Si autem accepisti,*[5] *quare gloriaris quasi non acceperis?* Vel etiam cum quis bonum temporale de quo gloriatur, praefert Deo: quod prohibetur Ierem. 9, [vv. 23-24]: *Non glorietur sapiens in sapientia sua, nec fortis in fortitudine sua, nec*

---

2. Homil. 19, ad v.1: PG 57, 273.
3. *Opus imperf. in Matth.*, hom. 13, super 4, 1, n.4: PG 57, 212. (Inter opp. supp. Chrys.).
4. Q.35, a.3; I-II, q.72, a.5.

말하기 때문이다. 크리소스토무스 또한 마태오복음서 6장[에 대한 강론][2]에서 "허영은 몰래 들어와서 내면에 있는 모든 것을 무감각하게 빼앗아 간다."라고 말한다. 따라서 허영은 사죄이다.

[재반론] 그러나 반대로 크리소스토무스는 『마태오복음서 강론』에서[3] "다른 악습들은 악마의 종들 안에 자리를 차지하는 반면, 허영은 그리스도의 종들 안에도 자리를 차지한다."라고 말한다. 그러나 그들 안에는 어떤 사죄도 없다. 그러므로 허영은 사죄가 아니다.

[답변] 위에서[4] 말한 것처럼, 어떤 죄가 사죄인 것은 참사랑에 반대되기 때문이다. 그러나 그 자체에 따라 고찰된 허영의 죄는 이웃 사랑에 관계되는 한 참사랑에 반대되지 않는 것으로 보인다. 하지만 그것은 하느님에 대한 사랑에 관계되는 한두 가지 방식으로 참사랑에 반대될 수 있다. 하나의 방식으로는 어떤 이가 자랑하는 내용의 이유 때문이다. 예를 들어 "마음이 들어 높여져, 너는 '내가 하느님이다'라고 말했다."라는 에제키엘서 28장 [2절]에 따르면, 그리고 "그대가 가진 것 가운데에서 받지 않은 것이 어디 있습니까? 모두 받은 것이라면, 왜 받지 않은 양 자랑합니까?"[5]라는 코린토 1서 4장 [7절]에 따라 그러하다. 어떤 이가 어떤 거짓된 것에 대해 자랑할 때, 그것은 하느님에 대한 경외심에 반대된다. 또는 어떤 이가 자신이 자랑하는 현세적 선을 하느님보다 우선시할 때, 예레미야서 9장 [23-24절]은 그것을 금지한다. "지혜로운 이는 제 지혜를 자랑하지 말고, 용감한 이는 자기 용기를 자랑

---

5. Vulgata: *quid*.

*dives in divitiis suis: sed in hoc glorietur qui gloriatur, scire et nosse me.*[6] Aut etiam cum quis praefert testimonium hominum testimonio Dei: sicut contra quosdam dicitur Ioan. 12, [43]: *Qui dilexerunt magis gloriam hominum quam Dei.*[7]

Alio modo, ex parte ipsius gloriantis, qui intentionem suam refert ad gloriam tanquam ad ultimum finem: ad quem scilicet ordinet etiam virtutis opera, et pro quo consequendo non praetermittat facere etiam ea quae sunt contra Deum. Et sic est peccatum mortale. Unde Augustinus dicit, in V *de Civ. Dei.*,[8] quod *hoc vitium*, scilicet amor humanae laudis, *tam inimicum est piae fidei, si maior in corde sit cupiditas gloriae quam Dei timor vel amor, ut Dominus diceret* (Ioan. 5, [44]): *Quomodo potestis credere, gloriam ab invicem expectantes, et gloriam quae a solo Deo est non quaerentes?*

Si autem amor humanae gloriae, quamvis sit inanis, non tamen repugnet caritati, neque quantum ad id de quo est gloria, neque quantum ad intentionem gloriam quaerentis, non est peccatum mortale, sed veniale.

AD PRIMUM ergo dicendum quod nullus peccando meretur vitam aeternam. Unde opus virtuosum amittit vim merendi vitam aeternam si propter inanem gloriam fiat, etiam si illa inanis gloria

---

6. Vulgata: *Non glorietur sapiens in sapientia sua et non glorietur fortis in fortitudine sua et non glorietur dives in divitiis suis; sed in hoc,* etc.

하지 말며, 부유한 이는 제 부를 자랑하지 마라. 자랑하려는 이는 이런 일을, 곧 나를 이해하고 알아모시는 일을 자랑하여라."[6] 어떤 이가 인간들의 증언을 하느님의 증언보다 우선시할 때도 그렇다. 그것은 마치 요한복음서 12장 [43절]에서 어떤 이들에 반하여 "그들은 하느님에게서 받는 영광보다 사람들에게서 받는 영광을 더 사랑했다."라고 말하는 것과 유사하다.[7]

다른 방식으로는, 자랑하는 사람 자신의 편에서 비롯된다. 즉 그는 자신의 지향을 영광으로 돌리되, 마치 그것이 궁극 목적인 것처럼 하고, 덕의 행위 또한 그것으로 맞추며, 그것에 이르기 위해 심지어 하느님께 반하는 것들을 행하는 것조차 생략하지 않는 사람이다. 그리고 이렇게 그것은 사죄이다. 따라서 아우구스티누스는 『신국론』 제5권[8]에서 "이 악습, 즉 인간적 칭찬에 대한 사랑은 이렇게 경건한 신앙에 적대적인 것이어서, 만약 마음속에 하느님에 대한 두려움이나 사랑보다 영광에 대한 욕망이 더 크다면, 주님께서 말씀하신 것처럼"(요한복음서 5장 [44절]) "자기들끼리 영광을 주고받으면서 한 분이신 하느님에게서 받는 영광은 추구하지 않으니, 너희가 어떻게 믿을 수 있겠느냐?"라고 말한다.

그러나 만약 인간적 영광에 대한 사랑이, 비록 헛되다 하더라도 영광이 관련되는 것에 있어서나 영광을 찾는 의도에 있어서 참사랑에 반하지 않는다면, 그것은 사죄가 아니라 소죄이다.

---

7. Vulgata: *Dilexerunt enim gloriam hominum magis quam gloriam Dei.*
8. C.14: PL 41, 159.

non sit peccatum mortale. Sed quando aliquis simpliciter amittit aeternam mercedem propter inanem gloriam, et non solum quantum ad unum actum, tunc inanis gloria est peccatum mortale.

AD SECUNDUM dicendum quod non omnis qui est inanis gloriae cupidus, appetit sibi illam excellentiam quae competit soli Deo. Alia enim est gloria quae debetur soli Deo, et alia quae debetur homini virtuoso vel diviti.

AD TERTIUM dicendum quod inanis gloria dicitur esse periculosum peccatum non tam propter gravitatem sui, quam etiam propter hoc quod est dispositio ad gravia peccata: inquantum scilicet per inanem gloriam redditur homo praesumptuosus et nimis de se ipso confidens. Et sic etiam paulatim disponit ad hoc quod homo privetur interioribus bonis.

## Articulus 4
### Utrum inanis gloria sit vitium capitale

Ad quartum sic proceditur. Videtur quod inanis gloria non sit vitium capitale.

1. Vitium enim quod semper ex altero oritur, non videtur esse cap-

[해답] 1. 누구든 죄를 짓는다면 영원한 생명을 받을 자격을 유지하지 못한다. 따라서 후덕한 행업은, 만약 그것이 허영 때문에 행해지면, 비록 허영이 사죄가 아니라고 하더라도, 영원한 생명을 받을 자격을 잃게 만든다. 그러나 어떤 이가 단적으로 단지 하나의 행위와 관련해서만이 아니라 허영 때문에 영원한 보상을 잃어버릴 때, 허영은 사죄이다.

2. 허영을 탐하는 모든 이가 오직 하느님에게만 존재하는 탁월성을 자신에게 욕구하는 것은 아니다. 왜냐하면 오직 하느님께만 마땅한 영광과 후덕하거나 부유한 인간에게 마땅한 영광은 서로 다른 것이기 때문이다.

3. 허영이 위험한 죄라고 말하는 것은 그 자체의 중대성 때문이라기보다는, 차라리 중대한 죄를 향한 경향이기 때문이다. 즉 허영을 통해 인간이 자만에 이르게 되고, 자신을 지나치게 신뢰하게 되는 한에서 그렇다. 그리고 이렇게 인간은 차츰 내적인 선들을 상실하게 된다.

## 제4절 허영은 죄종인가

Parall.: I-II, q.84, a.4; *In Sent.*, II, d.42, q.2, a.3; Expos. litt., part.2; *De malo*, q.8, a.1; q.13, a.3.

[반론] 넷째에 대해서는 다음과 같이 진행된다. 허영은 죄종이 아닌 것으로 보인다.

1. 왜냐하면 항상 다른 악습에서 발생하는 악습은 죄종이 아닌 것으

itale. Sed inanis gloria semper ex superbia nascitur. Ergo inanis gloria non est vitium capitale.

2. Praeterea, honor videtur esse aliquid principalius quam gloria, quae est eius effectus. Sed ambitio, quae est inordinatus appetitus honoris, non est vitium capitale. Ergo etiam neque appetitus inanis gloriae.

3. Praeterea, vitium capitale habet aliquam principalitatem. Sed inanis gloria non videtur habere aliquam principalitatem: neque quantum ad rationem peccati, quia non semper est peccatum mortale; neque etiam quantum ad rationem boni appetibilis, quia gloria humana videtur esse quiddam fragile et extra hominem existens. Ergo inanis gloria non est vitium capitale.

SED CONTRA est quod Gregorius, XXXI *Moral.*,[1] numerat inanem gloriam inter septem vitia capitalia.

RESPONDEO dicendum quod de vitiis capitalibus dupliciter aliqui loquuntur. Quidam[2] enim ponunt superbiam unum de vitiis capitalibus. Et hi non ponunt inanem gloriam inter vitia capitalia.

Gregorius autem, in XXXI *Moral.*,[3] superbiam ponit *reginam omnium vitiorum:* et inanem gloriam, quae immediate ab ipsa oritur, ponit vitium capitale. Et hoc rationabiliter. Superbia enim, ut infra[4] dicctur, importat inordinatum appetitum excellentiae. Ex omni autem bono quod quis appetit, quandam perfectionem et ex-

로 보인다. 그러나 허영은 항상 교만에서 생겨난다. 따라서 허영은 죄종이 아니다.

   2. 영예는 그것의 결과인 영광보다 더 주요한 어떤 것으로 보인다. 그러나 영예에 대한 무질서한 욕구인 야욕은 죄종이 아니다. 따라서 허영에 대한 욕구도 죄종이 아니다.

   3. 죄종은 어떤 우선성을 가진다. 그런데 허영은 그러한 우선성을 가지지 않는 것으로 보인다. 죄의 관점에서는 그것이 항상 죄종이 아니고, 욕구의 대상인 선의 관점에서는 인간적 영광이 부서지기 쉽고 인간 밖에 존재하는 것으로 보이기 때문이다. 그러므로 허영은 죄종이 아니다.

   [재반론] 그러나 반대로 그레고리우스는 『욥기의 도덕적 해설』 제31권에서[1] 칠죄종 가운데 허영을 꼽는다

   [답변] 죄종들에 대해 어떤 이들은 두 가지 방식으로 이야기한다. 왜냐하면 어떤 이들은[2] 교만을 죄종들 중 하나로 제시하기 때문이다. 그리고 이들은 허영을 죄종들 사이에 두지 않는다. 그러나 그레고리우스는 『욥기의 도덕적 해설』 제31권에서[3] "교만을 모든 악습의 여왕"으로 제시하고, 그것 자체로부터 직접적으로 발생하는 허영을 죄종으로 제시한다. 그리고 이것은 합리적이다. 왜냐하면 교만은, 아래에서[4] 언급

---

1. C.45, al. 17, in vet. 31, n.87: PL 76, 621A.
2. Isidorus, *Quaest. in Vet. Test.,* c.16, super 7, 1, n.4: PL 83, 366D.
3. Loc. cit.: PL 76, 620D.
4. Q.162, aa.1-2.

cellentiam consequitur. Et ideo fines omnium vitiorum ordinantur in finem superbiae. Et propter hoc videtur quod habeat quandam generalem causalitatem super alia vitia, et non debeat computari inter specialia vitiorum principia, quae sunt vitia capitalia. — Inter bona autem per quae excellentiam homo consequitur, praecipue ad hoc operari videtur gloria, inquantum importat manifestationem bonitatis alicuius: nam bonum naturaliter amatur et honoratur ab omnibus. Et ideo sicut per *gloriam quae est apud Deum*,[5] consequitur homo excellentiam in rebus divinis; ita etiam per *gloriam hominum*[6] consequitur homo excellentiam in rebus humanis. Et ideo, propter propinquitatem ad excellentiam, quam homines maxime desiderant, consequens est quod sit multum appetibilis: et quod ex eius inordinato appetitu multa vitia oriantur. Et ita inanis gloria est vitium capitale.

AD PRIMUM ergo dicendum quod aliquod vitium oriri ex superbia non repugnat ei quod est esse vitium capitale: eo quod, sicut supra[7] dictum est, superbia est *regina et mater omnium vitiorum*.

AD SECUNDUM dicendum quod laus et honor comparantur ad gloriam, ut supra[8] dictum est, sicut causae ex quibus gloria sequitur.

---

5. 로마 4,2.
6. 요한 12,43.
7. In corp.; I-II, q.84, a.4, ad4.

하는 것처럼, 탁월성에 대한 무질서한 욕구를 내포하기 때문이다. 그러나 사람이 욕구하는 모든 선으로부터 그는 어떤 완전성과 탁월성에 다다른다. 그래서 모든 악습의 목적은 교만의 목적으로 질서 지어진다. 그리고 이것 때문에 교만은 다른 악습들에 관해 어떤 일반적인 원인을 가지는 것으로 보이며, 죄종인 악습들의 특별한 원리 사이에 있는 것으로 헤아려져서는 안 된다. 그러나 인간이 탁월성을 달성하는 데 사용되는 선들 가운데 특히 영광은, 어떤 이의 선성의 드러남을 의미하는 한, 이것을 위해 작용하는 것으로 보인다. 왜냐하면 선은 본성적으로 모든 이들로부터 사랑받고 존경받기 때문이다. 따라서 하느님에게 있는[5] 영광을 통해 인간이 신적인 일들 안에서 탁월성을 달성하는 것처럼, 또한 인간들의 영광을 통해[6] 인간은 인간적 일들 안에서 탁월성을 달성한다. 따라서 인간이 가장 갈망하는 탁월성에 가깝다는 점 때문에, 영광은 대단히 욕구될 만한 것이라는 것과 그것의 무질서한 욕구로부터 많은 악습이 발생한다는 것이 귀결된다. 따라서 허영은 죄종이다.

[해답] 1. 어떤 악습이 교만으로부터 발생함은 그것이 죄종임에 반하지 않는다. 왜냐하면 위에서[7] 말한 것처럼, 교만은 모든 악습의 여왕이자 어머니이기 때문이다.

2. 칭찬과 영예는 위에서[8] 말한 것처럼, 영광에 대해 마치 원인들처럼, 즉 이것들로부터 영광이 뒤따르는 것처럼 비교된다. 그러므로 영광은 그것들에 마치 목적처럼 비교된다. 왜냐하면 이것 때문에 어떤

---

8. A.2; q.103, a.1, ad3.

Unde gloria comparatur ad ea sicut finis: propter hoc enim aliquis amat honorari et laudari, inquantum per hoc aliquis aestimat se in aliorum notitia fore praeclarum.

AD TERTIUM dicendum quod inanis gloria habet principalem rationem appetibilis, ratione iam dicta⁹: et hoc sufficit ad rationem vitii capitalis. Non autem requiritur quod vitium capitale semper sit peccatum mortale: quia etiam ex veniali peccato potest mortale oriri, inquantum scilicet veniale disponit ad mortale.

## Articulus 5
### Utrum convenienter assignentur filiae inanis gloriae

Ad quintum sic proceditur. Videtur quod inconvenienter dicantur filiae inanis gloriae esse *inobedientia, iactantia, hypocrisis, contentio, pertinacia, discordia, novitatum praesumptio.*

1. Iactantia enim, secundum Gregorium, XXIII *Moral.*,[1] ponitur inter species superbiae. Superbia autem non oritur ex inani gloria, sed potius e converso, ut Gregorius dicit, XXXI *Moral.*.[2] Ergo iactantia non debet poni filia inanis gloriae.

---

9. In corp.

1. C.6, al. 4, in vet. 7, n.13: PL 76, 258C. Cf. XXXI, c.45, al. 17, in vet. 31, n.88: PL 76, 621A.

이는 영예를 얻고 칭찬받기를 사랑하기 때문이다. 즉 이것을 통해 어떤 이가 자신이 다른 이들의 인식 안에서 대단히 유명하게 되리라고 여기는 한 그러하다.

3. 허영은 이미 말한 이유로,[9] 욕구될 만한 주요한 이유를 가지고 있고, 이것은 죄종의 근거를 위해 충분하다. 그러나 죄종이 항상 사죄여야 한다는 것은 요구되지 않는다. 왜냐하면 소죄로부터 사죄가 발생할 수 있기 때문이다. 즉 소죄가 사죄로 준비시키는 한 그러하다.

## 제5절 허영의 딸들은 적절히 지정되는가

**Parall.**: Supra. q.21, a.4; q.37, a.2; q.38, a.2; q.105, a.1, ad2; q.112, a.1, ad2; infra, q.138, a.2, ad1; *De malo*, q.9, a.3.

[반론] 다섯째에 대해서는 다음과 같이 진행된다. 허영의 딸들이 불순종, 허세, 위선, 다툼, 완고함, 불화, 새로움에 대한 자만이라고 말하는 것은 부적절하게 보인다.

1. 허세는, 그레고리우스의 『욥기의 도덕적 해설』 제23권에[1] 따르면, 교만의 종들 사이에 위치한다. 그런데 그레고리우스가 『욥기의 도덕적 해설』 제31권에서[2] 말하듯, 교만이 허영으로부터 발생하는 것이 아니라, 오히려 그 역이다. 그러므로 허세는 허영의 딸로 제시되어서는 안 된다.

---

2. C.45, al. 17, in vet. 31, n.89: PL 76, 621C.

2. Praeterea, contentiones et discordiae videntur ex ira maxime provenire. Sed ira est capitale vitium inani gloriae condivisum. Ergo videtur quod non sint filiae inanis gloriae.

3. Praeterea, Chrysostomus dicit, *super Matth.*,³ quod *ubique vana gloria malum est, sed maxime in philanthropia,* idest in misericordia. Quae tamen non est aliquid novum, sed in consuetudine hominum existit. Ergo praesumptio novitatum non debet specialiter poni filia inanis gloriae.

SED CONTRA est auctoritas Gregorii, in XXXI *Moral.*,⁴ ubi praedictas filias inani gloriae assignat.

RESPONDEO dicendum quod, sicut supra⁵ dictum est, illa vitia quae de se nata sunt ordinari ad finem alicuius vitii capitalis, dicuntur filiae eius. Finis autem inanis gloriae est manifestatio propriae excellentiae, ut ex supra⁶ dictis patet. Ad quod potest homo tendere dupliciter. Uno modo, directe: sive per verba, et sic est iactantia; sive per facta, et sic, si sint vera, habentia aliquam admirationem, est praesumptio novitatum, quas homines solent magis admirari; si autem per ficta sit, sic est hypocrisis.⁷ — Alio autem modo nititur aliquis manifestare suam excellentiam indirecte, ostendendo se non esse alio minorem. Et hoc quadrupliciter. Primo quidem, quantum

---

3. Homil. 71, al. 71, n.3: PG 58, 665.
4. Loc. cit.
5. Q.118, a.8.

2. 다툼과 불화들은 주로 분노로부터 발생하는 것으로 보인다. 그런데 분노는 허영과 서로 분리된 죄종이다. 따라서 그것들은 허영의 딸이 아닌 것으로 보인다.

3. 크리소스토무스는 『마태오복음서 강론』에서[3] "어디서든 헛된 영광은 악이지만, 특히 박애 안에서," 즉 자비 안에서 그렇다고 말한다. 이것은 그러나 어떤 새로운 것이 아니라, 사람들의 관습 안에서 나타난다. 따라서 새로움에 대한 자만이 허영의 딸로 특별히 간주되어서는 안 된다.

[재반론] 그러나 반대로 『욥기의 도덕적 해설』 제31권에서[4] 앞서 언급된 딸들을 허영에 배정하는 그레고리우스의 권위가 존재한다.

[답변] 위에서[5] 말한 것처럼, 그 자체로 어떤 죄종의 목적으로 질서 지어지도록 생겨난 악습들은 죄종의 딸들이라 불린다. 그러나 위에서[6] 말한 것들로부터 분명하듯이, 허영의 목적은 자기 자신의 탁월성의 드러남이다. 인간은 두 가지 방식으로 그것을 향할 수 있다. 하나의 방식은 직접적인데, 말을 통해서라면 그것은 허세이고, 행위를 통해서라면, 만약 그것들이 참되고 어떤 경탄을 가지는 것이라면, 그것은 새로움에 대한 자만인데, 이것을 인간들은 더 경탄하는 경향이 있다. 그러나 만약 그것이 꾸며진 것이라면, 그것은 위선[7]이다. 다른 방식은 어떤 이가, 자신이 다른 이보다 더 열등하지 않음을 보임으로써, 자신의 탁월성을 간접적으로 드러내기를 노력하는 것이다. 그리고 이것은 네 가

---

6. Aa.1 & 4.
7. 허세(jactantia)에 대해서는 제112문, 위선(hypocrisia)에 대해서는 제111문을 보라.

ad intellectum: et sic est pertinacia, per quam homo nimis innititur suae sententiae, nolens credere sententiae meliori. Secundo, quantum ad voluntatem: et sic est discordia, dum non vult a propria voluntate discedere ut aliis concordet. Tertio, quantum ad locutionem: et sic est contentio, dum aliquis verbis clamose contra alium litigat. Quarto, quantum ad factum: et sic est inobedientia, dum scilicet aliquis non vult exequi superioris praeceptum.[8]

AD PRIMUM ergo dicendum quod, sicut supra[9] dictum est, iactantia ponitur species superbiae quantum ad interiorem causam eius, quae est arrogantia. Ipsa autem iactantia exterior. Ut dicitur in IV *Ethic.*,[10] ordinatur quandoque quidem ad lucrum, sed frequentius ad gloriam vel honorem. Et sic oritur ex inani gloria.

AD SECUNDUM dicendum quod ira non causat discordiam et contentionem nisi cum adiunctione inanis gloriae: per hoc scilicet quod aliquis sibi gloriosum reputat quod non cedat voluntati vel verbis aliorum.

AD TERTIUM dicendum quod inanis gloria vituperatur circa eleemosynam propter defectum caritatis, qui videtur esse in eo qui praefert inanem gloriam utilitati proximi, dum hoc propter illud facit. Non autem vituperatur aliquis ex hoc quod praesumat eleemosynam facere quasi aliquid novum.

---

8. 완고함(pertinacia)에 대해서는 제138문, 불화(discordia)에 대해서는 제37문, 논쟁(contentio)에 대해서는 제38문, 불순종(inoboedientia)에 대해서는 제105문을 보라.

지 방식으로 발생한다. 첫째는 지성에 관련되는 한에서인데, 이는 완고함이다. 이것을 통해 인간은 자신의 견해에 지나치게 의존하여 더 나은 견해를 믿지 않으려고 한다. 둘째는 의지에 관련되는 한에서인데, 이는 불화로, 어떤 이가 다른 이들과 일치하기 위해 자신의 의지에서 벗어나는 것을 원하지 않을 때 발생한다. 셋째는 말에 관련되는 한에서인데, 이는 다툼이고, 어떤 이가 큰 소리로 다른 이와 말로 싸울 때 발생한다. 넷째는 행위에 관련되는 한에서인데, 이는 불순종이고, 어떤 이가 상급자의 명령을 실행하지 않으려 할 때 발생한다.[8]

[해답] 1. 위에서[9] 말한 것처럼, 허세는 그것의 내적 원인인 오만과 관련되는 한 교만의 일종으로 제시된다. 『니코마코스 윤리학』 제4권에서[10] 말하는 것처럼, 허세는 때로는 이익으로 질서 지어지지만, 더 자주는 영광이나 영예로 질서 지어진다. 따라서 허세는 허영에서 비롯된다.

2. 분노는 허영과 결합할 때를 제외한다면, 즉 어떤 이가 다른 사람의 의지나 말에 굴복하지 않는 것을 자신에게 영광스러운 것으로 간주하는 것을 통해서가 아니면, 불화와 다툼을 일으키지 않는다.

3. 자선과 관련해서 허영은 참사랑의 결핍 때문에 비난받는다. 그 결핍은 이웃의 유익보다 허영을 선호하는 자 안에서, 그가 후자 때문에 전자를 행할 때 존재하는 것으로 보인다. 그러나 자선을 행하는 것을 마치 어떤 생소한 것인 양 감행하는 것으로부터는 어떤 사람이 비난받지 않는다.

---

9. Q.112; a.1, ad2.
10. C.13, 1127b11-13; 17-22; S. Th. lect.15, nn.842 & 844.

## QUAESTIO CXXXIII
## DE PUSILLANIMITATE
*in duos articulos divisa*

Deinde considerandum est de pusillanimitate.[1]
Et circa hoc quaeruntur duo.
*Primo:* utrum pusillanimitas sit peccatum.
*Secundo:* cui virtuti opponatur.

### Articulus 1
### Utrum pusillanimitas sit peccatum

Ad primum sic proceditur. Videtur quod pusillanimitas non sit peccatum.

1. Ex omni enim peccato aliquis efficitur malus, sicut ex omni virtute aliquis efficitur bonus. Sed *pusillanimus non est malus,* ut Philosophus dicit, in IV *Ethic..*[1] Ergo pusillanimitas non est peccatum.

2. Praeterea, Philosophus dicit, ibidem,[2] quod *maxime videtur*

---

1. Cf. q.130, Introd.

1. C.9, 1125a18-19; S. Th. lect.11, n.784.

# 제133문
# 소심함에 대하여
(전2절)

이어서 소심함에 대해 고찰해야 한다.[1] 그리고 이것과 관련해서 두 가지 질문이 있다.
1. 소심함은 죄인가?
2. 어떤 덕에 그것은 대립하는가?

## 제1절 소심함은 죄인가

Parall.: *In Ethic.*, IV, lect.11.

[반론] 첫째에 대해서는 다음과 같이 진행된다. 소심함은 죄가 아닌 것으로 보인다.

1. 왜냐하면 모든 죄로부터 어떤 이는 악하게 되고, 마찬가지로 모든 덕으로부터 어떤 이는 선하게 된다. 그러나 철학자가 『니코마코스 윤리학』 제4권에서[1] 말하듯이, 소심한 자는 악하지 않다. 따라서 소심함은 죄가 아니다.

2. 철학자는 같은 곳에서[2] "특히 소심한 자는 큰 선을 받을 자격이

---

2. C.7, 1123b12-13; S. Th. lect.8, n.740.

*pusillanimus esse qui magnis bonis dignus existit, et tamen his non dignificat seipsum.* Sed nullus est dignus magnis bonis nisi virtuosus: quia, ut ibidem[3] Philosophus dicit, *secundum veritatem solus bonus est honorandus.* Ergo pusillanimus est virtuosus. Non ergo pusillanimitas est peccatum.

3. Praeterea, *initium omnis peccati est superbia,* ut dicitur *Eccli.* 10, [15]. Sed pusillanimitas non procedit ex superbia: quia superbus extollit se supra id quod est; pusillanimus autem subtrahit se ab his quibus est dignus. Ergo pusillanimitas non est peccatum.

4. Praeterea, Philosophus dicit, in IV *Ethic.*,[4] quod *qui dignificat se minoribus quam sit dignus,* dicitur pusillanimus. Sed quandoque sancti viri dignificant seipsos minoribus quam sint digni: sicut patet de Moyse et Ieremia, qui digni erant officio ad quod assumebantur a Deo, quod tamen uterque eorum humiliter recusabat, ut habetur *Exod.* 3, [11][5] et Ierem. 1, [6]. Non ergo pusillanimitas est peccatum.

SED CONTRA, nihil in moribus hominum est vitandum nisi peccatum. Sed pusillanimitas est vitanda: dicitur enim *ad Coloss.* 3, [21]: *Patres, nolite ad indignationem provocare filios vestros: ut non pusillo animo fiant.* Ergo pusillanimitas est peccatum.

---

3. C.8, 1124a25-26; S. Th. lect.9, n.756.
4. C.7, 1123b9-13; S. Th. lect.8, n.740.
5. Cf. c.4, v.10.

있는 자임에도 불구하고, 스스로를 그것에 어울리는 것으로 평가하지 않는 사람으로 보인다."라고 말한다. 그러나 후덕한 자를 제외하면 누구도 큰 선을 받을 자격이 없다. 왜냐하면 같은 곳에서[3] 철학자가 말하듯, "참으로 오직 선한 자만이 영예롭게 되어야 한다." 그러므로 소심한 자는 후덕한 자이다. 따라서 소심함은 죄가 아니다.

3. 모든 죄의 시작은 교만이라고 집회서 10장 [15절]에서 말한다. 그런데 소심함은 교만으로부터 나오지 않는다. 왜냐하면 교만한 자는 자기 자신을 사실을 넘어 높이지만, 소심한 자는 그가 받을 자격이 있는 것들에서 자기 자신을 빼내기 때문이다. 따라서 소심함은 죄가 아니다.

4. 철학자가 『니코마코스 윤리학』 제4권에서[4] 말하기를 "자신을 그가 받을 마땅한 자격보다 더 작은 것에 어울린다고 평가하는 자는 소심한 자"라고 불린다. 그러나 때때로 성인들은 자신을 그들이 받을 마땅한 자격보다 더 작은 것에 어울린다고 평가한다. 예를 들어 그것은 모세와 예레미야로부터 분명하다. 탈출기 3장 [11절][5]과 예레미야서 1장 [6절]에서 관찰되듯이, 그들은 하느님으로부터 받은 임무에 합당한 자격이 있었으나, 그럼에도 각각 겸손하게 거절했다. 따라서 소심함은 죄가 아니다.

[재반론] 그러나 반대로 인간의 도덕적인 일에서 죄를 제외한 어떤 것도 회피해서는 안 된다. 그러나 소심함은 회피해야 한다. 왜냐하면 콜로새서 3장 [21절]에서 "아버지 여러분, 자녀들을 들볶지 마십시오. 그러다가는 그들의 마음을 소심하게 만들 것입니다."라고 말하기 때문이다. 그러므로 소심함은 죄이다.

RESPONDEO dicendum quod omne illud quod contrariatur naturali inclinationi est peccatum, quia contrariatur legi naturae. Inest autem unicuique rei naturalis inclinatio ad exequendam actionem commensuratam suae potentiae: ut patet in omnibus rebus naturalibus, tam animatis quam inanimatis. Sicut autem per praesumptionem aliquis excedit proportionem suae potentiae, dum nititur ad maiora quam possit[6]; ita etiam pusillanimus deficit a proportione suae potentiae, dum recusat in id tendere quod est suae potentiae commensuratum. Et ideo, sicut praesumptio est peccatum, ita et pusillanimitas. Et inde est quod servus qui acceptam pecuniam domini sui fodit in terram, nec est operatus ex ea, propter quendam pusillanimitatis timorem, punitur a domino: ut habetur Matth. 25, [14 sqq.] et Luc. 19, [12 sqq.].

AD PRIMUM ergo dicendum quod Philosophus illos nominat malos qui proximis inferunt nocumenta. Et secundum hoc, pusillanimus dicitur non esse malus, quia nulli infert nocumentum, nisi per accidens: inquantum scilicet deficit ab operationibus quibus posset alios iuvare. Dicit enim Gregorius, in *Pastorali*,[7] quod *illi qui prodesse utilitati proximorum in praedicatione refugiunt, si districte iudicentur, ex tantis rei sunt ex quantis venientes ad publicum prodesse potuerunt.*

AD SECUNDUM dicendum quod nihil prohibet aliquem habentem habitum virtutis peccare: venialiter quidem, etiam ipso habitu remanente; mortaliter autem, cum corruptione ipsius habitus virtutis

[답변] 자연적 경향에 반하는 모든 것은 죄이다. 왜냐하면 그것은 자연법에 반하기 때문이다. 각 사물에는, 생명이 있건 없건 모든 자연적 사물 안에서 분명하듯이, 자신의 능력에 상응하는 행위를 실행하기 위한 자연적 경향이 있다. 그런데 어떤 이가 자신이 할 수 있는 것보다 더 큰 것을 위해 노력할 때[6] 자만을 통해 자기 능력의 비례를 넘어가는 것처럼, 소심한 사람은 자신의 능력에 상응하는 것으로 향하기를 거절할 때 자기 능력의 비례에 미치지 못한다. 그러므로 자만이 죄인 것처럼 소심함도 죄이다. 그리고 거기로부터, 마태오복음서 25장 [14절 이하]와 루카복음서 19장 [12절 이하]에서 관찰되듯이, 주인의 돈을 받아 땅에 묻고 그것으로 일하지 않은 종은 어떤 소심함의 두려움 때문에 주인으로부터 처벌받는다.

[해답] 1. 철학자는 이웃에게 해를 초래하는 사람들을 악하다고 칭한다. 그리고 이에 따르면 소심한 자는 악하지 않다고 한다. 그는, 다른 이들을 도울 수 있는 행위를 하지 않은 한에서 부수적인 경우를 제외하고는, 어떤 이에게도 해를 초래하지 않기 때문이다. 왜냐하면 그레고리우스는 『사목 규칙』에서[7] "설교에서 이웃들의 유익에 도움이 됨을 회피하는 자들은, 만약 엄격히 판단된다면, 그들이 대중 앞으로 와서 도울 수 있었던 만큼, 그만큼의 책임이 있다."라고 말하기 때문이다.

2. 어떤 것도 덕의 습성을 가지는 어떤 이가 죄를 짓는 것을 막지 않는다. 소죄를 지을 경우, 그 습성 자체는 남아 있다. 그러나 사죄를 지

---

6. Cf. q.130, a.1.
7. P.I, c.5: PL 77, 19C.

gratuitae. Et ideo potest contingere quod aliquis ex virtute quam habet sit dignus ad aliqua magna facienda, quae sunt digna magno honore; et tamen, per hoc quod ipse non attentat sua virtute uti, peccat, quandoque quidem venialiter, quandoque autem mortaliter.

Vel potest dici quod pusillanimus est dignus magnis secundum habilitatem ad virtutem quae inest ei, vel ex bona dispositione naturae, vel ex scientia, vel ex exteriori fortuna: quibus dum recusat uti ad virtutem, pusillanimus redditur.

AD TERTIUM dicendum quod etiam pusillanimitas aliquo modo ex superbia potest oriri: dum scilicet aliquis nimis proprio sensui innititur, quo reputat se insufficientem ad ea respectu quorum sufficientiam habet. Unde dicitur *Prov.* 26, [16]: *Sapientior sibi piger videtur septem viris loquentibus sententias*. Nihil enim prohibet quod se quantum ad aliqua deiiciat, et quantum ad alia se in sublime extollat. Unde Gregorius, in *Pastorali*,[8] de Moyse dicit quod *superbus fortasse esset si ducatum plebis suae sine trepidatione susciperet: et rursum superbus existeret si Auctoris imperio obedire recusaret*.

AD QUARTUM dicendum quod Moyses et Ieremias digni erant officio ad quod divinitus eligebantur, ex divina gratia. Sed ipsi considerantes propriae infirmitatis insufficientiam, recusabant: non tamen pertinaciter, ne in superbiam laberentur.

---

8. P.I, c.7: PL 77, 20D.

을 경우, 그것은 무상으로 주어진 덕의 습성 자체가 파괴되어 사라진다. 따라서 어떤 이는 자신이 가지고 있는 덕으로부터 어떤 큰일을 행할 자격이 발생할 수 있다. 그러나 그 사람 자체가, 자신의 덕을 사용하려고 시도하지 않는 것을 통해, 때로는 소죄 때로는 사죄를 짓는다.

또한 소심한 자는, 그 안에 있는 덕을 향한 습성에 따라, 또는 본성의 좋은 성향이나 지식, 외적 운으로부터, 큰일에 합당하다고 말할 수 있다. 그가 이러한 것을 덕을 위해 사용하기를 거부할 때, 그는 소심한 자가 된다.

3. 소심함도 어떤 방식으로 교만으로부터 발생할 수 있다. 즉 어떤 이가 지나치게 자신의 감각에 의존할 때인데, 그것을 통해 그는 자신이 충분함을 가지고 있는 것과 관련하여 불충분하다고 여긴다. 그래서 잠언 26장 [16절]에서는 "게으름뱅이는 재치있게 대답하는 사람 일곱보다 자기가 더 지혜로운 줄 안다."라고 말한다. 왜냐하면 어떤 것도 어떤 이가 자신을 어떤 것과 관련해 낮추면서 다른 것과 관련해서 자신을 높이 들어 올리는 것을 막지 않기 때문이다. 그래서 그레고리우스는 『사목 규칙』에서[8] 모세에 대해 "아마도 그는, 만약 그가 망설임 없이 자신의 백성을 이끄는 것을 받아들였다면, 교만했을 것이다. 그리고 만약 그가 창조자의 명령에 복종하기를 거부했다면, 다시 그는 교만하게 되었을 것이다."라고 말한다.

4. 모세와 예레미야는 신적인 은혜로부터 하느님에 의해 선택되어 임무에 합당하게 되었다. 그러나 그들 자신은 자신들의 연약함의 불충분함을 고려하여 거부했다. 그러나 완고하게 그런 것이 아니라 교만으로 떨어지지 않기 위해 그렇게 한 것이다.

## Articulus 2
## Utrum pusillanimitas opponatur magnanimitati

Ad secundum sic proceditur. Videtur quod pusillanimitas non opponatur magnanimitati.

1. Dicit enim Philosophus, in IV *Ethic.*,[1] quod *pusillanimus ignorat seipsum: appeteret enim bona quibus dignus est, si se cognosceret.* Sed ignorantia sui videtur opponi prudentiae. Ergo pusillanimitas opponitur prudentiae.

2. Praeterea, Matth. 25, [26], servum qui propter pusillanimitatem pecunia uti recusavit, vocat Dominus *malum et pigrum.* Philosophus etiam dicit, in IV *Ethic.*,[2] quod pusillanimi *videntur pigri.* Sed pigritia opponitur sollicitudini, quae est actus prudentiae, ut supra[3] habitum est. Ergo pusillanimitas non opponitur magnanimitati.

3. Praeterea, pusillanimitas videtur ex inordinato timore procedere: unde dicitur Isaiae 35, [4]: *Dicite: Pusillanimes,*[4] *confortamini et nolite timere.* Videtur etiam procedere ex inordinata ira: secundum illud Coloss. 3, [21]: *Patres, nolite ad indignationem provocare filios vestros: ut non pusillo animo fiant.* Sed inordinatio timoris opponitur fortitudini, inordinatio autem irae mansuetudini. Ergo pusillanimitas non

---

1. C.9, 1125a22-24; S. Th. lect.11, n.786.
2. Loc. cit.

## 제2절 소심함은 웅지에 대립하는가

Parall.: Infra, q.162, a.1, ad3; *In Ethic.*, IV, lect.11.

[반론] 둘째에 대해서는 다음과 같이 진행된다. 소심함은 웅지에 대립하지 않는 것으로 보인다.

1. 왜냐하면 철학자가 『니코마코스 윤리학』 제4권에서[1] 말하길, "소심한 자는 자기 자신을 알지 못한다. 왜냐하면 만약 그가 자기 자신을 알았다면, 자신에게 합당한 선을 욕구했을 것이기 때문이다." 그러나 자신에 대한 무지는 현명에 대립하는 것으로 보인다. 따라서 소심함은 현명에 대립한다.

2. 마태오복음서 25장 [26절]에서 주인은 소심함 때문에 돈을 사용하기를 거절한 종을 '악하고 나태하다'고 말한다. 또한 철학자는 『니코마코스 윤리학』 제4권에서[2] "소심한 사람들은 나태한 것으로 보인다."라고 말한다. 그러나 위에서[3] 다룬 것처럼, 나태는 현명의 행위인 염려에 대립한다. 따라서 소심함은 웅지에 대립하지 않는다.

3. 소심함은 무질서한 두려움에서 나오는 것으로 보인다. 따라서 이사야서 35장 [4절]에서는 "너희는 이렇게 말하라: '소심한 자들아,[4] 굳세어져라, 두려워하지 마라.'"라고 말한다. 또한 콜로새서 3장 [21절]의 "아버지 여러분, 자녀들을 들볶지 마십시오. 그러다가는 그들의 마음을 소심하게 만들 것입니다."에 따르면, 소심함은 무질서한 분노에서 비

---

3. Q.47, a.1.
4. Vulgata: *Pusillanimis.*

opponitur magnanimitati.

4. Praeterea, vitium quod opponitur alicui virtuti, tanto gravius est quanto magis est virtuti dissimile. Sed pusillanimitas magis est dissimilis magnanimitati quam praesumptio. Ergo, si pusillanimitas opponeretur magnanimitati, sequeretur quod esset gravius peccatum quam praesumptio. Quod est contra id quod dicitur *Eccli.* 37, [3]: *O praesumptio nequissima, unde creata es?* Non ergo pusillanimitas magnanimitati opponitur.

SED CONTRA est quod pusillanimitas et magnanimitas differunt secundum *magnitudinem* et *parvitatem* animi, ut ex ipsis nominibus apparet. Sed magnum et parvum sunt opposita. Ergo pusillanimitas opponitur magnanimitati.

RESPONDEO dicendum quod pusillanimitas potest tripliciter considerari. Uno modo, secundum seipsam. Et sic manifestum est quod secundum propriam rationem opponitur magnanimitati, a qua differt secundum differentiam magnitudinis et parvitatis circa idem: nam sicut magnanimus ex animi magnitudine tendit ad magna, ita pusillanimus ex animi parvitate se retrahit a magnis. Alio modo potest considerari ex parte suae causae: quae ex parte intellectus, est ignorantia propriae conditionis; ex parte autem appetitus, est timor deficiendi in his quae falso aestimat excedere suam facultatem. Tertio modo potest considerari quantum ad effectum, qui est retrahere se

롯된 것으로 보인다. 그러나 두려움의 무질서는 용기에 대립하고, 분노의 무질서는 온순함에 대립한다. 따라서 소심함은 웅지에 대립한다.

4. 어떤 덕에 대립하는 악습은 그 덕과 다를수록, 그만큼 더 심각하다. 그러나 소심함은 자만보다 웅지와 더 다르다. 따라서 만약 소심함이 웅지에 대립한다면, 그것은 자만보다 더 심각한 죄가 될 것이다. 이것은 집회서 37장 [3절]에서 말하는 것처럼, "오, 사악한 자만아, 너는 어디서 생겨났단 말이냐."에 반한다. 따라서 소심함은 웅지에 반하지 않는다.

[재반론] 그러나 반대로 소심함과 웅지는, 이름 자체로부터 드러나듯이, 마음의 큼과 작음에 따라 다르다. 그러나 큼과 작음은 대립한다. 따라서 소심함은 웅지에 대립한다.

[답변] 소심함은 세 가지 방식으로 고려될 수 있다. 하나의 방식으로는 그 자체를 따라서이다. 그리고 이런 방식으로는 소심함이 자신의 고유한 본질에 따라 웅지에 반하는 것이 분명하다. 소심함은 웅지로부터 동일한 것들에 관해 큼과 작음의 차이에 따라 다르다. 왜냐하면 웅지를 품은 자가 마음의 큼으로부터 큰일로 향하듯이, 소심한 자들은 마음의 작음으로부터 자신을 큰일들로부터 물러서게 하기 때문이다. 다른 방식으로는 소심함이 그것의 원인의 부분에서 고려될 수 있다. 지성의 부분에서 그 원인은 자신의 상태에 대한 무지이다. 욕구의 부분에서 그 원인은 자신의 능력을 넘어선다고 잘못 판단한 것들 안에서 실패에 대한 두려움이다. 셋째 방식으로 소심함은 자신에게 합당한 큰 일들에서 자신을 물러서게 하는 결과와 관련되는 한 고려될 수 있다.

a magnis quibus est dignus. Sed sicut supra[5] dictum est, oppositio vitii ad virtutem attenditur magis secundum propriam speciem quam secundum causam vel effectum. Et ideo pusillanimitas directe magnanimitati opponitur.

AD PRIMUM ergo dicendum quod ratio illa procedit de pusillanimitate ex parte causae quam habet in intellectu. Et tamen non proprie potest dici quod opponatur prudentiae etiam secundum causam suam: quia talis ignorantia non procedit ex insipientia, sed magis ex pigritia considerandi suam facultatem, ut dicitur in IV *Ethic.*,[6] vel exequendi quod suae subiacet potestati.

AD SECUNDUM dicendum quod ratio illa procedit de pusillanimitate ex parte effectus.

AD TERTIUM dicendum quod ratio illa procedit ex parte causae. Nec tamen timor causans pusillanimitatem semper est timor periculorum mortis. Unde etiam ex hac parte non oportet quod opponatur fortitudini. — Ira autem, secundum rationem proprii motus, quo quis extollitur in vindictam, non causat pusillanimitatem, quae deiicit animum, sed magis tollit eam. Inducit autem ad pusillanimitatem ratione causarum irae, quae sunt iniuriae illatae, ex quibus deiicitur animus patientis.

AD QUARTUM dicendum quod pusillanimitas est gravius peccatum, secundum propriam speciem, quam praesumptio: quia per ipsam recedit homo a bonis, quod est pessimum, ut dicitur in IV

그러나 위에서⁵ 말한 것처럼, 덕에 대한 악습의 반대됨은 원인이나 결과에 따라서라기보다는 오히려 고유한 종에 따라 찾아진다. 따라서 소심함은 웅지에 직접적으로 대립한다.

[해답] 1. 이 논증은 소심함과 관련하여 그것이 지성 안에서 가지는 원인의 측면으로부터 진행된다. 그럼에도 딱히 소심함이 자신의 원인과 관련하여 현명에 대립한다고 말할 수 없다. 왜냐하면 그러한 무지는, 『니코마코스 윤리학』 제4권에서⁶ 말하듯, 어리석음이 아니라 오히려 자신의 능력을 고려하는 나태로부터 나온 것이기 때문이다. 또는 자신의 능력에 종속되는 것을 실행함의 나태로부터 비롯된 것이기 때문이다.

2. 이 논증은 소심함에 관해 그것의 결과 측면에서 비롯된 것이다.

3. 이 논증은 원인의 측면에서 비롯된다. 그러나 소심함을 발생시키는 두려움이 항상 죽음의 위험에 대한 두려움은 아니다. 따라서 이 측면에서부터도 소심함이 용기에 대립할 필요가 있는 것은 아니다. 한편 분노는, 어떤 이를 복수로 치켜올리는 고유한 운동을 지니고 있어서, 마음을 낙담시키는 소심함을 불러일으키지 않는다. 그러나 분노는, 분노의 원인인 가해진 불의들에 의해 피해자의 마음을 낙담시켜, 소심함을 초래한다.

4. 소심함은 고유한 종에 따라 자만보다 더 중한 죄이다. 왜냐하면 그것을 통해 인간이 선으로부터 물러서기 때문이다. 그것은 『니코마코

---

5. Q.127, a.2, ad2.
6. C.9, 1125a23-24; S. Th. lect.11, n.786.

*Ethic.*.[7] Sed praesumptio dicitur esse nequissima ratione superbiae, ex qua procedit.

---

7. C.9, 1125a20; S. Th. lect.11, n.785.

스 윤리학』 제4권에서[7] 말하는 것처럼 가장 나쁜 것이다. 그러나 자만은 그것을 낳는 교만의 이유로 가장 악하다고 말한다.

## QUAESTIO CXXXIV
# DE MAGNIFICENTIA
*in quatuor articulos divisa*

Deinde considerandum est de magnificentia[1] et vitiis oppositis.[2]

Circa magnificentiam autem quaeruntur quatuor.

*Primo:* utrum magnificentia sit virtus.

*Secundo:* utrum sit virtus specialis.

*Tertio:* quae sit materia eius.

*Quarto:* utrum sit pars fortitudinis.

### Articulus 1
### Utrum magnificentia sit virtus

Ad primum sic proceditur. Videtur quod magnificentia non sit virtus.

1. Qui enim habet unam virtutem, habet omnes, ut supra[1] habitum est. Sed aliquis potest habere alias virtutes sine magnificentia: dicit enim Philosophus, in IV *Ethic.*,[2] quod *non omnis liberalis est*

---

1. Cf. q.129, Introd.
2. Q.135.

# 제134문
# 관대에 대하여
### (전4절)

이어서 관대[1] 및 대립하는 악습들[2]에 대해 고찰해야 한다. 관대에 관해서는 네 가지를 고려해야 한다.

1. 관대는 덕인가?
2. 관대는 특수 덕인가?
3. 무엇이 그것의 영역인가?
4. 그것은 용기의 부분인가?

## 제1절 관대는 덕인가

**Parall.**: Supra, q.129, a.2; *In Ethic.*, IV, lect.6.

[반론] 첫째에 대해서는 다음과 같이 진행된다. 관대는 덕이 아닌 것으로 보인다.

1. 왜냐하면 위에서[1] 언급한 것처럼, 하나의 덕을 가진 자는 모든 덕을 가지기 때문이다. 그러나 어떤 이는 관대 없이 다른 덕들을 가질 수 있다. 왜냐하면 철학자는 『니코마코스 윤리학』 제4권에서[2] "모든 아량

---

1. I-II, q.65, a.1.
2. C.4, 1122a29; S. Th. lect.6, n.710.

*magnificus*. Ergo magnificentia non est virtus.

2. Praeterea, virtus moralis consistit in medio, ut in II *Ethic.*³ dicitur. Sed magnificentia non videtur consistere in medio. *Superexcellit enim liberalitatem magnitudine.*⁴ Magnum autem opponitur parvo sicut extremum, quorum medium est aequale, ut dicitur X *Metaphys.*⁵ Et sic magnificentia non est in medio, sed in extremo. Ergo non est virtus.

3. Praeterea, nulla virtus contrariatur inclinationi naturali, sed magis perficit ipsam, ut supra⁶ habitum est. Sed sicut Philosophus dicit, in IV *Ethic.*,⁷ *magnificus non est sumptuosus in seipsum:* quod est contra inclinationem naturalem, per quam aliquis maxime providet sibi. Ergo magnificentia non est virtus.

4. Praeterea, secundum Philosophum, in VI *Ethic.*,⁸ ars est *recta ratio factibilium*. Sed magnificentia est circa factibilia: ut ex ipso nomine apparet. Ergo magis est ars quam virtus.

SED CONTRA, virtus humana est participatio quaedam virtutis divinae. Sed magnificentia pertinet ad virtutem divinam: secundum illud Psalmi [Ps. 67, 35]: *Magnificentia eius et virtus eius in nubibus.*

---

3. C.6, 1106b36-1107a2; S. Th. lect.7, nn.322-323.
4. *Ethica Nic.*, IV, c.4, 1122a20-23; S. Th. lect.6, n.708.

있는 자가 관대한 것은 아니다."라고 말하기 때문이다. 따라서 관대는 덕이 아니다.

2. 도덕적 덕은 중용에서 성립된다고 『니코마코스 윤리학』 제2권에서[3] 말한다. 그러나 관대는 중용에서 성립되지 않는 것으로 보인다. 왜냐하면 "그것은 아량을 큼에서 능가하기 때문이다."[4] 그런데 큼은 작음에 마치 극단처럼 대립하고, 그것들의 중간은 동등성이라고 『형이상학』 제10권에서[5] 말한다. 따라서 관대는 중용에 있지 않고 극단에 있다. 그러므로 그것은 덕이 아니다.

3. 위에서[6] 언급한 것처럼, 어떤 덕도 자연적 경향에 반대되지 않고, 오히려 그것을 완성한다. 그러나 철학자가 『니코마코스 윤리학』 제4권에서[7] 말하듯이 관대한 자는 자기 자신과 관련하여 사치스럽지 않은데, 이는 어떤 이가 자신을 가장 보살피려는 자연적 경향에 반한다. 따라서 관대는 덕이 아니다.

4. 『니코마코스 윤리학』 제6권에서[8] 철학자에 따르면, 기예는 "만들 수 있는 것들에 대한 올바른 이성"이다. 그러나 관대는, 그 이름 자체로부터 분명하듯이, 만들 수 있는 것들에 관련된다. 따라서 그것은 덕이라기보다는 오히려 기예이다.

[재반론] 그러나 반대로 인간적 덕은 어떤 신적인 덕에 참여하는 것이다. 그런데 시편 68[67]장 [35절]의 "그분의 관대와 그분의 권능이

---

5. C.5, 1055b30-32; S. Th. lect.7, n.2059.
6. Q.108, a.2; q.117, a.1, obj.1.
7. C.5, 1123a4-5; S. Th. lect.7, n.727.
8. C.4, 1140a10; S. Th. lect.3, n.1153.

Ergo magnificentia est virtus.

RESPONDEO dicendum quod, sicut dicitur in I *de Caelo*,[9], *virtus dicitur per comparationem ad ultimum in quod potentia potest:* non quidem ad ultimum ex parte defectus; sed ex parte excessus, cuius ratio consistit in magnitudine. Et ideo operari aliquid magnum, ex quo sumitur nomen *magnificentiae*, proprie pertinet ad rationem virtutis. Unde magnificentia nominat virtutem.

AD PRIMUM ergo dicendum quod non omnis liberalis est magnificus quantum ad actum: quia desunt sibi ea quibus uti necesse est ad actum magnificum. Tamen omnis liberalis habet habitum magnificentiae, vel actu vel in propinqua dispositione: ut supra[10] dictum est, cum de connexione virtutum ageretur.[11]

AD SECUNDUM dicendum quod magnificentia consistit quidem in extremo, considerata quantitate eius quod facit. Sed tamen in medio consistit, considerata regula rationis, a qua non deficit nec eam excedit: sicut et de magnanimitate dictum est.[12]

AD TERTIUM dicendum quod ad magnificentiam pertinet facere aliquid magnum. Quod autem pertinet ad personam uniuscuiusque, est aliquid parvum in comparatione ad id quod convenit rebus divinis vel rebus communibus. Et ideo magnificus non principaliter intendit sumptus facere in his quae pertinent ad personam propriam: non quia bonum suum non quaerat, sed quia non est magnum. — Si

구름 속에 있다."에 따라 관대는 신적인 덕에 속한다. 따라서 관대는 덕이다.

[답변] 『천체론』 제1권[9]에서 말하듯 덕은 능력이 할 수 있는 궁극적인 것과의 견줌을 통해 말해지지만, 이는 결함의 측면에서 궁극적인 것이 아니라 초과의 측면에서이고, 그것의 본질은 큼 안에 구성된다. 따라서 관대라는 이름의 유래가 되는 어떤 큰 것을 행함은 고유하게 덕의 개념에 속한다. 그러므로 관대는 덕을 의미한다.

[해답] 1. 모든 아량 있는 자가 행위와 관련하여 관대한 것은 아니다. 왜냐하면 관대한 행동을 위해 사용할 필요가 있는 것들이 그에게 부족하기 때문이다. 그러나 모든 아량 있는 자는, 위에서[10] 덕들의 연결에 대해 다룰 때[11] 말한 것처럼, 행위 안에서든 그것과 가까운 성향 안에서든 관대의 습성을 가진다.

2. 관대는 그것이 행하는 것의 양이 고려될 경우, 극단에서 구성된다. 그러나 이성의 규칙이 고려될 경우, 중용 안에 구성된다. 관대는 이성의 규칙에서 부족하지도 않고 그것을 넘어서지도 않는다. 그것은 또한 웅지에 관해 말한 것과 같다.[12]

3. 관대는 어떤 큰 것을 행함에 속한다. 그런데 각 사람에게 속하는 것은 신성한 일들이나 공공의 일들에 적합한 것에 견주어볼 때 어떤 작은 것이다. 따라서 관대한 자는 주로 고유하게 개인에 속하는 것들

---

9. C.11, 281a14-19; S. Th. lect.25, n.4.
10. I-II, q.65, a.1, ad1.
11. Cf. q.129, a.3, ad2.
12. Q.129, a.3, ad1.

quid tamen in his quae ad ipsum pertinent magnitudinem habeat, hoc etiam magnifice magnificus prosequitur: sicut *ea quae semel fiunt, ut nuptiae vel aliquid aliud huiusmodi;* vel etiam ea quae permanentia sunt, sicut ad magnificum pertinet *praeparare convenientem habitationem,* ut dicitur in IV *Ethic.*.[13]

AD QUARTUM dicendum quod, sicut Philosophus dicit, in VI *Ethic.*,[14] *oportet artis esse quandam virtutem,* scilicet moralem: per quam scilicet appetitus inclinetur ad recte utendum ratione artis. Et hoc pertinet ad magnificentiam. Unde non est ars, sed virtus.

## Articulus 2
### Utrum magnificentia sit specialis virtus

Ad secundum sic proceditur. Videtur quod magnificentia non sit specialis virtus.

1. Ad magnificentiam enim videtur pertinere facere aliquid magnum. Sed facere aliquid magnum potest convenire cuilibet virtuti, si sit magna: sicut qui habet magnam virtutem temperantiae, facit magnum temperantiae opus. Ergo magnificentia non est aliqua specialis

---

13. C.5, 1122b35-1123a1, 6-9; S. Th. lect.726 & 728.

안에서 비용을 지출하는 것을 의도하지 않는다. 왜냐하면 그가 자신의 선을 구하지 않아서가 아니라, 그것은 큰 것이 아니기 때문이다. 그러나 만약 자신에게 속하는 것 중에서 어떤 것이 큼을 가진다면, 관대한 자는 이것을 관대하게 수행한다. 예를 들어, 『니코마코스 윤리학』 제4권에서[13] 말하듯, "결혼이나 그와 유사한 어떤 다른 것과 같이 한 번 발생하는 것들" 또는 지속적인 것들, 예를 들어 "적절한 거주지를 준비하는 것"은 관대한 자에게 속한다.

4. 철학자가 『니코마코스 윤리학』 제6권에서[14] 말하듯, "기예의 필요조건은 어떤 덕, 즉 도덕적 덕이어야 한다." 도덕적 덕을 통해 욕구는 기예의 이성을 올바르게 사용하는 것으로 기울어진다. 따라서 관대는 기예가 아니라 덕이다.

## 제2절 관대는 특수 덕인가

Parall.: Infra, q.152, a.3; *In Sent.*, IV, d.17, q.3, a.2, q.la 3.

[반론] 둘째에 대해서는 다음과 같이 진행된다. 관대는 특수 덕이 아닌 것으로 보인다.

1. 왜냐하면 관대에는 어떤 큰 것을 행함이 속하는 것으로 보이기 때문이다. 그러나 어떤 큰 것을 행함은 어떤 덕이든 그것이 크다면 거기에 적합할 수 있다. 예를 들어 절제의 큰 덕을 가진 이는 절제의 큰 행업을 행한다. 따라서 관대는 어떤 특수 덕이 아니라, 모든 덕의 완전한

---

14. C.5, 1140b22; S. Th. lect.4, n.1172.

virtus, sed significat statum perfectum cuiuslibet virtutis.

2. Praeterea, eiusdem videtur facere aliquid et tendere in illud. Sed tendere in aliquid magnum pertinet ad magnanimitatem, ut supra[1] dictum est. Ergo et facere aliquid magnum pertinet ad magnanimitatem. Non ergo magnificentia est virtus distincta a magnanimitate.

3. Praeterea, magnificentia videtur ad sanctitatem pertinere: dicitur enim *Exod.* 15, [11]: *Magnificus in sanctitate;* et in Psalmo [Ps. 95, 6]: *Sanctitas et magnificentia in sanctificatione eius.* Sed sanctitas idem est religioni, ut supra[2] habitum est. Ergo magnificentia videtur esse idem religioni. Non ergo est virtus specialis ab aliis distincta.

SED CONTRA est quod Philosophus connumerat eam aliis virtutibus specialibus.[3]

RESPONDEO dicendum quod ad magnificentiam pertinet *facere* aliquid *magnum:* sicut ex ipso nomine apparet. Facere autem dupliciter potest accipi: uno modo, proprie; alio modo, communiter. Proprie autem facere dicitur operari aliquid in exteriori materia: sicut facere domum vel aliquid aliud huiusmodi. Communiter autem dicitur facere pro quacumque actione: sive transeat in exteriorem materiam, sicut urere et secare; sive maneat in ipso agente, sicut in-

---

1. Q.129, a.1.
2. Q.81, a.8.

상태를 의미한다.

2. 어떤 것을 행함과 그것으로 향함은 같은 것의 다른 이름이다. 그런데 위에서[1] 말한 것처럼, 어떤 큰 것으로 향함은 웅지에 속한다. 따라서 어떤 큰 것을 행함은 웅지에 속한다. 그러므로 관대는 웅지로부터 구분된 덕이 아니다.

3. 관대는 성성(聖性)에 속하는 것으로 보인다. 왜냐하면 탈출기 15장 [11절]에서 "거룩함(성성)에서 위대(관대)하다."고 말하고, 시편 96[95]장 [6절]에서는 "성성과 관대가 그분의 성소(聖所)에 있다."고 말하기 때문이다. 그런데 위에서[2] 언급한 것처럼, 성성은 종교와 동일한 것이다. 따라서 관대는 종교와 동일한 것으로 보인다. 그러므로 관대는 다른 것들로부터 구분되는 특수 덕이 아니다.

[재반론] 그러나 반대로 철학자는 관대를 다른 특수 덕과 함께 나열한다.[3]

[답변] 관대에는, 그 이름에서 분명하듯 어떤 큰 것을 행함이 속한다. 행함은 이중적 방식으로 이해될 수 있다. 하나의 방식으로는 고유하게, 다른 방식으로는 일반적으로 이해되는 것이다. 고유하게 행함은 어떤 것을 외적인 영역에서 작업하는 것을 의미한다. 예를 들어 집을 짓거나 또는 그와 같은 어떤 다른 것을 만드는 것이다. 일반적으로 행함은 모든 활동을 가리킨다. 그것이, 예를 들어 불태움과 자름과 같

---

3. *Ethica Nic.*, II, c.7, 1107b17-21; S. Th. lect.8, n.344; IV, c.4, 1122a18-19; S. Th. lect.6, n.707.

telligere et velle.⁴ Si igitur magnificentia accipiatur secundum quod importat factionem alicuius magni prout factio proprie dicitur, sic magnificentia est specialis virtus. Opus enim factibile producitur ab arte.⁵ In cuius quidem usu potest attendi una specialis ratio bonitatis quod ipsum opus factum per artem sit magnum, scilicet in quantitate, pretiositate vel dignitate: quod facit magnificentia. Et secundum hoc magnificentia est specialis virtus. – Si vero nomen magnificentiae accipiatur ab eo quod est facere magnum secundum quod facere communiter sumitur, sic magnificentia non est specialis virtus.

AD PRIMUM ergo dicendum quod ad quamlibet virtutem perfectam pertinet magnum facere in suo genere, secundum quod facere communiter sumitur: non autem secundum quod sumitur proprie, sed hoc est proprium magnificentiae.

AD SECUNDUM dicendum quod ad magnanimitatem pertinet non solum tendere in magnum, sed etiam *in omnibus virtutibus magnum operari,* vel faciendo vel qualitercumque agendo, ut dicitur in IV *Ethic.*⁶: ita tamen quod magnanimitas circa hoc respicit solam rationem magni. Aliae autem virtutes, quae, si sint perfectae, magnum operantur, non principaliter dirigunt intentionem suam ad magnum, sed ad id quod est proprium unicuique virtuti: magnitudo autem consequitur ex quantitate virtutis.

Ad magnificentiam vero pertinet non solum facere magnum secundum quod facere proprie sumitur: sed etiam ad magnum faciendum

이 외적 영역으로 넘어가든, 이해함과 의지함과 같이 행위자 자체 안에 머물든 그러하다.[4] 따라서 만약 관대가 어떤 큰일의 행함을 의미하는 것에 따라 받아들여진다면, 행함이 고유하게 말해지는 한, 관대는 특수 덕이다. 왜냐하면 만들 수 있는 작품은 기예에 의해 생산되기 때문이다.[5] 기예의 사용에서 하나의 특수한 선의 측면이 주목될 수 있다. 그것은 기예를 통해 만들어진 작품 자체가 양, 가치, 또는 품위에서 크다는 것이다. 그리고 이것을 관대가 만든다. 이에 따라 관대는 특수 덕이다. 그러나 만약 관대의 명칭이 큰 것을 행함으로부터 받아들여지되, 행함이 일반적 의미로 이해되는 한 관대는 특수 덕이 아니다.

[해답] 1. 모든 완전한 덕에는 자신의 유(類)에 큰 것을 행함이 속한다. 이는 행함이 일반적으로 받아들여지는 한에서이지, 고유한 의미로 받아들여지는 한에서는 아니다. 후자는 관대에 고유한 것이다.

2. 『니코마코스 윤리학』 제4권에서[6] 말하듯, 웅지에는 큰 것을 향하는 것뿐만 아니라 제작 또는 어떤 식으로든 실행을 통해, 모든 덕에서 큰 것을 행함도 속한다. 그래서 웅지는 이와 관련하여 오직 큰 것의 측면에 주목한다. 다른 덕들은, 만약 완전하다면 큰 것을 행하지만, 그들의 의도를 주로 큰 것을 향해 겨누지 않고 각 덕에 고유한 것을 향해 겨눈다. 그러나 큼은 덕의 크기에서 나온다.

그러나 관대에는, 행함이 고유하게 받아들여지는 한, 단지 큰 것을

---

4. 행위자 안에 머무는 행위와 외적 영역으로 넘어가는 행위에 관해: Cf. I, q.18, a.3, ad1; q.23, a.2, ad1; q.27, aa.1 & 3 & 5; etc.; I-II, q.3, a.2, ad3; q.31, a.5; q.74, a.1, a.6, ad1; q.90, a.1, ad2; etc.
5. Cf. I-II, q.57, aa.3-4; a.5, obj.1 et ad1; q.58, a.2, ad1; q.68, a.4, ad1.
6. C.7, 1123b30; S. Th. lect.8, n.746.

tendere animo: unde Tullius dicit, in sua Rhetorica,[7] quod *magnificentia est rerum magnarum et excelsarum, cum animi quadam ampla et splendida propositione, cogitatio atque administratio;* ut *cogitatio* referatur ad interiorem intentionem, *administratio* ad exteriorem executionem. Unde oportet quod sicut magnanimitas intendit aliquod magnum in omni materia, ita magnificentia in aliquo opere factibili.

AD TERTIUM dicendum quod magnificentia intendit opus magnum facere. Opera autem ab hominibus facta ad aliquem finem ordinantur. Nullus autem finis humanorum operum est adeo magnus sicut honor Dei. Et ideo magnificentia praecipue magnum opus facit in ordine ad honorem Dei. Unde Philosophus dicit, in IV *Ethic.*,[8] quod *honorabiles sumptus sunt maxime qui pertinent ad divina sacrificia: et circa hoc maxime studet magnificus.* Et ideo magnificentia coniungitur sanctitati: quia praecipue eius effectus ad religionem, sive ad sanctitatem, ordinatur.

행함뿐만 아니라, 마음으로 큰 것을 행함으로 기울어짐도 속한다. 따라서 키케로는 자신의 『수사학』[7]에서 "관대는 마음의 어떤 넓고 빛나는 제안과 함께하는 크고 높은 일들에 관한 사유와 처리이다."라고 말한다. 말하자면 생각은 내적 의도에, 처리는 외적 실행에 관계된다. 따라서 웅지가 모든 영역 안에서 어떤 큰 것을 의도하듯이, 관대는 만들 수 있는 어떤 작업 안에서 어떤 큰 것을 지향한다.

3. 관대는 큰 행업을 행함을 의도한다. 그러나 인간들에 의해 이루어진 모든 행업은 어떤 목적으로 질서 지어져 있다. 하지만 어떤 인간 행업의 목적도 하느님의 영예와 같이 그렇게 크지는 않다. 그런데 관대는 특히 하느님의 영예를 향한 질서 안에서 큰 행업을 수행한다. 그래서 철학자는 『니코마코스 윤리학』 제4권에서[8] "가장 영예로운 지출은 신적 희생제사에 속하고, 관대한 자는 이와 관련해서 가장 열심이다."라고 말한다. 따라서 관대는 성성에 연결된다. 왜냐하면 그것의 결과가 주로 종교나 성성으로 질서 지어지기 때문이다.

---

7. *De invent. rhet.,* II, c.54; ed. G. Friedrich, Lipsiae, 1908, p.231, ll.7-10.
8. C.5, 1122b19-23; 33-35; S. Th. lect.7; nn.719 & 725.

## Articulus 3
## Utrum materia magnificentiae sint sumptus magni

Ad tertium sic proceditur. Videtur quod materia magnificentiae non sint sumptus magni.

1. Circa eandem enim materiam non sunt duae virtutes. Sed circa sumptus est liberalitas, ut supra[1] habitum est. Ergo magnificentia non est circa sumptus.

2. Praeterea, *omnis magnificus est liberalis,* ut dicitur in IV *Ethic.*.[2] Sed liberalitas magis est circa dona quam circa sumptus. Ergo etiam magnificentia non praecipue est circa sumptus, sed magis circa dona.

3. Praeterea, ad magnificentiam pertinet aliquod opus exterius facere. Non autem quibuslibet sumptibus fit aliquod exterius opus, etiam si sint sumptus magni: puta cum aliquis multa expendit in exenniis mittendis. Ergo sumptus non sunt propria materia magnificentiae.

4. Praeterea, magnos sumptus non possunt facere nisi divites. Sed omnes virtutes possunt habere etiam pauperes: quia virtutes non ex necessitate indigent exteriori fortuna, sed sibi ipsis sufficiunt, ut Seneca dicit, in libro *de Ira.*[3] Ergo magnificentia non est circa magnos sumptus.

---

1. Q.117, a.2.
2. C.4, 1122a29; S. Th. lect.6, n.710.

## 제3절 큰 지출은 관대의 영역인가

**Parall.**: *In Sent.*, IV, d.33, q.3, a.2; *In Ethic.*, IV, lect.6.

[반론] 셋째에 대해서는 다음과 같이 진행된다. 큰 지출은 관대의 영역이 아닌 것으로 보인다.

1. 왜냐하면 동일한 영역에 관해서는 두 덕이 존재하지 않기 때문이다. 그런데 위에서[1] 언급한 것처럼, 지출에 관해서는 아량이 있다. 따라서 관대는 지출에 관한 것이 아니다.

2. "모든 관대한 자는 아량이 있다."라고 『니코마코스 윤리학』 제4권에서[2] 말한다. 그런데 아량은 지출보다 선물과 더 관련이 있다. 따라서 관대도 주로 지출이 아니라 오히려 선물에 관한 것이다.

3. 관대에는 어떤 외적 행업을 행함이 포함된다. 그러나 어떤 지출에도, 예를 들어 어떤 이가 선물을 보내는 데에 많은 지출을 할 때처럼 비록 그것이 큰 지출이라 하더라도, 어떤 외적 행업이 귀속되는 것은 아니다. 따라서 지출은 관대의 고유한 영역이 아니다.

4. 부자가 아니면 큰 지출을 할 수 없다. 그런데 심지어 가난한 자들도 모든 덕을 가질 수 있다. 왜냐하면 세네카가 『분노론』[3]에서 말하듯, "덕은 필연적으로 외적 재산을 필요로 하는 것이 아니고, 그것 자체로 충분하기 때문이다."라고 말하기 때문이다. 따라서 관대는 큰 지출에 관한 것이 아니다.

---

3. C.9: ed. E. Hermes, Lipsiae, 1905, p.56, l.7. Cf. *De vita beata*, c.16: ed. cit., p.213, ll.28-29.

SED CONTRA est quod Philosophus dicit, in IV *Ethic.*,[4] quod *magnificentia non extenditur circa omnes operationes quae sunt in pecuniis, sicut liberalitas: sed circa sumptuosas solum, in quibus excellit liberalitatem magnitudine.* Ergo est solum circa magnos sumptus.

RESPONDEO dicendum quod ad magnificentiam, sicut dictum est,[5] pertinet intendere ad aliquod magnum opus faciendum. Ad hoc autem quod aliquod magnum opus convenienter fiat, requiruntur proportionati sumptus: non enim possunt magna opera fieri nisi cum magnis expensis. Unde ad magnificentiam pertinet magnos sumptus facere ad hoc quod opus magnum convenienter fiat: unde et Philosophus dicit, in IV *Ethic.*,[6] quod *magnificus ab aequali, idest proportionato, sumptu, opus faciet magis magnificum.* Sumptus autem est quaedam pecuniae emissio, a qua potest aliquis prohiberi per superfluum amorem pecuniae. Et ideo materia magnificentiae possunt dici et ipsi sumptus, quibus utitur magnificus ad opus magnum faciendum; et ipsa pecunia, qua utitur ad sumptus magnos faciendos; et amor pecuniae, quem moderatur magnificus, ne sumptus magni impediantur.

AD PRIMUM ergo dicendum quod, sicut supra[7] dictum est, virtutes illae quae sunt circa res exteriores habent aliquam difficultatem ex ipso genere rei circa quam est virtus, et aliam difficultatem ex magnitudine ipsius rei. Et ideo oportet circa pecuniam et usum eius

[재반론] 그러나 반대로 철학자가 『니코마코스 윤리학』 제4권에서[4] 말하기를 "관대는 아량처럼 돈에 관련된 모든 행업으로 확장되는 것이 아니라, 오직 큼에 있어 아량을 뛰어넘는 지출들로만 확장된다." 따라서 관대는 오직 큰 지출에만 관련된다.

[답변] 관대에는 이미 말한 것처럼,[5] 어떤 큰 행업을 행함을 의도하는 것이 속한다. 어떤 큰 행업이 적합하게 이뤄지기 위해서는 비례된 지출이 필요하다. 왜냐하면 큰 작업은 큰 지출 없이는 이뤄질 수 없기 때문이다. 그러므로 관대에는 큰 행업이 적합하게 이뤄지도록 큰 지출을 함이 속한다. 따라서 철학자는 『니코마코스 윤리학』 제4권에서[6] "관대한 자는 균형 잡힌, 즉 비례적인 지출로부터 더 큰 행업을 수행할 것이다."라고 말한다. 그런데 지출은 돈의 어떤 내보냄이고, 어떤 이는 돈에 대한 과도한 사랑을 통해 그것에서 방해받을 수 있다. 따라서 관대의 영역은 관대한 자가 큰 행업을 하기 위해 사용하는 지출 자체, 큰 지출을 하기 위해 사용하는 돈 자체, 그리고 관대한 자가 큰 지출이 방해되지 않도록 하기 위해 조절하는 돈에 대한 사랑이라고 말할 수 있다.

[해답] 1. 위에서[7] 말한 것처럼, 외적인 사물들에 관계하는 덕들은 그 덕이 관계하는 사물의 유(類) 자체에서 비롯된 어떤 어려움과 그 사물 자체의 크기에서 비롯된 다른 어려움을 가진다. 따라서 돈과 그것의

---

4. C.4, 1122a20-23; S. Th. lect.6, n.708.
5. A.2.
6. C.4, 1122b13-18; S. Th. lect.6, n.718.
7. Q.129, a.2.

esse duas virtutes: scilicet liberalitatem, quae respicit communiter usum pecuniae; et magnificentiam, quae respicit magnum in pecuniae usu.

AD SECUNDUM dicendum quod usus pecuniae aliter pertinet ad liberalem, et aliter ad magnificum. Ad liberalem enim pertinet secundum quod procedit ex ordinato affectu circa pecunias. Et ideo omnis usus debitus pecuniae, cuius impedimentum tollit moderatio amoris pecuniae, pertinet ad liberalitatem: scilicet et dona et sumptus. Sed usus pecuniae pertinet ad magnificum in ordine ad aliquod opus magnum quod faciendum est. Et talis usus non potest esse nisi sumptus sive expensa.

AD TERTIUM dicendum quod magnificus etiam dat dona vel exennia, ut dicitur in IV *Ethic.*,[8] non tamen sub ratione doni, sed potius sub ratione sumptus ordinati ad aliquod opus faciendum, puta ad honorandum aliquem, vel ad faciendum aliquid unde proveniat honor toti civitati, sicut cum facit aliquid *ad quod tota civitas studet.*

AD QUARTUM dicendum quod principalis actus virtutis est interior electio, quam virtus potest habere absque exteriori fortuna. Et sic etiam pauper potest esse magnificus. Sed ad exteriores actus virtutum requiruntur bona fortunae sicut quaedam instrumenta.[9] Et secundum hoc, pauper non potest actum magnificentiae exteriorem exercere in his quae sunt magna simpliciter: sed forte in his quae sunt magna per comparationem ad aliquod opus quod, etsi in se sit parvum, tamen potest magnifice fieri secundum proportionem illius

사용과 관련하여 두 가지 덕이 필요하다. 즉 돈의 일반적 사용에 관계하는 아량과, 돈의 사용에서 큰 것과 관계하는 관대가 필요하다.

2. 돈의 사용은 한편으로는 아량 있는 사람에게, 다른 한편으로는 관대한 사람에게 속한다. 왜냐하면 돈의 사용은, 그것이 돈과 관련하여 질서 있는 정감으로부터 비롯되는 한, 아량 있는 사람에게 속하기 때문이다. 따라서 돈의 사랑에 대한 절도는 돈에 대한 모든 마땅한 사용의 방해물을 제거하는데, 이 돈에 대한 모든 마땅한 사용이 아량에 속한다. 즉 선물과 지출에서 그러하다. 그러나 실행되어야 할 어떤 큰 행업을 위한 질서 안에서의 돈의 사용은 웅지에 속한다. 그리고 이러한 사용은 지출 혹은 소비 없이는 있을 수 없다.

3. 『니코마코스 윤리학』 제4권에서[8] 말하는 것처럼 관대한 자는 또한 선물이나 기념품을 주지만, 그것은 선물의 의미라기보다는 오히려 실행되어야 할 어떤 행업으로 질서 지어진 지출의 의미에서이다. 예를 들어 어떤 이에게 경의를 표하기 위한 지출이나 전체 국가가 몰두하는 어떤 것을 만들 때와 같이 영예가 전체 국가에 생기게 하는 어떤 것을 만들기 위한 지출이 여기에 해당한다.

4. 덕의 주된 행위는 내적 선택이고, 그것을 덕은 외적 운 없이 가질 수 있다. 따라서 가난한 자 또한 관대할 수 있다. 그러나 덕의 외적 행위를 위해서는 어떤 도구처럼 좋은 운이 요구된다.[9] 그리고 이것에 따라 가난한 자는 단적으로 큰 것들 안에서 관대의 외적 행위를 실행할 수 없다. 그러나 그는 아마도 비록 그 자체로는 작더라도 그 유 안에서

---

8. C.5, 1123a3-5; S. Th. lect.7, n.727.
9. Cf. Aristoteles, *Ethica Nic.*, I, c.9, 1099a32-b, 7; S. Th. lect.13, n.163.

generis; nam *parvum* et *magnum* dicuntur relative, ut Philosophus dicit, in *Praedicamentis*.[10]

## Articulus 4
### Utrum magnificentia sit pars fortitudinis

Ad quartum sic proceditur. Videtur quod magnificentia non sit pars fortitudinis.

1. Magnificentia enim convenit in materia cum liberalitate, ut dictum est.[1] Sed liberalitas non est pars fortitudinis, sed iustitiae. Ergo magnificentia non est pars fortitudinis.

2. Praeterea, fortitudo est circa timores et audacias. Magnificentia autem in nullo videtur respicere timorem, sed solum sumptus, qui sunt operationes quaedam. Ergo magnificentia magis videtur pertinere ad iustitiam, quae est circa operationes, quam ad fortitudinem.

3. Praeterea, Philosophus dicit, in IV *Ethic.*,[2] quod *magnificus scienti assimilatur*. Sed scientia magis convenit cum prudentia quam cum fortitudine. Ergo magnificentia non debet poni pars fortitudinis.

---

10. C.7, 6a38-39. Cf. a.1, ad1; q.129, a.3, ad2.

비례에 따라 크게 될 수 있는 어떤 행업과의 관련을 통해 큰 것들 안에서 그것을 실행할 수 있다. 왜냐하면 철학자가 『범주론』에서[10] 말하듯, 작음과 큼은 상대적으로 언급되기 때문이다.

## 제4절 관대는 용기의 부분인가

**Parall.:** Supra, q.128.

[반론] 넷째에 대해서는 다음과 같이 진행된다. 관대는 용기의 부분이 아닌 것으로 보인다.

1. 왜냐하면 언급한 것처럼[1] 관대는 아량과 함께하는 영역에 적합하다. 그러나 아량은 용기의 부분이 아니라 정의의 부분이다. 따라서 관대는 용기의 부분이 아니다.

2. 용기는 두려움과 담대함에 관한 것이다. 그러나 관대는 두려움과 전혀 관련되지 않고, 오직 어떤 행위인 지출들에만 관련되는 것으로 보인다. 따라서 관대는 용기보다는 오히려 행위에 관련되는 정의에 속하는 것으로 보인다.

3. 철학자는 『니코마코스 윤리학』 제4권에서[2] "관대한 자가 학문적 지식을 가진 자와 유사하다."라고 말한다. 그러나 학문적 지식은 용기보다는 현명과 더 어울린다. 따라서 관대는 용기의 부분으로 여겨져서는 안 된다.

---

1. A.3, ad1-2; q.117, a.3, ad1; q.128, ad1.
2. C.4, 1122a34-b6; S. Th. lect.6, n.712.

q.134, a.4

SED CONTRA est quod Tullius et Macrobius et Andronicus magnificentiam partem fortitudinis ponunt.[3]

RESPONDEO dicendum quod magnificentia, secundum quod est specialis virtus, non potest poni pars subiectiva fortitudinis, quia non convenit cum ea in materia: sed ponitur pars eius inquantum adiungitur ei sicut virtus secundaria principali. Ad hoc autem quod aliqua virtus adiungatur alicui principali, duo requiruntur, ut supra[4] dictum est: quorum unum est ut secundaria conveniat cum principali; aliud autem est ut in aliquo excedatur ab ea. Magnificentia autem convenit cum fortitudine in hoc quod, sicut fortitudo tendit in aliquod arduum et difficile, ita etiam et magnificentia: unde etiam videtur esse in irascibili, sicut et fortitudo. Sed magnificentia deficit a fortitudine in hoc quod illud arduum in quod tendit fortitudo, habet difficultatem propter periculum quod imminet personae: arduum autem in quod tendit magnificentia, habet difficultatem propter dispendium rerum; quod est multo minus quam periculum personae. Et ideo magnificentia ponitur pars fortitudinis.

AD PRIMUM ergo dicendum quod iustitia respicit operationes secundum se, prout in eis consideratur ratio debiti. Sed liberalitas et magnificentia considerant operationes sumptuum secundum quod

---

3. Cf. q.128, a. un., obj.1 & 6.

제134문 제4절

[재반론] 그러나 반대로 키케로, 마크로비우스, 그리고 안드로니쿠스는 관대를 용기의 부분으로 제시한다.[3]

[답변] 관대는 그것이 특수 덕인 한 용기의 종속적 부분으로 제시될 수 없다. 왜냐하면 그것은 그것과 영역에서 일치하지 않기 때문이다. 그러나 관대는, 부차적인 덕이 주된 덕에 연결되는 것처럼 그렇게 용기에 연결되는 한, 용기의 부분으로 제시된다. 그러나 위에서[4] 말한 것처럼, 어떤 덕이 어떤 주된 것에 연결되기 위해서는 두 가지가 요구된다. 그중 하나는 부차적인 덕이 주된 덕에 일치해야 한다는 것이다. 다른 것은 주된 덕이 어떤 측면에서 그것을 넘어서야 한다는 것이다. 용기가 어떤 고되고 어려운 것으로 향하는 것처럼 관대 또한 그렇다는 점에서 관대는 용기와 일치한다. 이로부터 관대도 용기처럼 분노적 능력 안에 있는 것으로 보인다. 그러나 관대는 이 점에서 용기에 미치지 못한다. 즉 용기가 향하는 험난한 것은 개인에게 닥치는 위험 때문에 난관을 갖는 데 반해, 관대가 향하는 험난한 것은 사물들의 손실 때문에 난관을 가진다는 점에서 그러하다. 이것은 개인의 위험보다 훨씬 더 작은 것이다. 따라서 관대는 용기의 부분으로 제시된다.

[해답] 1. 정의는 행업들에 그 자체로 관계하되, 그것들 안에서 마땅한 것의 측면이 고려되는 한 그렇다. 그러나 아량과 관대는 지출의 행업들을, 그것이 영혼의 정념들에 비교되는 한에서 고찰하나 서로 다른 방식으로 그렇게 한다. 왜냐하면 아량은 지출을 돈에 대한 사랑과 욕

---

4. Q.80.

comparantur ad passiones animae: diversimode tamen. Nam liberalitas respicit sumptus per comparationem ad amorem et concupiscentiam pecuniarum, quae sunt passiones concupiscibilis, quibus non impeditur liberalis a dationibus et sumptibus faciendis: unde est in concupiscibili. Sed magnificentia respicit sumptus per comparationem ad spem, attingendo ad aliquid arduum, non simpliciter, sicut magnanimitas, sed in determinata materia, scilicet in sumptibus. Unde magnificentia videtur esse in irascibili: sicut et magnanimitas.

AD SECUNDUM dicendum quod magnificentia, etsi non conveniat cum fortitudine in materia, convenit tamen cum ea in conditione materiae: inquantum scilicet tendit in aliquid arduum circa sumptus, sicut fortitudo in aliquid arduum circa timores.

AD TERTIUM dicendum quod magnificentia ordinat usum artis ad aliquid magnum, ut dictum est.[5] Ars autem est in ratione. Et ideo ad magnificum pertinet bene uti ratione in attendendo proportionem sumptus ad opus quod faciendum est. Et hoc praecipue necessarium est propter magnitudinem utriusque: quia nisi diligens consideratio adhiberetur, immineret periculum magni damni.

---

5. A.2.

망의 비교를 통해 바라본다. 그것은 욕정적 능력의 감정이고, 이에 의해 아량 있는 자가 기부와 지출을 행함에 있어 방해되지는 않는다. 따라서 아량은 욕정적 부분 안에 있다. 그러나 관대는 웅지처럼 단적으로가 아니라 특정한 영역 안에서, 즉 지출 안에서 어떤 힘겨운 것을 달성하려는 가운데, 지출을 희망과 비교하여 바라본다. 따라서 관대는 웅지처럼 분노적 부분에 있는 것으로 보인다.

  2. 관대는, 비록 영역에 있어서 용기와 일치하지 않더라도, 영역의 조건 안에서 그것과 일치한다. 즉 용기가 두려움과 관련하여 어떤 어려운 것으로 향하는 것처럼, 관대가 지출과 관련하여 어떤 고된 것으로 향하는 한에서 그러하다.

  3. 앞에서 말한 것처럼,[5] 관대는 기예의 사용을 어떤 큰일에 맞춘다. 그런데 기예는 이성 안에 있다. 따라서 관대한 자에게는 행해야 할 행업을 위한 지출의 비율을 찾는 데 있어 이성을 잘 사용하는 것이 속한다. 그리고 이것은 두 가지 모두의 큼 때문에 특히 필요하다. 왜냐하면 만약 주의 깊은 숙고가 관여되지 않는다면, 큰 손해의 위험이 닥칠 것이기 때문이다.

## QUAESTIO CXXXV
# DE VITIIS OPPOSITIS MAGNIFICENTIAE
*in duos articulos divisa*

Deinde considerandum est de vitiis oppositis magnificentiae.[1] Et circa hoc quaeruntur duo.

*Primo:* utrum parvificentia sit vitium.

*Secundo:* de vitio ei opposito.

### Articulus 1
### Utrum parvificentia sit vitium

Ad primum sic proceditur. Videtur quod parvificentia non sit vitium.

1. Virtus enim, sicut est moderativa magnorum, ita etiam est moderativa parvorum: unde et liberales et magnifici aliqua parva faciunt. Sed magnificentia est virtus. Ergo similiter parvificentia magis est virtus quam vitium.

2. Praeterea, Philosophus dicit, in IV *Ethic.*,[1] quod *diligentia ratiocinii est parvifica.* Sed diligentia ratiocinii videtur esse laudabilis: quia

---

1. Cf. q.134, Introd.

# 제135문
# 관대에 대립하는 악습들에 대하여
### (전2절)

이어서 관대에 대립하는 악습들에 대해 고찰해야 한다.[1] 이것에 관해 두 가지를 물을 수 있다.

1. 쩨쩨함은 악습인가?
2. 이에 대립하는 악습에 관하여.

### 제1절 쩨쩨함은 악습인가

Parall.: *In Ethic.*, IV, lect.7.

[반론] 첫째에 대해서는 다음과 같이 진행된다. 쩨쩨함은 악습이 아닌 것으로 보인다.

1. 왜냐하면 덕은 큰 것들에 대해 조절적 역할을 하는 것과 같이 작은 것에 대해서도 조절적 역할을 하기 때문이다. 따라서 아량 있는 자들과 관대한 자들도 어떤 작은 일들을 행한다. 그러나 관대는 덕이다. 따라서 유사하게 쩨쩨함은 악습이기보다는 오히려 덕이다.

2. 철학자는 『니코마코스 윤리학』 제4권에서[1] "계산에 부지런함은

---

1. C.4, 1122b8-9; S. Th. lect.6, n.715.

b*onum hominis est secundum rationem esse,* ut Dionysius dicit, IV cap. *de Div. Nom.*.[2] Ergo parvificentia non est vitium.

3. Praeterea, Philosophus dicit, in IV *Ethic.*,[3] quod parvificus consumit pecuniam *tristatus*. Sed hoc pertinet ad avaritiam, sive ad illiberalitatem. Ergo parvificentia non est vitium ab aliis distinctum.

SED CONTRA est quod Philosophus, in II[4] et IV[5] *Ethic.*, ponit parvificentiam speciale vitium magnificentiae oppositum.

RESPONDEO dicendum quod, sicut supra[6] dictum est, moralia speciem a fine sortiuntur. Unde et a fine ut pluries nominantur. Ex hoc ergo dicitur aliquis parvificus quod intendit ad aliquid parvum faciendum. *Parvum* autem et *magnum*, secundum Philosophum, in *Praedicamentis*,[7] relative dicuntur. Unde cum dicitur quod parvificus intendit aliquid parvum faciendum, facere parvum intelligendum est in comparatione ad genus operis quod facit. In quo quidem parvum et magnum potest attendi dupliciter: uno modo, ex parte operis fiendi; alio modo, ex parte sumptus. Magnificus igitur principaliter intendit magnitudinem operis, secundario intendit magnitudinem sumptus, quam non vitat, ut faciat magnum opus: unde Philosophus

---

2. PG 3, 733A; S. Th. lect.22, n.592.
3. C.6, 1123a30-31; S. Th. lect.7, n.722.
4. C.7, 1107b20-21; S. Th. lect.8, n.344.
5. C.4, 1122a30-34; S. Th. lect.6, n.711.

쩨쩨하다."라고 말한다. 그러나 계산에 부지런함은 칭찬받을 만한 것으로 보인다. 왜냐하면 디오니시우스가 『신명론』 제4장에서[2] 말하듯, 인간의 선은 이성을 따르는 것이기 때문이다. 따라서 쩨쩨함은 악습이 아니다.

3. 철학자는 『니코마코스 윤리학』 제4권에서[3] "쩨쩨한 자는 슬퍼하며 돈을 소비한다."라고 말한다. 그러나 이것은 인색이나 아량 없음에 속한다. 따라서 쩨쩨함은 다른 것들로부터 구별되는 악습이 아니다.

[재반론] 그러나 반대로 철학자는 『니코마코스 윤리학』 제2권[4]과 제4권에서[5] 쩨쩨함을 관대에 대립하는 특수한 악습으로 제시한다.

[답변] 위에서[6] 말한 것처럼, 도덕적인 것들은 목적으로부터 종이 나눠진다. 따라서 그것들은 대부분의 경우 목적으로부터 명명된다. 이로부터 어떤 이는 어떤 작은 것을 행하기를 의도하기 때문에 쩨쩨하다고 말한다. 그런데 작은 것과 큰 것은, 『범주론』에서[7] 철학자에 따르면 상대적이다. 따라서 쩨쩨한 자가 어떤 작은 것을 행함을 의도한다고 말할 때, 작은 것을 행함은 그가 행하는 행업의 유와 비교하여 이해되어야 한다. 여기에서 작음과 큼은 이중적 방식으로 주목될 수 있다. 하나의 방식으로는 발생할 행업의 측면에서이고, 다른 방식으로는 지출의 측면에서이다. 따라서 관대한 자는 주로 행업의 큼을 의도하고, 이차적으로, 큰 행업을 위해 그가 회피하지 않을 지출의 큼을 의도한다.

---

6. I-II, q.1, a.3; q.18, a.6.
7. C.7, 6a38-39.

dicit, in IV *Ethic.*,⁸ quod magnificus *ab aequali sumptu opus facit magis magnificum*. Parvificus autem e converso principaliter quidem intendit parvitatem sumptus, unde Philosophus dicit, in IV *Ethic.*,⁹ quod *intendit qualiter minimum consumat:* ex consequenti autem intendit parvitatem operis, quam scilicet non recusat, dummodo parvum sumptum faciat. Unde Philosophus dicit, ibidem,¹⁰ quod *parvificus, maxima consumens in parvo,* quod scilicet non vult expendere, *bonum perdit,* scilicet magnifici operis. Sic ergo patet quod parvificus deficit a proportione quae debet esse secundum rationem inter sumptum et opus. Defectus autem ab eo quod est secundum rationem, causat rationem vitii. Unde manifestum est quod parvificentia vitium est.

AD PRIMUM ergo dicendum quod virtus moderatur parva secundum regulam rationis: a qua deficit parvificus, ut dictum est.¹¹ Non enim dicitur parvificus qui parva moderatur: sed qui in moderando magna vel parva deficit a regula rationis. Et ideo habet vitii rationem.

AD SECUNDUM dicendum quod, sicut dicit Philosophus, in II *Rhet.*,¹² *timor facit consiliativos.* Et ideo parvificus diligenter ratiociniis intendit, quia inordinate timet bonorum suorum consumptionem, etiam in minimis. Unde hoc non est laudabile, sed vitiosum et vitu-

---

8. C.4, 1122b13-18; S. Th. lect.6, n.718.
9. C.6, 1123a30-31; S. Th. lect.7, n.733.
10. C.6, 1123a28-31; S. Th. lect.7, n.733.

따라서 철학자는 『니코마코스 윤리학』 제4권에서[8] "관대한 자는 같은 지출로부터 더 큰 행업을 실행한다."라고 말한다. 그러나 쩨쩨한 자는 역으로 주로 지출의 작음을 의도한다. 따라서 철학자는 『니코마코스 윤리학』 제4권에서[9] "그는 어떻게 하면 가장 작게 지출할지를 의도한다."라고 말한다. 결과적으로 그는 행업의 작음을 의도하고, 그가 작은 지출을 하는 한, 그것을 마다하지 않는다. 따라서 철학자는 같은 곳에서[10] "쩨쩨한 자는, 최대의 지출을 함에도 불구하고, 돈을 쓰지 않으려는 작은 것 안에서 큰 행업의 선을 파괴한다."라고 말한다. 그러므로 쩨쩨한 자는 지출과 행업 사이에서 이성을 따라 마땅히 존재해야 할 비례에서 벗어남이 분명하다. 이성에 따름으로부터의 결함은 악습의 특성을 야기시킨다. 따라서 쩨쩨함은 악습임이 분명하다.

[해답] 1. 덕은 작은 것들을 이성의 규칙에 따라 조절하는데, 이미 말한 것처럼,[11] 쩨쩨한 자는 그 규칙에서 벗어난다. 왜냐하면 작은 것들을 조절하는 자가 아니라, 큰 것 혹은 작은 것을 조절함에 있어 이성의 규칙에 부족한 자가 쩨쩨하다고 언급되기 때문이다. 따라서 쩨쩨함은 악습의 본질을 가진다.

2. 철학자가 『수사학』 제2권에서[12] 말하듯 "두려움은 숙고하도록 만든다." 따라서 쩨쩨한 자는 꼼꼼하게 계산하면서 의도한다. 왜냐하면 그는 자기 재산의 낭비를 무질서하게 두려워하기 때문이다. 심지어 가장 작은 것들에서도 그렇다. 그러므로 이것은 칭찬받을 만한 것이 아니라 악습적인 것이고 비난받을 만한 것이다. 왜냐하면 그는 자신의

---

11. In corp.
12. C.5, 1383a6-7.

perabile: quia non dirigit affectum suum secundum rationem, sed potius rationis usum applicat ad inordinationem sui affectus.

AD TERTIUM dicendum quod sicut magnificus convenit cum liberali in hoc quod prompte et delectabiliter pecunias emittit, ita etiam parvificus convenit cum illiberali sive avaro in hoc quod cum tristitia et tarditate expensas facit. Differt autem in hoc quod illiberalitas attenditur circa communes sumptus: parvificentia autem circa magnos sumptus, quos difficilius est facere. Et ideo minus vitium est parvificentia quam illiberalitas. Unde Philosophus dicit, in IV *Ethic.*,[13] quod quamvis parvificentia et oppositum vitium sint malitiae, *non tamen opprobria inferunt: quia neque sunt nociva proximo, neque sunt valde turpes.*

## Articulus 2
### Utrum parvificentiae aliquod vitium opponatur

Ad secundum sic proceditur. Videtur quod parvificentiae nullum vitium opponatur.

1. Parvo enim opponitur magnum. Sed magnificentia non est vitium, sed virtus. Ergo parvificentiae non opponitur vitium.

2. Praeterea, cum parvificentia sit vitium ex defectu, ut dictum est,[1] videtur quod, si aliquod vitium esset parvificentiae oppositum, quod

---

13. C.6, 1123a32-33; S. Th. lect.7, n.734.

정감을 이성에 따라 지도하는 것이 아니라, 오히려 이성의 사용을 자신의 정감의 무질서에 적용하기 때문이다.

3. 관대한 자가 선뜻 그리고 즐겁게 돈을 쓴다는 점에서 아량이 있는 자와 일치하는 것처럼, 쩨쩨한 자는 슬퍼하며 느리게 지불을 하는 점에서 아량이 없는 자 또는 인색한 자와 일치한다. 차이는 아량 없음이 일반적 지출에 관련하여 주목되는 데 반해, 쩨쩨함은 행하기 더 어려운 큰 지출과 관련되어 주목된다는 점에 있다. 따라서 쩨쩨함은 아량 없음보다 더 작은 악습이다. 그러므로 철학자는 『니코마코스 윤리학』 제4권에서[13] 말하길 "비록 쩨쩨함과 그것에 대립하는 악습이 악한 성질의 것들이지만, 그것들이 치욕을 야기하지는 않는다. 왜냐하면 그것들은 이웃에게 해롭지도 않을뿐더러, 매우 추하지도 않기 때문이다."

## 제2절 쩨쩨함에 대립하는 어떤 악습이 있는가

Parall.: *In Ethic.*, II, lect.8; IV, lect.7.

[반론] 두 번째에 대해서는 다음과 같이 진행된다. 쩨쩨함에는 어떤 악습도 대립하지 않는 것으로 보인다.

1. 왜냐하면 큰 것은 작은 것에 대립한다. 그러나 관대는 악습이 아니라 덕이다. 따라서 악습은 쩨쩨함에 대립하지 않는다.

2. 이미 말한 것처럼,[1] 쩨쩨함은 어떤 결핍에서 비롯된 악습이기 때문에, 만약 쩨쩨함에 대립하는 어떤 악습이 존재한다면, 그것은 오직

---

1. A.1.

consisteret solum in superabundanti consumptione. Sed *illi qui consumunt multa ubi pauca oporteret consumere, consumunt pauca ubi multa oporteret consumere,* ut dicitur in IV *Ethic.*,[2] et sic habent aliquid de parvificentia. Non ergo est aliquod vitium parvificentiae oppositum.

3. Praeterea, moralia sortiuntur speciem ex fine, ut dictum est.[3] Sed illi qui superflue consumunt, hoc faciunt causa ostentationis divitiarum, ut dicitur in IV *Ethic.*.[4] Hoc autem pertinet ad inanem gloriam, quae opponitur magnanimitati, ut dictum est.[5] Ergo nullum vitium parvificentiae opponitur.

SED CONTRA est auctoritas Philosophi, qui, in II[6] et IV[7] *Ethic.*, ponit magnificentiam medium duorum oppositorum vitiorum.

RESPONDEO dicendum quod parvo opponitur magnum. *Parvum* autem et *magnum,* ut dictum est,[8] relative dicuntur. Sicut autem contingit sumptum esse parvum per comparationem ad opus, ita etiam contingit sumptum esse magnum in comparatione ad opus: ut scilicet excedat proportionem quae esse debet sumptus ad opus secundum regulam rationis. Unde manifestum est quod vitio parvifi-

---

2. C.6, 1123a26-27; S. Th. lect.7, n.732.
3. A.1.
4. C.6, 1123a25-27; S. Th. lect.7, n.732.
5. Q.132, a.2.

과도한 낭비 안에 성립하는 것으로 보인다. 그러나 『니코마코스 윤리학』 제4권에서² 말하듯, 적게 소비해야 할 곳에 많이 소비하는 자들은 많이 소비해야 할 곳에 적게 소비하여, 쩨쩨함에서 비롯된 어떤 것을 가지고 있다. 따라서 쩨쩨함에 대립하는 어떤 악습이 존재하지 않는다.

3. 이미 말한 것처럼,³ 도덕적인 것들은 목적으로부터 종을 나눈다. 그러나 『니코마코스 윤리학』 제4권에서⁴ 말하듯, 과하게 소비하는 자들은 이것을 부의 과시 때문에 행한다. 그런데 이것은 허영에 속하고, 이미 말한 것처럼⁵ 옹지에 대립한다. 따라서 어떤 악습도 쩨쩨함에 대립하지 않는다.

[재반론] 그러나 철학자의 권위는 그 반대이다. 그는 『니코마코스 윤리학』 제2권⁶과 제4권에서⁷ 관대를 두 대립하는 악습의 중용으로 제시한다.

[답변] 큰 것은 작은 것에 대립한다. 그런데 작은 것과 큰 것은, 이미 말한 것처럼⁸ 상대적이다. 지출이 행업에 비교하여 작은 것이 발생할 수 있는 것처럼, 지출이 행업에 비교하여 큰 것 또한 발생할 수 있다. 이 경우 지출은 이성의 규칙을 따라 그 행업을 위해 존재해야 하는 지출로서의 비례를 넘어선다. 따라서 어떤 이로 하여금, 행업의 품위가 요구하는 것보다 더 적게 지출함을 의도하면서, 행업을 위한 지출의 마땅한 비례에 미치지 못하게 만드는 쩨쩨함의 악습에는 어떤 이로 하

---

6. C.7, 1107b17-21; S. Th. lect.8, n.344.
7. C.4, 1122a30-34; S. Th. lect.6, n.711.
8. A.1.

centiae, qua aliquis deficit a proportione debita expensarum ad opus, intendens minus expendere quam dignitas operis requirat, opponitur vitium quo aliquis dictam proportionem excedit, ut scilicet plus expendat quam sit operi proportionatum. Et hoc vitium graece quidem dicitur *banausia*,[9] a *furno* dicta, quia videlicet ad modum ignis qui est in furno, omnia consumit: vel dicitur *apirocalia*,[10] idest *sine bono igne*, quia ad modum ignis consumit non propter bonum. Unde Latine hoc vitium nominari potest consumptio.

AD PRIMUM ergo dicendum quod magnificentia dicitur esse eo quod facit magnum opus: non autem ex eo quod in sumptu excedat proportionem operis. Hoc enim pertinet ad vitium quod opponitur parvificentiae.

AD SECUNDUM dicendum quod idem vitium contrariatur virtuti quae est in medio, et contrario vitio. Sic igitur vitium consumptionis opponitur parvificentiae in eo quod excedit in sumptu operis dignitatem, *expendens multa ubi pauca oporteret expendere*. Opponitur autem magnificentiae ex parte operis magni, quod praecipue intendit magnificus, inquantum scilicet, *ubi oportet multa expendere*, nihil aut *parum expendit*.

AD TERTIUM dicendum quod consumptor ex ipsa specie actus opponitur parvifico, inquantum transcendit regulam rationis, a qua parvificus deficit. Nihil tamen prohibet quin hoc ad finem alterius vitii ordinetur: puta inanis gloria, vel cuiuscumque alterius.

여금 앞서 언급된 비례를 넘어서는 악습, 즉 행업에 비례적인 것보다 더 지출하게 하는 악습이 대립함이 분명하다. 그리고 이 악습은 그리스어로 가마에서 비롯된 '바나우시아'(banausia)⁹라고 불리는데, 그것은 가마 안에 있는 불의 양태로 모든 것을 소비하기 때문이다. 또는 '아피로칼리아'(apirocalia),¹⁰ 즉 좋은 불이 없음이라고 불리는데, 그것은 선을 위함 없이 불의 양태로 소비하기 때문이다. 따라서 이 악습은 라틴어로 '콘숨찌오'(consumptio), 곧 '낭비'라 부를 수 있다.

[해답] 1. 관대는 큰 행업을 행함에 존재하는 것이지 행업의 비례를 넘어서는 지출 안에 존재하는 것이 아니다. 왜냐하면 이것은 쩨쩨함에 대립하는 악습에 속하기 때문이다.

2. 동일한 악습이 중용에 있는 덕과 반대되는 악습에 반대된다. 따라서 낭비의 악습은 지출에서 행업의 품위를 넘어선다는 점에서, 즉 적게 써야만 할 곳에 많이 쓰는 한, 쩨쩨함에 대립한다. 그러나 그것은 관대한 자가 주로 의도하는 큰 행업의 부분에서 관대에 대립한다. 즉 많이 써야만 하는 곳에 아무것도 쓰지 않거나 또는 적게 쓰는 한에서 그러하다.

3. 낭비하는 자는 쩨쩨한 자와 대립한다. 낭비하는 자는 이성의 규칙을 초과하는데, 쩨쩨한 자는 이성의 규칙에 미치지 못하기 때문이다. 그러나 어떤 것도 이 행위가 다른 악습의 목적으로, 예를 들어 허영이나 다른 어떤 악습의 목적으로 질서 지어지는 것을 방해하지는 않는다.

---

9. Cf. loc. cit. in arg. *sed c.*
10. Ibid.

# QUAESTIO CXXXVI
# DE PATIENTIA
*in quinque articulos divisa*

Deinde considerandum est de patientia.[1] Et circa hoc quaeruntur quinque.

*Primo:* utrum patientia sit virtus.

*Secundo:* utrum sit maxima virtutum.

*Tertio:* utrum possit haberi sine gratia.

*Quarto:* utrum sit pars fortitudinis.

*Quinto:* utrum sit idem cum longanimitate.

## Articulus 1
### Utrum patientia sit virtus

Ad primum sic proceditur. Videtur quod patientia non sit virtus.

1. Virtutes enim perfectissime sunt in patria, ut dicit Augustinus, XIV *de Trin.*.[1] Sed ibi non est patientia: quia nulla sunt ibi mala toleranda, secundum illud Isaiae 49, [10] et *Apocalyps.* 7, [16]: *Non esuri-*

---

1. Cf. q.129, Introd.

## 제136문
# 인내에 대하여
(전5절)

이어서 인내¹에 대해 고찰해야 한다. 이것에 관해 다섯 가지를 물어야 한다.

1. 인내는 덕인가?
2. 그것은 덕들 가운데 가장 큰 것인가?
3. 그것은 은총 없이 소유될 수 있는가?
4. 그것은 용기의 부분인가?
5. 그것은 참을성과 동일한 것인가?

## 제1절 인내는 덕인가

Parall.: Supra, q.128; *In Ep. ad Heb.*, c.10, lect.4.

[반론] 첫째에 대해서는 다음과 같이 진행된다. 인내는 덕이 아닌 것으로 보인다.

1. 왜냐하면 아우구스티누스가 『삼위일체론』 제14권¹에서 말하듯 덕들은 본향(本鄕)에서 가장 완전하게 존재하기 때문이다. 그러나 거기

---

1. C.9: PL 42, 1035.

*ent neque sitient, et non percutiet eos aestus neque sol.*[2] Ergo patientia non est virtus.

2. Praeterea, nulla virtus in malis potest inveniri: quia *virtus est quae bonum facit habentem.*[3] Sed patientia quandoque in malis hominibus invenitur: sicut patet in avaris, qui multa mala patienter tolerant ut pecunias congregent, secundum illud *Eccle.* 5, [16]: *Cunctis diebus vitae suae comedit in tenebris, et in curis multis, et in aerumna atque tristitia.* Ergo patientia non est virtus.

3. Praeterea, fructus a virtutibus differunt, ut supra[4] habitum est. Sed patientia ponitur inter fructus, ut patet *Galat.* 5, [22]. Ergo patientia non est virtus.

SED CONTRA est quod Augustinus dicit, in libro *de Patientia*[5]: *Virtus animi quae patientia dicitur, tam magnum Dei donum est ut etiam ipsius qui nobis eam largitur patientia praedicetur.*

RESPONDEO dicendum quod, sicut dictum est supra,[6] virtutes morales ordinantur ad bonum inquantum conservant bonum rationis contra impetus passionum. Inter alias autem passiones, tristitia

---

2. Vulgata: ···*nec cadet super illos sol, neque ullus aestus.*
3. Aristoteles, *Ethica Nic.*, II, c.5, 1106a15-23; S. Th. lect.6, nn.307-308.

에는 인내가 없다. 왜냐하면 그곳에는 이사야서 49장 [10절]에 따르면 참아야 할 악들이 없고, 요한묵시록 7장 [16절]에 따르면 "그들이 다시는 주리지도 목마르지도 않을 것이며, 해도 그 어떠한 열기도 그들에게 내리쬐지 않을 것이기"[2] 때문이다. 따라서 인내는 덕이 아니다.

2. 어떤 덕도 악한 사람들 안에서 발견될 수 없다. 왜냐하면 덕은 그것을 가진 자를 선하게 만들기 때문이다.[3] 그러나 인내는 때때로 악한 사람들 안에서 발견된다. 예를 들어, "그는 평생 어둠 속에서 먹으며 많은 근심과 고난과 불만 속에서 살아간다."라는 코헬렛 5장 [16절]에 따라, 돈을 모으기 위해 많은 악을 인내하며 참아내는 인색한 자들 안에서 분명하다.

3. 위에서[4] 다룬 것처럼, 열매들은 덕들과 다르다. 그러나 갈라티아서 5장 [22절]에서 분명하듯이, 인내는 열매들 가운데 제시된다. 따라서 인내는 덕이 아니다.

[재반론] 그러나 반대로 아우구스티누스는 『인내』[5]에서 말하기를 "인내라고 불리는 마음의 덕은 하느님의 너무나 큰 선물이라서, 우리에게 그것을 베푸시는 분의 인내 또한 칭송된다."

[답변] 위에서[6] 말한 것처럼, 도덕적 덕들은 정념의 충동에 반해 이성의 선을 보존하는 한에서 선으로 질서 지어진다. 다른 정념들 가운데 슬픔은 이성의 선을 방해하는 데 효과적이다. 코린토 2서 7장 [10절]에

---

4. I-II, q.70, a.1, ad3.
5. C.1: PL 40, 611.
6. Q.123, a.12.

efficax est ad impediendum bonum rationis: secundum illud II *ad Cor.* 7, [10]: *Saeculi tristitia mortem operatur;* et *Eccli.* 30, [25]: *Multos occidit tristitia, et non est utilitas in illa.* Unde necesse est habere aliquam virtutem per quam bonum rationis conservetur contra tristitiam, ne scilicet ratio tristitiae succumbat. Hoc autem facit patientia. Unde Augustinus dicit, in libro *de Patientia*,[7] quod *patientia hominis est qua mala aequo animo toleramus,* idest sine perturbatione tristitiae, *ne animo iniquo bona deseramus per quae ad meliora perveniamus.* Unde manifestum est patientiam esse virtutem.

AD PRIMUM ergo dicendum quod virtutes morales non remanent secundum eundem actum in patria quem habent in via, scilicet per comparationem ad bona praesentis vitae, quae non remanebunt in patria: sed per comparationem ad finem, qui erit in patria.[8] Sicut iustitia non erit in patria circa emptiones et venditiones, et alia quae pertinent ad vitam praesentem: sed in hoc quod est subditum esse Deo. Similiter actus patientiae in patria non erit in sustinendo aliqua: sed in fruitione bonorum in quae pervenire volebamus patiendo. Unde Augustinus dicit, in XIV *de Civ. Dei*,[9] quod *in patria non erit ipsa patientia, quae necessaria non est nisi ubi toleranda sunt mala: sed aeternum erit id quo per patientiam pervenitur.*

---

7. C.2: PL 40, 611.
8. Cf. q.52, a.3, ad2; I–II, q.67, a.1.

따르면 "현세적 슬픔은 죽음을 가져올 뿐이다." 그리고 집회서 30장 [23절]에 따르면 "정녕 슬픔은 많은 사람을 망쳐놓고 그 안에는 아무 득도 없다." 따라서 이성이 슬픔에 굴복하지 않도록 하기 위해, 슬픔에 대항해 이성의 선을 보존하는 어떤 덕을 가지는 것이 필요하다. 그런데 이것을 인내가 만든다. 그래서 아우구스티누스는 『인내』에서[7] "인간의 인내는 그것을 통해 우리가 평온한 마음으로, 즉 슬픔의 동요 없이 악들을 참아내는 것이고, 이는 우리가 평온하지 못한 마음으로 우리를 더 좋은 선에 도달하게 하는 선들을 버리지 않게 하기 위함이다."라고 말한다. 따라서 인내는 덕이라는 것이 확실하다.

[해답] 1. 본향에서 도덕적 덕들은 그것들이 도상에서 가지게 되는 행위와, 즉 본향에서는 남아 있지 않을 현재의 삶의 선들과의 관계를 통해 가지게 되는 행위와 동일한 행위에 따라 남아 있지 않다. 그러나 도덕적 덕들은 본향에 있게 될 목적과의 관계를 통해 본향에 있다.[8] 정의가 본향에서 구매나 판매과 관련하여, 그리고 현세적 삶에 속하는 다른 것들과 관련하여 존재하지 않고, 하느님께 종속됨 안에서 존재하는 것처럼, 마찬가지로 인내의 행위도 본향에서 어떤 것들을 견딤 안에서가 아니라 우리가 인내하며 도달하려 하는 선들의 향유 안에 있게 될 것이다. 그래서 아우구스티누스는 『신국론』 제14권에서[9] "본향에서는 악을 참아내야 하는 곳이 아니고는 필요하지 않은 인내 자체가 존재하지 않을 것이다. 그러나 인내를 통해 도달하는 것은 영원할 것이다."라고 말한다.

---

9. C.9, n.5; PL 41, 416.

AD SECUNDUM dicendum quod, sicut Augustinus dicit, in libro *de Patientia*,[10] *patientes proprie dicuntur qui mala malunt non committendo ferre, quam non ferendo committere. In illis autem qui mala sustinent ut mala faciant, nec miranda nec laudanda est patientia, quae nulla est, sed miranda duritia, neganda patientia.*

AD TERTIUM dicendum quod, sicut supra[11] dictum est, fructus in sui ratione importat quandam delectationem. *Sunt* autem *operationes virtutum delectabiles secundum seipsas,* ut dicitur in I *Ethic.*,[12] Consuetum est autem ut nomine virtutum etiam virtutum actus significentur. Et ideo patientia, quantum ad habitum, ponitur virtus: quantum autem ad delectationem quam habet in actu, ponitur fructus. Et praecipue quantum ad hoc quod per patientiam animus praeservatur ne obruatur tristitia.

## Articulus 2
### Utrum patientia sit potissima virtutum

Ad secundum sic proceditur. Videtur quod patientia sit potissima virtutum.

1. Id enim quod est perfectum est potissimum in unoquoque genere. Sed *patientia habet opus perfectum,* ut dicitur Iac. 1, [4].[1] Ergo

---

10. Cc.2 & 5; PL 40, 611, 613.
11. I-II, q.11, a.1; q.70, a.1.

2. 아우구스티누스가 『인내』에서[10] 말하듯이, "고유한 의미로 인내하는 자들은, 악을 견디지 않으면서 저지르기보다는, 저지르지 않으면서 오히려 견디기를 더 원하는 자들이라 불린다. 그러나 악을 행하기 위해 악을 견디는 자들의 인내는 경탄하거나 칭찬할 일이 아닌데, 그 견고함은 경탄할 만하지만 인내는 부정되어야 한다."

3. 위에서[11] 언급한 것처럼, 열매는 그 개념 안에 어떤 쾌락을 포함한다. 그런데 『니코마코스 윤리학』 제1권[12]에서 말하듯, 덕의 행위들은 그 자체로 즐겁다. 따라서 덕의 행위들 또한 덕의 이름으로 의미되는 것이 상례이다. 그러므로 인내는 습성에 관련되는 한에서는 덕으로 제시되고, 그것이 행위 안에서 가지는 쾌락에 관련되는 한에서는 열매로 제시된다. 특히 그것은 인내를 통해 슬픔에 압도되지 않으려는 마음이 보존되는 것과 관련되는 한에서 그렇다.

## 제2절 인내는 덕들 가운데 가장 우월한 것인가

**Parall.**: Supra, q.128; *In Ep. ad Heb.*, c.10, lect.4.

[반론] 둘째에 대해서는 다음과 같이 진행된다. 인내는 덕들 가운데 가장 우월한 것으로 보인다.

1. 왜냐하면 각각의 종에서 완전한 것은 가장 우월하다. 그러나 야고보서 1장 [4절]에서[1] 말하듯 "인내는 완전한 행업을 가진다." 따라서

---

12. C.9, 1099a7; S. Th. lect.13, n.154.

patientia est potissima virtutum.

2. Praeterea, omnes virtutes ad bonum animae ordinantur. Sed hoc praecipue videtur pertinere ad patientiam: dicitur enim Luc. 21, [19]: *In patientia vestra possidebitis animas vestras.* Ergo patientia est maxima virtutum.

3. Praeterea, illud quod est conservativum et causa aliorum, videtur potius esse. Sed sicut Gregorius dicit, in quadam homilia,[2] *patientia est radix et custos omnium virtutum.* Ergo patientia est maxima virtutum.

SED CONTRA est quod non enumeratur inter quatuor virtutes quas Gregorius, XXII *Moral.*,[3] et Augustinus, in libro *de Moribus Eccle.*,[4] vocat principales.

RESPONDEO dicendum quod virtutes secundum suam rationem ordinantur ad bonum: est enim virtus *quae bonum facit habentem et opus eius bonum reddit,* ut dicitur in II *Ethic.*.[5] Unde oportet quod tanto principalior sit virtus et potior, quanto magis et directius ordinat in bonum. Directius autem ad bonum ordinant hominem virtutes quae sunt constitutivae boni, quam illae quae sunt impeditivae eorum quae abducunt a bono. Et sicut inter illas quae sunt constitutivae boni tanto aliqua potior est quanto in maiori bono statuit

---

1. Vulgata: *Patientia autem opus perfectum habet.*
2. Homil. 35, *in Evang.*, n.4: PL 76, 1261D.

인내는 덕들 가운데 가장 우월한 것이다.

2. 모든 덕은 영혼의 선으로 질서 지어져 있다. 그런데 인내가 무엇보다 그러하다. 왜냐하면 루카복음서 21장 [19절]에서 "너희는 인내로써 생명(영혼)을 얻어라."라고 말하기 때문이다. 따라서 인내는 덕들 가운데 가장 큰 것이다.

3. 다른 것들에 대해 보존력이 있고 원인인 것은 더 우월한 것으로 보인다. 그러나 그레고리우스가 어떤 강론에서[2] 말하듯, "인내는 모든 덕의 뿌리이자 수호자이다." 따라서 인내는 덕들 가운데 가장 큰 것이다.

[재반론] 그러나 반대로 인내는 그레고리우스가 『욥기의 도덕적 해설』 제22권[3]에서 그리고 아우구스티누스가 『가톨릭교회의 관습』에서[4] 주된 것들이라 칭하는 네 가지 덕 가운데 열거되지 않는다.

[답변] 덕들은 자신의 본질에 따라 선으로 질서 지어진다. 왜냐하면 『니코마코스 윤리학』 제2권[5]에서 말하듯 "덕은 그것을 가진 자를 선하게 만들고 그의 행업이 선한 것이 되게끔 하기 때문이다." 따라서 덕은 선으로 더 많이 그리고 더 직접적으로 인도할수록, 더 주요하고 더 우월하다. 그런데 선의 구성 요소인 덕들은, 선으로부터 이탈시키는 것들을 방해하는 덕들보다, 인간을 더 직접적으로 선으로 인도한다. 그리고 선의 구성 요소인 덕들 가운데 어떤 것은 인간을 더 큰 선에 머물

---

3. C.1, n.2: PL 76, 212C.
4. C.15; PL 32, 1322.
5. C.5, 1106a15-23; S. Th. lect.6, nn.307-308.

hominem, sicut fides, spes et caritas quam prudentia et iustitia; ita etiam inter illas quae sunt impeditivae retrahentium a bono, tanto aliqua est potior quanto id quod ab ea impeditur magis a bono retrahit. Plus autem a bono retrahunt pericula mortis, circa quae est fortitudo, vel delectationes tactus, circa quae est temperantia, quam quaevis adversa, circa quae est patientia. Et ideo patientia non est potissima virtutum: sed deficit non solum a virtutibus theologicis et prudentia et iustitia, quae directe statuunt hominem in bono; sed etiam a fortitudine et temperantia, quae retrahunt a maioribus impedimentis.

AD PRIMUM ergo dicendum quod patientia dicitur habere opus perfectum in adversis tolerandis: ex quibus primo procedit tristitia, quam moderatur patientia; secundo ira, quam moderatur mansuetudo; tertio odium, quod tollit caritas; quarto iniustum nocumentum, quod prohibet iustitia. Tollere enim principium uniuscuiusque est perfectius. Nec tamen sequitur, si in hoc patientia est perfectior, quod sit perfectior simpliciter.[6]

AD SECUNDUM dicendum quod possessio importat quietum dominium. Et ideo per patientiam dicitur homo suam animam possidere, inquantum radicitus evellit passiones adversitatum, quibus anima inquietatur.

AD TERTIUM dicendum quod patientia dicitur esse radix et custos omnium virtutum, non quasi directe eas causando et conservan-

게 하는 만큼 더 우월하다. 그래서 신앙, 희망, 그리고 참사랑이 현명과 정의보다 더 우월하다. 또한 선에서 멀어지게 하는 것들에 대해 방해하는 덕들 가운데 어떤 것은, 그것에 의해 방해되는 것이 선에서 더 멀어지는 만큼, 그만큼 더 우월하다. 그런데 용기와 관련하는 죽음의 위험들, 또는 절제가 관련하는 촉각의 쾌락들은 인내가 관련하는 어떤 역경보다 선에서 더 멀어지게 한다. 그러므로 인내는 덕들 가운데 가장 우월한 것이 아니다. 그것은 인간을 직접적으로 선 안에 세우는 신학적 덕들, 현명, 그리고 정의에 비해 부족할 뿐만 아니라, 더 큰 방해물에서 멀어지게 하는 용기와 절제에 비해서도 부족하다.

[해답] 1. 인내는 참아내야 할 역경들 속에서 완전한 행업을 가진다고 말한다. 이 역경들에서 첫째로 슬픔이 나오는데, 인내는 그것을 조절하고, 둘째로 나오는 분노를 온순함이 조절하고, 셋째로 나오는 미움을 참사랑이 제거하고, 넷째로 나오는 불의하게 손해를 입히는 것을 정의가 막는다. 왜냐하면 각각의 원리를 제거하는 것이 더 완전하기 때문이다. 그러나 인내가 이것 안에서 더 완전하더라도, 그것이 단적으로 더 완전하다는 결론이 나오는 것은 아니다.

2. 소유는 평온한 지배를 의미한다. 따라서 인간이 인내를 통해 자신의 영혼을 소유한다고 말하는 것은, 인내가 영혼을 동요하게 하는 역경들의 정념을 뿌리째 제거하는 한에서 그렇다.[6]

3. 인내가 모든 덕의 뿌리이자 수호자라고 말하는 것은, 그것들을 직접적으로 야기하고 보존함을 통해서가 아니라 오직 방해물을 제거함

---

[6] Cf. q.184, a.1, obj.3 et ad3; I-II, q.61, a.3, obj.3 et c; q.66, a.4, obj.2 et ad2.

do, sed solum removendo prohibens.

## Articulus 3
## Utrum patientia possit haberi sine gratia

Ad tertium sic proceditur. Videtur quod patientia possit haberi sine gratia.

1. Illud enim ad quod ratio magis inclinat, magis potest implere rationalis creatura. Sed magis est rationabile quod aliquis patiatur mala propter bonum quam propter malum. Aliqui autem patiuntur mala propter malum ex propria virtute, sine auxilio gratiae: dicit enim Augustinus, in libro *de Patientia*,[1] quod *multa in laboribus et doloribus sustinent homines propter ea quae vitiose diligunt.* Ergo multo magis homo potest mala sustinere propter bonum, quod est vere patientem esse, praeter auxilium gratiae.

2. Praeterea, aliqui non existentes in statu gratiae magis abhorrent mala vitiorum quam corporalia mala: unde quidam gentilium leguntur multa mala tolerasse ne patriam proderent, aut aliquid aliud inhonestum committerent. Sed hoc est vere patientem esse. Ergo videtur quod patientia possit haberi absque auxilio gratiae.

3. Praeterea, manifeste apparet quod aliqui propter sanitatem corporis recuperandam gravia quaedam et amara patiuntur. Salus autem

---

1. C.3: PL 40, 612.

을 통해서이다.

### 제3절 은총 없이 인내를 가질 수 있는가

[반론] 셋째에 대해서는 다음과 같이 진행된다. 은총 없이 인내를 가질 수 있는 것으로 보인다.

1. 왜냐하면 이성이 더 많이 기울어져 향하는 것을 이성적 피조물이 더 잘 충족시킬 수 있기 때문이다. 그러나 어떤 이가 악을 위해서라기보다는 선을 위해서 악을 겪는 것이 더 합리적이다. 하지만 어떤 이들은 은총의 도움 없이 자신의 덕으로부터 악을 위해 악들을 겪는다. 왜냐하면 아우구스티누스는 『인내』에서[1] "인간들은 악습적 방식으로 사랑하는 것들 때문에 많은 것을 수고와 고통 안에서 견딘다."라고 말하기 때문이다. 따라서 인간은 은총의 도움 없이 선을 위해, 즉 참으로 인내심 있는 자가 되기 위해, 악을 훨씬 더 잘 견딜 수 있다.

2. 은총의 지위에 있지 않은 어떤 이들은 육체적 악보다 악습의 악을 더 싫어한다. 그래서 이교도들 중 어떤 이들은 조국을 배신하지 않기 위해 또는 다른 어떤 불명예스러운 일을 저지르지 않기 위해 많은 악을 참아냈다고 전해진다. 그런데 이것은 참으로 인내함이다. 따라서 인내는 은총의 도움 없이도 소유할 수 있는 것으로 보인다.

3. 어떤 이들이 육체의 건강을 회복하기 위해 어떤 혹독하고 쓰라린 것들을 견디어낸다는 것은 명백하다. 그런데 영혼의 건강은 육체의 건강보다 덜 바람직한 것이 아니다. 따라서 같은 이유로 영혼의 건강을 위해 어떤 이는 많은 악을 견딜 수 있고, 이것은 은총의 도움이 없이도

animae non est minus appetibilis quam sanitas corporis. Ergo, pari ratione, pro salute animae potest aliquis multa mala sustinere, quod est vere patientem² esse, absque auxilio gratiae.

SED CONTRA est quod dicitur in Psalmo [Ps. 61, 6]: *Ab ipso, scilicet Deo, patientia mea.*

RESPONDEO dicendum quod, sicut Augustinus dicit, in libro *de Patientia*,³ *vis desideriorum facit tolerantiam laborum et dolorum: et nemo nisi pro eo quod delectat, sponte suscipit ferre quod cruciat.* Et huius ratio est quia tristitiam et dolorem secundum se abhorret animus⁴: unde nunquam eligeret eam pati propter se, sed solum propter finem. Ergo oportet quod illud bonum propter quod aliquis vult pati mala, sit magis volitum et amatum quam illud bonum cuius privatio ingerit dolorem quem patienter toleramus. Quod autem aliquis praeferat bonum gratiae omnibus naturalibus bonis ex quorum amissione potest dolor causari, pertinet ad caritatem, quae diligit Deum super omnia. Unde manifestum est quod patientia, secundum quod est virtus, a caritate causatur: secundum illud I *ad Cor.* 13, [4]: *Caritas patiens est.*⁵ Manifestum est autem quod caritas non potest haberi nisi per gratiam: secundum illud *Rom.* 5, [5]: *Caritas Dei diffusa est in cordibus nostris per Spiritum Sanctum, qui datus est nobis.* Unde patet quod patientia non potest haberi sine auxilio gratiae.

참으로 인내할 수 있다는 것을 의미한다.

[재반론] 그러나 반대로 시편 62[61]장 [6절]에서는 "그분[곧 하느님]에게서 나의 희망[인내][2]이 오느니!"라고 말한다.

[답변] 아우구스티누스가 『인내』에서[3] 말하듯이, "갈망의 힘이 수고와 고통의 참음을 만들고, 어떤 이도 쾌락을 주는 것을 위해서가 아니면 자발적으로 고통을 주는 것을 감수함을 받아들이지 않는다." 이것의 이유는 마음이 슬픔과 고통을 그 자체로 싫어해서, 절대로 그것을 그 자체 때문에 선택하지 않고, 오직 목적 때문에만 선택하기 때문이다.[4] 그러므로 어떤 이가 악을 겪기를 원하면서 얻고자 하는 선은, 그것의 결핍에 대한 고통을 우리가 인내하며 참아내는 선보다 더 원한 것이자 사랑하게 된 것임이 틀림없다. 그런데 어떤 이가 은총의 선을 상실로부터 고통이 야기될 수 있는 모든 자연적 선보다 더 낫게 여기는 것은 모든 것 위에 하느님을 사랑함인 참사랑에 속한다. 그러므로 인내는, 그것이 덕인 한, 참사랑에 의해 야기됨이 분명하다. 코린토 1서 13장 [4절]에 따르면, "참사랑은 인내한다."[5] 그런데 참사랑은 은총을 통해서가 아니면 소유될 수 없다. 로마서 5장 [5절]에 따르면 "우리가 받은 성령을 통하여 하느님의 참사랑이 우리 마음에 부어졌다." 따라서 인내는 은총의 도움 없이 소유될 수 없음이 명백하다.

---

2. 히브리 성경에서는 '인내'(patientem) 대신에 '희망[또는 기다림]'(praestolationem)이라고 읽고 있다.
3. C.4: PL 40, 613.
4. Cf. q.34, a.6.
5. Cf. q.23, a.4, obj.2 et ad2; q.186, a.7, ad1; I-II, q.65, a.3, ad1.

AD PRIMUM ergo dicendum quod in natura humana, si esset integra, praevaleret inclinatio rationis: sed in natura corrupta praevalet inclinatio concupiscentiae, quae in homine dominatur. Et ideo pronior est homo ad sustinendum mala in quibus concupiscentia delectatur praesentialiter, quam tolerare mala propter bona futura quae secundum rationem appetuntur, quod tamen pertinet ad veram patientiam.

AD SECUNDUM dicendum quod bonum politicae virtutis est commensuratum naturae humanae. Et ideo absque auxilio gratiae gratum facientis potest voluntas humana in illud tendere, licet non absque auxilio Dei. Sed bonum gratiae est supernaturale. Unde in illud non potest tendere homo per virtutem suae naturae. Et ideo non est similis ratio.

AD TERTIUM dicendum quod tolerantia etiam malorum quae quis sustinet propter corporis sanitatem, procedit ex amore quo homo naturaliter diligit suam carnem. Et ideo non est similis ratio de patientia, quae procedit ex amore supernaturali.

## Articulus 4
### Utrum patientia sit pars fortitudinis

Ad quartum sic proceditur. Videtur quod patientia non sit pars fortitudinis.

[해답] 1. 인간적 본성에서, 만약 그것이 온전하다면 이성의 경향이 더 우세할지 모르지만, 부패한 본성에서는 인간 안에서 지배하는 욕망의 경향이 더 우세하다. 그러므로 인간은, 이성에 따라 욕구하는 미래의 선을 위해 악을 참아내기보다는, 욕망이 현재 즐거워할 악을 견디어내는 쪽으로 더 기울어져 있다. 그러나 전자가 참된 인내에 속한다.

2. 정치적 덕의 선은 인간적 본성에 상응한다. 따라서 비록 하느님의 도움까지 없는 것은 아니지만, 인간의 의지는 '(하느님을) 기쁘시게 만드는 은총'(gratia gratum faciens)의 도움이 없이도 그것을 향할 수 있다. 그런데 은총의 선은 초자연적이다. 따라서 인간은 자신의 본성의 힘만으로는 은총의 선으로 향할 수 없다. 그러므로 거기에는 유사한 논리가 존재하지 않는다.

3. 어떤 이가 신체의 건강을 위해 견디어내는 악에 대한 참음도 인간이 본성적으로 자신의 몸을 귀중히 여기는 사랑에서 비롯된 것이다. 따라서 초자연적 사랑에서 비롯되는 인내와 관련해서는 유사한 논리가 존재하지 않는다.

## 제4절 인내는 용기의 부분인가

Parall.: Supra, q.128; *In Sent.*, III, d.33, q.3, a.3, qc.1, ad3.

[반론] 넷째에 대해서는 다음과 같이 진행된다. 인내는 용기의 부분이 아닌 것으로 보인다.

1. 왜냐하면 동일한 것은 자기 자신의 부분이 아니기 때문이다. 그러

q.136, a.4

1. Idem enim non est pars sui ipsius. Sed patientia videtur idem esse fortitudini: quia sicut supra[1] dictum est, proprius actus fortitudinis est sustinere; et hoc etiam pertinet ad patientiam, dicitur enim in libro *Sententiarum Prosperi*[2] quod patientia consistit *in alienis malis tolerandis*. Ergo patientia non est pars fortitudinis.

2. Praeterea, fortitudo est circa timores et audacias, ut supra[3] habitum est: et ita est in irascibili. Sed patientia videtur esse circa tristitias: et ita videtur esse in concupiscibili. Ergo patientia non est pars fortitudinis, sed magis temperantiae.

3. Praeterea, totum non potest esse sine parte. Si ergo patientia sit pars fortitudinis, fortitudo nunquam posset esse sine patientia: cum tamen fortis quandoque non toleret patienter mala, sed etiam aggrediatur eum qui mala facit. Ergo patientia non est pars fortitudinis.

SED CONTRA est quod Tullius, in sua *Rhetorica*,[4] ponit eam fortitudinis partem.

RESPONDEO dicendum quod patientia est pars fortitudinis quasi potentialis, quia adiungitur fortitudini sicut virtus secundaria principali. Ad patientiam enim pertinet *aliena mala aequanimiter perpeti*, ut Gregorius dicit, in quadam homilia.[5] In malis autem quae ab aliis inferuntur, praecipua sunt, et difficillima ad sustinendum, illa quae

---

1. Q.123, a.6.
2. Cf. Gregorius M., Hom. 35 *in Evang.*, n.4: PL 76, 1261D.

나 인내는 용기와 동일한 것으로 보인다. 왜냐하면 위에서[1] 말한 것처럼, 용기의 고유한 활동은 견딤이기 때문이다. 그리고 이것은 또한 인내에도 속한다. 왜냐하면 프로스페르 아퀴타누스의 『명제집』에서[2] "인내는 참아내야 할 다른 사람의 악들에서 성립된다."라고 말하기 때문이다. 따라서 인내는 용기의 부분이 아니다.

2. 위에서 다룬 것처럼,[3] 용기는 두려움과 담대함에 관련되고, 또한 그것은 분노적 부분 안에 있다. 그러나 인내는 슬픔에 관련된 것으로 보이고, 그렇게 또한 욕정적 부분 안에 있는 것으로 보인다. 따라서 인내는 용기의 부분이 아니라 오히려 절제의 부분이다.

3. 전체는 부분 없이 존재할 수 없다. 따라서 만약 인내가 용기의 부분이라면, 용기는 인내 없이 절대로 존재할 수 없을 것이다. 그런데 때때로 용감한 자가 악을 인내하며 참지 않고 악을 행하는 자를 공격하므로, 인내는 용기의 부분이 아니다.

[재반론] 그러나 반대로 키케로는 자신의 『수사학』에서[4] 인내를 용기의 부분으로 제시한다.

[답변] 인내는 마치 잠재적 부분처럼 용기의 부분이다. 왜냐하면 그것은 마치 이차적인 덕이 주된 덕에 그런 것처럼 용기에 결부되기 때문이다. 그레고리우스가 어떤 강론[5]에서 말하듯, 인내에는 타인의 악을 평정심으로 견뎌냄이 속하기 때문이다. 그러나 타인에 의해 가해진

---

3. Q.123, a.3.
4. *De invent. rhet.,* l.II, c.54; ed. G. Friedrich, Lipsiae, 1908, p.231, l.7.
5. Homil. 35 *in Evang.*, n.4; PL 76, 1261D.

pertinent ad pericula mortis, circa quae est fortitudo. Unde patet quod in ista materia principalitatem tenet fortitudo, quasi vindicans sibi id quod principalius est in hac materia. Et ideo patientia adiungitur ei sicut secundaria virtus principali.

AD PRIMUM ergo dicendum quod ad fortitudinem pertinet non qualiacumque sustinere: sed illud quod est summe difficile in sustinendo, scilicet sustinere pericula mortis. Ad patientiam autem pertinere potest sustinentia quorumcumque malorum.

AD SECUNDUM dicendum quod actus fortitudinis non solum consistit in hoc quod aliquis in bono persistat contra timores futurorum periculorum, sed etiam ut non deficiat propter praesentium tristitiam sive dolorem: et ex hac parte habet affinitatem cum fortitudine patientia. Et tamen fortitudo est principaliter circa timores, ad quorum rationem pertinet fugere, quod vitat fortitudo. Patientia vero principalius est circa tristitias: nam patiens aliquis dicitur non ex hoc quod non fugit, sed ex hoc quod laudabiliter se habet in patiendo quae praesentialiter nocent, ut scilicet non inordinate ex eis tristetur. Et ideo fortitudo proprie est in irascibili, patientia autem in concupiscibili. Nec hoc impedit quin patientia sit pars fortitudinis: quia adiunctio virtutis ad virtutem non attenditur secundum subiectum, sed secundum materiam vel formam.[6]

---

6. Cf. q.137, a.2, ad1.

악들 가운데 으뜸가고 견디기 가장 어려운 것들은, 용기가 연관된 죽음의 위험에 속하는 것들이다. 그러므로 이 일들에서는, 여기서 더 주도적인 것과 관련하여 자신에게 권리가 있음을 주장하는, 용기가 수위권(首位權)을 쥐는 것이 분명하다. 따라서 인내는, 마치 이차적인 덕이 주요 덕에 그런 것처럼 용기에 결부된다.

[해답] 1. 용기에는 아무 것이든 견디는 것이 아니라 견디기 가장 어려운 것, 즉 죽음의 위험을 견디는 것이 속한다. 그러나 인내에는 어떤 악이든 견디어내는 것이 속할 수 있다.

2. 용기의 작용은 단지 어떤 이가 미래의 위험들에 대한 두려움에 맞서 선 안에 계속 머무는 것 안에서 성립하는 것에 그치는 것이 아니라, 현재적인 것들에 대한 슬픔이나 고통 때문에 실망하지 않는 것 안에서도 성립한다. 그리고 이 점에서 인내는 용기와 밀접한 관계를 맺고 있다. 그런데 용기는 주로 두려움과 관련되고, 그것의 본질에는 도망침이 속하는데, 용기는 그것을 회피한다. 그러나 인내는 주로 슬픔에 관련된다. 왜냐하면 어떤 이는 도망치지 않는다는 점에서 인내하는 자라고 일컬어지는 것이 아니라, 그가 현재 가해지는 것들을 견디어내며 칭찬받을 만하게 처신한다는 점에서, 즉 그것들로부터 무질서하게 슬퍼하지 않는다는 점에서 그렇게 불리는 것이기 때문이다. 따라서 용기는 고유하게는 분노적 부분 안에 있고, 인내는 욕정적 부분 안에 있다. 그러나 이것은 인내가 용기의 부분이라는 것을 방해하지 않는다. 왜냐하면 덕에 대한 덕의 결합은 주체에 따라서가 아니라 질료 또는 형상에 따라 주목되기 때문이다.[6]

그러나 인내는 절제의 부분으로 제시되지 않는다. 비록 두 가지가

Nec tamen patientia ponitur pars temperantiae, quamvis utraque sit in concupiscibili. Quia temperantia est solum circa tristitias quae opponuntur delectationibus tactus, puta quae sunt ex abstinentia ciborum vel venereorum: sed patientia praecipue est circa tristitias quae ab aliis inferuntur. Et iterum ad temperantiam pertinet refrenare huiusmodi tristitias, sicut et delectationes contrarias: ad patientiam autem pertinet ut propter huiusmodi tristitias, quantaecumque sint, homo non recedat a bono virtutis.

AD TERTIUM dicendum quod patientia potest, quantum ad aliquid sui, poni pars integralis fortitudinis, de qua parte obiectio procedit: prout scilicet aliquis patienter sustinet mala quae pertinent ad pericula mortis. Nec est contra rationem patientiae quod aliquis, quando opus fuerit, insiliat in eum qui mala facit: quia, ut Chrysostomus[7] dicit, super illud Matth. [4, 10], «Vade Satanas», *in iniuriis propriis patientem esse laudabile est: iniurias autem Dei patienter sustinere nimis est impium.* Et Augustinus dicit, in quadam epistola *contra Marcellinum,*[8] quod praecepta patientiae non contrariantur bono reipublicae, pro quo conservando contra inimicos compugnatur. – Secundum vero quod patientia se habet circa quaecumque alia mala, adiungitur fortitudini ut virtus secundaria principali.

---

7. *Opus imperf. in Matth.,* hom. 5, super 4, 10: PG 56, 668. Inter opp. supp. Chrys.
8. Epist. 138, al.5, c.2, n.14: PL 33, 531.

각각 욕정적 부분 안에 있음에도 그렇다. 왜냐하면 절제는, 예를 들어 음식이나 성적인 것들에 대한 금욕에서 비롯된 것들처럼, 오직 촉각의 쾌락에 대립하는 슬픔에만 관련되기 때문이다. 그러나 인내는 주로 다른 이들로부터 가해지는 슬픔에 관련된다. 그리고 다시 절제에는 이러한 슬픔을, 그것에 반대되는 쾌락들처럼 억제함이 속한다. 그러나 인내에는 인간이 이러한 슬픔이 아무리 크더라도, 그것 때문에 덕의 선에서 물러나지 않는 것이 속한다.

3. 인내는 그것의 어떤 측면과 관련되는 한, 즉 어떤 이가 죽음의 위험에 속하는 악을 인내하며 참는 한, 용기의 구성적 부분으로 제시될 수 있다. 반론은 이 부분에서 나온다. 또한 크리소스토무스가[7] "사탄아 물러가라."라는 마태오복음서 [4장 10절]에 대해, "자신에 대한 모욕을 인내하는 것은 칭찬받을 만하지만, 하느님에 대한 모욕을 인내하며 견디는 것은 대단히 불경스런 처사다."라고 말하는 것처럼, 어떤 이가 필요할 때 악을 행하는 자에게 덤비는 것은 인내의 본질에 반하는 것이 아니다. 그리고 아우구스티누스는 마르켈리누스에 맞서는 어떤 편지에서[8] 인내의 계명들은 우리가 적들에 대항해 싸우며 보존하고자 하는 국가의 선에 반대되지 않는다고 말한다. 그러나 인내가 무엇이든 다른 악과 관련되는 한, 그것은 이차적 덕이 주된 덕에 결합되듯이 용기에 결합된다.

## Articulus 5
## Utrum patientia sit idem quod longanimitas

Ad quintum sic proceditur. Videtur quod patientia sit idem quod longanimitas.

1. Dicit enim Augustinus, in libro *de Patientia*,[1] quod patientia Dei praedicatur non in hoc quod aliquod malum patiatur, sed in hoc quod *expectat malos ut convertantur:* unde *Eccli.* 5, [4] dicitur: *Altissimus patiens redditor est.*[2] Ergo videtur quod patientia sit idem quod longanimitas.

2. Praeterea, idem non est oppositum duobus. Sed impatientia opponitur longanimitati, per quam aliquis moram expectat: dicitur enim aliquis *impatiens morae,* sicut et aliorum malorum. Ergo videtur quod patientia sit idem longanimitati.

3. Praeterea, sicut tempus est quaedam circumstantia malorum quae sustinentur, ita etiam locus. Sed ex parte loci non sumitur aliqua virtus quae distinguatur a patientia. Ergo similiter nec longanimitas, quae sumitur ex parte temporis, inquantum scilicet aliquis diu expectat, distinguitur a patientia.

SED CONTRA est quod *Rom.* 2, super illud [v. 4], *An divitias*

---

1. C.1: PL 40, 611.

## 제5절 인내는 참을성과 동일한 것인가

Parall.: I-II, q.70, a.3; *In Ep. ad Rom.*, c.8, lect.5; *In Ep. ad Heb.*, c.10, lect.4.

[반론] 첫째에 대해서는 다음과 같이 진행된다. 인내는 참을성과 동일한 것으로 보인다.

1. 왜냐하면 아우구스티누스는 『인내』에서[1] 하느님의 인내는 어떤 악을 인내하는 데서가 아니라 악한 이들이 회개하기를 기대하는 데 있다고 서술하기 때문이다. 그래서 집회서 5장 [4절]에서는 "지극히 높은 분은 인내하는 응보자시다."라고 말한다.[2] 따라서 인내는 참을성과 동일한 것으로 보인다.

2. 동일한 것은 두 개에 대립하지 않는다. 그러나 인내심 없음은 어떤 이로 하여금 지연됨을 지켜보게 하는 참을성에 대립한다. 왜냐하면 지연됨을 인내하지 못하는 어떤 이는 다른 악들도 인내하지 못한다고 말하기 때문이다. 따라서 인내는 참을성과 동일한 것으로 보인다.

3. 시간이 견뎌내야 할 악들의 어떤 상황이듯, 장소 또한 그렇다. 그러나 장소의 측면에서부터 인내와 구분되는 어떤 덕이 취해지지 않는다. 그러므로 유사하게 시간의 측면에서 취해진 참을성 또한 어떤 이가 오래 기다리는 한, 인내로부터 구분되지 않는다.

[재반론] 그러나 반대로 로마서 2장 [4절] "그대는 하느님의 선하심과 인내와 참을성의 풍성함을 업신여기는 것입니까?"에 대해 『주석』은[3]

---

2. Vulgata: *Altissimus est patiens redditor.*

*bonitatis eius et patientiae et longanimitatis contemnis,* dicit Glossa:[3] *Videtur longanimitas a patientia differre, quia qui infirmitate magis quam proposito delinquunt, sustentari per longanimitatem dicuntur: qui vero pertinaci mente exultant in delictis suis, ferri patienter dicendi sunt.*

RESPONDEO dicendum quod sicut magnanimitas dicitur per quam aliquis habet animum tendendi in magna,[4] ita etiam longanimitas dicitur per quam aliquis habet animum tendendi in aliquid quod in longinquum distat. Et ideo sicut magnanimitas magis respicit spem tendentem in bonum,[5] quam audaciam vel timorem sive tristitiam quae respiciunt malum, ita etiam et longanimitas. Unde longanimitas maiorem convenientiam videtur habere cum magnanimitate quam cum patientia. Potest tamen convenire cum patientia duplici ratione. Primo quidem, quia patientia, sicut et fortitudo, sustinet aliqua mala propter aliquod bonum. Quod si ex propinquo expectetur, facilius est sustinere: si autem in longinquum differatur, mala autem oporteat in praesenti sustinere, difficilius est. – Secundo, quia hoc ipsum quod est differri bonum speratum, natum est causare tristitiam: secundum illud *Prov.* 13, [12]: *Spes quae differtur affligit animam.*[6] Unde et in sustinendo huiusmodi afflictionem potest esse patientia, sicut et in sustinendo quascumque alias tristitias. Sic igitur secundum quod sub ratione mali contristantis potest comprehendi et dilatio boni sperati, quae pertinet ad longanimitatem; et labor quem homo sustinet in continuata executione boni operis, quod pertinet

"참을성은 인내와 다른 것으로 보인다. 왜냐하면 의향보다 나약함을 통해 잘못을 저지르는 자들은 참을성을 통해 견딘다고 말하는 반면, 고집스러운 정신으로 자신의 잘못 안에서 기뻐 날뛰는 자들은 인내하며 견딘다고 말해야 하기 때문이다."라고 말한다.

[답변] 웅지를 통해 어떤 이가 큰 것을 지향하는 마음을 가진다고 말하듯,[4] 참을성을 통해 어떤 이는 멀리 떨어져 있는 어떤 것을 지향하는 마음을 가진다고 말한다. 그러므로 웅지가 악을 주목하는 담대함, 두려움, 또는 슬픔보다 선을 지향하는 희망을 더 주목하는 것처럼,[5] 참을성 또한 그렇다. 그러므로 참을성은 인내보다는 웅지와 더 적합성을 가지는 것으로 보인다. 그러나 참을성은 인내와 두 가지 이유로 일치할 수 있다. 첫째, 인내는 용기처럼 어떤 선을 위해 어떤 악을 견디기 때문이다. 만약 이 선이 임박하게 기대된다면 견딤은 더 쉽지만, 만약 그것이 멀리 지연된다면 악은 현재에서 견뎌야만 할 것이고, 그것은 더 어렵다. 둘째, 희망하게 된 선이 지연된 것 자체가 슬픔을 야기하는 성질을 가지기 때문이다. 잠언 13장 [12절]에 따르면 "이루어지지 않은 희망은 마음을 괴롭힌다."[6] 그러므로 이러한 괴로움을 견디는 것 안에는, 다른 모든 슬픔을 견디는 것 안에서처럼, 인내가 있을 수 있다. 따라서 슬프게 하는 악의 개념 아래 참을성에 포함되는 희망하게 된 선의 지연이 포함될 수 있다. 또한 인간이 선한 일의 지속적인 실행 가운데 견

---

3. Lombardus: PL 191, 1338C; cf. Ordin.: PL 114, 474D. Cf. Origenes, *In Rom.*, II, n.3: PL 14, 874C.
4. Cf. q.129, a.1.
5. Cf. q.129, a.1, ad2; a.6.

ad constantiam[7]; tam longanimitas quam etiam constantia sub patientia comprehenduntur. Unde et Tullius, definiens patientiam, dicit[8] quod *patientia est, honestatis ac utilitatis causa, voluntaria ac diuturna perpessio rerum arduarum ac difficilium.* Quod dicit *arduarum,* pertinet ad constantiam in bono; quod dicit *difficilium,* pertinet ad gravitatem mali, quam proprie respicit patientia; quod vero addit *ac diuturna,* pertinet ad longanimitatem secundum quod convenit cum patientia.

Et per hoc patet responsio AD PRIMUM et SECUNDUM.

AD TERTIUM dicendum quod illud quod est longinquum loco, quamvis sit remotum a nobis, tamen non est similiter remotum a natura rerum sicut illud quod est longinquum tempore. Et ideo non est similis ratio. – Et praeterea quod est longinquum loco non affert difficultatem nisi ratione temporis, quia quod est longinquum loco a nobis tardius tempore ad nos potest pervenire.

QUARTUM[9] concedimus. Tamen consideranda est ratio illius differentiae quam Glossa assignat. Quia in his qui ex infirmitate peccant hoc solum videtur importabile, quod diu perseverant in malo: et ideo dicitur quod ex longanimitate supportantur. Sed hoc ipsum quod aliquis ex superbia peccat, importabile videtur, et ideo per patientiam dicuntur sustineri illi qui ex superbia peccant.

---

6. Cf. I-II, q.32, a.3, obj.2 et ad2; q.40, a.8, obj.2 et ad2; III, q.52, a.2, ad2.

디는 수고는 굳건함에 속한다.[7] 이렇게 참을성과 굳건함은 인내에 포함된다. 그러므로 키케로는 인내를 정의하면서 "인내는 영예와 유용성을 위해 고되고 어려운 일들에 대해 자발적으로 그리고 오래 감내하는 것이다."라고 말한다.[8] 그가 '고된 것'이라고 말하는 것은 선 안에 있는 굳건함에 속하고, 그가 '어려운 것'이라고 말하는 것은 인내가 고유한 의미로 관련하는 악의 중대성에 속한다. 그가 '그리고 오래'를 덧붙인 것은, 그것이 인내에 부합하는 한, 참을성에 속한다.

[해답] 1-2. 이로써 첫째와 둘째 반론에 대한 해답은 분명하다.

3. 장소적으로 먼 것은, 비록 우리로부터 멀리 떨어져 있지만, 시간적으로 먼 것과 유사한 방식으로 사물들의 본질에서 멀리 떨어져 있지는 않다. 따라서 유사한 관계가 존재하지 않는다. 더욱이 장소적으로 먼 것은 시간의 이유가 아니면 어려움을 초래하지 않는다. 왜냐하면 우리로부터 장소적으로 먼 것은 느린 시간 안에서 우리에게 도달할 수 있기 때문이다.

4. 넷째를[9] 우리는 받아들이기로 하자. 그럼에도 『주석』이 제시한 차이의 이유가 고찰되어야 한다. 왜냐하면 약함으로부터 죄를 짓는 자들에 대해서는 오직 오랫동안 악 안에 항구히 머무는 것만이 견디기 어렵게 보이기 때문에, 그들은 참을성에 의해 버틴다. 그러나 어떤 이가 교만으로 죄를 짓는다는 것 자체가 견디기 어려운 것으로 보이므로, 교만 때문에 죄를 짓는 자들에 대해서는 인내를 통해 견딘다고 말한다.

---

7. Cf. q.137., a.3.
8. *De invent. rhet.*, II, c.54: ed G. Friedrich, Lipsiae, 1908, p.231, ll.12-14.
9. Arg. sed c.

# QUAESTIO CXXXVII
# DE PERSEVERANTIA
*in quaruor articulos divisa*

Deinde considerandum est de perseverantia,[1] et de vitiis oppositis.[2]

Circa perseverantiam autem quaeruntur quatuor.

*Primo:* utrum perseverantia sit virtus.

*Secundo:* utrum sit pars fortitudinis.

*Tertio:* quomodo se habet ad constantiam.

*Quarto:* utrum indigeat auxilio gratiae.

## Articulus 1
### Utrum perseverantia sit virtus

Ad primum sic proceditur. Videtur quod perseverantia non sit virtus.

1. Quia, ut Philosophus dicit, in VII *Ethic.*,[1] *continentia est potior quam perseverantia.* Sed *continentia non est virtus,* ut dicitur in IV *Ethic.*.[2] Ergo perseverantia non est virtus.

---

1. Cf. q.129, Introd.
2. Q.138.

# 제137문
# 항구함에 대하여
(전4절)

이어서 항구함에 대해[1] 그리고 그것에 대립하는 악습들에 대해[2] 고찰해야 한다. 항구함에 관해 네 가지를 물어야 한다.

1. 항구함은 덕인가?
2. 그것은 용기의 부분인가?
3. 그것은 굳건함과 어떻게 관련하는가?
4. 그것은 은총의 도움을 필요로 하는가?

## 제1절 항구함은 덕인가

Parall.: *In Sent.*, III, d.33, q.3, a.3, qc.1, ad4.

[반론] 첫째에 대해서는 다음과 같이 진행된다. 항구함은 덕이 아닌 것으로 보인다.

1. 왜냐하면 철학자가 『니코마코스 윤리학』 제7권에서[1] 말하듯이 자제가 항구함보다 더 낫기 때문이다. 그런데 자제는 『니코마코스 윤리학』 제4권에서[2] 말하듯 덕이 아니다. 따라서 항구함은 덕이 아니다.

---

1. C.8, 1150a36-b1; S. Th. lect.7, n.1413.
2. C.15, 1128b33-35; S. Th. lect.17, n.883.

2. Praeterea, *virtus est qua recte vivitur,* secundum Augustinum, in libro *de Lib. Arbit.*.[3] Sed sicut ipse dicit in libro *de Perseverantia,*[4] *nullus potest dici perseverantiam habere quandiu vivit, nisi perseveret usque ad mortem.* Ergo perseverantia non est virtus.

3. Praeterea, *immobiliter persistere* in opere virtutis requiritur ad omnem virtutem, ut patet in II *Ethic.*.[5] Sed hoc pertinet ad rationem perseverantiae: dicit enim Tullius, in sua *Rhetorica,*[6] quod *perseverantia est in ratione bene considerata stabilis et perpetua permansio.* Ergo perseverantia non est specialis virtus, sed conditio omnis virtutis.

SED CONTRA est quod Andronicus[7] dicit, quod *perseverantia est habitus eorum quibus immanendum est et non immanendum, et neutrorum.* Sed habitus ordinans nos ad bene faciendum aliquid vel omittendum est virtus. Ergo perseverantia est virtus.

RESPONDEO dicendum quod, secundum Philosophum, in II *Ethic.*[8], *virtus est circa difficile et bonum.* Et ideo ubi occurrit specialis ratio difficultatis vel boni, ibi est specialis virtus. Opus autem virtutis potest habere bonitatem et difficultatem ex duobus. Uno quidem

---

3. II, c.19, n.50: PL 32, 1268.
4. Cc.1 & 6: PL 45, 995 & 999.
5. C.2, 1105a32-b5; S. Th. lect.4, n.283.
6. *De invent. rhet.,* II, c.54: ed. G. Friedrich, Lipsiae, 1908, p.231, ll.14-15.
7. Chrysippus, in *Definit.* adiunctis libro *de Affectibus: inter Fragm. Phil. Graec.,* ed. G. A. Mullachius, Parisiiss 1867-1879k t.III, p.578.

2. 아우구스티누스의 『자유재량론』에[3] 따르면 "덕이란 그것을 통해 인간이 올바르게 살아가는 것이다." 그러나 그는 『항구함의 은사』에서 [4] "죽을 때까지 항구하지 않으면, 누구도 살아 있는 동안 항구함을 가진다고 말할 수 없다."라고 말한다. 따라서 항구함은 덕이 아니다.

3. 『니코마코스 윤리학』 제2권에서[5] 분명하듯이 덕의 행함에서 부동적으로 지속함은 모든 덕에서 요구된다. 그러나 이것은 항구함의 개념에 속한다. 왜냐하면 키케로는 자신의 『수사학』에서[6] "항구함은 잘 사유된 계획을 확고하고 영속적으로 고수하는 것"이라고 말하기 때문이다. 그러므로 항구함은 특수 덕이 아니라 모든 덕의 조건이다.

[재반론] 그러나 반대로 안드로니쿠스는[7] 말하길 "항구함은 고수되어야 할 것과 고수되지 말아야 할 것, 그리고 둘 중 어느 것도 아닌 것들에 관한 습성이다." 그런데 우리로 하여금 어떤 것을 잘 행하거나 그만두도록 질서 지우는 습성은 덕이다. 따라서 항구함은 덕이다.

[답변] 『니코마코스 윤리학』 제2권에서[8] 철학자에 따르면 "덕은 어려운 것과 선한 것에 관련된다." 그래서 어려움 또는 선의 특수한 사정이 나타나는 곳에는 특수 덕이 있다. 그러나 덕의 행업은 두 가지로부터 선성과 어려움을 가질 수 있다. 첫째 방식으로는, 고유한 대상의 관점에 따라 결정되는 행위의 종 자체로부터이다. 다른 방식으로는, 시간의 오래 지속됨 자체로부터이다. 왜냐하면 어떤 어려운 일에 오랫동안 버티고 서 있는 것 자체가 특수한 어려움을 가지기 때문이다. 그러므

---

8. C.2, 1105a9-13; S. Th. lect.3, n.278.

modo, ex specie ipsa actus, quae accipitur secundum rationem proprii obiecti.⁹ Alio modo, ex ipsa diuturnitate temporis: nam hoc ipsum quod est diu insistere alicui difficili, specialem difficultatem habet. Et ideo diu persistere in aliquo bono usque ad consummationem pertinet ad specialem virtutem. Sicut ergo temperantia et fortitudo sunt speciales virtutes eo quod altera earum moderatur delectationes tactus, quod de se difficultatem habet, altera autem moderatur timores et audacias circa pericula mortis, quod etiam secundum se difficile est; ita etiam perseverantia est quaedam specialis virtus ad quam pertinet in his vel in aliis virtuosis operibus diuturnitatem sustinere prout necesse est.

AD PRIMUM ergo dicendum quod Philosophus accipit ibi perseverantiam secundum quod aliquis perseverat in his in quibus difficillimum est diu sustinere. Non est autem difficile sustinere bona, sed mala. Mala autem quae sunt pericula mortis, ut plurimum non diu sustinentur: quia ut frequentius cito transeunt. Unde respectu illorum non est praecipua laus perseverantiae. Inter alia autem mala, praecipua sunt illa quae opponuntur delectationibus tactus: quia huiusmodi mala attenduntur circa necessaria vitae, puta circa defectum ciborum et aliorum huiusmodi, quae quandoque imminent diu sustinenda. Non est autem difficile hoc diu sustinere illi qui circa hoc non multum tristatur, nec in oppositis bonis multum delectatur: sicut patet in temperato, in quo huiusmodi passiones non sunt vehementes.

로 완성에 이를 때까지 오랫동안 어떤 선 안에 계속 지속하는 것은 특수 덕에 속한다.

따라서 절제와 용기는 특수 덕이다. 그중 하나는 촉각의 쾌락들을 조절하는데, 이것은 그 자체로 어려움을 가진다.[9] 다른 하나는 죽음의 위험과 관련하여 두려움과 담대함을 조절하는데, 이것 또한 그 자체로 어렵다. 마찬가지로 항구함 또한 어떤 특수 덕이고, 거기에는 방금 언급된 이 덕들 또는 다른 덕들의 행업 안에서, 필요한 경우, 오랜 시간을 견디는 것이 속한다.

[해답] 1. 철학자는 여기서 항구함을, 어떤 이가 오랫동안 견디는 것이 가장 어려운 것들 안에서 항구히 머문다는 의미에 따라 이해한다. 선을 견디는 것은 어렵지 않지만, 악은 어렵다. 그러나 죽음의 위험인 악은 대부분 오랫동안 견뎌지지 않는다. 왜냐하면 그것은 자주 빨리 지나가기 때문이다. 따라서 그것들에 관련해서는 항구함의 특별한 칭찬이 존재하지 않는다. 다른 악 중에서는 촉각의 쾌락에 대립하는 악들이 주요하다. 왜냐하면 이런 악들은 음식과 그와 같은 것들의 부족과 같이 생명에 필수적인 것들과 관련하여 주목되기 때문이다. 이것들은 때때로 오랫동안 견뎌져야 할 것으로 임박해 온다. 그러나 이와 관련하여 많이 슬퍼하지 않거나 대립하는 선들에서 많이 즐거워하지 않는 자에게 이것은 어렵지 않다. 이는 절제 있는 자 안에서 분명한데, 그에게 이러한 정념들은 격렬하지 않다. 그러나 이 정념들을 조절할 완전한 덕을 가지고 있지 않아서 이에 격렬하게 영향을 받는 자에게

---

9. Cf. I-II, q.54, a.2; etc.

Sed maxime hoc difficile est in eo qui circa hoc vehementer afficitur, utpote non habens perfectam virtutem modificantem has passiones. Et ideo, si accipiatur hoc modo perseverantia, non est virtus perfecta, sed est quoddam imperfectum in genere virtutis. Si autem accipiamus perseverantiam secundum quod aliquis in quocumque bono difficili diu persistit, hoc potest convenire etiam habenti perfectam virtutem. Cui etiam si persistere sit minus difficile, persistit tamen in bono magis perfecto. Unde talis perseverantia potest esse virtus: quia perfectio virtutis magis attenditur secundum rationem boni quam secundum rationem difficilis.

AD SECUNDUM dicendum quod eodem nomine quandoque nominatur et virtus, et actus virtutis: sicut Augustinus dicit, *super Ioan.*[10]: *Fides est credere quod non vides.* Potest tamen contingere quod aliquis habet habitum virtutis qui tamen non exercet actum: sicut aliquis pauper habet habitum magnificentiae, cum tamen actum non exerceat.[11] Quandoque vero aliquis habens habitum incipit quidem exercere actum, sed non perficit: puta si aedificator incipiat aedificare et non compleat domum.

Sic ergo dicendum est quod nomen perseverantiae quandoque sumitur pro habitu quo quis eligit perseverare: quandoque autem pro actu quo quis perseverat. Et quandoque quidem habens habitum perseverantiae eligit quidem perseverare, et incipit exequi aliquandiu

---

10. Tract.79, super 14, 29, n.1: PL 35, 1837.

이것은 가장 어렵다. 그러므로 만약 항구함이 이런 방식으로 받아들여진다면, 그것은 완전한 덕이 아니라 덕의 종 안에 있는 어떤 불완전한 것이다. 그러나 우리가 항구함을 어떤 이가 어떤 어려운 선 안에서든 오랫동안 지속하는 것에 따라 받아들인다면, 이것은 완전한 덕을 가진 자와도 일치될 수 있다. 비록 그에게 맞서는 것이 덜 어렵다고 하더라도, 그는 더 완전한 선 안에서 맞선다. 그러므로 그러한 항구함은 덕일 수 있는데, 왜냐하면 덕의 완전성은 어려움의 측면보다 선의 측면에 따라 더 주목되기 때문이다.

2. 아우구스티누스가 『요한복음서 주해』에서[10] "신앙은 당신이 보지 못하는 것을 믿는 것이다."라고 말하는 것처럼 동일한 이름으로 때때로 덕과 덕의 행위가 명명된다. 그런데 어떤 이는 덕의 습관을 가지지만 행위를 실행하지 않는 일이 발생할 수 있다. 마치 가난한 어떤 이가, 비록 행위를 실행하지 않지만, 관대의 습성을 가지는 경우가 그러하다.[11] 때때로 어떤 이는 습성을 가지고 있어 행위를 실행함을 시작하나 완성하지 못한다. 예를 들어 건축가가 집 짓기를 시작하지만, 집을 완성하지 못하는 경우다.

따라서 항구함이라는 명칭은 때로는 어떤 이가 항구함을 선택하는 습성을 의미하는 것으로 받아들여지기도 하고, 때로는 어떤 이가 항구함을 발휘하는 행위를 의미하는 것으로 받아들여지기도 한다고 할 수 있다. 또한 때때로 항구함의 습성을 가진 자는 항구함을 선택하고, 한동안 지속함과 함께 실행을 시작하나, 목적에까지 지속하지 못하기 때문에 행위를 완성하지 않는다. 그런데 목적은 이중적이다. 하나는 행

---

11. Cf. q.134, a.3, ad4.

persistendo; non tamen complet actum, quia non persistit usque in finem. Est autem duplex finis: unus quidem qui est finis operis; alius autem qui est finis humanae vitae. Per se autem ad perseverantiam pertinet ut aliquis perseveret usque ad terminum virtuosi operis: sicut quod miles perseveret usque ad finem certaminis, et magnificus usque ad consummationem operis. Sunt autem quaedam virtutes quarum actus per totam vitam debet durare, sicut fidei, spei et caritatis: quia respiciunt ultimum finem totius vitae humanae. Et ideo respectu harum virtutum, quae sunt principales, non consummatur actus perseverantiae usque ad finem vitae. Et secundum hoc, Augustinus accipit perseverantiam pro actu perseverantiae consummato.

AD TERTIUM dicendum quod virtuti potest aliquid convenire dupliciter. Uno modo, ex propria intentione finis. Et sic diu persistere usque ad finem in bono pertinet ad specialem virtutem quae dicitur perseverantia, quae hoc intendit sicut specialem finem. – Alio modo, ex comparatione habitus ad subiectum. Et sic immobiliter persistere consequitur quamlibet virtutem, inquantum est *qualitas difficile mobilis*.[12]

---

12. Cf. Aristoteles, *Categ.*, c.6, 9a3; 10-13.

업의 목적이고, 다른 하나는 인간적 삶의 목적이다. 어떤 이가 후덕한 행업의 종착점까지 지속하는 것은 그 자체로 항구함에 속한다. 예를 들어 군인이 전투를 끝까지 이어가고, 관대한 자가 행업을 완성하기까지 지속하는 경우이다. 그러나 어떤 덕들이 있는데, 그것들의 행위는 전체 삶을 통해 지속되어야 한다. 예를 들어 신앙, 희망, 그리고 참사랑의 행위가 그러하다. 그것들은 인간 삶 전체의 궁극적 목적과 관련되기 때문이다. 따라서 이런 주된 덕들의 관점에서 보면, 항구함의 행위는 삶이 끝날 때까지 완성되지 않는다. 그렇기 때문에 아우구스티누스는 항구함을 항구함의 완성된 행위를 의미하는 것으로 받아들인다.

3. 어떤 것은 덕에 두 가지 방식으로 부합할 수 있다. 하나의 방식은 목적의 고유한 의도로부터이다. 그래서 선 안에서 끝까지 오랫동안 지속함은, 그것을 특별한 목적처럼 의도하는, 항구함이라고 불리는 특수 덕에 속한다. 다른 방식은 주체에 대한 습성의 관계로부터이다. 그리고 이렇게 부동적으로 지속함은, 덕이 어렵게 변하는 성질인 한, 모든 덕을 뒤따른다.[12]

## Articulus 2
## Utrum perseverantia sit pars fortitudinis

Ad secundum sic proceditur. Videtur quod perseverantia non sit pars fortitudinis.

1. Quia, ut Philosophus dicit, in VII *Ethic.*,[1] perseverantia est circa *tristitias tactus*. Sed huiusmodi pertinent ad temperantiam. Ergo perseverantia magis est pars temperantiae quam fortitudinis.

2. Praeterea, omnis pars virtutis moralis est circa aliquas passiones, quas virtus moralis moderatur. Sed perseverantia non importat moderantiam passionum: quia quanto vehementiores fuerint passiones, tanto aliquis secundum rationem perseverans laudabilior videtur. Ergo videtur quod perseverantia non sit pars alicuius virtutis moralis: sed magis prudentiae, quae perficit rationem.

3. Praeterea, Augustinus dicit, in libro *de Perseverantia*,[2] quod *perseverantiam nullus potest amittere*. Alias autem virtutes potest homo amittere. Ergo perseverantia est potior omnibus aliis virtutibus. Sed virtus principalis est potior quam pars eius. Ergo perseverantia non est pars alicuius virtutis, sed magis ipsa est virtus principalis.

SED CONTRA est quod Tullius ponit[3] perseverantiam partem

---

1. C.8, 1150a14-16; S. Th. lect.7, n.1406.

## 제2절 항구함은 용기의 부분인가

Parall.: Supra, q.128; *In Sent.*, III, d.33, q.3, a.3, qc.1-2 & 4.

[반론] 첫째에 대해서는 다음과 같이 진행된다. 항구함은 용기의 부분이 아닌 것으로 보인다.

1. 왜냐하면 철학자가 『니코마코스 윤리학』 제7권에서[1] 말하듯 "항구함은 촉각의 슬픔에 관한 것이다." 그러나 이런 것들은 절제에 속한다. 따라서 항구함은 용기보다는 오히려 절제의 부분이다.

2. 도덕적 덕의 모든 부분은 도덕적 덕이 조절하는 어떤 정념들과 관련된다. 그러나 항구함은 정념의 조절을 내포하지 않는다. 왜냐하면 정념들이 더 격렬할수록 이성에 따라 항구함을 유지하는 어떤 이가 더 칭찬받을 만한 것으로 보이기 때문이다. 따라서 항구함은 어떤 도덕적 덕의 부분이 아니라 오히려 이성을 완성하는 현명의 부분으로 보인다.

3. 아우구스티누스는 『항구함의 은사』에서[2] "누구도 항구함을 잃어버릴 수 없다."라고 말한다. 그런데 다른 덕들은 인간이 잃어버릴 수 있다. 따라서 항구함은 다른 모든 덕보다 우월하다. 하지만 주요 덕은 그것의 부분보다 더 우월하다. 따라서 항구함은 어떤 덕의 부분이 아니라 오히려 주요 덕 자체다.

[재반론] 그러나 반대로 키케로는[3] 항구함을 용기의 부분으로 제시

---

2. C.6, n.10: PL 45, 999.
3. *De invent. rhet.*, .II, c.54: ed. G. Friedrich, Lipsiae, 1908, p.231, l.7.

fortitudinis.

RESPONDEO dicendum quod, sicut supra[4] dictum est, virtus principalis est cui principaliter adscribitur aliquid quod pertinet ad laudem virtutis: inquantum scilicet exercet illud circa propriam materiam in qua difficillimum et optimum est illud observare. Et secundum hoc dictum est[5] quod fortitudo est principalis virtus: quia firmitatem servat in his in quibus difficillimum est firmiter persistere, scilicet in periculis mortis. Et ideo necesse est quod fortitudini adiungatur sicut secundaria virtus principali, omnis virtus cuius laus consistit in sustinendo firmiter aliquod difficile. Sustinere autem difficultatem quae provenit ex diuturnitate boni operis, dat laudem perseverantiae: nec hoc est ita difficile sicut sustinere pericula mortis. Et ideo perseverantia adiungitur fortitudini sicut virtus secundaria principali.

AD PRIMUM ergo dicendum quod annexio secundariae virtutis ad principalem non solum attenditur secundum materiam, sed magis secundum modum: quia forma in unoquoque potior est quam materia.[6] Unde licet perseverantia magis videatur convenire in materia cum temperantia quam cum fortitudine, tamen in modo magis convenit cum fortitudine, inquantum firmitatem servat contra difficultatem diuturnitatis.

---

4. Q.123, a.11; I-II, q.61, aa.3-4.

한다.

[답변] 위에서⁴ 말한 것처럼 주요 덕은 덕의 칭찬에 속하는 어떤 것이 주로 귀속되는 덕이다. 이는 주요 덕이, 덕의 칭찬에 속하는 어떤 것을 관철하는 것이 가장 어렵고 가장 훌륭한 고유한 영역에서, 그것을 실행하는 한에서 그렇다. 그리고 이에 따라 용기는 주요 덕이라 불린다.⁵ 왜냐하면 그것은 확고하게 지속하기 가장 어려운 것들 안에서, 즉 죽음의 위험 안에서 확고함을 보존하기 때문이다. 따라서 어떤 어려운 것을 확고하게 견디는 것 안에 칭찬이 구성되는 모든 덕은, 마치 이차적 덕이 주된 덕에 결합되듯, 용기에 결합되는 것이 필연적이다. 그런데 선한 행업의 오래 지속됨에서 나타나는 어려움을 견디는 것은 항구함을 칭찬할 이유가 되지만, 이것은 죽음의 위험을 견디는 것만큼 어렵지는 않다. 따라서 항구함은 이차적 덕이 주된 덕에 결합되듯 용기에 결합된다.

[해답] 1. 주된 덕에 대한 이차적 덕의 연결은 단지 영역에 따라 주목되는 것이 아니라, 오히려 양태에 따라서이다. 왜냐하면 각 존재에서 형상이 질료보다 더 우월하기 때문이다.⁶ 따라서 비록 항구함이 영역에 있어서 용기보다는 절제와 더 잘 어울리는 것으로 보이더라도, 양태에 있어서는 용기와 더 어울린다. 이는 항구함이 오래 지속됨의 어려움에 대항해 확고함을 보존하는 한에서 그렇다.

---

5. Q.123, a.11.
6. Cf. q.1, a.4, ad2.

AD SECUNDUM dicendum quod illa perseverantia de qua Philosophus loquitur,[7] non moderatur aliquas passiones, sed consistit solum in quadam firmitate rationis et voluntatis. Sed perseverantia secundum quod ponitur virtus, moderatur aliquas passiones: scilicet timorem fatigationis aut defectus propter diuturnitatem. Unde haec virtus est in irascibili, sicut et fortitudo.

AD TERTIUM dicendum quod Augustinus ibi loquitur de perseverantia non secundum quod nominat habitum virtutis, sed secundum quod nominat actum virtutis continuatum usque in finem: secundum illud Matth. 24, [13]: *Qui perseveraverit usque in finem, hic salvus erit*. Et ideo contra rationem perseverantiae sic acceptae esset quod amitteretur: quia iam non duraret usque in finem.

## Articulus 3
### Utrum constantia pertineat ad perseverantiam

Ad tertium sic proceditur. Videtur quod constantia non pertineat ad perseverantiam.

1. Constantia enim pertinet ad patientiam, ut supra[1] dictum est. Sed patientia differt a perseverantia. Ergo constantia non pertinet ad perseverantiam.

2. Praeterea, *virtus est circa difficile et bonum*.[2] Sed in parvis operi-

---

7. *Ethica Nic.*, VII, c.4, 1147b22-23; 1150a14-16; S. Th. lect.4, n.1355; lect.7, nn.1406-1407. Cf. a.1, ad1.

2. 철학자가 말하는[7] 항구함은 어떤 정념들을 조절하는 것이 아니라 오직 이성과 의지의 어떤 확고함에서만 구성된다. 그러나 항구함은, 덕으로 간주되는 한, 피로에 대한 두려움이나 오래 지속됨으로 인한 사기 저하와 같은 어떤 정념들을 조절한다. 따라서 이 덕은, 용기 또한 그런 것처럼, 분노적 부분 안에 있다.

3. 아우구스티누스가 거기에서 항구함에 대해 말하는 것은 덕의 습성으로서가 아니라, 마태오복음서 24장 [13절]의 "끝까지 항구한 자는 구원을 받을 것이다."라는 구절에 따라, 그것을 끝까지 지속되는 덕의 행위로 명명하는 한에서이다. 따라서 그것이 상실될 수도 있다는 것은 이렇게 받아들여진 항구함의 개념에 반할 것이다. 왜냐하면 그것은 끝까지 지속되지 않을 것이기 때문이다.

## 제3절 강인함은 항구함에 속하는가

[반론] 셋째에 대해서는 다음과 같이 진행된다. 강인함은 항구함에 속하지 않는 것으로 보인다.

1. 왜냐하면 위에서[1] 말한 것처럼 강인함은 인내에 속하기 때문이다. 그러나 인내는 항구함과 다르다. 따라서 군건함은 항구함에 속하지 않는다.

2. "덕은 어려운 것과 선에 관련된다."[2] 그러나 작은 행업들에서 강인하게 있음은 어렵지 않은 것으로 보이고, 오직 관대에 속하는 큰 행

---

1. Q.136, a.5.
2. Aristoteles, *Ethica Nic.*, II, c.2, 1105a9-13; S. Th. lect.3, n.278.

bus constantem esse non videtur esse difficile, sed solum in operibus magnis, quae pertinent ad magnificentiam. Ergo constantia magis pertinet ad magnificentiam quam ad perseverantiam.

3. Praeterea, si ad perseverantiam pertineret constantia, in nullo videretur a perseverantia differre: quia utrumque immobilitatem quandam importat. Differunt autem: nam Macrobius[3] condividit constantiam firmitati, per quam intelligitur perseverantia, ut supra[4] dictum est. Ergo constantia non pertinet ad perseverantiam.

SED CONTRA est quod aliquis dicitur esse constans ex eo quod *in aliquo sta*t. Sed *immanere aliquibus* pertinet ad perseverantiam: ut patet ex definitione quam Andronicus ponit.[5] Ergo constantia pertinet ad perseverantiam.

RESPONDEO dicendum quod perseverantia et constantia conveniunt quidem in fine, quia ad utramque pertinet firmiter persistere in aliquo bono: differunt autem secundum ea quae difficultatem afferunt ad persistendum in bono. Nam virtus perseverantiae proprie facit firmiter persistere hominem in bono contra difficultatem quae provenit ex ipsa diuturnitate actus: constantia autem facit firmiter persistere in bono contra difficultatem quae provenit ex quibuscumque aliis exterioribus impedimentis. Et ideo principalior pars fortitudinis est perseverantia quam constantia: quia difficultas quae est ex diuturnitate actus, est essentialior actui virtutis quam illa quae est ex

업들에서만 어렵게 보인다. 따라서 강인함은 항구함보다는 오히려 관대에 속한다.

3. 만약 강인함이 항구함에 속한다면, 강인함은 항구함과 전혀 다르지 않은 것으로 보인다. 왜냐하면 둘 다 어떤 부동성을 내포하기 때문이다. 그러나 그들은 다르다. 왜냐하면 마크로비우스는[3] 강인함을, 위에서[4] 말한 것처럼 항구함으로 이해되는 확고함과 구분하기 때문이다. 따라서 강인함은 항구함에 속하지 않는다.

[재반론] 그러나 반대로 어떤 이는 어떤 것 안에 버티고 서 있는 것으로부터 강인하다고 말한다. 하지만 안드로니쿠스가 제시한[5] 정의로부터 분명하듯, 어떤 것들 안에 내재함은 항구함에 속한다. 따라서 강인함은 항구함에 속한다.

[답변] 항구함과 강인함은 목적에서 일치한다. 왜냐하면 둘 각각에게 어떤 선에 확고하게 머무는 것이 속하기 때문이다. 그러나 그들은 선 안에 머무는 것에 어려움을 가져오는 것들과 관련하여 다르다. 항구함의 덕은 인간을 행위의 오랜 지속성 자체로부터 나오는 어려움에 맞서 선 안에 확고하게 머물도록 만든다. 반면 강인함은 무엇이든 다른 외적인 방해물로부터 나오는 어려움에 맞서 선 안에 확고하게 머물도록 한다. 따라서 용기의 더 주된 부분은 강인함보다는 항구함이다. 왜냐하면 행위의 오랜 지속성에서 비롯된 어려움은 외적인 방해물에서 비

---

3. *In somn. Scip.*, I, c.8: ed. Fr. Eyssenhardt, Lipsiae, 1868, p.507, ll.19-20.
4. Q.128, ad6.
5. Cf. a.1, sc.

exterioribus impedimentis.

AD PRIMUM ergo dicendum quod exteriora impedimenta persistendi in bono praecipue sunt illa quae tristitiam inferunt. Circa tristitiam autem est patientia, ut dictum est.[6] Et ideo constantia secundum finem convenit cum perseverantia: secundum autem ea quae difficultatem inferunt, convenit cum patientia. Finis autem potior est. Et ideo constantia magis pertinet ad perseverantiam quam ad patientiam.

AD SECUNDUM dicendum quod in magnis operibus persistere difficilius est: sed in parvis vel mediocribus diu persistere habet difficultatem, etsi non ex magnitudine actus, quam respicit magnificentia, saltem ex ipsa diuturnitate, quam respicit perseverantia. Et ideo constantia potest ad utrumque pertinere.

AD TERTIUM dicendum quod constantia pertinet quidem ad perseverantiam, inquantum convenit cum ea: non tamen est idem ei inquantum differt ab ea ut dictum est.[7]

## Articulus 4
### Utrum perseverantia indigeat auxilio gratiae

Ad quartum sic proceditur. Videtur quod perseverantia non indigeat auxilio gratiae.

롯된 어려움보다 덕의 행위에 더 본질적이기 때문이다.

[해답] 1. 선 안에 머무는 것에 대한 외적인 방해물은 주로 슬픔을 야기시키는 것들이다. 그런데 이미 말한 것처럼,[6] 슬픔과 관련된 것은 인내이다. 따라서 강인함은 목적에 따라서는 항구함과 일치하지만, 어려움을 야기시키는 것들에 따라서는 인내와 일치한다. 그런데 목적이 더 중요하다. 따라서 강인함은 인내보다는 항구함에 더 속한다.

2. 큰 행업들에 계속 머무는 것은 더 어렵지만, 작거나 보통의 행업들에 오랫동안 머무는 것도 어려움을 가진다. 비록 그것이 관대가 고려하는 행위의 큼에서 비롯된 것은 아니라 하더라도, 그것은 적어도 항구함이 고려하는 오래 지속됨 자체부터 비롯된 것이다. 따라서 강인함은 두 가지에 다 속할 수 있다.

3. 강인함은, 항구함과 일치하는 한에서 항구함에 속하지만, 앞서 말한 것처럼[7] 그것과 구별되는 한 그것과 동일한 것이 아니다.

## 제4절 항구함은 은총의 도움을 필요로 하는가

**Parall.:** I-II, q.109, a.10; *In Sent.*, II, d.29, Expos. Litt.; *ScG*, III, 155; *De ver.*, q.24, a.13; q.27, a.5, ad3, 4; *In Psalm.* 31.

[반론] 넷째에 대해서는 다음과 같이 진행된다. 항구함은 은총의 도

---

6. Q.136, a.1.
7. In corp.

1. Perseverantia enim est quaedam virtus, ut dictum est.¹ Sed virtus, ut Tullius dicit, in sua *Rhetorica*,² agit in modum naturae. Ergo sola inclinatio virtutis sufficit ad perseverandum. Non ergo ad hoc requiritur aliud auxilium gratiae.

2. Praeterea, donum gratiae Christi est maius quam nocumentum quod Adam intulit: ut patet *Rom.* 5, [15 sqq.]. Sed ante peccatum homo sic conditus fuit *ut posset perseverare per id quod acceperat:* sicut Augustinus dicit, in libro *de Corrept. et Gratia*.³ Ergo multo magis homo per gratiam Christi reparatus, potest perseverare absque auxilio novae gratiae.

3. Praeterea, opera peccati quandoque sunt difficiliora quam opera virtutis: unde ex persona impiorum dicitur *Sap.* 5, [7]: *Ambulavimus vias difficiles.* Sed aliqui perseverant in operibus peccati absque alterius auxilio. Ergo etiam in operibus virtutum potest homo perseverare absque auxilio gratiae.

SED CONTRA est quod Augustinus dicit, in libro *de Perseverantia*⁴: *Asserimus donum Dei esse perseverantiam, qua usque in finem perseveratur in Christo.*

RESPONDEO dicendum quod, sicut ex dictis⁵ patet, persever-

---

1. A.1.
2. *De invent. rhet.*, II, c.53: ed. G. Friedrich, Lipsiae, 1908, p.230, ll.2-3.
3. C.11: PL 44, 936.

움이 필요하지 않은 것으로 보인다.

1. 왜냐하면 이미 말한 것처럼[1] 항구함은 어떤 덕이기 때문이다. 그러나 덕은 키케로가 자신의 『수사학』에서[2] 말하듯 본성의 방식으로 행한다. 따라서 오직 덕의 경향만으로도 항구하게 행함을 위해서는 충분하다. 그러므로 이것을 위해 다른 은총의 도움이 요구되지는 않는다.

2. 로마서 5장 [15절 이하]에서 분명하듯이, 그리스도의 은총의 선물은 아담이 초래한 해악보다 더 크다. 그러나 죄 이전의 인간은, 아우구스티누스가 『훈계와 은총』에서[3] 말하듯, 그가 받은 것을 통해 항구할 수 있도록 설정되었다. 따라서 그리스도의 은총을 통해 회복된 인간은 새로운 은총의 도움 없이 훨씬 더 항구할 수 있다.

3. 죄의 행업은 때때로 덕의 행업보다 더 어렵다. 따라서 지혜서 5장 [7절]에서 불경한 자들의 대표에 의해 "우리는 어려운 길들을 걸었다."라고 말한다. 그러나 어떤 이들은 죄의 행업 안에서 다른 이의 도움 없이 항구하다. 따라서 덕의 행업 안에서도 인간은 은총의 도움 없이 항구할 수 있다.

[재반론] 그러나 반대로 아우구스티누스는 『항구함의 은사』에서[4] 말하기를 "우리는 항구함이 하느님의 선물이고, 그것을 통해 인간이 그리스도 안에서 끝까지 항구하게 된다고 주장한다."

[답변] 이미 말한 것에서[5] 분명하듯이 항구함은 두 방식으로 언급된

---

4. C.1: PL 45, 993.
5. A.1, ad2; a.2, ad3.

antia dupliciter dicitur. Uno modo, pro ipso habitu perseverantiae, secundum quod est virtus. Et hoc modo indiget dono habitualis gratiae, sicut et ceterae virtutes infusae. — Alio modo potest accipi pro actu perseverantiae durante usque ad mortem. Et secundum hoc indiget non solum gratia habituali, sed etiam gratuito Dei auxilio conservantis hominem in bono usque ad finem vitae: sicut supra[6] dictum est, cum de gratia ageretur. Quia cum liberum arbitrium de se sit vertibile,[7] et hoc ei non tollatur per habitualem gratiam praesentis vitae; non subest potestati liberi arbitrii, etiam per gratiam reparati, ut se immobiliter in bono statuat, licet sit in potestate eius quod hoc eligat: plerumque enim cadit in potestate nostra electio, non autem executio.

AD PRIMUM ergo dicendum quod virtus perseverantiae, quantum est de se, inclinat ad perseverandum. Quia tamen habitus est *quo quis utitur cum voluerit*,[8] non est necessarium quod habens habitum virtutis immobiliter utatur eo usque ad mortem.

AD SECUNDUM dicendum quod, sicut Augustinus dicit, in libro *de Corrept. et Gratia*,[9] *primo homini datum est, non ut perseveraret, sed ut perseverare posset, per liberum arbitrium:* quia nulla corruptio tunc erat in natura humana quae perseverandi difficultatem prae-

---

6. I-II, q.109, a.10.
7. Cf. q.14, a.3, ad3; I, q.64, a.2; I-II, q.114, a.9; III, q.79, a.6, ad1; q.86, a.1.

다. 하나의 방식에 따르면, 그것이 덕인 한 항구함의 습성 자체에 따라서이다. 그리고 이 방식으로 그것은, 그 밖의 주입된 덕들처럼, 습성적 은총의 선물을 필요로 한다. 다른 방식으로 그것은 죽음에까지 지속되는 항구함의 행위에 따라 받아들여질 수 있다. 그리고 이것에 따르면 그것은 습성적 은총뿐만 아니라, 위에서[6] 은총에 관해 논할 때 말한 것처럼, 인간을 선 안에서 삶의 끝까지 보존하시는 하느님의 무상의 도움도 필요로 한다. 왜냐하면 자유재량은 그 자체로 변할 수 있고,[7] 이러한 특성은 현재적 삶의 습성적 은총을 통해 제거되지 않기 때문에, 설령 자유재량이 은총을 통해 회복되었다고 하더라도, 자신을 부동적으로 선 안에 세우는 것은, 비록 그것을 선택하는 것은 그것의 능력 안에 있지만, 자유재량의 능력에 예속되지 않는다. 왜냐하면 많은 경우에 선택은 우리의 능력에 속하지만, 실행은 그렇지 않기 때문이다.

[해답] 1. 항구함의 덕은 그 자체에 관련되는 한 어떤 이를 항구하도록 기울인다. 그러나 습성은 어떤 이가 원할 때 사용하는 것이기 때문에,[8] 어떤 사람이 덕의 습성을 가졌다고 해서 필연적으로 죽을 때까지 그것을 불변적으로 사용하는 것은 아니다.

2. 아우구스티누스가 『훈계와 은총』에서[9] 말하듯이 "첫 인간에게는 항구한 것이 주어진 것이 아니라, 항구할 수 있는 것이 자유재량을 통해 주어졌다. 왜냐하면 그때는 인간적 본성 안에 항구하기에 어려운 어떤 부패도 없었기 때문이다. 그러나 이제는 그리스도의 은총으로 미

---

8. Cf. I-II, q.49, a.3, sc; q.50, a.1, obj.1; a.5; etc.
9. C.12, nn.34-35; PL 44, 937.

beret. *Sed nunc praedestinatis per gratiam Christi non solum datur ut perseverare possint, sed ut perseverent. Unde primus homo, nullo terrente, contra Dei terrentis imperium libero usus arbitrio, non stetit in tanta felicitate, cum tanta non peccandi facilitate. Isti autem, saeviente mundo ne starent, steterunt in fide.*

AD TERTIUM dicendum quod homo per se potest cadere in peccatum, sed non potest per se resurgere a peccato sine auxilio gratiae. Et ideo ex hoc ipso quod homo cadit in peccatum, inquantum est de se, facit se in peccato perseverantem, nisi gratia Dei liberetur. Non autem ex hoc quod facit bonum facit se perseverantem in bono: quia de se potens est peccare. Et ideo ad hoc indiget auxilio gratiae.

리 예정된 자들에게, 항구할 수 있음만 주어진 것이 아니라 [실제로] 항구함도 주어진다. 그러므로 첫 인간은, 비록 누구도 두려움을 주지 않았음에도 불구하고, 두려움을 주는 하느님의 명령에 반하여 자유재량을 사용했기 때문에, 죄를 짓지 않을 큰 능력을 가지고도 그렇게 큰 행복 안에 서 있지 않았다. 그러나 이 사람들은, 비록 세상이 그들이 서 있지 못하도록 사납게 굴어도, 신앙 안에 굳건히 서 있었다."

3. 인간은 자신을 통해 죄에 빠질 수 있지만, 은총의 도움 없이 스스로 죄에서 다시 일어날 수 없다. 그러므로 인간이 죄에 빠진다는 것 자체로부터, 그것이 그 자신에서 비롯되는 한, 하느님의 은총에 의해 해방되지 않는다면 죄 안에 항구하게 머물게 된다. 하지만 선을 행하는 것은 그를 선 안에 항구하게 만들지 않는다. 왜냐하면 그는 스스로 죄를 지을 수 있기 때문이다. 따라서 이것[선 안에 항구하기]을 위해서는 은총의 도움이 필요하다.

# QUAESTIO CXXXVIII
# DE VITIIS OPPOSITIS PERSEVERANTIAE
*in duos articulos divisa*

Deinde considerandum est de vitiis oppositis perseverantiae.[1]
Et circa hoc quaeruntur duo.
*Primo:* de mollitie.
*Secundo:* de pertinacia.

### Articulus 1
### Utrum mollities opponatur perseveerantiae

Ad primum sic proceditur. Videtur quod mollities non opponatur perseverantiae.

1. Quia super illud I *ad Cor.* 6, [9-10], *Neque adulteri neque molles neque masculorum concubitores,* Glossa[1] exponit *molles, idest pathici,* hoc est muliebria patientes. Sed hoc opponitur castitati. Ergo mollities non est vitium oppositum perseverantiae.

---

1. Cf. q.137, Introd.

# 제138문
# 항구함에 대립하는 악습들에 대하여
### (전2절)

이어서 항구함에 대립하는 악습들에 대해 고찰해야 한다.[1] 그리고 이에 관해서는 두 가지를 물어야 한다.

1. 유약함에 대하여.
2. 완고함에 대하여.

## 제1절 유약함은 항구함에 대립하는가

**Parall.:** Infra, a.2; *In Ethic.*, VII, lect.7.

[반론] 첫째에 대해서는 다음과 같이 진행된다. 유약함은 항구함에 대립하지 않는 것으로 보인다.

1. 왜냐하면 "간통하는 자도 유약한 자도 남색하는 자들도"라는 코린토 1서 6장 [9-10절]에 대해 『주석』[1]은 유약한 자들은 말하자면 '파티치'(pathici)로, 즉 여자 같은 역할을 감당하는 자들로 설명한다. 그러나 이것은 정결에 대립한다. 따라서 유약함은 항구함에 대립하는 악습이 아니다.

---

1. Interlin.; Lombardus: PL 191, 1579A.

2. Praeterea, Philosophus dicit, in VII *Ethic.*,² quod *delicia mollities quaedam est*. Sed esse deliciosum videtur pertinere ad intemperantiam. Ergo mollities non opponitur perseverantiae, sed magis temperantiae.

3. Praeterea, Philosophus, ibidem,³ dicit quod *lusivus est mollis*. Sed esse immoderate lusivum opponitur eutrapeliae, quae est virtus circa *delectationes ludorum,* ut dicitur in IV *Ethic.*.⁴ Ergo mollities non opponitur perseverantiae.

SED CONTRA est quod Philosophus dicit, in VII *Ethic.*,⁵ quod *molli opponitur perseverativus.*

RESPONDEO dicendum quod, sicut supra⁶ dictum est, laus perseverantiae in hoc consistit quod aliquis non recedit a bono propter diuturnam tolerantiam difficilium et laboriosorum. Cui directe opponi videtur quod aliquis de facili recedat a bono propter aliqua difficilia, quae sustinere non potest. Et hoc pertinet ad rationem mollitiei: nam molle dicitur quod facile cedit tangenti.

Non autem iudicatur aliquid molle ex hoc quod cedit fortiter impellenti: nam et parietes cedunt machinae percutienti. Et ideo non reputatur aliquis mollis si cedat aliquibus valde graviter impellenti-

---

2. C.8, 1150b3-16; S. Th. lect.7, n.1414.
3. C.8, 1150b16-19; S. Th. lect.7, n.1417.
4. C.14, 1128a9-10; S. Th. lect.16, n.854.

2. 철학자는 『니코마코스 윤리학』 제7권에서[2] "향락은 일종의 유약함이다."라고 말한다. 그러나 향락은 무절제에 속하는 것으로 보인다. 따라서 유약함은 항구함이 아니라 오히려 절제에 반대된다.

3. 같은 곳에서[3] 철학자는 "장난기 많은 자는 유약한 자이다."라고 말한다. 그러나 조절되지 않은 장난기 많음은, 『니코마코스 윤리학』 제7권에서[4] 말하듯, 놀이의 쾌락에 관련되는 덕인 '에우트라펠리아'(eutrapelia), 곧 재치에 대립한다. 따라서 유약함은 항구함에 대립하지 않는다.

[재반론] 그러나 반대로 철학자는 『니코마코스 윤리학』 제7권에서[5] "항구한 자는 유약한 자에 대립한다."라고 말한다.

[답변] 위에서[6] 말한 것처럼, 항구함에 대한 칭찬은 어떤 이가 어려움과 수고스러움에 대해 오래 참음으로 인해 선에서 물러나지 않는 것 안에서 성립한다. 이것에 직접적으로 대립하는 것으로 보이는 것은 어떤 이가 견딜 수 없는 어떤 어려움 때문에 쉽게 선에서 물러서는 것이다. 그리고 이것이 유약함의 본질에 속한다. 왜냐하면 접촉하는 것에 쉽게 굴복하는 것을 유약하다고 말하기 때문이다.

그러나 어떤 것이 강하게 압박하는 것에 굴복하는 것으로부터 유약하다고 판단되지는 않는다. 왜냐하면 벽도 찔러서 구멍을 내는 기계에 굴복하기 때문이다. 그러므로 어떤 이는, 만약 매우 힘차게 압박하

---

5. C.8, 1150a33-b1; S. Th. lect.7, n.1413.
6. Q.137, aa.1-2.

bus: unde Philosophus dicit, in VII *Ethic.*,⁷ quod *si quis a fortibus et superexcellentibus delectationibus vincitur vel tristitiis, non est admirabile, sed condonabile, si contra tendat.*

Manifestum est autem quod gravius impellit metus periculorum quam cupiditas delectationum: unde Tullius dicit, in I *de Offic.*⁸: *Non est consentaneum qui metu non frangatur, eum frangi cupiditate; nec qui invictum se a labore praestiterit, vinci a voluptate.* Ipsa etiam voluptas fortius movet attrahendo quam tristitia de carentia voluptatis retrahendo: quia carentia voluptatis est purus defectus. Et ideo secundum Philosophum,⁹ proprie mollis dicitur qui recedit a bono propter tristitias causatas ex defectu delectationum, quasi cedens debili moventi.

AD PRIMUM ergo dicendum quod praedicta mollities causatur dupliciter. Uno modo, ex consuetudine: cum enim aliquis consuetus est voluptatibus frui, difficilius potest earum absentiam sustinere. Alio modo, ex naturali dispositione: quia videlicet habent animum minus constantem, propter fragilitatem complexionis. Et hoc modo comparantur feminae ad masculos, ut Philosophus dicit, in VII *Ethic..*¹⁰ Et ideo illi qui muliebria patiuntur molles dicuntur, quasi muliebres effecti.

---

7. C.8, 1150b6-16; S. Th. lect.7, n.1415.
8. C.20; ed. C. F. W. Müller, Lipsiae, 1910, p.24, ll.21-23.
9. C.8, 1150b1-16; S. Th. lect.7, n.1414.

는 것들에 굴복한다면, 유약하다고 여겨지지 않는다. 따라서 철학자는
『니코마코스 윤리학』 제7권에서[7] 말하길, "만약 어떤 이가 강하고 압
도적인 쾌락이나 슬픔에 의해 정복된다면, 그것은 놀랄 일이 아니다.
만약 그가 반대로 하려고 힘쓴다면, 용서할 만한 일이다."

그런데 위험에 대한 공포가 쾌락에 대한 탐욕보다 더 무겁게 압박하
는 것이 분명하다. 따라서 키케로는 『의무론』 제1권에서[8] "공포에 의
해 꺾이지 않는 자가 탐욕에 의해 꺾인다는 것은 합리적이지 않다. 또
한 자신이 수고에 굴복하지 않음을 증명한 자가 육욕에 의해 정복된다
는 것도 합리적이지 않다."라고 말한다. 육욕 자체는 끌어당김을 통해,
육욕의 결여에 대한 슬픔이 뒤로 물러나게 함을 통해 행위를 유발하는
것보다 더 강하게 행위를 유발한다. 왜냐하면 육욕의 결여는 순수한
결핍이기 때문이다. 따라서 철학자에 따르면[9] 쾌락의 결핍에서 야기된
슬픔 때문에 선에서 물러나는 자는 고유하게 유약하다고 말한다. 그것
은 마치 약하게 자극하는 것에 굴복하는 것과 같다.

[해답] 1. 앞서 언급된 유약함은 두 방식으로 야기된다. 하나의 방식
으로는 습관으로부터인데, 왜냐하면 어떤 이가 쾌락을 누리는 것에 습
관이 된 이후에는, 그것의 부재를 견디기가 더 어렵기 때문이다. 다른
방식으로는 본성적 성향으로부터인데, 왜냐하면 그들은 기질의 연약
함 때문에 덜 확실한 마음을 가지기 때문이다. 그리고 철학자가 『니코
마코스 윤리학』 제7권에서[10] 말하듯이 이런 방식으로 여성들은 남성들
에 비교된다. 그래서 여자 같은 역할을 감당하는 자들은, 마치 여자같

---

10. C.8, 1150b15-16; S. Th. lect.7, n.1416.

AD SECUNDUM dicendum quod voluptati corporali opponitur labor: et ideo res laboriosae tantum impediunt voluptates. Deliciosi autem dicuntur qui non possunt sustinere aliquos labores, nec aliquid quod voluptatem diminuat: unde dicitur *Deut.* 28, [56]: *Tenera mulier et delicata, quae super terram ingredi non valebat, nec pedis vestigium figere, propter mollitiem.* Et ideo delicia quaedam mollities est. Sed mollities proprie respicit defectum delectationum: deliciae autem causam impeditivam delectationis, puta laborem vel aliquid huiusmodi.

AD TERTIUM dicendum quod in ludo duo est considerare. Uno quidem modo, delectationem: et sic inordinate lusivus opponitur eutrapeliae.[11] Alio modo in ludo consideratur quaedam remissio sive quies, quae opponitur labori. Et ideo sicut non posse sustinere laboriosa pertinet ad mollitiem, ita etiam nimis appetere remissionem ludi, vel quamcumque aliam quietem.

## Articulus 2
### Utrum pertinacia opponatur perseverantiae

Ad secundum sic proceditur. Videtur quod pertinacia non opponatur perseverantiae.

1. Dicit enim Gregorius, XXXI *Moral.*,[1] quod pertinacia oritur

---

11. Cf. q.168, a.2.

이 된 것처럼 유약하다고 말한다.

  2. 육체적 쾌락에 대립하는 것은 수고이다. 따라서 수고로운 것은 단지 쾌락을 방해한다. 그런데 어떤 수고나 쾌락을 감소시키는 어떤 것을 견딜 수 없는 자들은 향락적이라 말한다. 그래서 신명기 28장 [56절]에서는 "부드럽고 가냘픈 여자는 유약함 때문에 땅 위로 들어가서 발자국을 남길 힘도 없었다."라고 말한다. 따라서 향락은 일종의 유약함이다. 그러나 유약함은 고유한 의미로 쾌락의 결핍과 관련되는 반면, 향락은, 예를 들어 수고나 그와 유사한 다른 것처럼 쾌락의 방해 원인과 관련된다.

  3. 놀이에서 고찰할 것은 두 가지 측면이다. 하나의 방식으로는 쾌락에 관련되는 것인데, 무질서하게 장난기 많은 자는 재치에 대립한다.[11] 다른 방식으로는 놀이 안에서 수고에 대립하는 어떤 휴식 또는 쉼이 고찰되는 것이다. 그러므로 수고로운 것들을 견딜 수 없는 것이 유약함에 속하는 것처럼, 과도하게 놀이의 휴식이나 무엇이든 다른 쉼을 욕구하는 것 또한 유약함에 속한다.

## 제2절 완고함은 항구함에 대립하는가

[반론] 둘째에 대해서는 다음과 같이 진행된다. 완고함은 항구함에 대립하지 않는 것으로 보인다.

  1. 왜냐하면 그레고리우스는 『욥기의 도덕적 해설』 제31권[1]에서 완

---

1. C.45, al.17, in vet. 31, n.88: PL 76, 621A.

ex inani gloria. Sed inanis gloria non opponitur perseverantiae, sed magis magnanimitati, ut supra[2] dictum est. Ergo pertinacia non opponitur perseverantiae.

2. Praeterea, si opponitur perseverantiae, aut opponitur ei per excessum, aut per defectum. Sed non opponitur ei per excessum: quia etiam pertinax cedit alicui delectationi et tristitiae; quia, ut dicit Philosophus, in VII *Ethic.*,[3] *gaudent vincentes, et tristantur si sententiae eorum infirmae appareant.* Si autem per defectum, erit idem quod mollities: quod patet esse falsum. Nullo ergo modo pertinacia opponitur perseverantiae.

3. Praeterea, sicut perseverans persistit in bono contra tristitias, ita continens et temperatus contra delectationes, et fortis contra timores, et mansuetus contra iras. Sed pertinax dicitur aliquis ex eo quod nimis in aliquo persistit. Ergo pertinacia non magis opponitur perseverantiae quam aliis virtutibus.

SED CONTRA est quod Tullius dicit, in sua *Rhetorica*,[4] quod ita se habet pertinacia ad perseverantiam sicut superstitio ad religionem. Sed superstitio opponitur religioni, ut supra[5] dictum est. Ergo et pertinacia perseverantiae.

---

2. Q.132, a.2.
3. C.10, 1151b14-17; S. Th. lect.9, n.1444.
4. *De invent. rhet.*, II, c.54: ed. G. Friedrich, Lipsiae, 1908, p.231, ll.35-37.

고함은 허영에서 발생한다고 말하기 때문이다. 그러나 위에서² 말한 것처럼 허영은 항구함에 대립하는 것이 아니라 오히려 웅지에 대립한다. 따라서 완고함은 항구함에 대립하지 않는다.

2. 만약 완고함이 항구함에 대립한다면, 완고함은 그것에 지나침을 통해서 혹은 결핍을 통해서 대립한다. 그러나 완고함은 그것에 지나침을 통해서 대립하지 않는다. 왜냐하면 완고한 자 또한 어떤 쾌락과 슬픔에 굴복하기 때문이다. 철학자가 『니코마코스 윤리학』 제7권에서³ 말하듯이, "그들은 이길 때 기뻐하고, 만약 그들의 의견이 설득력 없는 것으로 드러나면 슬퍼하기 때문이다." 만약 완고함이 결핍을 통해 대립한다면, 그것은 유약함과 동일할 것이다. 이것은 거짓임이 분명하다. 따라서 어떤 방식으로도 완고함은 항구함에 대립하지 않는다.

3. 항구한 자가 슬픔에 맞서 선(善) 안에 머무는 것처럼, 자제하는 자와 절제하는 자는 쾌락에 맞서, 용감한 자는 두려움에 맞서, 그리고 온유한 자는 분노에 맞서 선 안에 머문다. 그러나 어떤 이는 지나치게 어떤 것에 머무는 것으로부터 완고하다고 언급된다. 따라서 완고함이 다른 덕들보다 항구함에 더 대립하는 것은 아니다.

[재반론] 그러나 반대로 키케로는 그의 『수사학』에서⁴ 완고함은, 마치 미신과 종교의 관계처럼, 항구함에 관계한다고 말한다. 그러나 위에서⁵ 말한 것처럼 미신은 종교에 대립한다. 따라서 완고함 또한 항구함에 대립한다.

---

5. Q.92, a.1.

RESPONDEO dicendum quod, sicut Isidorus dicit, in libro *Etymol.*,[6] *pertinax* dicitur aliquis qui est *impudenter tenens,* quasi *omnia tenax.* Et hic idem dicitur pervicax: eo quod *in proposito suo ad victoriam perseverat: antiqui enim dicebant viciam quam nos victoriam.* Et hos Philosophus vocat, in VII *Ethic.*,[7] *ischyrognomones,* idest *fortis sententiae,* vel *idiognomones,* idest *propriae sententiae:* quia scilicet perseverant in propria sententia plus quam oportet; mollis autem minus quam oportet; perseverans autem secundum quod oportet. Unde patet quod perseverantia laudatur sicut in medio existens; pertinax autem vituperatur sicut secundum excessum medii; mollis autem secundum defectum.

AD PRIMUM ergo dicendum quod ideo aliquis nimis persistit in propria sententia, quia per hoc vult suam excellentiam manifestare. Et ideo oritur ex inani gloria sicut ex causa. Dictum est autem supra[8] quod oppositio vitiorum ad virtutes non attenditur secundum causam, sed secundum propriam speciem.

AD SECUNDUM dicendum quod pertinax excedit quidem in hoc quod inordinate persistit in aliquo contra multas difficultates:

---

6. X, ad litt. P, nn.213, 211: PL 82, 390A, 389C.
7. C.10, 1151b12-17; S. Th. lect.9, n.1444.

[답변] 이시도루스가 『어원』⁶에서 말하듯, "마치 모든 것을 붙잡으려는 사람처럼, 파렴치하게 붙들고 있는 어떤 이는 완고하다고 말한다." 그리고 이 동일한 자가 고집이 센 자(pervicax)라고 불린다. 왜냐하면 "그는 이길 때까지 자기주장을 고집하기 때문이고, 옛사람들은 우리가 승리라 말하는 것을 '비치아'(vicia)라 칭했기 때문이다." 그리고 철학자는 『니코마코스 윤리학』 제7권에서⁷ 이들을 '이스키로그노모네스'(ischrognomones), 즉 강한 의견을 가진 자들 혹은 '이디오그노모네스'(idiognomones), 즉 자신의 고유한 의견을 가진 자들로 부른다. 왜냐하면 그들은 자신의 고유한 의견 안에 마땅한 것 이상으로 항구하기 때문이다. 그러나 유약한 자는 마땅한 것보다 더 적게 항구하고, 항구한 자는 마땅함에 따라 항구하다. 따라서 항구함은 중용에 있는 것처럼 칭찬받고, 완고한 자는 말하자면 중용의 지나침에 따라 비난받으며, 유약한 자는 중용의 결핍에 따라 비난받음이 분명하다.

[해답] 1. 어떤 이는 자신의 고유한 의견에 지나치게 머무는데, 왜냐하면 그는 이것을 통해 자신의 탁월성을 드러내기를 원하기 때문이다. 그러므로 이것은 원인처럼 [작용하는] 허영에서부터 발생한다. 그러나 위에서⁸ 덕에 대한 악습의 대립은 원인에 따라서가 아니라 고유한 종에 따라서 주목되어야 한다고 말했다.

2. 완고한 자는 많은 어려움에 맞서 어떤 것 안에 무질서하게 머문다는 점에서 지나치다. 그럼에도 그는, 강한 사람과 항구한 사람처럼, 결

---

8. Q.127, a.2, ad1; q.133, a.2.

habet tamen aliquam delectationem in fine, sicut et fortis et etiam perseverans. Quia tamen illa delectatio est vitiosa, ex hoc quod nimis eam appetit et contrariam tristitiam fugit, assimilatur incontinenti vel molli.

AD TERTIUM dicendum quod aliae virtutes, etsi persistant contra impetus passionum, non tamen proprie laus earum est ex persistendo, sicut laus perseverantiae. Laus vero continentiae magis videtur ex vincendo delectationes. Et ideo pertinacia directe opponitur perseverantiae.

국에는 어떤 쾌락을 가진다. 그런데도 이 쾌락은, 그가 그것을 지나치게 욕구하고 반대되는 슬픔을 회피하는 점에서 악습적이기 때문에, 그는 자제력 없는 자 또는 유약한 자와 유사하게 된다.

3. 비록 다른 덕들도 정념들의 충동에 맞서 지속하지만, 그것들에 대한 칭찬은 항구함의 칭찬처럼 고유한 의미에서 지속함으로부터 나오는 것이 아니다. 실제로 자제에 대한 칭찬은 오히려 쾌락을 이기는 것에서 나오는 것으로 보인다. 따라서 완고함은 직접적으로 항구함에 대립한다.

# QUAESTIO CXXXIX
# DE DONO FORTITUDINIS
*in duos articulos divisa*

Deinde considerandum est de dono quod respondet fortitudini,[1] quod est fortitudinis donum.

Et circa hoc quaeruntur duo.

*Primo:* utrum fortitudo sit donum.

*Secundo:* quid respondeat ei in beatitudinibus et fructibus.

## Articulus 1
## Utrum fortitudo sit donum

Ad primum sic proceditur. Videtur quod fortitudo non sit donum.

1. Virtutes enim a donis differunt. Sed fortitudo est virtus. Ergo non debet poni donum.

2. Praeterea, actus donorum manent in patria, ut supra[1] habitum est. Sed actus fortitudinis non manent in patria: dicit enim Gregorius, in I *Moral.*,[2] quod *fortitudo dat fiduciam trepidanti contra adversa;*

---

1. Cf. q.123, Introd.

1. I-II, q.68, a.6.

## 제139문
# 용기의 선물에 대하여
### (전2절)

이어서 용기에 상응하는 선물에 대해 고찰해야 한다.[1] 그것은 곧 용기의 선물이다.

이에 관해서는 두 가지를 물어야 한다.

1. 용기는 선물인가?
2. 참행복들과 열매들 가운데 무엇이 용기의 선물에 상응하는가?

### 제1절 용기는 선물인가

Parall.: *In Sent.*, III, d.34, q.1, a.2; q.3, a.1, qc.1.

[반론] 첫째에 대해서는 다음과 같이 진행된다. 용기는 선물이 아닌 것으로 보인다.

1. 왜냐하면 덕은 선물과 다르기 때문이다. 그러나 용기는 덕이다. 따라서 그것은 선물로 제시되어서는 안 된다.

2. 위에서[1] 다룬 것처럼, 선물들의 행위는 본향에 남아 있다. 그러나 용기의 행위는 본향에 남아 있지 않다. 왜냐하면 그레고리우스는 『욥기의 도덕적 해설』 제1권[2]에서 "용기는 역경에 맞서 벌벌 떨고 있는 자

---

2. C.32, al.15, n.44: PL 75, 547B.

quae nulla erunt in patria. Ergo fortitudo non est donum.

3. Praeterea, Augustinus dicit, in II *de Doctr. Christ.*,[3] quod fortitudinis est *ab omni transeuntium mortifera iucunditate seipsum sequestrare.* Sed circa noxias iucunditates seu delectationes magis consistit temperantia quam fortitudo. Ergo videtur quod fortitudo non sit donum respondens virtuti fortitudinis.

SED CONTRA est quod Isaiae 11, [2] fortitudo inter alia dona Spiritus Sancti computatur.[4]

RESPONDEO dicendum quod fortitudo importat quandam animi firmitatem, ut supra[5] dictum est: et haec quidem firmitas animi requiritur et in bonis faciendis et in malis perferendis, et praecipue in arduis bonis vel malis. Homo autem secundum proprium et connaturalem sibi modum hanc firmitatem in utroque potest habere, ut non deficiat a bono propter difficultatem vel alicuius ardui operis implendi, vel alicuius gravis mali perferendi: et secundum hoc fortitudo ponitur virtus specialis vel generalis, ut supra[6] dictum est. Sed ulterius a Spiritu Sancto movetur animus hominis ad hoc quod perveniat ad finem cuiuslibet operis inchoati, et evadat quaecumque pericula imminentia. Quod quidem excedit naturam humanam: quandoque

---

3. C.7, n.10: PL 34, 39-40.
4. Cf. I-II, q.68, a.4.

에게 자신을 준다."라고 말하고 있기 때문이다. 본향에는 그런 역경이 없을 것이다. 따라서 용기는 선물이 아니다.

3. 아우구스티누스는 『그리스도교 교양』 제1권³에서 "지나가는 것들의 모든 치명적인 유쾌함으로부터 자기 자신을 떼어놓는 것이 용기의 일이다."라고 말한다. 그러나 해로운 유쾌함 혹은 쾌락과 관련해서는 용기보다 오히려 절제가 자리 잡고 있다. 따라서 용기는 용기의 덕에 상응하는 선물이 아닌 것으로 보인다.

[재반론] 그러나 반대로 이사야서 11장 [2절]에서는 용기가 다른 성령의 선물들 사이에서 셈해지고 있다.⁴

[답변] 위에서⁵ 말한 것처럼, 용기는 마음의 어떤 확고함을 내포하고, 이 마음의 확고함은 행해야 할 선에서뿐만 아니라 견뎌내야 할 악에서도 필요하며, 특히 고된 선이나 악 안에서 필요하다. 그런데 인간은 고유하고 자신의 본성에 부합하는 방식에 따라 이 확고함을 양편 모두에서 가질 수 있어서, 완수해야 할 어떤 힘겨운 행업의 어려움이나 또는 어떤 견뎌내야만 할 심각한 악의 어려움 때문에 선에서 이탈하지 않는다. 이에 따라 용기는 위에서⁶ 말한 것처럼 특수 덕 혹은 일반 덕으로 제시된다. 그러나 더욱이 인간의 마음은 성령에 의해 무엇이든 시작된 행업의 목적에 도달하도록 움직여지고, 위협하는 모든 위험을 피한다. 그런데 이것은 인간적 본성을 넘어선다. 왜냐하면 때때로 자신의 행업

---

5. Q.123, a.2; I-II, q.61, a.3.
6. Q.123, a.2.

enim non subest potestati hominis ut consequatur finem sui operis, vel evadat mala seu pericula, cum quandoque opprimatur ab eis in mortem. Sed hoc operatur Spiritus Sanctus in homine, dum perducit eum ad vitam aeternam, quae est finis omnium bonorum operum et evasio omnium periculorum. Et huius rei infundit quandam fiduciam menti Spiritus Sanctus, contrarium timorem excludens. Et secundum hoc fortitudo donum spiritus sancti ponitur: dictum est enim supra[7] quod dona respiciunt motionem animae a Spiritu Sancto.

AD PRIMUM ergo dicendum quod fortitudo quae est virtus perficit animam ad sustinendum quaecumque pericula, sed non sufficit dare fiduciam evadendi quaecumque pericula: sed hoc pertinet ad fortitudinem quae est donum Spiritus Sancti.

AD SECUNDUM dicendum quod dona non habent eosdem actus in patria quos habent in via, sed ibi habent actus circa perfruitionem finis. Unde actus fortitudinis ibi est perfrui plena securitate a laboribus et malis.[8]

AD TERTIUM dicendum quod donum fortitudinis respicit virtutem fortitudinis non solum secundum quod consistit in sustinendo pericula, sed etiam secundum quod consistit in quocumque arduo opere faciendo. Et ideo donum fortitudinis dirigitur a dono consilii, quod videtur praecipue esse de melioribus bonis.

의 목적에 다다르는 것 또는 악이나 위험을 모면하는 것이 인간의 능력 아래에 있지 않기 때문이다. 때때로 인간은 이것들에 의해 죽음으로 압박되기 때문이다. 그러나 성령은 인간 안에서, 그를 모든 선한 행업의 목적이자 모든 위험에서의 벗어남인 영원한 삶으로 인도하면서, 이것을 실행한다. 그리고 성령은 이 일에 대한 어떤 신뢰를 정신에 부어 넣어, 반대되는 두려움을 배제한다. 그리고 이에 따라 용기는 성령의 선물로 제시된다. 왜냐하면 위에서[7] 선물은 성령에 의한 영혼의 움직임과 관련되기 때문이다.

[해답] 1. 덕으로서의 용기는 영혼을 어떤 위험이든 견디도록 완성하지만, 어떤 위험이든 벗어나리라는 확신을 주기에는 충분하지 않다. 그러나 이것은 성령의 선물인 용기에 속한다.

2. 선물들은 본향에서 그것들이 도상에서 가지는 것과 동일한 행위를 가지지 않지만, 거기서 목적의 향유와 관련하여 행위를 가진다. 따라서 거기서 용기의 행위는 수고와 악으로부터 충만한 안심을 향유하는 것이다.[8]

3. 용기의 선물은 단지 위험을 견디는 것만이 아니라, 어떤 고된 행업을 실행하는 것 안에 성립하는 것에 따라서도 용기의 덕과 관련된다. 그러므로 용기의 선물은 주로 더 나은 선들에 관한 것으로 보이는 숙고의 선물에 의해서도 지도된다.

---

7. I-II, q.68, aa.1-2.
8. Cf. I-II, q.68, a.6.

## Articulus 2
## Utrum quarta beatitudo, scilicet, Beati qui esuriunt et sitiunt iustitiam, respondeat dono fortitudinis

Ad secundum sic proceditur. Videtur quod quarta beatitudo, scilicet, *Beati qui esuriunt et sitiunt iustitiam*,[1] non respondeat dono fortitudinis.

1. Donum enim fortitudinis non respondet virtuti iustitiae, sed potius donum pietatis. Sed esurire, et sitire iustitiam pertinet ad actum iustitiae. Ergo ista beatitudo magis pertinet ad donum pietatis quam ad donum fortitudinis.

2. Praeterea, esuries et sitis iustitiae importat desiderium boni. Sed hoc proprie pertinet ad caritatem: cui non respondet donum fortitudinis, sed magis donum sapientiae, ut supra[2] habitum est. Ergo ista beatitudo non respondet dono fortitudinis, sed dono sapientiae.

3. Praeterea, fructus consequuntur ad beatitudines: quia de ratione beatitudinis est delectatio, ut dicitur in I *Ethic.*.[3] Sed in fructibus non videtur aliquid poni quod pertineat ad fortitudinem. Ergo neque aliqua beatitudo ei respondet.

---

1. 마태 5,6.
2. Q.45, Introd. Cf. ibid., aa.2 & 4.

## 제2절 네 번째 참행복, 즉 "정의에 주리고 목마른 사람들은 행복하다"가 용기의 선물에 상응하는가

Parall.: I-II, q.69, a.3, ad3; In Sent., III, d.34, q.1, a.4; In Matth., c.5.

[반론] 둘째에 대해서는 다음과 같이 진행된다. 네 번째 참행복, 즉 "정의에 주리고 목마른 사람들은 행복하다."¹는 용기의 선물에 상응하지 않는 것으로 보인다.

1. 왜냐하면 용기의 선물은 정의의 덕에 상응하지 않고 오히려 경건의 선물에 상응하기 때문이다. 그러나 정의에 주림과 목마름은 정의의 행위에 속한다. 따라서 이 참행복은 용기의 선물보다 오히려 경건의 선물에 속한다.

2. 정의에 대한 주림과 목마름은 선에 대한 갈망을 내포한다. 그러나 그것은, 위에서² 다룬 것처럼, 고유하게 용기의 선물에 상응하지 않고 오히려 지혜의 선물에 상응하는 참사랑에 속한다. 따라서 이 참행복은 용기의 선물이 아니라 지혜의 선물에 상응한다.

3. 참행복에는 열매가 뒤따르는데, 왜냐하면 『니코마코스 윤리학』 제1권에서³ 말하듯 참행복의 본질에서 쾌락이 존재하기 때문이다. 그러나 이 열매에는 용기에 속하는 어떤 것이 포함되지 않는 것으로 보인다. 따라서 어떤 참행복도 그것에 상응하지 않는다.

---

3. C.9, 1099a7; S. Th. lect.13, n.154.

SED CONTRA est quod Augustinus dicit, in libro *de Serm. Dom. in Monte*[4]: *Fortitudo congruit esurientibus: laborant enim, desiderantes gaudium de veris bonis, amorem a terrenis avertere cupientes.*

RESPONDEO dicendum quod, sicut supra[5] dictum est, Augustinus attribuit beatitudines donis secundum ordinem enumerationis, considerata tamen aliqua convenientia. Et ideo quartam beatitudinem, scilicet de esurie et siti iustitiae, attribuit quarto dono, scilicet dono fortitudinis. Est tamen ibi aliqua convenientia. Quia sicut dictum est,[6] fortitudo in arduis consistit. Est autem valde arduum quod aliquis non solum opera virtuosa faciat, quae communiter dicuntur opera iustitiae; sed quod faciat ea cum insatiabili quodam desiderio, quod potest significari per famem et sitim iustitiae.

AD PRIMUM ergo dicendum quod, sicut Chrysostomus dicit, *super Matth.*,[7] iustitia hic potest accipi non solum particularis, sed etiam universalis; quae se habet ad omnium virtutum opera, ut dicitur in V *Ethic.*.[8] In quibus arduum intendit fortitudo quae est donum.

AD SECUNDUM dicendum quod caritas est radix omnium donorum et virtutum, ut supra[9] dictum est. Et ideo quidquid pertinet

---

4. I, c.4: PL 34, 1234.
5. Q.121, a.2.

[재반론] 그러나 반대로 아우구스티누스가 『주님의 산상 설교』에서[4] 말하길, "용기는 주리는 자들에게 적합하다. 왜냐하면 참된 선으로부터의 즐거움을 갈망하는 자들은 지상적 것들에서 사랑을 돌리기를 탐하면서 수고하기 때문이다."

[답변] 위에서[5] 말한 것처럼 아우구스티누스는 어떤 적합성이 고려되는 한에서, 진복팔단(眞福八端)을 나열의 질서에 따라 선물에 귀속시킨다. 따라서 그는 네 번째 참행복을, 즉 정의에 주림과 목마름에 관한 것을 네 번째 선물, 즉 용기의 선물에 귀속시킨다. 그러나 거기에는 어떤 적합성이 있다. 왜냐하면 이미 말한 것처럼,[6] 용기는 힘겨운 것들에서 성립하기 때문이다. 그러나 어떤 이가 일반적으로 정의의 행업이라 말하는 후덕한 행업을 행하는 것뿐만 아니라 그것을, 정의에 대한 배고픔과 목마름이라 표시될 수 있는, 어떤 만족을 모르는 갈망과 함께 행하는 것은 매우 힘겨운 것이다.

[해답] 1. 크리소스토무스가 『마태오복음서 강론』에서[7] 말하듯, 정의는 여기서 특수하게뿐만 아니라 보편적으로도 받아들여질 수 있다. 보편적 정의는, 『니코마코스 윤리학』 제5권에서[8] 말하듯, 모든 덕의 행업과 관련된다. 선물로서의 용기는 그것들 안에 있는 힘겨운 것을 겨냥한다.
2. 위에서[9] 말한 것처럼, 참사랑은 모든 선물과 덕의 뿌리이다. 따라

---

6. A.1.
7. Hom. 15, n.4; PG 57, 227.
8. C.3, 1129b14-19; S. Th. lect.2, nn.900-903.
9. Q.23, a.8, ad2; I-II, q.68, a.4, ad3.

ad fortitudinem potest etiam ad caritatem pertinere.

AD TERTIUM dicendum quod inter fructus ponuntur duo quae sufficienter correspondent dono fortitudinis: scilicet *patientia,* quae respicit sustinentiam malorum; et *longanimitas,* quae respicere potest diuturnam expectationem et operationem bonorum.[10]

---

10. Cf. I-II, q.70, a.3.

서 무엇이든 용기에 속하는 것은 참사랑에 속할 수 있다.

   3. 열매들 가운데 용기의 선물에 충분히 상응하는 두 가지가 제시된다. 즉 악을 견디어내는 것과 관련되는 인내와 선의 오래 지속되는 기대와 행위에 관련될 수 있는 참을성이 그것이다.[10]

# QUAESTIO CXL
# DE PRAECEPTIS FORTITUDINIS
*in duos articulos divisa*

Deinde considerandum est de praeceptis fortitudinis.[1]

Et *primo:* de praeceptis ipsius fortitudinis.

*Secundo:* de praeceptis partium eius.

## Articulus 1
## Utrum convenienter in lege divina praecepta fortitudinis tradantur

Ad primum sic proceditur. Videtur quod non convenienter in lege divina praecepta fortitudinis tradantur.

1. Lex enim nova perfectior est veteri lege. Sed in veteri lege ponuntur aliqua praecepta fortitudinis, ut patet *Deut.* 20, [1 sqq.]. Ergo et in nova lege aliqua praecepta fortitudinis danda fuerunt.

2. Praeterea, praecepta affirmativa videntur esse potiora praeceptis negativis: quia affirmativa includunt negativa, sed non e converso. Inconvenienter igitur in lege divina ponuntur praecepta fortitudinis solum negativa, timorem prohibentia.[1]

---

1. Cf. q.123, Introd.

# 제140문
# 용기의 계명들에 대하여
(전2절)

이어서 용기의 계명들에 대해 고찰해야 한다.[1]
1. 용기 자체의 계명들에 대해
2. 그것의 부분들의 계명들에 대해

## 제1절 용기의 계명들은 신법 안에서 적합하게 전수되는가

[반론] 첫째에 대해서는 다음과 같이 진행된다. 용기의 계명들은 신법(神法, lex divina) 안에서 적합하게 전수되지 않은 것으로 보인다.

1. 새 법(lex nova)은 옛 법(lex vetus)보다 더 완전하다. 그러나 신명기 20장 [1절 이하]에서 분명하듯이, 옛 법에서는 용기의 어떤 계명들이 제시된다. 따라서 새 법에서도 용기의 어떤 계명들이 주어져야 했다.

2. 긍정적 계명들은 부정적 계명보다 더 우월한 것으로 보인다. 왜냐하면 긍정적 계명들은 부정적 계명들을 포함하지만, 그 역은 아니기 때문이다. 따라서 신법 안에서 두려움을 금지하는 용기의 부정적 계명들만 인정되는 것은 부적절하다.[1]

---

1. Cf. loc. cit.

3. Praeterea, fortitudo est una de virtutibus principalibus, ut supra[2] habitum est. Sed praecepta ordinantur ad virtutes sicut ad fines: unde debent eis proportionari. Ergo et praecepta fortitudinis debuerunt poni inter praecepta Decalogi, quae sunt principalia legis praecepta.

SED CONTRARIUM apparet ex traditione sacrae Scripturae.

RESPONDEO dicendum quod praecepta legis ordinantur ad intentionem legislatoris. Unde secundum diversos fines quos intendit legislator, oportet diversimode praecepta legis institui. Unde et in rebus humanis alia sunt praecepta democratica, alia regia, alia tyrannica. Finis autem legis divinae est ut homo inhaereat Deo. Et ideo praecepta legis divinae, tam de fortitudine quam de aliis virtutibus, dantur secundum quod convenit ordinationi mentis in Deum. Et propter hoc *Deut.* 20, [vv. 3-4] dicitur: *Non formidetis eos: quia Dominus Deus vester in medio vestri est, et pro vobis contra adversarios dimicabit.* — Leges autem humanae ordinantur ad aliqua mundana bona. Secundum quorum conditionem praecepta fortitudinis in humanis legibus inveniuntur.

AD PRIMUM ergo dicendum quod vetus Testamentum habebat temporalia promissa, novum autem spiritualia et aeterna: ut Augustinus dicit, *contra Faust.*.[3] Et ideo necessarium fuit ut in veteri lege populus instrueretur qualiter pugnare deberet etiam corporaliter, pro

3. 위에서[2] 다룬 것처럼, 용기는 주요 덕 가운데 하나다. 그러나 계명들은 덕을 향해 그것이 목적인 양 질서 지어지므로, 계명들은 덕들에 비례해야 한다. 따라서 용기의 계명들 또한 율법의 주요 계명들인 십계명 가운데 제시되어야 했다.

[재반론] 그러나 반대로 그것은 성경의 전승으로부터 분명하다.

[답변] 법의 계명들은 입법자의 의도를 향해 질서 지어진다. 따라서 입법자가 의도하는 다양한 목적들에 따라 법의 계명들은 다양한 방식으로 제정되어야 한다. 그러므로 인간적 일들 안에서도 어떤 계명들은 민주적이고, 어떤 것들은 군주적이며, 어떤 것들은 전제적이다. 그러나 신법의 목적은 인간이 하느님께 달라붙어 있는 것이다. 따라서 다른 덕들에 관한 신법의 계명들과 마찬가지로 용기에 관한 신법의 계명들도 하느님을 향한 정신의 질서에 일치하는 것에 따라 주어진다. 이 때문에 신명기 20장 [3-4절]에서는 말한다. "그들을 무서워하지 말라. 주 너희 하느님께서는 너희를 위하여 적들과 싸우시러 너희와 함께 나아가실 것이다." 그러나 인정법은 어떤 세속적 선들로 질서 지어진다. 이것들의 조건에 따라 인정법 안에는 용기의 계명들이 발견된다.

[해답] 1. 아우구스티누스가 『마니교도 파우스투스 반박』[3]에서 말하듯, 구약은 일시적 약속을 담고 있지만, 신약은 영적이고 영원한 약속을 담고 있다. 따라서 옛 법에서는 백성이 획득해야 할 지상적 소유물

---

2. Q.123, a.11; I-II, q.61, a.2.
3. IV, c.2: PL 42, 217-218.

terrena possessione acquirenda. In novo autem instruendi fuerunt homines qualiter, spiritualiter certando, ad possessionem vitae aeternae pervenirent: secundum illud Matth. 11, [12]: *Regnum caelorum vim patitur, et violenti diripiunt*[4] *illud*. Unde et Petrus praecipit, I Petr. 5, [vv. 8-9]: *Adversarius vester diabolus tanquam leo rugiens circuit, quaerens quem devoret: cui resistite fortes in fide;* et Iac. 4, [7]: *Resistite diabolo, et fugiet a vobis*. — Quia tamen homines ad spiritualia bona tendentes ab eis retrahi possent per corporalia pericula, fuerunt etiam in lege divina danda fortitudinis praecepta ad sustinenda fortiter temporalia mala: secundum illud Matth. 10, [28]: *Nolite timere eos qui occidunt corpus*.[5]

AD SECUNDUM dicendum quod lex suis praeceptis habet communem instructionem. Ea vero quae sunt agenda in periculis non possunt ad aliquid commune reduci, sicut ea quae sunt vitanda. Et ideo praecepta fortitudinis magis dantur negative quam affirmative.

AD TERTIUM dicendum quod, sicut dictum est,[6] praecepta Decalogi ponuntur in lege sicut prima principia, quae statim debent esse omnibus nota. Et ideo praecepta Decalogi debuerunt esse principaliter de actibus iustitiae, in quibus manifeste invenitur ratio debiti: non autem de actibus fortitudinis, quia non ita manifeste videtur esse debitum quod aliquis mortis pericula non reformidet.

---

4. Vulgata: *rapiunt*.
5. Cf. q.19, a.3, *sc*.; q.125, a.1, *sc*.; q.126, a.1, obj.2 et ad2.
6. Q.122, a.1.

을 위해 어떻게 신체적으로 싸워야 하는지가 교육될 필요가 있었다. 그러나 신약에서는 사람들이, "하늘나라는 폭행을 당하고 있다. 폭력을 쓰는 자들이 하늘 나라를 빼앗으려고 한다."라는[4] 마태오복음서 11장 [12절]에 따라, 영적으로 싸우는 것을 통해 어떻게 영원한 삶의 소유에 도달하는지가 교육되어야 했다. 그러므로 베드로는 베드로 1서 5장 [8-9절]에서 "여러분의 적대자 악마가 으르렁거리는 사자처럼 누구를 삼킬까 하고 찾아 돌아다닙니다. 여러분은 믿음을 굳건히 하여 악마에게 대항하십시오."라고 명령한다. 그리고 야고보서 4장 [7절]도 "악마에 대항하십시오. 그러면 악마가 여러분에게서 달아날 것입니다."라고 명령한다. 그러나 영적 선을 향하는 사람들이 육체적 위험을 통해 그것에서 물러날 수 있기 때문에, 신법에도 또한 "육신을 죽이는 자들을 두려워하지 마라."라는 마태오복음서 10장 [28절]에 따라[5] 일시적 악을 견디기 위해 용기의 계명들이 주어져야 했다.

2. 법은 자신의 계명들 안에 일반적 지시를 가진다. 그러나 위험 속에서 행해야 할 것들은, 회피해야 할 것들처럼 어떤 일반적인 것으로 환원될 수 없다. 따라서 용기의 계명들은 긍정적으로 주어지기보다는 부정적으로 주어진다.

3. 이미 말한 것처럼,[6] 십계명의 계명들은 법에서 즉시 모든 사람에게 알려져야 하는 제일 원리처럼 제시된다. 따라서 십계명의 계명들은 주로 의무의 개념이 분명히 발견되는 정의의 행위들에 대해 주어져야 했지, 용기의 행위들에 대해 주어져야 했던 것은 아니다. 왜냐하면 어떤 이가 죽음의 위험을 두려워하지 않는 것은 그렇게 분명하게 의무로 보이지 않기 때문이다.

## Articulus 2
## Utrum convenienter tradantur praecepta in lege divina de partibus fortitudinis

Ad secundum sic proceditur. Videtur quod inconvenienter tradantur praecepta in lege divina de partibus fortitudinis.

1. Sicut enim patientia et perseverantia sunt partes fortitudinis, ita etiam magnificentia et magnanimitas sive fiducia, ut ex supra[1] dictis patet. Sed de patientia inveniuntur aliqua praecepta tradita in lege divina[2]: similiter autem et de perseverantia.[3] Ergo, pari ratione, de magnificentia et magnanimitate aliqua praecepta tradi debuerunt.

2. Praeterea, patientia est virtus maxime necessaria: cum sit *custos aliarum virtutum,* ut Gregorius dicit.[4] Sed de aliis virtutibus dantur praecepta absolute. Non ergo de patientia fuerunt danda praecepta quae intelligantur solum *secundum praeparationem animi,* ut Augustinus dicit, in libro *Serm. Dom. in Monte.*[5]

3. Praeterea, patientia et perseverantia sunt partes fortitudinis, ut dictum est.[6] Sed de fortitudine non dantur praecepta affirmativa, sed solum negativa, ut supra[7] habitum est. Ergo etiam neque de patientia et perseverantia fuerunt danda praecepta affirmativa, sed solum negativa.

---

1. Q.128.
2. 참조: 집회 2,4; 루카 21,19; 로마 12,12.
3. 참조: 마태 10,22; 1코린 15,58; 히브 12,7.

## 제2절 용기의 부분들에 관한 계명들은 신법 안에서 적합하게 전수되는가

[반론] 둘째에 대해서는 다음과 같이 진행된다. 용기의 부분들에 관한 계명들은 신법 안에 부적합하게 전수되는 것으로 보인다.

1. 왜냐하면 위에서[1] 말한 것으로부터 분명하듯, 인내와 항구함이 용기의 부분인 것처럼, 관대와 웅지 또는 신뢰도 그렇다. 그런데 신법 안에서[2] 인내에 관해 전수된 어떤 계명들이 발견되고, 또한 유사하게 항구함에 대해서도 그렇다.[3] 따라서 같은 이유로 관대와 웅지에 대해서도 어떤 계명들이 전수되어야 했다.

2. 그레고리우스가 말하듯,[4] 인내는 다른 덕들의 수호자이기 때문에, 가장 필요한 덕이다. 그러나 다른 덕들에 대한 계명들은 절대적으로 주어진다. 따라서 아우구스티누스가 『주님의 산상 설교』에서[5] 말하듯, 인내에 대해서 단지 "마음의 준비에 따라서"만 이해되는 어떤 계명들은 주어지지 않아야 했다.

3. 이미 말한 것처럼,[6] 인내와 항구함은 용기의 부분들이다. 그러나 위에서[7] 다룬 것처럼 용기에 대한 계명들은 긍정적으로가 아니라 부정적으로 주어진다. 따라서 인내와 항구함에 대해서도 계명들이 긍정적으로가 아니라 오직 부정적으로만 주어져야 했다.

---

4. Homil. 35, *in Evang.*, n.4: PL 76, 1261D.
5. I, c.19, n.59: PL 34, 1260. Cf. Tract.113 *in Ioan.*, super 18, 22, n.4: PL 35, 1935.
6. Q.128; q.136, a.4; q.137, a.2.
7. A.1, ad2.

SED CONTRATIUM habetur ex traditione sacrae Scripturae.

RESPONDEO dicendum quod lex divina perfecte informat hominem de his quae sunt necessaria ad recte vivendum. Indiget autem homo ad recte vivendum non solum virtutibus principalibus, sed etiam virtutibus secundariis et adiunctis. Et ideo in lege divina, sicut dantur convenientia praecepta de actibus virtutum principalium, ita etiam dantur convenientia praecepta de actibus secundariarum virtutum et adiunctarum.

AD PRIMUM ergo dicendum quod magnificentia et magnanimitas non pertinent ad genus fortitudinis nisi secundum quandam magnitudinis excellentiam quam circa propriam materiam considerant. Ea autem quae pertinent ad excellentiam magis cadunt sub consiliis perfectionis quam sub praeceptis necessitatis. Et ideo de magnificentia et magnanimitate non fuerunt danda praecepta, sed magis consilia. Afflictiones autem et labores praesentis vitae pertinent ad patientiam et perseverantiam non ratione alicuius magnitudinis in eis consideratae, sed ratione ipsius generis. Et ideo de patientia et perseverantia fuerunt danda praecepta.

AD SECUNDUM dicendum quod, sicut supra[8] dictum est, praecepta affirmativa, etsi semper obligent, non tamen obligant ad semper, sed pro loco et tempore. Et ideo sicut praecepta affirmativa quae de patientia dantur, sunt accipienda secundum praeparationem

[재반론] 그러나 반대로 성경의 전승에서는 다르게 가르친다.

[답변] 신법은 인간이 올바르게 사는 데 필요한 것들에 관해 완벽하게 가르친다. 그러나 인간이 올바르게 살기 위해서는 주된 덕들뿐만 아니라 이차적 덕들과 결합된 덕들도 필요하다. 따라서 신법에서 주된 덕들에 관한 적절한 계명이 주어지는 것처럼, 또한 이차적 덕들 및 그와 결합된 덕들의 행위에 관한 적절한 계명들도 주어진다.

[해답] 1. 관대와 웅지는 자신들의 고유한 영역과 관련하여 고려하는 어떤 큰 탁월성에 따라서가 아니면 용기의 종에 속하지 않는다. 그러나 탁월성에 속하는 것들은 필연적 계명들 아래로보다는 완전성에 대한 권고 아래로 들어온다. 그러므로 관대와 웅지에 관해서는 계명들이 아니라, 오히려 권고들이 주어져야 했다. 한편 현세의 삶의 괴로움과 수고들이 인내와 항구함에 속하는 것은 그것들이 크다는 것을 고려하기 때문이 아니라, 종 자체의 이유 때문이다. 따라서 인내와 항구함에 대해서는 계명들이 주어져야 했다.

2. 위에서[8] 말한 것처럼, 긍정적 계명들은 비록 항상 의무를 부과하더라도, 언제나 의무를 부과하는 것이 아니라 장소와 시간에 따라 부과한다. 따라서 다른 덕들에 대해 주어진 긍정적 계명들이 마음의 준비에 따라, 즉 인간이 필요시 그것들을 이행할 채비를 갖춘다는 의미로 받아들여져야 하듯이, 인내의 계명들도 그렇게 받아들여져야 한다.

3. 용기는, 그것이 인내와 항구함에서 구별되는 한, 가장 큰 위험들

---

8. Q.3, a.2; I-II, q.71, a.5, ad3; q.100, a.10.

animi, ut scilicet homo sit paratus ea adimplere cum opus fuerit, ita etiam et praecepta patientiae.

AD TERTIUM dicendum quod fortitudo, secundum quod distinguitur a patientia et perseverantia, est circa maxima pericula: in quibus cautius est agendum, nec oportet aliquid determinari in particulari quid sit faciendum. Sed patientia et perseverantia sunt circa minores afflictiones et labores. Et ideo magis sine periculo potest in eis determinari quid sit agendum: maxime in universali.

에 관한 것이다. 그 큰 위험들 안에서는 더 주의해서 행해져야 하지만, 개별적인 경우들에 무엇이 행해져야 하는지에 관해 어떤 것이 [미리] 결정될 필요는 없다. 그러나 인내와 항구함은 비교적 작은 괴로움과 수고들에 관한 것이다. 따라서 그것들 안에서는 오히려 위험 없이 무엇이 행해져야 하는지가, 최대한 보편적으로 결정될 수 있다.

⟨주제 색인⟩

[ㄱ]
가장 큰 것(maximum) 25, 177, 185, 187, 189, 191, 225, 243, 343, 351
갈망(desiderium) 97, 167, 175, 357, 419, 421
감각적 욕구(appetitus sensitivus) 57, 59, 175, 183
감사(gratitudo) 195
갑작스러운 것들(repentina) 5, 51-55
강인함(constantia) 159, 167, 171, 387-391
거짓(falsitas) 261, 265, 273, 407
겁쟁이(timidus) 209, 245
게으른(otiosus) 189, 197, 295
격분(furor) 57
견고함(duritia) 349
견딤(sustinere) 3, 35-39, 59, 61, 65, 87, 117, 163, 347, 361, 369
결핍(defectus) 237, 265, 287, 337, 357, 403, 405, 407, 409
겸손(humilitas) 9, 143, 151, 189, 195, 291
경건(pietas) 107, 419
경솔한 사람(temerarius) 209
경의(reverentia) 245, 323
계명(praeceptum) 3, 81, 89, 93, 95, 123, 127, 365, 425-435
고유한 결함 195
고집이 센 자(pervicax) 409
공격함(aggredi) 61, 87, 163
공경(veneratio) 77, 83
공동선(bonum commune) 105
공로(meritum) 79, 87, 103, 217
공언(protestatio) 107
관능(sensualitas) 123, 127
관대(magnificentia) 157, 159, 163, 165, 167, 169, 171, 173, 185, 305-329, 331-341, 379, 387, 391, 431, 433
괴로움(afflictio) 11, 369, 433, 435
교만(superbia) 139, 141, 143, 151, 261, 279, 281, 283, 287, 291, 295, 303, 371

구성적 부분(pars integrales) 161, 163, 167, 217, 365
구약(vetus testamentum) 427
구원(salus) 89, 93, 95, 159, 201, 387
군사적 용기(fortitudo militaris) 161
군주적(regius) 427
굳건함(magnificentia) 169, 371, 373, 387
굳셈(robur) 85, 169, 215, 217, 221
궁극 목적(ultimus finis) 41, 43, 275
권고(consilium) 89, 93, 127, 151, 433
권력(imperium) 227, 249, 267
그리스도인(Christianus) 103, 107, 109
극단(extremum) 25, 143, 145, 185, 251, 307, 309
근접 목적(proximus finis) 41, 43
긍정적 계명들(praecepta affirmativa) 425, 433
기만(fallacia) 205, 249
기예(ars) 5, 11, 43, 245, 249, 307, 311, 315, 329

[ㄴ]

나약함(infirmitas) 369
남자다움(virilitas) 159, 169
낭비(consumptio) 335, 339, 341
놀이(ludus) 401, 405
능동적 능력(potentia activa) 233
능력의 완전성(perfectio potentiae) 183

[ㄷ]

다툼(contentio) 265, 267, 269, 283, 287
단적으로(simpliciter) 27, 93, 231, 177, 211, 247, 259, 277, 323
단호(lema) 159
담대함(audacia) 3, 17-23, 37, 63, 65, 111, 121, 143, 145, 147-155, 179, 185, 217, 221, 325, 361, 369, 377
덕(virtus) 3, 5-17, 19, 21, 23, 25, 27, 31, 33, 35, 39, 41, 45, 47, 49, 53, 59, 63, 65, 67-73, 75-81, 83, 85, 87, 91, 95, 105, 107, 119, 121, 133, 137, 143, 145, 149, 151, 155, 159, 161, 163, 165, 167, 171, 173, 175, 177, 181, 183,

185, 187, 189, 191, 193, 195, 199-203, 205, 207, 209, 211, 213, 217, 219, 223, 225, 227, 233, 235, 239, 241, 245, 247, 249, 263, 269, 275, 289, 293, 295, 299, 301, 305-317, 319, 321, 323, 327, 331, 333, 335, 337, 339, 341, 343-355, 357, 359, 361, 363, 365, 367, 373-381, 383, 385, 387, 389, 391, 393, 395, 401, 407, 409, 411, 413, 415, 417, 419, 421, 427, 431, 433
덕들의 연결(connexio virtutum) 309
덕을 향한 자연적 경향(naturalis inclinatio ad virtutem) 11
덕행(actus virtuosus) 91, 141, 203
도덕적 덕(virtus moralis) 5, 7, 69, 143, 153, 175, 183, 187, 307, 311, 345, 347, 383
도망침(fugere) 115, 363
도상(via) 347, 417
동등성(aequale) 307
동정(virginitas) 91
두려움 없음(intimiditas) 111, 135-145
두려움(timor) 3, 7, 17-23, 25, 27, 33, 35, 37, 39, 65, 69, 111-133, 139, 141, 143, 145, 151, 153, 155, 169, 179, 185, 203, 213, 217, 219, 221, 239, 275, 293, 297, 299, 301, 325, 329, 335, 361, 363, 377, 387, 397, 407, 417, 425
드러남(manifestatio) 53, 259, 281

[ㅁ]
마땅한 목적(finis debitus) 11, 61, 261
마음의 자유(animi libertas) 267
마음의 작음(animi parvitas) 197, 299
마음의 큼(magnitudo anima) 191, 299
마음의 확고함(animus firmitas) 15, 17, 33, 207, 211, 415
말(verbum) 59, 107, 109, 213, 285, 287
맹렬한 자(furiosus) 237
메갈로킨디누스(megalokindynus) 209
영예를 사랑하지 않음(sine amore honoris) 185
영예에 대한 사랑(amor honoris) 185
모자람(defectus) 143, 145, 149, 153, 155, 229
무지(ignorantia) 5, 11, 161, 297, 299, 301
미래적 참행복(futura beatitudo) 223
미신(superstitio) 407

미움(odium) 151
미크로킨디누스(microkindynus) 209
민주적(democraticus) 427

[ㅂ]
박애(philanthropia) 285
박해(persecutio) 77, 97, 105
박해자(insectator) 85, 103
법의 계명(praeceptum legis) 81, 427
보상(praemium) 21, 101, 201, 213, 219, 223, 247, 249, 263, 271, 277
본성적 성향(naturalis dispositio) 403
본향(patria) 343, 347, 413, 415, 417
부정적 계명들(praecepta negativa) 425
분노(ira) 5, 7, 11, 25, 55-61, 63, 65, 123, 149, 151, 161, 165, 175, 179, 181, 185, 187, 283, 285, 287, 297, 299, 301, 327, 329, 353, 361, 363, 387, 407
분노의 정념으로부터 용감하게 행하는 용기(fortitudo quae fortiter operatur ex passione irae) 161
분노적 욕구(appetitus irascibilis) 175
불공정(iniquitas) 71, 137, 219
불명예(dehonoratio) 119, 177, 181, 187
불법적인(illicitus) 77
불순종(inobedientia) 286, 287
불운(infortunia) 225
불의(iniustitia) 43, 153, 301
불행(adversitas) 99
불화(discordia) 283, 285, 286, 287
비겁(timiditas) 119, 121, 125, 143, 155
비난(vituperium) 11, 107, 115, 243
비례(proportio) 177, 239, 247, 293, 335, 339, 341
비례된 지출 / 비례적 지출(proportionatus sumptus) 321
비의지적인 것(involuntaria) 131

[ㅅ]
사기 저하(defectus) 387

사랑(amor, dilectio) 23, 27, 41, 83, 91, 92, 93, 95, 101, 119, 137, 139, 141, 143, 151, 167, 185, 257, 271, 273, 275, 321, 323, 327, 359, 421
사랑의 결함(defectus amoris) 139, 141, 143
사전 숙려(praemeditatio) 53
사죄(死罪, peccatum mortale) 111, 123-127, 255, 271-277, 283, 293, 295
사탄(Satan) 101, 365
상급(praemium) 77
새 법(lex nova) 425
새로움에 대한 자만(novitatum praesumptio) 283, 285
선물(donum) 3, 193, 195, 239, 319, 323, 345, 393, 395, 413-423
선택(electio) 7, 11, 53, 61, 93, 323, 395
성령(Spiritus Sacntus) 235, 239, 357, 415, 417
성령에 반하는 죄(peccatum in Spiritum Sanctum) 235, 239
성령의 선물(donum Spiritus Sancti) 417
성성(sanctitas, 聖性) 313, 317
세례(Baptismus) 79
세속적 이익(temporale commodum) 11
소심함(pusillanimitas) 229, 265, 289-303
소유(possessio) 353, 429
소죄(peccatum veniale) 123, 125, 127, 275, 283, 293, 295
손실(damnum) 11, 131, 327
손해(incommodum) 11, 151, 153, 155, 329, 353
수고(labor) 13, 15, 19, 25, 51, 63, 355, 371, 403, 405, 417, 433, 435
수동자(patiens) 43
수동적 능력(potentia passiva) 233
수행(prosecutio) 55, 175, 217
순교(martyrium) 3, 75-109
순교자(martyr) 29, 33, 83, 85, 87, 95, 99, 105, 107
순종(obedientia) 89, 95, 113, 283
쉼 / 휴식(quies) 219, 221, 405
스토아학파 사람들(Stoici) 57, 59, 133
슬픔(tristitia) 7, 11, 37, 47, 49, 57, 61, 163, 167, 345, 347, 349, 353, 357, 361, 363, 365, 369, 383, 391, 403, 407, 411
습관(consuetudo) 161, 177, 379, 403

습성(habitus) 17, 39-43, 45, 53, 87, 141, 159, 169, 171, 177, 193, 227, 293, 295, 309, 349, 375, 379, 381, 395
습성적 은총(habitualis gratia) 395
승리의 습관 때문에 용감하게 행하는 용기(fortitudo quae fortiter operatur propter consuetudinem victoriae) 161
시늉(simulatio) 197
신뢰(confidentia) 157, 159, 163, 165, 167, 169, 173, 205, 211-217, 239, 417, 431
신법(lex divina) 109, 113, 125, 425-429, 431-435
신법의 계명들(praecepta legis divinae) 427
신앙(fides) 83, 85, 87, 91, 95, 97, 99, 101, 103-109, 213, 275, 353, 379, 381, 397, 429
신앙심(credulitas) 107
신약(novum testamentum) 427, 429
신적인 덕(virtus divina) 307, 309
신적인 도움(divinum auxilium) 215, 235
실행(operatio) 15, 39, 47, 92, 149, 151, 163, 171, 193, 209, 227, 315, 317, 369, 379, 395
십계명(praecepta Decalogi) 429
쓰라린 것(acerba) 355
씩씩함(andragathia) 159, 171

[ㅇ]
아량 있는 자(liberalis) 309, 323, 329, 331
아량(liberalitas) 27, 69, 71, 157, 165, 185, 199, 305, 307, 309, 319, 321, 323, 325, 327, 329, 331, 333, 337
아름다움(decor) 203, 259
아첨(adulatio) 197
악습(vitium) 3, 13, 17, 33, 109, 111, 119, 135-145, 147, 151, 153, 155, 173, 229, 257, 259, 265, 269, 273, 275, 277, 279, 281, 285, 299, 301, 305, 331-341, 355, 373, 399-411
안심(securitas) 159, 167, 169, 173, 219-223, 417
야욕(ambitio) 229, 243-253, 265, 279
약함(infirmitas) 5, 9, 121, 193, 371
어리석음(insipientia, stoliditas) 139, 301

업신여김(contemptus) 101
역경들(adversa) 23, 27, 353
연약함(fragilitas) 295
열매(fructus) 45, 345, 349, 413, 419, 423
염려(cura, sollicitudo) 221, 269, 297
영광(gloria) 75, 79, 103, 213, 249, 255-263, 267, 269, 271, 275, 277, 279, 281, 287
영예(honor) 11, 13, 163, 165, 173, 175-187, 191, 197, 201, 219, 225, 239, 241, 243, 245, 247, 249, 251, 253, 257, 261, 267, 271, 279, 281, 287, 317, 323, 371
영원한 생명(vita aeterna) 275, 277
영적 악(malum spiritualis) 129
영혼(amina) 7, 9, 11, 23, 27, 39, 45, 47, 49, 53, 57, 59, 65, 83, 89, 101, 163, 165, 169, 175, 187, 193, 199, 251, 327, 351, 353, 355, 417
영혼의 악(malum animae) 131
옛 법(lex vetus) 425, 429
오만(arrogantia) 287
온순함(mansuetudo) 181, 185, 299, 353
완고함(pertinacia) 283, 284, 287, 399, 405-411
완전성(perfectio) 69, 75, 89-95, 123, 125, 127, 137, 183, 233, 263, 281, 379, 433
완전한 덕(virtus perfecta) 233, 315, 377, 379
외적 선(exterius bonum) 203, 225, 227, 237, 243
외적 재산(exterior fortuna) 319
외적 운(exterioris fortuna) 295, 323
욕망(concupiscentia) 57, 61, 97, 109, 121, 127, 185, 275, 359
욕망의 경향(inclinatio concupiscentiae) 259
욕정적 욕구(appetitus concupiscibilis) 175
용기의 계명들(praecepta fortitudinis) 425-429
용기의 작용(operatio fortitudinis) 51, 53, 363
용맹(strenuitas) 171
우둔함(stultitia) 139, 143
우선성(principalitas) 279
우유적으로(per accidens) 211
우쭐함(elatio) 139
웅지(magnanimitas) 159, 163, 167, 169, 173-227, 229, 235-241, 243, 249-253, 255, 265-269, 297-303, 309, 313, 315, 317, 323, 329, 339, 369, 407, 431, 433

위선(hypocrisis) 283, 285
위험에 대한 무지 때문에 용감하게 행하는 용기(fortitudo quae fortiter operatur propter ignorantiam periculorum) 161
위협(comminatio) 7, 31
유사성(similitudo) 11, 41, 43, 101, 119, 167, 223
유사하게 용감한(similitudinarie fortis) 9
유약함(mollities) 399-405, 407
유쾌함(iucunditas) 415
육욕(voluptas) 11, 13, 19, 65, 93, 119, 403
육체(corpus) 7, 9, 25, 27, 39, 45, 47, 59, 65, 85, 89, 101, 113, 135, 355, 429
육체의 악(malum corporis) 131
은총(gratia) 47, 79, 193, 343, 355-359, 373, 391-397
의연(eupsychia) 159
의지(voluntas) 9, 19, 21, 25, 55, 79, 125, 231, 235, 287, 359, 387
의지적인 것(voluntaria) 131
의향(propositum) 369
이성(ratio) 7, 9, 19, 21, 25, 27, 45, 47, 55, 57, 59, 61, 65, 67, 69, 77, 81, 93, 115, 117, 125, 127, 129, 131, 139, 143, 145, 149, 151, 153, 169, 183, 185, 191, 201, 231, 233, 247, 307, 309, 311, 329, 333, 335, 337, 339, 341, 345, 347, 355, 359, 383, 387
이성의 결함(defectus rationis) 139
이성의 경향(inclinatio rationis) 359
이성적 욕구(appetitus rationalis) 125
이차적 덕 161, 365, 385, 433
인간적 덕(virtus humana) 7, 191, 307
인간적 본성(natura humana) 359, 395, 415
인간적 행위(actus humanus) 43, 92, 93, 113, 115, 121
인격(persona) 67, 71
인내(patientia) 9, 27, 83, 87, 157, 159, 165, 167, 169, 173, 199, 343-371, 387, 391, 423, 431, 433, 435
인색(avaritia) 13, 333
인식(notitia) 257, 259, 267, 283
인정법(lex humana) 427
일반 덕(generalis virtus) 13, 15, 201, 415

입법자(legislator) 427
잉여(superfluitas) 151

[ㅈ]
자만(praesumptio) 151, 155, 229-241, 251, 253, 265, 277, 283, 285, 291, 293, 299, 301, 303
자비(misericordia) 239, 285
자선(eleemosyna) 287
자연법(lex natura) 293
자연적 경향(naturalis inclinatio) 11, 137, 293, 307
자유재량(liberum arbitrium) 79, 125, 395
자제(continentia) 95, 373, 411
작용자(agens) 41, 43
잔꾀(dolus) 249
잠재적 부분(pars potentialis) 161, 361
장식(ornatus) 199, 201, 203, 251
재물(lucrum) 11
재치(eutrapelia) 401, 405
전쟁(bellum) 3, 11, 29-35, 71, 73, 85, 105, 125, 165, 271
전제적(tyrannicus) 427
절망(desperatio) 119, 121, 123, 127, 221
절제(temperantia) 9, 13, 21, 27, 71, 185, 189, 311, 353, 361, 363, 365, 377, 383, 385, 401, 415
정감(affectus) 23, 59, 193, 217, 323, 337
정결(castitas) 399
정념(passio) 7, 11, 19, 21, 23, 45, 49, 55, 57, 59, 61, 63, 65, 69, 111, 113, 115, 145, 149, 151, 155, 161, 175, 179, 183, 185, 217, 221, 327, 345, 353, 377, 383, 387, 411
정념의 충동(impulsus passionis) 11, 345
정의(iustitia) 3, 9, 13, 23, 67, 69, 71, 77, 79, 85, 87, 105, 141, 153, 157, 175, 183, 199, 203, 239, 325, 327, 353, 389, 419, 421, 429
정치적 덕(politica virtus) 359
정치적 용기(fortitudo politica) 161
종교(religio) 313, 317, 407

종속적 부분(pars subiectivae) 327
죄종(vitium capitale) 255, 277-283, 285
주된 덕 / 주요 덕(principalis virtus) 63, 65, 205, 207, 327, 361, 363, 365, 381, 383, 385, 427, 433
주입된 덕(virtus infusa) 395
죽음(mors) 3, 23-35, 45, 53, 63, 65, 67, 69, 71, 85, 87, 91, 93, 95, 97-103, 105, 117, 119, 121, 123, 125, 129, 131, 133, 135, 139, 141, 161, 163, 167, 179, 207, 209, 301, 347, 353, 363, 365, 377, 385, 395, 417, 429
죽음의 위험들(pericula mortis) 27, 31, 63, 121, 123, 179, 353
중용(medium) 23, 143, 145, 183, 187, 191, 237, 251, 253, 307, 309, 339, 341, 409
즐거움(gaudium) 45, 61, 65, 421
증언(testimonium) 83, 101, 105, 107, 109, 177, 247, 263, 265, 269, 275
증인(testis) 81, 99, 105, 107
지나침(excessus) 143, 145, 149, 153, 155, 229, 235-241, 243, 249-253, 269, 407, 409
지성(intellectus) 233, 235, 287, 299, 301
지속함(persistere) 375, 379, 381, 411
지식(scientia) 11, 239, 295, 325
지출(sumptus) 163, 317, 319-325, 327, 329, 333, 335, 337, 339, 341
지혜(sapientia) 13, 143, 273, 419
진리(veritas) 77, 79, 93, 105, 107, 109, 197, 199, 203, 205, 241, 267, 269
질료(mateeria) 43, 201, 363, 385
쩨쩨함(parvificentia) 331-341

[ㅊ]
찬란함(claritas) 259
참사랑(caritas) 45, 83, 87, 91, 93, 143, 199, 235, 239, 245, 273, 275, 287, 353, 357, 419, 421, 423
참여(participatio) 223, 307
참을성(longanimitas) 343, 367-371, 423
참음(constantia, tolerantia) 167, 169, 357, 359, 401
초자연적(supernaturalis) 359
촉각의 슬픔(tristitia tactus) 383

촉각의 쾌락들(delectationes tactus) 69, 353, 365, 377
추요덕(virtus cardinalis) 5, 63-67, 71
칠죄종(septem vitia capitalia) 279
칭찬(laus) 65, 71, 115, 135, 147, 175, 217, 257, 263, 267, 269, 271, 275, 281, 385, 401, 411
칭찬받을 만한(laudabilis) 77, 83, 97, 115, 149, 179, 191, 231, 243, 247, 257, 263, 333, 335, 363, 365, 383

[ㅋ]

쾌락(delectatio) 3, 19, 43, 45, 47, 49, 65, 69, 185, 349, 353, 357, 365, 377, 401, 403, 405, 407, 411, 415, 419
큼 / 고결함(magnitudo) 165, 169, 175, 179, 181, 185, 191, 197, 299, 307, 309, 311, 315, 321, 325, 329, 333, 391
큰 지출(magnus sumptus) 163, 319-325, 337

[ㅌ]

탁월성 / 탁월함(excellentia) 92, 203, 215, 241, 245, 247, 253, 277, 279, 281, 285, 409, 433
탐욕(cupiditas) 119, 185, 243, 265, 267, 403
특수 선(bonum speciale) 201
특수 덕(virtus specialis) 3, 13-17, 21, 27, 261, 173, 199-203, 305, 311-317, 327, 375, 377, 381, 415

[ㅍ]

파악(apprehensio) 45, 47, 49, 193
평화(pax) 29, 33, 45, 73, 97
품위(dignitas) 67, 195, 197, 225, 269, 315, 339, 341
풍자(ironia) 189, 197
피로(fatigatio) 387
필로킨디누스(philokindynus) 205

[ㅎ]

학문(scientia) 105, 109, 195
학문적 지식(scientia) 325

항구함(perseverantia) 157, 159, 165, 167, 169, 173, 373-397, 399-411, 431, 433, 435
행업(opus, opera) 7, 45, 49, 55, 57, 99, 101, 105, 107, 109, 163, 191, 227, 235, 253, 277, 317, 319, 321, 323, 325, 327, 333, 335, 339, 341, 349, 351, 353, 375, 377, 381, 385, 387, 391, 393, 415, 421
행업의 실행(operis executio) 163
행운의 선(bonum fortunae) 173, 223-227
행위(actus, factum) 3, 9, 11, 15, 21, 35-39, 41, 43, 45, 47, 49, 55-61, 65, 75, 77, 79, 81-95, 99, 103, 113, 115, 121, 141, 145, 151, 161, 163, 167, 171, 177, 183, 191, 193, 195, 197, 199, 203, 209, 217, 225, 233, 243, 263, 275, 277, 285, 287, 293, 297, 309, 313, 315, 323, 325, 341, 347, 349, 375, 379, 381, 387, 389, 391, 395, 403, 413, 417, 419, 423, 429, 433
행위의 원리(principium agendi) 15
향락(delicia) 401, 405
향유(perfruitio) 417
허세(iactantia) 283, 285, 287
허영(inanis gloria) 229, 255-287, 339, 407, 409
허풍을 떠는 자(ventosus) 237
현명(prudentia) 13, 69, 71, 143, 151, 171, 193, 199, 297, 301, 325, 353, 383
현명하지 못함(imprudentia) 265
현세적 선(bonum temporalia) 133, 137, 141, 273
현세적 악(malum temporalis) 23, 125, 129, 133, 137, 139
형상(forma) 41, 363, 385
혼란(perturbatio) 219
확고함(firmitas) 13, 15, 17, 33, 65, 87, 159, 207, 211, 221, 385, 387, 389, 415
회피(fuga) 109, 175
후덕한 습성(virtuosus habitus) 53
희망(spes) 7, 11, 19, 21, 23, 51, 119, 121, 123, 149, 151, 159, 163, 165, 167, 169, 179, 205, 207, 213, 215, 217, 221, 329, 353, 369, 381
힘겨움(arduum) 21, 165, 211

〈인명 색인〉

교황 성 마르셀루스(sanctus Marcellus Papa) 99
그레고리우스(Gregorius) 13, 17, 21, 53, 63, 89, 97, 147, 279, 283, 285, 293, 295, 351, 361, 405, 413, 431
다마셰누스(Damascenus) 113
디오니시우스(Dionysius) 7, 69, 183, 333
루치아(Lucia) 97, 101
마르켈리누스(Marcellinus) 365
마크로비우스(Macrobius) 159, 167, 169, 207, 213, 327, 389
막시무스(Maximus) 83, 99
모세(Moyses) 125, 291, 295
베게티우스(Vegetius) 11
베르니케(Berenice) 251
베드로(Petrus) 92, 93, 241, 429
살루스티우스(Sallustius) 249
세네카(Seneca) 55, 59, 205, 209, 223, 241, 319
세례자 요한(Ioannes Baptista) 107
아녜스(Agnes) 97
아리스토텔레스(Aristoteles, 철학자 포함) 5, 7, 9, 15, 19, 31, 37, 39, 41, 45, 47, 49, 51, 53, 55, 57, 59, 61, 69, 73, 89, 105, 113, 115, 119, 121, 129, 131, 135, 143, 147, 151, 153, 155, 157, 161, 163, 171, 173, 175, 177, 181, 189, 191, 197, 199, 201, 205, 209, 215, 221, 225, 231, 235, 237, 241, 245, 249, 269, 289, 291, 293, 297, 305, 307, 311, 313, 317, 321, 325, 331, 333, 335, 337, 339, 373, 375, 377, 383, 387, 401, 403, 405, 409
아우구스티누스(Augustinus) 7, 23, 25, 29, 41, 63, 65, 69, 77, 79, 81, 83, 91, 93, 95, 99, 119, 133, 137, 257, 259, 261, 263, 271, 275, 343, 345, 347, 349, 351, 355, 357, 365, 367, 375, 379, 381, 383, 387, 393, 395, 415, 421, 427, 431
아그리파(Agrippa) 251
안드로니쿠스(Andronicus) 25, 159, 169, 207, 327, 375, 389

암브로시우스(Ambrosius) 13, 17, 29, 45, 51, 63, 67, 71, 257
엘아자르(Eleazarus) 47
예레미야(Ieremias) 291, 295
욥(Iob) 101
이시도루스(Isidorus) 219, 409
크리소스토무스(Chrysostomus) 273, 285, 365, 421
키케로(Cicero) 15, 19, 21, 29, 51, 63, 69, 157, 159, 163, 165, 167, 169, 171, 205, 213, 217, 219, 223, 225, 245, 251, 257, 267, 317, 327, 361, 371, 375, 383, 395, 403, 407
키프리아누스(Cyprianus) 83, 85
티부르티우스(Tiburtius) 47
티투스 리비우스(Titus Livius) 259
프로스페르 아퀴타누스(Prosperus Aquitanus) 361
히에로니무스(Hieronymus) 97
힐라리우스(Hilarius) 75

〈고전작품 색인〉

그레고리우스
『사목 규칙』(Pastorali.) 293, 295
『욥기의 도덕적 해설』(Moralia) 15, 17, 63, 89, 147, 279, 283, 285, 351, 405, 413

다마셰누스
『정통 신앙론』(De fide orth.) 113

디오니시우스
『신명론』(de Div. Nom.) 7, 69, 183, 333

베게티우스
『군사적 일에 대하여』(De Re Militari) 11

살루스티우스
『카틸리나 전쟁』(Catilinario) 249

세네카
『네 가지 덕에 관하여』(de quatuor Virtut.) 205, 209, 241
『분노론』(De Ira) 55, 223, 319

아리스토텔레스
『기억과 회상』(De Memoria et Reminiscentia) 55
『니코마코스 윤리학』(Ethica Nic.) 5, 7, 9, 13, 15, 19, 25, 31, 35, 37, 39, 41, 43, 45, 47, 49, 51, 53, 57, 61, 65, 89, 105, 113, 119, 121, 135, 139, 143, 147, 151, 153, 155, 157, 161, 163, 177, 181, 183, 189, 191, 199, 201, 203, 205, 207, 209, 215, 225, 231, 235, 237, 241, 245, 249, 267, 269, 287, 289, 291, 297, 301, 305, 307, 311, 315, 317, 319, 321, 323, 325, 331, 333, 335, 337, 339, 349, 351, 373, 375, 383, 401, 403, 407, 409, 421
『범주론』(Praedicamenta) 325, 333

『수사학』(*Rhetorica*) 69, 73, 221, 335
『영혼론』(*De anima*) 175
『자연학』(*Physic.*) 181
『천체론』(*De caelo*) 15, 183, 309
『형이상학』(*Metaphysica*) 15, 231, 307

아우구스티누스
『가톨릭교회의 관습』(*De mor. Eccl.*) 7, 23, 25, 41, 63, 351
『거룩한 동정녀에 관하여』(*de sancta Virginit.*) 91
『그리스도교 교양』(*de Doctr. Christ.*) 415
『마니교도 파우스투스 반박』(*contra Faust.*) 427
『부정한 혼인』(*de adulterinis coniugiis*) 95
『삼위일체론』(*De Trin.*) 41, 69, 343
『신국론』(*De Civ. Dei.*) 29, 77, 119, 137, 257, 263, 275, 347
『여든세 가지 다양한 질문』(*Octoginta Trium Quaest.*) 65, 93
『요한복음서 주해』(*super Ioan.*) 259, 379
『음악』(*De Musica*) 23, 99
『인내』(*de patientia*) 345, 347, 349, 355, 357, 367
『자유재량론』(*de Lib. Arbit.*) 133, 375
『주님의 산상 설교』(*de Serm. Dom.*) 421, 431
『항구함의 은사』(*de perseverantia*) 375, 383, 393
『훈계와 은총』(*de corrept. et gratia*) 393, 395

암브로시우스
『루카복음서 해설』(*Luc.*) 63
『성직자의 의무』(*De offic. Min.*) 13, 29, 51, 67, 71

이시도루스
『어원』(*Etymol.*) 219, 409

크리소스토무스
『마태오복음서 강론』(*Matth.*) 273, 285, 421

키케로
『수사학』(*Rhetorica*) 15, 19, 51, 157, 213, 257, 317, 361, 375, 393, 407
『의무론』(*De Offic.*) 29, 69, 205, 219, 223, 251, 267, 403
『투스쿨룸 대화』(*de Tusculan. Quaest.*) 245, 257

키프리아누스
『순교자들과 고백자들에 대한 편지』(*epistola ad martyres et confessores*) 85

프로스페르 아퀴타누스
『명제집』(*Liber sententiarum*) 361

히에로니무스
『승천론』(*de assumptione*) 97

힐라리우스
『마태오복음 주해』(*super Matth.*) 75

⟨성 토마스 작품 색인⟩

『갈라티아서 주해』(*In Ep. ad Gal.*) 255
『니코마코스 윤리학 주해』(*In Ethic.*) 17, 23, 29, 35, 39, 43, 51, 55, 111, 127, 175,
　　181, 187, 223, 229, 235, 289, 297, 305, 319, 331, 337, 399
『대이교도대전』(*ScG*) 391
『덕론』(*De virtut.*) 13
『로마서 주해』(*In Ep. ad Rom.*) 103, 367
『마태오복음서 주해』(*In Matth.*) 419
『명제집 주해』(*In Sent.*) 13, 23, 35, 63, 67, 97, 103, 157, 175, 199, 211, 265, 277,
　　311, 319, 359, 373, 383, 391, 413, 419
『사추덕』(*De virt. card.*) 5, 23, 35, 55, 63, 67
『시편 주해』(*In Psalm.*) 391
『악론』(*De malo*) 187, 255, 271, 277, 283
『진리론』(*De ver.*) 55, 391
『콜로새서 1서 주해』(*In Ep. I ad Col.*) 243
『히브리서 주해』(*In Ep. ad Heb.*) 89, 343, 349, 367

⟨성경 색인⟩

[신약]
갈라티아서 45, 109, 345
로마서 87, 89, 109, 257, 280, 357, 367, 393, 430
루카복음서 137, 240, 293, 351, 430
마태오복음서 77, 105, 107, 113, 117, 135, 159, 240, 259, 271, 273, 293, 297, 365, 387, 418, 429
베드로 1서 103, 429
사도행전 81, 251
야고보서 107, 253, 429
에페소서 113, 137, 255
요한 1서 89
요한묵시록 125, 345
요한복음서 83, 92, 93, 261, 261, 275, 280
코린토 1서 83, 245, 259, 273, 357, 430
코린토 2서 5, 211, 231, 263, 345
콜로새서 291, 297
테살로니카 1서 271
티모테오 1서 271
티모테오 2서 219
티토서 107
필리피서 95, 229, 265
히브리서 99, 165, 213, 430

[구약]
마카베오기 하권 47, 191, 251
시편 113, 117, 195, 261, 307, 313, 357
신명기 123, 405, 425, 427
에제키엘서 113, 273

역대기 하권 251
예레미야서 273, 291
욥기 139, 147, 213, 219
이사야서 135, 199, 213, 225, 271, 345, 415
잠언 135, 141, 295, 369
지혜서 13, 393
집회서 139, 141, 149, 231, 257, 291, 299, 347, 367, 430
판관기 123

■ 지은이: 토마스 아퀴나스(S. Thomas Aquinas)

성 토마스 아퀴나스는 1244/5년 이탈리아 중남부의 귀족 가문에서 태어나 도미니코 수도회에 입회하였고, 때묻지 않은 '천사적' 순수함과 진리에 대한 지칠 줄 모르는 열정으로 13세기라는 역사상 드문 정치적·사상적 격변기를 헤쳐 나갔다. 그는 아리스토텔레스의 대부분의 작품들과 복음서 및 바오로의 주요 서간들에 대해 주해서를 집필하였고, 『대이교도대전』과 『토론문제집』 등 중요한 저작들을 남겼다. 특히 그리스 철학의 제 학파와 아랍 세계의 선진 이슬람 문명 등 당대까지 유럽에 전해져 서로 충돌하던 다양한 사상들을 그리스도교 진리의 빛 속에서 웅장하게 체계적으로 종합한 『신학대전』(Summa Theologiae)은 인류 문화사적 걸작으로 꼽힌다. 그는 1274년 제2차 리옹공의회에 참석하러 가던 길에 중병을 얻어 포사노바에서 선종하였다. 1879년 교황 레오 13세는 회칙 『영원하신 아버지』를 통해 토마스의 사상을 가톨릭 교회의 공식 학설로 공표하였다.

■ 옮긴이: 임경헌

가톨릭대학교 철학과에서 학사와 석사를 마친 후, 독일 프라이부르크대학교에서 서양고전학을 공부했다. 이후 독일 쾰른대학교 철학과(토마스연구소, Thomas-Institut)에서 희랍문헌학, 라틴문헌학(부전공) 및 철학(주전공)으로 철학박사학위를 받았다. 박사 논문에서는 토마스 아퀴나스와 아리스토텔레스 윤리학적 주제를 비교하는 연구를 했다(Praktische Vernunft bei Thomas von Aquin: eine vergleichende Untersuchung mit Aristoteles in Bezug auf Synderesis, Gewissen, Wille und Klugheit, K&N, 2019). 현재 경북대학교 윤리교육과 교수로 재직 중이다. 토마스 아퀴나스의 윤리학을 중점적으로 연구하고 있으며, 앞으로 토마스가 수용한 윤리적 사유들과 토마스 이후의 윤리적 사유들에 대해 계속 탐구할 계획이다. 토마스에 관한 연구 논문으로는 「보편적 도덕 원리들의 확립 문제: 토마스 아퀴나스의 도덕학(scientia moralis)에서 사변이성의 역할과 문제를 중심으로」, 「토마스 아퀴나스의 현명(prudentia) 개념: 자연법의 일차적 계명들 및 도덕적 덕의 목적들에 대한 앎을 중심으로」 등이 있다.

■ 진리의 협력자들

가르멜수도회(윤주현 신부) 가톨릭교리신학원(최승정 신부-김진태 신부) 가톨릭출판사(홍성학 신부) 강윤희신부 †곽성명마티아 교리48기(김순진 요안나) 구요비주교 기쁜소식(전갑수 사장) 김경애유스타 김남선교수 김남필아가다 김두라소화데레사 김명순소피아 김미라크레센시아 김미리파비올라 김미숙도미나 김미영안젤라 김복원요안나 김성수신부 김수남글라라 김영남신부 김영진신부 김영희글라라 김운장(대화제약 회장) 김운회주교 김웅태신부 김월자안젤라 김은주율리아나 김장이베로니카 김정렬사도요한 김정이아네스 김정임세실리아 김종국신부 김철련스테파노 김청자아가다 김항희마르타 김해영아나다시아 김혜경세레나 김혜경아네스 김효숙노엘라 김훈겸신부 김희중대주교 로사리오 성모의 도미니코수녀회(오하정 수녀) 마천동성당(장강택 신부) 목동성당(민병덕 신부) 문정동성당(이철호 신부) 박동균신부 박무학신부 박상수신부 박승찬엘리야 박영규사도요한 박영배요셉 박용선소화데레사 박정자소화데레사 박종호시몬 박찬윤신부 박표열정혜엘리사벳 박현숙글라라 방배4동성당(최동진 신부-이동익 신부) 방배동성당(안병철 신부) 배기현주교 배옥순시모니아 분당성마리아성당(윤종대 신부) 사랑의시튼수녀회(김영선 수녀) 상도동성당(곽성민 신부) 서명숙루치아 서영호율리아노 서인숙아네스 서초동성당(이찬일 신부) 서호숙데레사 세종로성당(박동균 신부) 성도미니코선교수녀회(안소근 수녀) 손삼석주교 손윤정마리아 손희송주교 송기인신부 송인섭안드레아 송혜경루시아 신동재사도요한 신수정비비안나 신옥현루시아 심상태몬시뇰 양영복로사 양정희루시아 여규태요셉 염수정추기경 오금동성당(박희원 신부) 오승원신부 옥두석크리소스토모 원종철신부 †위재숙아나다시아 유경촌주교 유덕희(경동제약 회장) 유식용(일도TCS 회장) 유영숙스콜라스티카 유정규요셉 †윤정자님파 이경상주교 이계숙루시아 이동익신부 이동호신부 이문동성당(박동호 신부) 이명순토마스 이미혜데레사 이민선로즈마리 이민주신부 이범현신부 이병호주교 이선용알베르토 이영기실비아 이완숙미카엘라 이용훈주교 이윤하신부 이재경토마스 아퀴나스 †이정국미카엘 이정석요한 이종상요셉 이종진사도요한 이 진안드레아 이준영아우구스티노 이화주가브리엘라 이효재로마노 임경희미카엘라 잠실7동성당(김종수 신부) 잠원동성당(박향오 신부) 장석호모세 장우일레오 장춘복세바스티아나 장혜순카타리나 (재)신학과사상(백운철 신부) †전상순요안나 전상직(더맨 회장) 절두산순교지성당(정연정 신부) 정달용신부 정미애율리안나 정순택대주교 정복신안나 †정영숙(다빈치 회장) †정의채몬시뇰 정종휴암브로시오 †정진석추기경 조 광이냐시오 조규만주교 조선영카타리나 조신호델피노 조용주마리안나 조욱현신부 차상금이사벨 채려자요나 청담동성당(김민수 신부) 최명주율리아 최미묘분다 최상훈신부 최정훈신부 최창무대주교 최학분에디타 하계동성당(김웅태 신부) 학교법인가톨릭학원(김영국 신부) 한무숙문학관(김호기 박사) 혜화동성당(홍기범 신부) 홍기순아가다 홍순자요셉피나 황예성세실리아

# 지금까지 출간된 분책(2024년 현재)

- 제1권(I, qq.1-12), **[하느님의 존재]**, 정의채 옮김, 1985, 3판 2014, 751쪽.
  제1문 거룩한 가르침에 관하여. 제2문 신론-하느님이 존재하는가. 제3문 하느님의 단순성에 대하여. 제4문 하느님의 완전성에 대하여. 제5문 선 일반에 대하여. 제6문 하느님의 선성에 대하여. 제7문 하느님의 무한성에 대하여. 제8문 사물에 있어서의 하느님의 실재에 대하여. 제9문 하느님의 불변성에 대하여. 제10문 하느님의 영원성에 대하여. 제11문 하느님의 일체성(단일성)에 대하여. 제12문 하느님은 우리에게 어떻게 인식되는가에 대하여.

- 제2권(I, qq.13-19), **[하느님의 생명]**, 정의채 옮김, 1993, 2판 2014, 572쪽.
  제13문 하느님의 명칭에 대하여. 제14문 하느님의 지식에 대하여. 제15문 이데아에 대하여. 제16문 진리에 대하여. 제17문 허위에 대하여. 제18문 하느님의 생명에 대하여. 제19문 하느님의 의지에 대하여.

- 제3권(I, qq.20-30), **[하느님의 작용과 위격]**, 정의채 옮김, 1994, 2판 2000, 495쪽.
  제20문 하느님의 사랑에 대하여. 제21문 하느님의 정의와 자비에 대하여. 제22문 하느님의 섭리에 대하여. 제23문 예정에 대하여. 제24문 생명의 책에 대하여. 제25문 하느님의 능력에 대하여. 제26문 하느님의 지복에 대하여. 제27문 하느님의 위격들의 발출에 대하여. 제28문 하느님 안에서의 관계들에 대하여. 제29문 하느님의 위격들에 대하여. 제30문 하느님 안에서의 위격들의 복수성에 대하여.

- 제4권(I, qq.31-38), **[위격들의 구별]**, 정의채 옮김, 1997, 293쪽.
  제31문 하느님 안에서 단일성 혹은 복잡성에 속하는 것들에 대하여. 제32문 하느님의 위격들의 인식에 대하여. 제33문 성부의 위격에 대하여. 제34문 성자의 위격에 대하여. 제35문 모습(혹은 모상)에 대하여. 제36문 성령의 위격에 대하여. 제37문 사랑이라는 성령의 명칭에 대하여. 제38문 은사라는 성령의 명칭에 대하여.

- 제5권(I, qq.39-43), **[위격들의 관계]**, 정의채 옮김, 1998, 345쪽.
  제39문 본질과 비교된 위격들에 대하여. 제40문 관계들 내지는 고유성들과의 비교에 있어서의 위격들에 대하여. 제41문 인식 표징적(혹은 식별 표징적) 작용들과의 비교에 있어서의 위격들에 대하여. 제42문 하느님의 위격들 상호간의 동등성과 유사성에 대하여. 제43문 하느님의 위격들의 파견에 대하여.

- 제6권(I, qq.44-49), **[창조]**, 정의채 옮김, 1999, 339쪽.
  제44문 피조물들의 하느님으로부터의 발출과 모든 유의 제1원인에 대하여. 제45문 사물들의 제1근원으로부터의 유출의 양태에 대하여. 제46문 창조된 사물들의 지속의 시작에 대하여. 제47문 사물들의 구별 일반에 대하여. 제48문 사물들의 구별에 대한 각론. 제49문 악의 원인에 대하여.

- 제7권(I, qq.50-57), **[천사]**, 윤종국 옮김, 정의채 감수, 2010, 379쪽.
  제50문 천사의 실체 자체에 대하여. 제51문 천사와 물체의 비교에 대하여. 제52문 장소에 대한 천사의 비교에 대하여. 제53문 천사의 장소적 운동에 대하여. 제54문 천사의 인식 작용에 대하여. 제55문 천사의 인식 수단에 대하여. 제56문 비물질적 사물의 일부에서 얻는 천사의 인식에 대하여. 제57문 질료적 사물들의 성찰에 따른 천사의 인식에 대하여.

- 제8권(I, qq.58-64), **[천사의 활동]**, 강윤희 옮김, 2020, 368쪽.
  제58문 천사의 인식 양태에 대하여. 제59문 천사의 의지에 대하여. 제60문 천사의 사랑 혹은 애정에 대하여. 제61문 천사가 본성적 존재로 창조되었음에 대하여. 제62문 천사가 은총과 영광의 상태로 완성됨에 대하여. 제63문 천사의 악의와 탓에 대하여 제64문 악령들의 형벌에 대하여.

- 제9권(I, qq.65-74), **[우주 창조]**, 김춘오 옮김, 정의채 감수, 2010, 424쪽.
  제65문 물체적 피조물들의 창조 작업에 대하여. 제66문 구별에 대한 피조물의 질서에 대하여. 제67문 자체 안에서의 구별 작업에 대하여. 제68문 둘째 날의 작업에 대하여. 제69문 셋째 날의 작업에 대하여. 제70문 넷째 날에 대한 장식 작업에 대하여. 제71문 다섯째 날에 대하여. 제72문 여섯째 날에 대하여. 제73문 일곱째 날에 속한 어떤 것에 대하여. 제74문 공통적인 것들 안에서 모든 일곱 날에 대하여.

- 제10권(I, qq.75-78), **[인간]**, 정의채 옮김, 2003, 383쪽.
  제75문 인간론: 영적 실체와 물체적 실체로 복합된 인간에 대하여. 제76문 혼의 신체와의 하나됨(합일)에 대하여. 제77문 혼의 능력 일반에 속하는 것들에 대하여. 제78문 혼의 개별적 능력들에 대하여.

- 제11권(I, qq.79-83), **[인간 영혼의 능력]**, 정의채 옮김, 2003, 320쪽.
  제79문 지성적 능력들에 대하여. 제80문 욕구적 능력 일반에 대하여. 제81문 감성적 능력에 대하여. 제82문 의지에 대하여. 제83문 자유의사에 대하여.

- 제12권(I, qq.84-89), **[인간의 지성]**, 정의채 옮김, 2013, 511쪽.
  제84문 신체와 결합된 영혼은 어떻게 자신보다 하위에 있는 물체적인 것들을 인식하는가. 제85문 지성 인식의 양태와 서열에 대하여. 제86문 우리 지성은 질료적 사물들에 있어 무엇을 인식하는가. 제87문 지성적 혼은 어떻게 자기 자신과 자기 안에 있는 것들을 인식하는가. 제88문 인간 혼은 어떻게 자기의 상위에 있는 것들을 인식하는가. 제89문 분리된 영혼의 인식에 대하여.

- 제13권(I, qq.90-102), **[하느님의 모상으로 창조된 인간]**, 김율 옮김, 2008, 505쪽.
  제90문 인간 혼의 첫 산출에 대하여. 제91문 첫 인간의 신체의 산출에 대하여. 제92문 여자의 산출에 대하여. 제93문 인간의 산출 목적 또는 결말에 대하여. 제94문 첫 인간의 지성 상태와 조건에 대하여. 제95문 첫 인간의 의지에 관련된 사항들, 곧 은총과 정의에 대하여. 제96문 무죄의 상태에서 인간이 가지고 있던 지배권에 대하여. 제97문 첫 인간의 상태에서 개인의 보존. 제98문 종의 보존에 대하여. 제99문 태어났을 자손의 신체적 조건에 대하여. 제100문 태어났을 자손의 정의의 조건에 대하여. 제101문 태어났을 자손의 지식의 조건에 대하여. 제102문 인간의 거처, 곧 낙원에 대하여.

- 제14권(I, qq.103-114), **[하느님의 통치]**, 이상섭 옮김, 2009, 607쪽.
  제103문 사물들의 통치 일반에 대하여. 제104문 하느님 통치의 특수한 결과들에 대하여. 제105문 하느님에 의한 피조물들의 변화에 대하여. 제106문 한 피조물은 다른 피조물들을 어떻게 움직이는가. 제107문 천사들의 말에 대하여. 제108문 위계와 질서에 따르는 천사들의 질서지움에 대하여. 제109문 악한 천사들의 질서지움에 대하여. 제110문 물체적 피조물들에 대한 천사들의 통할에 대하여. 제111문 인간들에 대한 천사들의 작용에 대하여. 제112문 천사들의 파견에 대하여. 제113문 선한 천사들의 보호에 대하여. 제114문 마귀들의 공격에 대하여.

- 제15권(I, qq.115-119), **[우주의 질서]**, 김정국 옮김, 2010, 307쪽.
  제115문 물체적 피조물의 작용에 대하여. 제116문 숙명에 대하여. 제117문 인간의 작용과 관련된 것에 대하여. 제118문 혼과 관련한 인류의 번식에 대하여. 제119문 육체에 관련된 인류의 번식에 대하여.

- 제16권(I-II, qq.1-5), **[행복]**, 정의채 옮김, 2000, 417쪽.
  제1문 인간의 궁극 목적에 대하여. 제2문 인간의 행복이 있는 것들에 대하여. 제3문 행복이란 무엇인가. 제4문 행복을 위해 요구되는 것들에 대하여. 제5문 행복에의 도달에 대하여.

- 제17권(I-II, qq.6-17), **[인간적 행위]**, 이상섭 옮김, 2019, xlviii-444쪽.
  제6문 의지적인 것과 비의지적인 것에 대하여. 제7문 인간적 행위의 상황들에 대하여. 제8문 의지에 대하여, 의지는 무엇을 대상으로 갖는가? 제9문 의지의 동인에 대하여. 제10문 의지가 움직여지는 방식에 대하여. 제11문 향유라는 의지 작용에 대하여. 제12문 지향에 대하여. 제13문 수단과 관련된 의지의 작용인 선택에 대하여. 제14문 선택에 앞서는 숙고에 대하여. 제15문 수단과 관련된 의지 작용인 동의에 대하여. 제16문 수단과 관련된 의지의 작용인 사용에 대하여. 제17문 의지에 의해 명령된 작용에 대하여.

- 제18권(I-II, qq.18-21), **[도덕성의 원리]**, 이재룡 옮김, 2019, lx-264쪽.
  제18문 인간적 행위에서의 선성과 악성에 대하여. 제19문 의지의 내적 행위의 선성과 악성에 대하여. 제20문 인간의 외적 행위의 선성과 악성에 대하여. 제21문 인간적 행위의 귀결들과 그 선성 또는 악성에 대하여.

- 제19권(I-II, qq.22-30), **[정념]**, 김정국 옮김, 2020, l-270쪽.
제22문 영혼의 정념의 주체에 대하여. 제23문 정념 상호간의 차이에 대하여. 제24문 영혼의 정념들에 있어서 선과 악에 대하여. 제25문 정념들 상호간의 질서에 대하여. 제26문 사랑에 대하여. 제27문 사랑의 원인에 대하여. 제28문 사랑의 결과에 대하여. 제29문 미움에 대하여. 제30문 욕망에 대하여.

- 제20권(I-II, qq.31-39), **[쾌락]**, 이재룡 옮김, 2020, lviii-236쪽.
제31문 쾌락 그 자체에 대하여. 제32문 쾌락의 원인에 대하여. 제33문 쾌락의 결과에 대하여. 제34문 쾌락의 선성과 악성에 대하여. 제35문 고통 또는 슬픔 그 자체에 대하여. 제36문 슬픔 또는 고통의 원인에 대하여. 제37문 고통 또는 슬픔의 결과에 대하여. 제38문 슬픔 또는 고통의 결과에 대하여. 제39문 슬픔 또는 고통의 선성과 악성에 대하여.

- 제21권(I-II, qq.40-48), **[두려움과 분노]**, 채이병 옮김, 2020, lxii-278쪽.
제40문 분노적 정념들에 대하여. 먼저 희망과 절망에 대하여. 제41문 두려움 그 자체에 대하여. 제42문 두려움의 대상에 대하여. 제43문 두려움의 원인에 대하여. 제44문 두려움의 결과에 대하여. 제45문 담대함에 대하여. 제46문 분노 그 자체에 대하여. 제47문 분노를 일으키는 원인과 그 대처 수단에 대하여. 제48문 분노의 결과에 대하여.

- 제22권(I-II, qq.49-54), **[습성]**, 이재룡 옮김, 2020, lviii-234쪽.
제49문 습성의 실체 자체에 대하여. 제50문 습성의 주체에 대하여. 제51문 습성의 생성 원인에 대하여. 제52문 습성의 성장에 대하여. 제53문 습성의 소멸과 약화에 대하여. 제54문 습성의 구별에 대하여.

- 제23권(I-II, qq.55-67), **[덕]**, 이재룡 옮김, 2020, lxxvi-558쪽.
제55문 덕의 본질에 대하여. 제56문 덕의 주체에 대하여. 제57문 지성적 덕의 구별에 대하여. 제58문 도덕적 덕과 지성적 덕의 구별에 대하여. 제59문 도덕적 덕과 정념 사이의 구별에 대하여. 제60문 도덕적 덕들 상호간의 구별에 대하여. 제61문 추요덕에 대하여. 제62문 대신덕에 대하여. 제63문 덕의 원인에 대하여. 제64문 덕의 중용에 대하여. 제65문 덕들 사이의 상호 연관성에 다하여. 제66문 덕들의 동등성에 대하여. 제67문 후세에서의 덕의 지속에 대하여.

- 제24권(I-II, qq.68-70), **[성령의 선물]**, 채이병 옮김, 2020, liv-152쪽.
제68문 선물들에 대하여. 제69문 참행복에 대하여. 제70문 성령의 열매에 대하여.

- 제25권(I-II, qq.71-80), **[죄]**, 안소근 옮김, 2020, l-452쪽.
제71문 악습과 죄 자체에 대하여. 제72문 죄의 구별에 대하여. 제73문 죄들의 상호 비교에 대하여. 제74문 죄의 주체에 대하여. 제75문 죄의 일반적 원인에 대하여. 제76문 죄의 특수 원인에 대하여. 제77문 감각적 욕구 편에서 본 죄의 원인에 대하여. 제78문 죄의 원인인 악의에 대하여. 제79문 죄의 외부적 원인에 대하여(1): 하느님. 제80문 죄의 외부적 원인에 대하여(2): 악마.

- 제26권(I-II, qq.81-85), **[원죄]**, 정현석 옮김, 2021, lii-191쪽.
제81문 인간 편에서의 원죄의 원인에 대하여. 제82문 원죄의 본질에 대하여. 제83문 원죄의 주체에 대하여. 제84문 어떤 죄가 죄의 원인이 된다는 점에서 죄의 원인에 대하여. 제85문 죄의 결과에 대하여.

- 제27권(I-II, qq.86-89), **[죄의 결과]**, 윤주현 옮김, 2021, xlviii-164쪽.
제86문 죄의 흠결에 대하여. 제87문 벌의 죄책에 대하여. 제88문 경죄와 사죄에 대하여. 제89문 경죄 자체에 대하여.

- 제28권(I-II, qq.90-97), **[법]**, 이진남 옮김, 2020, l-289쪽.
제90문 법의 본질에 대하여. 제91문 법의 종류에 대하여. 제92문 법의 효력에 대하여. 제93문 영원법에 대하여. 제94문 자연법에 대하여. 제95문 인정법에 대하여. 제96문 인정법의 효력에 대하여. 제97문 법의 개정에 관하여.

- 제29권(I-II, qq.98-105) **[옛 법]**, 이경상 옮김, 2021, lxiv-608쪽.
제98문 옛 법에 대하여. 제99문 옛 법의 규정들에 대하여. 제100문 옛 법의 도덕적 규정들에 대하여. 제101문 예식 규정들에 대하여. 제102문 예식 규정들의 원인에 대하여. 제103문 예식 규정들의 기한에 대하여. 제104문 사법 규정들에 대하여. 제105문 사법 규정들의 근거에 대하여.

- 제30권(I-II, qq.106-114), **[새 법과 은총]**, 이재룡 옮김, 2021, lxxviii-570쪽.
  제106문 복음의 새 법에 대하여. 제107문 새 법과 옛 법의 비교에 대하여. 제108문 새 법의 내용에 대하여. 제109문 은총의 필요성에 대하여. 제110문 은총의 본질 대하여. 제111문 은총의 구분에 대하여. 제112문 은총의 원인에 대하여. 제113문 은총의 효과인 불경한 자의 의화에 대하여. 제114문 공로에 대하여.

- 제31권(II-II, qq.1-7), **[신앙]**, 박승찬 옮김, 2022, cxiv-412쪽.
  제1문 신앙의 대상에 대하여. 제2문 신앙의 내적 행위에 대하여. 제3문 신앙의 외적인 행위에 대하여. 제4문 신앙의 덕 자체에 대하여. 제5문 신앙을 지닌 이들에 대하여. 제6문 신앙의 원인에 대하여. 제7문 신앙의 효과에 대하여.

- 제32권(II-II, qq.8-16), **[신앙(II)]**, 박승찬 옮김, 2022, xlix-366쪽.
  제8문 통찰의 선물에 대하여. 제9문 지식의 선물에 대하여. 제10문 불신앙 일반에 대하여. 제11문 이단에 대하여. 제12문 배교에 대하여. 제13문 독성의 죄 일반에 대하여. 제14문 성령을 거스르는 독성에 대하여. 제15문 정신의 맹목과 감각의 우둔함에 대하여. 제16문 신앙, 지식, 통찰에 관련된 계명에 대하여.

- 제33권(II-II, qq.17-22), **[희망]**, 이재룡 옮김, 2022, lviii-266쪽.
  제17문 희망 그 자체에 대하여. 제18문 희망의 주체에 대하여. 제19문 두려움의 선물에 대하여. 제20문 절망에 대하여. 제21문 자만에 대하여. 제22문 희망과 두려움에 속하는 계명들에 대하여.

- 제34권(II-II, qq.23-33), **[참사랑]**, 안소근 옮김, 2022, lvi-604쪽.
  제23문 참사랑 그 자체. 제24문 참사랑의 주체. 제25문 참사랑의 대상. 제26문 참사랑의 질서. 제27문 참사랑의 주요 행위인 사랑. 제28문 즐거움. 제29문 평화. 제30문 자비. 제31문 선행. 제32문 자선. 제33문 형제적 교정.

- 제35권(II-II, qq.34-44), **[참사랑(II)]**, 안소근 옮김, 2022, lii-322쪽.
  제34문 미움에 대하여. 제35문 나태에 대하여. 제36문 질투에 대하여. 제37문 불화에 대하여. 제38문 논쟁에 대하여. 제39문 이교에 대하여. 제40문 전쟁에 대하여. 제41문 싸움에 대하여. 제42문 반란에 대하여. 제43문 걸림돌에 대하여. 제44문 참사랑의 계명들에 대하여.

- 제36권(II-II, qq.45-56), **[지혜와 현명]**, 이상섭 옮김, 2023, lxxiv-410쪽.
  제45문 지혜의 선물에 대하여. 제46문 어리석음에 대하여. 제47문 현명 자체에 대하여. 제48문 현명의 부분들에 대하여. 제49문 현명의 통전적 부분들 각각에 대하여. 제50문 현명의 종속적 부분들에 대하여. 제51문 현명의 잠재적 부분들에 대하여. 제52문 숙고의 선물에 대하여. 제53문 경솔함에 대하여. 제54문 게으름에 대하여. 제55문 현명과 유사성을 갖는, 현명에 대립하는 악습에 대하여. 제56문 현명에 속하는 계명들에 대하여.

- 제37권(II-II, qq.57-62), **[정의]**, 이재룡 옮김, 2023, lxiv-307쪽.
  제57문 권리에 대하여. 제58문 정의에 대하여. 제59문 불의에 대하여. 제60문 재판에 대하여. 제61문 정의의 부분들에 대하여. 제62문 배상에 대하여.

- 제38권(II-II, qq.63-79), **[불의]**, 박동호 옮김, 2023, lix-544쪽.
  제63문 편애하는 행위에 대하여. 제64문 살인에 대하여. 제65문 사람에게 저지른 다른 위해에 대하여. 제66문 절도와 강도에 대하여. 제67문 재판(법적 절차)에 있어 재판관의 불의에 대하여. 제68문 부당한 고발에 속하는 것들에 관하여. 제69문 재판 당사자(피고발인) 편에서 정의를 거스르는 죄에 대하여. 제70문 증언하는 사람에 속한 불의에 대하여. 제71문 재판에서 변호인 편에서 행해진 불의에 대하여. 제72문 불손(모욕)에 대하여. 제73문 폄훼(비방)에 대하여. 제74문 소문 퍼뜨리기에 대하여. 제75문 조롱에 대하여. 제76문 저주(악담)에 대하여. 제77문 구매와 판매(매매)에서 저질러진 사기에 대하여. 제78문 이자(고리)의 죄에 대하여. 제79문 정의의 유사 부분에 대하여.

- 제39권(II-II, qq.80-91), **[종교와 경신]**, 윤주현 옮김, 2023, lxxxvii-548쪽.
  제80문 정의의 잠재적 부분들에 대하여. 제81문 종교에 대하여. 제82문 신심에 대하여. 제83문 기도에 대하여. 제84문 흠숭에 대하여. 제85문 희생제사에 대하여. 제86문 봉헌들과 만물들에 대하여. 제87문 십일조에 대하여. 제88문 서원에 대하여. 제89문 맹세에 대하여. 제90문 선서 방식을 통한 신적 이름을 취함에 대하여. 제91문 찬미를 통해 부르기 위해 신적 이름을 취하는 것에 대하여.

- 제40권(II-II, qq.92-100), **[종교와 경신(II)]**, 윤주현 옮김, 2024, lxxxvii-332쪽.
  제92문 미신에 대하여. 제93문 참된 하느님께 부적절한 예배를 드리는 미신에 대하여. 제94문 우상숭배에 대하여. 제95문 점술적 미신에 대하여. 제96문 규범들의 미신들에 대하여. 제97문 하느님을 시험하는 것에 대하여. 제98문 위증에 대하여. 제99문 신성모독에 대하여. 제100문 성직매매에 대하여.

- 제41권(II-II, qq.101-122), **[사회적 덕]**, 김성수 옮김, 2024, lxv-620쪽.
  제101문 경건[효경]에 대하여. 제102문 준수에 대하여. 제103문 공경에 대하여. 제104문 순종에 대하여. 제105문 불순종에 대하여. 제106문 감사 또는 사은에 대하여. 제107문 배은에 대하여. 제108문 응징에 대하여. 제109문 진리에 대하여. 제110문 진리에 반대되는 악습들에 대하여. 제111문 가장과 위선에 대하여. 제112문 허세에 대하여. 제113문 자조에 대하여. 제114문 우정 또는 다정함에 대하여. 제115문 아첨에 대하여. 제116문 말다툼에 대하여. 제117문 아량에 대하여. 제118문 인색에 대하여. 제119문 낭비에 대하여. 제120문 공정에 대하여. 제121문 경건[효경]의 은사에 대하여. 제122문 정의의 계명들에 대하여.

- 제42권(II-II, qq.123-140), **[용기]**, 임경헌 옮김, 2024, lxii-466쪽.
  제123문 용기에 대하여. 제124문 순교에 대하여. 제125문 두려움에 대하여. 제126문 두려움 없음의 악습에 대하여. 제127문 담대함에 대하여. 제128문 용기의 부분들에 대하여. 제129문 웅지에 대하여. 제130문 자만에 대하여. 제131문 야욕에 대하여. 제132문 허영에 대하여. 제133문 소심함에 대하여. 제134문 관대에 대하여. 제135문 쩨쩨함에 대하여. 제136문 인내에 대하여. 제137문 항구함에 대하여. 제138문 항구함에 대립하는 악습들에 대하여. 제139문 용기의 선물에 대하여. 제140문 용기의 계명들에 대하여.